金融学科课程思政教学指南

主　编：张云
副主编：柯孔林　周月书　张铁铸　张成

中国财经出版传媒集团
中国财政经济出版社

图书在版编目（CIP）数据

金融学科课程思政教学指南／张云主编． －－北京：中国财政经济出版社，2022.2

ISBN 978-7-5223-1038-1

Ⅰ.①金… Ⅱ.①张… Ⅲ.①高等学校-思想政治教育-教学研究-中国-指南 Ⅳ.①G641-62

中国版本图书馆 CIP 数据核字（2021）第 277360 号

责任编辑：孙　琛　彭洋洋　　　责任校对：徐艳丽
封面设计：北京兰卡绘世　　　　责任印制：党　辉

金融学科课程思政教学指南
JINRONG XUEKE KECHENG SIZHENG JIAOXUE ZHINAN

中国财政经济出版社 出版

URL：http://www.cfeph.cn

E-mail：cfeph@cfeph.cn

（版权所有　翻印必究）

社址：北京市海淀区阜成路甲 28 号　邮政编码：100142

营销中心电话：010-88191522

天猫网店：中国财政经济出版社旗舰店

网址：https://zgczjjcbs.tmall.com

北京时捷印刷有限公司印刷　各地新华书店经销

成品尺寸：185mm×260mm　16 开　24 印张　447 000 字

2022 年 2 月第 1 版　2022 年 2 月北京第 1 次印刷

定价：98.00 元

ISBN 978-7-5223-1038-1

（图书出现印装问题，本社负责调换，电话：010-88190548）

本社质量投诉电话：010-88190744

打击盗版举报热线：010-88191661　QQ：2242791300

前　言

2019年8月，中共中央办公厅、国务院办公厅印发了《关于深化新时代学校思想政治理论课改革创新的若干意见》，明确提出要推进高校课程思政建设。2020年5月，教育部出台《高等学校课程思政建设指导纲要》部署课程思政建设，指出"围绕全面提高人才培养能力这一核心点，课程思政建设要在所有高校、所有学科专业全面推进，围绕政治认同、家国情怀、文化素养、宪法法治意识、道德修养等重点优化课程思政内容供给，提升教师开展课程思政建设的意识和能力，切实提升立德树人的成效。"各地各校纷纷出台实施方案，以上海为例，2020年上海出台《关于深入推进上海高校课程思政建设的实施意见》打造高校课程思政2.0版，强调要以专业类别为基础单位，结合不同课程特点、思维方法和价值理念，深入挖掘课程思政元素，研制课程思政教学指南，建立课程思政操作规范。

在此背景下，为进一步落实立德树人根本任务，充分挖掘各类课程所蕴含的思想政治教育元素，充分发挥课程的思想政治教育功能，最大限度地形成全课程育人的协同效应，上海立信会计金融学院联合浙江工商大学、上海师范大学、南京财经大学、南京农业大学等高校，组建五十余位相关专业教师构成的研究团队，共同编制出版《金融学科课程思政教学指南》。本书选择了金融类各专业18门核心课程，分别将制度认同、家国情怀、科学思维、法制意识等多个维度的多种课程思政元素，融入各课程的不同章节，形成金融学科各专业核心课程的课程思政大纲，为金融类相关专业开展课程思政提供了"操作手册"。

本书结合我国金融人才培养特征和规律，立足金融学类相关专业一线教师课程思政教学实践，分析金融学科课程思政教学内涵和教学需求，构建完整的金融学科课程思政教学体系，按照"实事求是、创新思维、突出重点、追求实效"的原则，提炼课程中蕴含的思想价值、精神内涵、文化基因和价值取向，深入挖掘各类课程的思想政治教育资源，将其转化为社会主义核心价值观具体化、生动化的有效教学载体。希望本书的课程思政教学设计、具体策略、教学方法和案例等内容，可以为各高校讲授相关课程的教师提供"操作手册"式的指导和参考。考虑到金融学科所涉及相关学科专业和课程的丰富性，以及不同学校、不同教师的教学差异，本书在提供金融学科各课程各章节的具体课程思政教学参考的同时，更加重视呈现一种可具体操作的课程思政教学思路和方法，希望可以解决课程思政建设存在的专业教育和思政教育"两张皮"问题，能对各高校金融教育教学水平和人才培养质量的持续提高发挥助力作用。

本书希望在操作层面深化课程思政教育教学改革，将立德树人真正落实于每一门课程的教学中，构建"价值引领、能力培养、知识传授"三位一体的教学目标，为高校金融人才培养的课程思政教育教学改革提供智慧和启迪，更好地培养中国特色社会主义共同理想的坚定信仰者和实践者，社会主义核心价值观的坚定信仰者、积极传播者、模范践行者。

在本书出版之际，感谢青岛大学胡金焱教授、天津财经大学孟昊教授、中央财经大学金融学院李建军教授、厦门大学经济学院朱孟楠教授以及同济大学、安徽大学、安徽财经大学、浙江工商大学、温州大学、南京农业大学、南京财经大学、华东政法大学、上海师范大学、上海对外经贸大学、西安财经大学、河北经贸大学、教育部高等教育出版社管理分社等多个单位专家的指导！感谢中国财政经济出版社的大力支持和主动服务，编辑花费了大量时间认真审阅和修订，提出了许多宝贵的意见，在此表示由衷感谢！本书编写过程中，借鉴了大量专业人士、同行和机构的文献资料，在此表示诚挚的谢意，如有不当之处，敬请指正。由于我们经验有限，书中难免有错误和不足之处，请广大师生和读者朋友对本书提出宝贵意见和建议，欢迎同行专家批评指正，以便后续修改完善。

编者

2021 年 12 月

目 录

《金融学》课程思政教学指南 …………………………………………………（ 1 ）
《公司金融》课程思政教学指南 …………………………………………………（ 35 ）
《商业银行学》课程思政教学指南 ………………………………………………（ 61 ）
《金融风险管理》课程思政教学指南 ……………………………………………（ 85 ）
《国际金融学》课程思政教学指南 ………………………………………………（ 97 ）
《金融工程学》课程思政教学指南 ………………………………………………（121）
《金融计量学》课程思政教学指南 ………………………………………………（143）
《金融市场与金融机构》课程思政教学指南 ……………………………………（159）
《证券投资学》课程思政教学指南 ………………………………………………（179）
《投资银行学》课程思政教学指南 ………………………………………………（201）
《中央银行学》课程思政教学指南 ………………………………………………（217）
《统计学》课程思政教学指南 ……………………………………………………（247）
《项目评估与管理》课程思政教学指南 …………………………………………（265）
《信用管理学》课程思政教学指南 ………………………………………………（279）
《信用评级》课程思政教学指南 …………………………………………………（301）
《征信理论与实务》课程思政教学指南 …………………………………………（317）
《财产保险》课程思政教学指南 …………………………………………………（331）
《人身保险》课程思政教学指南 …………………………………………………（349）

《金融学》课程思政教学指南

周月书[1]　张云[2]　杨军[1]　惠莉[1]　张龙耀[1]　汪若君[2]　赵捧莲[2]

([1]南京农业大学　[2]上海立信会计金融学院)

一、《金融学》课程的专业教学体系与课程思政教学目标

(一) 课程简介

《金融学》是金融学专业的基础理论课，也是经济管理专业的专业基础课。本课程主要讲授有关金融的理论知识和实践知识，让学生比较系统地了解和掌握现代货币金融范畴的基本概念、基本原理以及主要国家货币银行制度的发展演变，并结合实际了解当前国内外货币金融领域的新问题、新现象和新发展。具体来说，通过本课程的学习，使学生对金融方面的基本理论有较全面的理解和较深刻的认识，对货币、信用、金融机构、金融市场、国际金融、货币政策等基本范畴有较系统的掌握。本课程一般在大学二年级开设，是后续金融市场学、商业银行学、中央银行学、证券投资学、投资银行学等专业核心课程的基础，有助于提升学生的专业综合分析能力，为巩固专业知识打下扎实基础。

本课程可采用中国人民大学黄达、中央财经大学李健、上海财经大学戴国强、深圳大学曹龙骐等专家及学者编写的教材。同时，根据学生所在专业的不同，可对教材的部分章节内容做相应的调整，并在课程案例、讨论题等内容上根据人才培养目标不断更新和优化。

(二) 课程思政教学目标

1. 课程思政特征分析

金融学作为一门社会科学，它是以政治经济学、微观经济学和宏观经济学为基础，运用历史唯物主义和辩证唯物主义的思想观和方法论，研究有关货币、信用、利率、银行等金融机构及金融市场运行、宏观金融调控等经济金融现象及其发展变化规律，同时介绍主要货币金融理论及国际金融的创新与发展，其内容涵盖面广，涉及范畴多。学习本课程，使学生掌握观察和分析金融问题的正确方法，培养辨析金融理论和解决金融实际问题的能力，提高学生在社会科学方面的素养。通过对货币金融理论和中国金融改革实践的讲授和讨论，加深学生对金融知识的理解，同时融入思想政治教育，弘扬社会主义核心价值观，培养学生的法制意识、社会责任，培养家国情怀和民族自豪感。

根据金融学的课程设计、知识结构和教学需求，其蕴含的思政元素主要包含制度认同、家国情怀、四个自信、社会责任、辩证思维、理性思维、创新意识与全球视野

八个方面的维度。

制度认同：制度认同是人们基于特定的政治、经济、社会制度的肯定而产生的一种政治情感上的归属感，从内心产生的对制度的高度信任。金融学中涉及中国金融市场的改革与发展、新型金融机构准入等，以及相关经济政策和金融制度，这些内容都有助于学生对国内外制度进行比较和思考，帮助学生认识到中国共产党领导的社会主义制度的优越性，从而增强制度认同。

家国情怀：家国情怀的基本内涵包括家国同构、共同体意识和仁爱之情，有助于增强国家认同和民族凝聚力。本课程相关内容和案例，如通货膨胀、货币政策、外汇管理制度、应对金融危机的系列政策措施（如港币保卫战）等，有助于培养学生的爱国精神和民族凝聚力。

四个自信：本课程涉及货币形态演变、金融市场构成、货币体系改革、金融机构发展趋势等内容，可通过相关案例开展分析，如古代货币形态演变历程、人民币成为SDR篮子中的货币、中国在推动国际货币体系改革中发挥的作用等，帮助学生了解我国在世界金融体系中的重要位置，培养学生对中国特色社会主义的道路自信、理论自信、文化自信、制度自信。

社会责任：本课程涉及信用、民间借贷、金融风险和金融危机、金融投资等内容，通过相关案例分析如校园贷、原油宝事件等的社会影响和监管处理，和学生共同探讨金融从业人员的行为规范，培养学生的诚实守信意识、风险意识、法律意识、职业道德和社会责任。

辩证思维：本课程涉及货币起源、高利贷信用、利率计量、国内外中央银行业务对比、金融监管方式、商业银行存款创造能力的影响因素、金融危机等内容，通过相关案例分析，如马克思辩证唯物主义货币起源学说、高利贷在历史中的作用、复利在现实中运用、美国次贷危机爆发等，培养学生从辩证维护主义角度出发，科学地、辩证地分析理解我们身边发生的经济金融热点问题。

理性思维：本课程涉及高利贷、互联网金融、证券市场投资、货币需求等内容，通过相关案例的分析和讨论，帮助学生理性看待金融现象，理性分析现象背后的实质。

创新意识：本课程的学习有助于学生从金融组织、金融制度、金融市场、数字货币等内容中加强创新意识，培养创新能力。

全球视野：本课程国际金融相关章节内容包括国际货币制度演变、人民币国际化、国际资本流动等，开阔学生眼界，拓展全球视野。

2. 金融学课程思政教学目标

本课程采用金融理论知识讲授和案例讨论相结合的教学方式，将知识点与历史观、辩证唯物主义、马克思主义政治经济学、社会主义核心价值观、习近平新时代中国特色社会主义思想等思政元素有机融合，培养学生的制度认同、家国情怀、四个自信、社会责任、辩证思维、理性思维、创新意识与全球视野，帮助学生树立正确的世界观、价值观，牢固树立四个自信。

二、《金融学》课程各章节课程思政教学指南

（一）"第一章 货币与货币制度"的思政教学指南

1. 专业教学目标

本章是《金融学》的开篇，着重介绍了马克思的货币起源学说、货币形态演变的过程、货币的五大职能以及相互的关系、货币制度构成要素，以及货币制度演变过程。为之后的各章学习奠定理论基础。具体教学目标如下：

- 掌握马克思的货币起源学说，理解货币本质及货币形态的发展历程；
- 掌握货币的五大职能，以及货币职能之间的相互关系；
- 了解货币制度的历史演变进程，以及不同货币制度的特点。

2. 重要思政元素及融入点

（1）制度认同。在讲述人民币国际化进程时，介绍我国目前实行的"一国多币"制度及其原因，引导学生共同探讨这一制度选择的意义，增强学生对社会主义制度优越性的认可程度。

（2）家国情怀。货币制度与国家主权不可分割地结合在一起。国家从不同程度、不同角度对货币所进行的控制，目的在于建立能够符合自己政策目标、有较强操作性的货币制度。在讲解货币制度这部分内容时，可以从国家安全的角度出发，帮助学生理解货币制度和国家主权的联系，增加学生对家国情怀的认同感。

（3）辩证思维。马克思说："辩证法在对现存事物的肯定的理解中包含对现存事物否定的理解，即对现存事物的必然灭亡的理解；辩证法对每一种既成的形式都是在不断的运动中，因而也是从它的暂时性方面去理解。"在讲解货币起源这部分内容时，先介绍我国古代和西方的货币起源学说，其中包括先王制币说和创造发明说等唯心主义的货币起源学说，在此基础之上着重介绍马克思的货币起源学说，从辩证唯物主义

角度出发，与学生探讨学习货币起源的全部过程。

（4）四个自信。习近平总书记指出，我们要坚定中国特色社会主义的道路自信、理论自信、制度自信、文化自信。在讲述我国货币形态发展历程时，介绍我国最早的金币——郢爰、全世界最早的纸币——交子，让学生铭记我国这些引以为豪的历史，引导学生树立文化自信。

3. 课程思政教学策略实例

（1）课程思政教学实例一：制度认同。在讲授货币制度时，分析我国的"一国多币"制度及其成因，引入1997年东南亚金融危机的香港金融保卫战案例，组织学生收集相关资料、开展小组讨论，引导学生分析中国政府在香港金融保卫战中发挥的重要作用，关注我国金融业发展的现实情况，帮助学生树立金融强国的使命感，培养学生建立中国特色社会主义的制度自信，增强制度认同。

（2）课程思政教学实例二：家国情怀。从古代开始有可以称为货币制度的制度，几千年来，都是与国家的主权不可分割地结合在一起的。但这样的观念和准则却在20世纪中叶受到严重的挑战。以美元为中心的国际货币体系建立起美元在全球的主导地位。但相当长的期间内，在控制与反控制的较量中，各国的货币主权依然还是得以保持；但到了20世纪的后十年，货币制度对主权的挑战却沿着两个趋向而迅速强化。一是货币局制度与美元化。特别是美元化，连本国的本币都让位于外国货币——美元，无疑意味着货币主权的彻底否定。二是欧元登上历史舞台。欧元是超越欧洲各国传统边界的货币；欧洲货币当局是超越各国货币主权的统一的中央银行。对于传统的货币制度观念，这更是直截了当的挑战。通过对货币制度和国家主权的讲解增强学生对维护国家主权的信心，培育家国情怀，激发使命担当。

（3）课程思政教学实例三：辩证思维。运用马克思辩证唯物主义观点来科学全面地揭示货币起源的全部过程。通过这方面的学习不仅能够使学生理解货币起源的历程以及和其他货币起源学说的优势，也可以培养学生采用辩证唯物主义观点理解我们身边发生的经济、金融方面的热点问题，科学理解发生在我们周围的经济和金融问题怎么发生、为什么发生、发生了以后对我们的日常生活产生何种影响。在此基础上可以为我们的投资提供科学判断依据。

（4）课程思政教学实例四：四个自信。在讲述货币形态的发展过程时，引入出现在春秋战国时期的金币郢爰和出现在宋代的交子，说明中国古人的金融创新能力遥遥领先。通过这方面的讲解，不仅可以帮助学生了解纸币和传统的金属货币相比在方便携带与保存、发行成本低、交易效率高、避免了贵重金属在流通中的损耗等方面的优越性，同时也可以使学生树立民族文化自信心和爱国情怀。

(二)"第二章 信用"的思政教学指南

1. 专业教学目标

本章介绍了信用的产生和发展、现代信用形式和工具等内容,帮助学生掌握有关信用的基本概念和基本原理,明确信用在市场经济中发挥着不可替代的重要作用。具体教学目标如下:

- 了解信用的产生和发展;
- 掌握现代信用形式及其相互关系;
- 理解现代信用的途径;
- 理解现代经济为什么称之为信用经济。

2. 重要思政元素及融入点

(1) 社会责任。信用一词来源于拉丁文,意为信任、诚信和声誉。在社会学层面上,信用是判断一个人诚实守信的价值标准。而在经济学意义上,信用特指以借贷为特征的经济行为。在讲解信用的概念时,引入社会责任的思政元素,培养学生树立遵纪守法、诚实守信的意识。

(2) 理性思维。理性思维是指具有明确思维方向、充分思维依据,能对事物或问题进行观察、比较、分析、综合、抽象与概括的思维方式。在讲解高利贷信用时,引导学生以理性思维看待高利贷存在的意义,一分为二看待高利贷信用的历史作用。

(3) 辩证思维。我们的教育对象是新时代的大学生,他们成长于全球化浪潮和互联网迅速发展的大环境中,受西方意识形态的影响,功利与现实主义价值取向特质明显,面对的诱惑和困惑较多,缺乏较强的思辨能力。结合这样的学生特点,在信用这一章的课程思政学习中,需要科学引导,有的放矢,产生心灵共鸣,变灌输为对话,在帮助学生掌握专业知识的同时引导学生用辩证的眼光看待金融现象。

3. 课程思政教学策略实例

(1) 课程思政教学实例一:社会责任。诚信是现代社会经济运行的基础,更是金融行业开展经济活动的一项基本准则。在社会发展过程中,各国充分认识到诚信的重要性,没有诚信就没有现代市场经济的发展,没有诚信就没有金融的存在,所以各国都建立了自己的信用体系和制度。对金融专业的学生来说,未来从事的都是和资金的融通有关的工作,诚信显得更加重要。所以在教学过程中,在讲到信用这章内容时,要让学生认识到诚信的重要性,可以将遵纪守法、诚实守信教育时刻贯穿于信用这章的课堂教学中,为学生以后从事金融行业的工作打下良好的基础。首先,要注重诚信教育，尤其是大学生为学的品格教育，包括学风、学术及诚信考试等教育。其次，进行道德诚信教育，将传统美德、社会公德与职业道德等教育融入金融学课程中，在教会学生金融知识的同时，教会他们如何做诚实守信的人。让学生知道职业操守的底线，给学生传递"君子爱财取之有道"的价值观，对学生进行基本的职业道德教育，帮助学生树立正确的世界观、人生观、价值观。

（2）课程思政教学实例二：理性思维。高利贷信用的出现加速了自然经济的瓦解和商品货币关系的发展，促进了资本主义生产方式前提条件的形成，导致了现代信用的出现，在历史发展过程中也有积极的意义。大部分金融学教材对信用形式的划分是以社会形态展开，资本主义之前的信用形式统称为高利贷信用，但在现代经济生活中高利贷信用并没有完全消失，通过让学生搜集文献的方式帮助学生理解高利贷信用存在的原因。通过这些方式培养学生理性看待问题和解决问题的思维和能力。

讲解货币供求双方实现信用的间接融资途径——银行借款时，指出由于信息不对称导致的逆向选择和道德风险，银行仍面临较大的违约风险。结合近几年出现的典型信用风险案例，让学生思考问题发生的原因，在讨论过程中发现存在的社会问题，这也契合学生独立和批判的特点。直面这些社会问题，使学生对自己今后的职业使命领悟更加透彻，对国家发展、个人使命和社会责任等问题进行深刻思考。从实践来看，勇于面对现实社会问题，积极寻求解决方案的教学手段，能够引起学生共鸣，学生参与度很高，课堂反应也更积极。

（三）"第三章　利息与利率"的思政教学指南

1. 专业教学目标

利息和利息率是与信用相伴随的两个基本范畴。通过本章学习应掌握利息的本质及其计算、利率的种类及其决定、我国的利率体制及其改革、利率理论等。具体教学目标包括：

- 了解利息和利率的定义，以及利率的类型；
- 掌握单利、复利、现值、终值、到期收益率的计算方法；
- 理解马克思利率决定理论、实际利率决定理论以及利率风险结构和利率期限结构理论等相关理论。

2. 重要思政元素及融入点

（1）理性思维。在讲解复利计算时，通过案例引导学生理性看待复利在现实生活中的运用。复利并不只运用于高利贷信用下的民间利率的计算，它的存在也具有合理原因，由此培养提升学生的理性思维与辩证逻辑。

（2）社会责任。防范化解重大风险是金融行业的重要任务，可以引入实际案例，引导学生重视来自金融系统、金融创新等方面的各类风险，并向学生讲解风险防范不及时可能带来的严重后果，提高学生的社会责任认知。

3. 课程思政教学策略实例

（1）课程思政教学实例一：理性思维。引入股神巴菲特投资案例，引导学生树立理性思维。投资的真谛不在于一时的投资收益，而是要考虑在不同行情下实现投资收益的复合式增长。分析巴菲特案例，不仅可以让学生了解复利的知识，而且可以帮助学生在以后的投资过程中保持理性思维，投资过程中要尽可能保住本金，让"复利"顺利增长，宁可增长慢一点，也要控制风险，避免重大损失。

（2）课程思政教学实例二：社会责任。高利贷利率界定以前是参考中央银行基准利率的四倍作为参考标准。2020年8月20日，最高人民法院正式发布新修订的《最高人民法院关于审理民间借贷案件适用法律若干问题的规定》，民间借贷利率的司法保护上限设定在一年期LPR的四倍，按照2022年1月20日最新的LPR，民间借贷利率的司法保护上限为14.8%。通过分析温州和江苏苏北民间借贷高利率产生的原因和后果，帮助学生树立风险防范意识，告诫学生在利益与贪婪面前要保持理性、识别风险，作为金融从业人员需要增强社会责任。

（四）"第四章 金融市场"的思政教学指南

1. 专业教学目标

本章在介绍金融市场基本知识的基础上，分别阐述了货币市场、资本市场、衍生金融市场等内容，帮助学生了解金融市场架构、运行机理，以及我国当前金融市场的发展状况。具体教学目标包括：

- 了解金融市场的概念、功能、构成要素与发展趋势；
- 理解同业拆借市场、回购协议市场等主要货币市场的市场定位与功能；
- 掌握股票市场、中长期债券市场等资本市场功能及其工具；
- 了解期货、期权等金融衍生工具及其市场功能。

2. 重要思政元素及融入点

（1）全球视野。在讲授金融市场趋势时，结合典型案例分析我国金融市场国际化发展趋势，帮助学生了解国内外金融市场发展情况，熟悉国际金融市场，拓宽全球化视野。

（2）四个自信。在讲授外汇市场时，可以以近期外汇市场热点为切入点，引导学生在思想上牢固坚定"四个自信"。

（3）理性思维。在讲授金融市场的交易活动时，分析内幕交易、操纵市场和证券欺诈等不良交易行为对证券市场健康发展带来的消极影响，结合我国新证券法的实施情况，引导学生敬畏市场、敬畏法律、敬畏规则，用理性思维理解金融市场交易制度和交易规则。

3. 课程思政教学策略实例

（1）课程思政教学实例一：全球视野。在讲授金融市场发展趋势时，可以引入沪港通和深港通案例，采用小组讨论、资料整理等方式，帮助学生了解我国金融市场开放进程与国际化趋势，让学生从全球视角来理解我国股票市场放开的历史背景以及股票市场全球化以后对投资模式的影响。

（2）课程思政教学实例二：四个自信。在讲授外汇市场时，可以引入人民币入SDR的案例。2016年10月1日，特别提款权（SDR）新货币篮子正式生效，人民币继美元、欧元、日元、英镑之后，成为SDR货币篮子中的第五种货币。人民币加入SDR对我国的直接影响有三个方面，即人民币资产的自动配置需求与吸引力增加、人民币国际储备货币地位获得正式认定、人民币成为国际货币基金组官方交易货币。2016年，中国作为G20主席国召开了G20杭州峰会，重启国际金融架构工作组，继续推动国际货币体系改革的讨论，并成功推动世界银行、渣打银行在中国发行SDR计价债券。通过分析人民币在外汇市场中成为SDR篮子中的货币和中国推动国际货币体系改革这些重大事件，帮助学生坚定中国特色社会主义的"四个自信"。

（3）课程思政教学实例三：理性思维。在讲述股票市场时，结合内幕交易和市场操纵案例对学生进行教育。比如原中国首富黄光裕ST金泰股票操纵案。黄光裕被调查的起因是涉嫌"操纵市场"，具体指对其兄黄俊钦控股的*ST金泰股价进行操纵。自2007年7月9日开始，原本挂星的ST金泰连续拉出42个涨停，成为中国股市18年来涨停板时间最长的一只股票。2007年8月31日后，ST金泰在开盘直奔第43个涨停——26.58元后瞬间被打到跌停板，连续7个跌停，于9月11日被停牌。巨幅涨跌催生了投资者的大喜大忧，一个名叫"刘芳"的散户在参与ST金泰运作的短短42天内收益超过了6600万元。而黄光裕就是刘芳利益链条的最高端。通过这个案例的讲解帮助学生了解股票操纵对投资者造成的危害，帮助学生了解金融违法行为的严重后果，指导学生在以后的投资过程中树立理性思维、正确的投资观和价值观。

(五)"第五章 金融机构体系"的思政教学指南

1. 专业教学目标

金融机构是金融活动的运作主体,现代社会中,各国均有一个与其经济发展水平相适应的、多样而复杂的金融机构体系,它对整个社会经济的运行与发展起着独特而无法替代的作用。本章主要讲述金融机构产生的背景及金融机构体系的构成,侧重于讲解我国金融机构体系如何在改革中生成及目前的架构。具体教学目标如下:

- 了解金融中介机构存在与发展的原因;
- 掌握各种类型金融机构的功能与作用;
- 认识和掌握西方国家金融机构体系的构成;
- 了解中国金融机构体系演变的历程及构成。

2. 重要思政元素及融入点

主要的思政元素和相关知识板块包括:

(1) 制度认同。在介绍国内外金融机构体系概况时,对比中西方金融机构体系的发展状况及差异,让学生认识到,金融制度安排必须依托于政体与国情,不是简单将西方金融制度和体系不加修订地植入我国,中国当前的金融机构体系建设与发展符合中国经济发展的需求,与完善社会主义市场经济建设等相适应,强调不同的金融机构体系选择是经济发展水平和国情等因素决定的,帮助学生认识到社会主义制度的优越性,从而增强学生的制度认同。

(2) 辩证思维。在讲授金融机构发展趋势时,让学生认识到相比发达国家的金融机构体系,我国金融机构在各方面还有一定差距。但是从纵向看,现有制度是对已有制度的完善,让学生辩证地看待我国正在推进的金融体系改革,客观认知并公允评价,激发学生的家国情怀和爱国热情,增强学生投身金融行业的信心和使命感。

(3) 社会责任。金融机构的活动时刻伴随着风险,而金融风险的集聚、外溢和传染会对经济和社会造成巨大破坏,对个人和企业财富带来巨大损失,对国家安全构成重大威胁。在讲授金融机构发展趋势时,梳理国内外金融机构的成功及失败案例,让学生认识到金融机构面临的各种金融风险,提高合规意识,并注重让学生关注金融机构的社会责任问题。

(4) 创新意识。中国特色社会主义道路需要金融创新,在讲授我国金融机构的构成时,通过对农村金融机构的介绍,例如农村信用合作社的改革、新型金融机构的出现(如村镇银行、民营银行等),让学生了解我国金融领域中的机构创新,既学习借鉴了市场经济理论和金融理论，又综合考虑了我国基本国情和发展路径。创新要务实，要结合实际，增强学生对创新的认识，培养学生的创新意识，再结合专业知识训练，培养创新能力。

（5）全球视野。通过讲授国内外金融机构体系的发展演变，特别是对金融机构发展趋势等的介绍，让学生了解和掌握金融机构相关领域的国内外情况，具备全球化视野。在介绍国际金融机构时，通过对亚投行的介绍，可以使学生了解我国在"一带一路"倡议背景下成立亚投行这一金融机构的重大意义，进一步了解我国在国际金融机构设立中的重要地位和大国担当。

3. 课程思政教学策略实例

采用多种教学手段和策略，在教学内容中融入相关思政元素，例如：

（1）课程思政教学实例一：制度认同。在讲授我国金融机构体系时，让学生组成小组查找资料进行该选题的课堂讲解，启发学生认识中国对金融机构体系的设计和建设，了解并掌握新中国成立以来我国在金融行业中取得的成就，列举我国金融行业发展中的关键节点和国家的政策意图，让学生认识到我国发展强大金融行业的决心和目的，增强对我国现有金融机构体系安排的理解与信任。

在讲授金融机构发展趋势时，通过对国内外金融机构体系的对比，结合混业经营模式下2008年全球金融危机中国外金融机构暴露出的问题，让学生课前先查找金融危机中雷曼兄弟等多个金融机构破产倒闭的相关资料，上课时进行案例分析，启发学生认识到发达国家的金融机构发展也有很多问题，金融机构体系选择是历史发展和现实国情决定的，只有适合自己的才是最好的，通过这些学习增强学生的制度认同、制度自信。

（2）课程思政教学实例二：社会责任。在讲授金融机构时，通过国内外不同金融机构的案例介绍，如花旗集团合并、雷曼兄弟破产倒闭、美国最大储蓄银行华盛顿互惠银行倒闭被美国联邦存款保险公司接管、中国包商银行被接管等，以案例分析的方式强调风险意识，让学生思考金融机构面临的金融风险以及在极端市场情况下的社会责任问题，如在分析中国银保监会对包商银行实行接管这个案例时就可以结合接管原因和接管后的举措重点分析金融机构的社会责任问题。

（3）课程思政教学实例三：家国情怀。我国金融起步晚，但是具备跻身金融强国的潜质，需要了解国际金融市场的交易规则，争取金融领域的话语权，避免在竞争中处于被动地位。在介绍国际金融机构时，可以让学生思考我国为何要牵头设立亚洲基础设施投资银行，通过搜集并播放有关亚投行的多媒体资料，让学生了解习近平总书记提出的"一带一路"倡议，并重点讲解在"一带一路"倡议背景下成立亚投行这一金融机构的重大意义。在了解亚投行是由我国提倡成立的第一个国际金融机构、成员国数目已远超由美日主导的亚开行的基础上，让学生思考世界银行、亚洲开发银行、亚投行各自的定位有何不同。通过这些问题的思考以及安排课堂讨论，帮助学生意识到我国在世界经济中的重要地位和大国担当，激发学生的民族自豪感，树立高度的民族自信心，引导学生正确认识民族复兴的理想与责任。

（六）"第六章　商业银行"的思政教学指南

1. 专业教学目标

商业银行是一国金融机构体系的主体，在信用活动中起主导作用，其业务活动极大地影响着国民经济的运行。本章在介绍商业银行基本知识的基础上，侧重于对商业银行的业务活动、经营管理原则及其业务管理的介绍，让学生对商业银行作为一个重要的信用中介机构有较为全面的理解。具体教学目标如下：

- 了解商业银行的历史及发展趋势；
- 理解商业银行的性质和职能；
- 理解和熟记商业银行的业务种类；
- 了解商业银行的经营管理理论，掌握"三性"方针；
- 理解商业银行的业务管理理论。

2. 重要思政元素及融入点

主要的思政元素和相关知识板块包括：

（1）制度认同。在介绍现代商业银行的产生和发展趋势时，引导学生理解我国现有商业银行模式的来龙去脉，通过对国内外商业银行发展模式的对比，结合全球金融危机中国外混业经营模式发展中暴露出的问题，启发学生认识到中国当前的商业银行经营模式符合中国国情，有助于增强学生对中国特色社会主义道路的认同感，增强学生的制度认同和自信。

（2）创新意识。在讲授商业银行的业务时，通过介绍商业银行业务创新与金融科技之间的关系，结合相关业务创新案例，让学生认识到商业银行业务的创新都来自金融服务需求的拉动或新技术的推动，让学生理解创新的本质是在既有的知识基础上推进知识边界，创新方法则主要是找到知识和技术等的新组合、新应用，增强对创新的认识，培养学生的创新意识，激发学生参与创新的热情和兴趣。

（3）社会责任。商业银行作为一个特殊的企业，经营中要协调"三性"之间的关系，尤其要注意安全性，提高风险意识，牢记金融企业所必须承担的社会责任。在讲授商业银行经营管理原则和经营管理理论时，结合案例，加深对经营管理理论的理解和认知，既要关注商业银行的微观管理也要注意新调控体制下宏观审慎监管的要求，突出强调商业银行的社会责任问题。

通过向学生讲解普惠金融相关知识，让学生了解商业银行精准扶贫的成果；通过中国银行"原油宝"产品被罚5050万元的风险事件，分析中行业务办理中存在的产品管理不规范、风险管理不审慎、内控管理不健全、销售管理不合规等问题，要让学生牢记金融企业所必须承担的社会责任。

3. 课程思政教学策略实例

采用多种教学手段和策略，在教学内容中融入相关思政元素，例如：

（1）课程思政教学实例一：社会责任。当代大学生是未来金融领域的接班人，要在教学过程中注重培养学生诚实守信、勤勉尽责的职业素养。诚信是现代社会经济运行的基础，金融行业涉及资金的融通，诚信显得更加重要。在讲授商业银行的业务时，可以通过多种方式培养学生诚实守信、勤勉尽责的职业素养。例如鼓励学生平时多关注商业银行业务的相关讯息、邀请银行专业人士以讲座方式介绍银行实务领域的发展动态；上课时可以通过让学生分组表演的方式进行银行业务办理和客户接待的情景模拟，如大堂经理如何接待客户、理财经理如何给客户介绍合适的理财产品等，让学生熟悉业务流程，增强服务意识和团队协作意识；在商业银行业务管理部分，通过播放违规发放贷款等多个视频及组织学生课堂讨论方式强调银行员工的职业操守问题，提醒学生在以后的就业与工作当中要讲诚信，要严格遵守国家的金融法律法规，顺利成长为一名合格的金融从业人员。

（2）课程思政教学实例二：创新意识。随着互联网和人工智能对银行业务的影响，商业银行业务也在不断变化和创新，呈现业务综合化、操作智能化等特点。在讲授商业银行的业务时，结合相关业务创新案例，要让学生认识到业务创新的本质，并强调在业务创新中要注重风险意识。例如以"商业银行互联网存款业务"这个选题，让学生自行查找资料并进行课堂讨论，分析为何在2021年1月中国银保监会发布《关于规范商业银行通过互联网开展个人存款业务有关事项的通知》，明确商业银行不得通过非自营网络平台开展定期存款等业务，以此增强学生对创新的认识，激发学生参与本土化创新的热情和兴趣。

（七）"第七章　中央银行"的思政教学指南

1. 专业教学目标

中央银行是一国金融机构体系的核心，也是国家最重要的宏观调控部门之一。本章主要介绍中央银行产生的客观必然性，了解中央银行制度的发展，认识中央银行的地位与作用，结合中央银行的主要业务思考中央银行在现代经济运行中如何发挥其职能。具体教学目标如下：

- 了解中央银行产生和发展的原因；
- 理解中央银行的性质与职能；
- 了解中央银行的基本业务，掌握中央银行体制的类型；
- 理解中央银行的独立性问题。

2. 重要思政元素及融入点

主要的思政元素和相关知识板块包括：

（1）四个自信。在介绍中央银行制度的发展趋势时，启发学生认识到我国中央银行制度的发展演变符合中国经济建设的需求和中国国情，而且中央银行制度还在不断推进，与中国特色社会主义市场经济建设相适应，例如搭建符合我国国情的双支柱调控框架，增强学生对中国特色社会主义的制度认同和道路自信。

（2）创新意识。在讲授中央银行的业务时，通过对近些年来国内外中央银行资产负债表的分析，深刻理解不同国家中央银行在出现市场波动以及金融危机时调控中采取的创新手段，着重介绍中国经验，分析中国流动性管理工具创新的背景及结果，增强中国特色社会主义的务实创新意识。

（3）辩证思维。在对比国内外中央银行业务时，强调中央银行调控工具需要正确使用，不同的业务开展是金融市场发展水平和国情等因素决定的，甚至同样工具在不同国家使用方式也不同，启发学生不要人云亦云，既要学习借鉴西方市场经济理论和金融理论，又要综合考虑我国基本国情和发展路径，理性看待中央银行职能在不同国家和不同时期的发挥，培养辩证思维，激发学生研究中国问题、参与本土化理论研究的热情和兴趣。

（4）社会责任。中央银行作为一国金融机构体系的核心，其业务办理主要是为了履行相应的职责，其职责也在不断地发展演变。在讲授中央银行业务时要注重强调业务经营的非盈利性，突出不同时期中央银行要承担的社会责任问题。中国的双支柱调控框架能够更好地将币值稳定和金融稳定结合起来，支持形成以国内大循环为主体、国内国际双循环相互促进的新发展格局，可以突出强调中国中央银行双支柱调控框架下的社会责任问题。

（5）全球视野。结合国内外中央银行制度的变化，以及危机之后中央银行制度及调控理论及手段的变化，让学生了解中央银行相关领域的前沿理论及实践，培养国际化视野。

3. 课程思政教学策略实例

采用多种教学手段和策略，在教学内容中融入相关思政元素，例如：

（1）课程思政教学实例一：四个自信。通过对国内外中央银行体制的对比，在讲授不同中央银行制度类型时，结合我国国情让学生认识到我国中央银行制度虽然建设较晚，但是在演变中不断适应我国经济金融发展变化进行变革。例如对中国人民银行来说，2017年可视为一个重要节点，中共十九大报告提出要健全货币政策和宏观审慎政策双支柱调控框架。可以让学生思考中共十九大报告提出要健全双支柱调控框架，这向市场发出了什么信号？如何理解"双支柱调控框架"的内涵？通过对党的十九大第一次将双支柱调控框架写入中央文件的介绍，让学生理解"货币政策＋宏观审慎政策"双支柱调控框架实际上确立了中国央行集维护币值稳定和金融稳定职责于一身的定位，这也是2008年全球金融危机以来，中国央行结合国内外经验教训逐步构建的成果，与中国央行近年来在金融宏观体系架构上的积极探索和实践分不开。以后中央银行如何完善"双支柱调控框架"，支持形成以国内大循环为主体、国内国际双循环相互促进的新发展格局？这些都是关乎中国未来金融改革和发展的重要问题。通过学习增强学生对中国特色社会主义道路的自信及中国特色社会主义市场经济的认同感，在专业学习中更加努力，为中华民族的伟大复兴而努力。

（2）课程思政教学实例二：创新意识。在教学中可以让学生组成学习小组阅读并搜集相关资料，就各国央行资产负债表进行专题讨论。在分析人民银行资产负债表时，要结合与美国、日本等国的比较分析，梳理各国央行业务比重的变化和宏观调控方式的不同，注重引导学生讨论理论与实践、外国与中国的差异，对我国在不同时期央行业务比重的变化进行深入分析，总结出我国央行如何进行流动性管理创新，进而构建有中国特色的中央银行宏观调控体系框架，帮助学生深刻理解创新的原因和效果，增强实践创新意识。

（3）课程思政教学实例三：社会责任。在全球新冠肺炎疫情发生以来，主要经济体普遍采取降低逆周期资本缓冲、流动性要求等政策举措，及时释放宏观审慎政策缓冲，发挥了良好作用。教学中指导学生查阅《货币政策执行报告》等文件进行资料整理，结合不同阶段我国货币政策的取向和效果，课堂讨论我国央行如何通过相应业务体现调控框架下的社会责任问题。例如2020年人民银行推出了3000亿元抗疫专项再贷款和1.5万亿元普惠性再贷款再贴现，这些都是直达实体企业的货币政策工具；2020年6月人民银行进一步完善结构性货币政策工具体系，创设普惠小微企业贷款延期支持工具和普惠小微企业信用贷款支持计划两个直达实体经济的货币政策工具，持续增强服务小微企业政策的针对性和含金量。

（八）"第八章　金融监管"的思政教学指南

1. 专业教学目标

金融机构的高风险性、风险的传染性及金融市场的失灵，使得政府有必要对金融机构和金融市场进行监管。本章主要讲解金融监管理论的发展与演进、金融监管体系的构成、金融监管组织结构变化的原因、我国金融监管体系的构成及金融监管的主要内容等。具体教学目标如下：

- 理解金融监管的必要性；
- 了解金融监管的一般理论；
- 掌握金融监管体制的类型及发展趋势；
- 了解我国金融监管体制的现行框架及形成原因；
- 了解金融机构监管的内容与方法。

2. 重要思政元素及融入点

主要的思政元素和相关知识板块包括：

（1）四个自信。在介绍金融监管体制类型及发展趋势时，让学生了解中国金融监管体制的演进历程，启发学生认识到中国金融监管体制的现行框架符合中国经济金融发展现状，而且还在实践中不断健全符合中国国情的调控框架，与中国金融深化改革相适应，要强调中国特色社会主义金融理论的特色，增强学生的制度认同和制度自信。

（2）全球视野。结合国内外金融监管体制的变化，尤其是对危机之后各国金融监管制度的改革学习，让学生了解金融监管领域的前沿理论及实践，培养学生具备全球和国际化视野。例如在讲授中国存款保险制度时，结合国际存款保险制度的实践和发展趋势，让学生进一步了解我国存款保险制度产生的背景及现行框架设计的思路，培养国际化视野。

（3）辩证思维。对国内外金融监管体制进行比较和思考，让学生理解不同国家或同一国不同时期金融监管体制的差异，取决于一国金融发展水平和国情等因素，帮助学生认识到各种模式各有利弊，西方的不一定是适合中国的，要立足国情理性看待金融监管体制的发展。

（4）社会责任。防范金融风险、维护金融稳定对于一个国家发展具有重要意义。快速发展的金融科技在提升金融服务效率和金融体系普惠性、降低交易成本方面发挥了重要作用，但其跨界、混业、跨区域经营等特征也十分显著。如何在促进金融科技发展和防范金融风险之间取得平衡成为世界各国监管部门共同面对的新问题。通过对国内外新型金融风险案例的分析，加深学生对金融监管必要性的认识，提醒学生在学习金融监管方法和内容时，要注重分析金融监管的社会后果，考虑社会责任。

3. 课程思政教学策略实例

采用多种教学手段和策略，在教学内容中融入相关思政元素，例如：

（1）课程思政教学实例一：四个自信。在讲授不同金融监管体制类型时，让学生通过阅读资料、小组讨论等方式结合危机后各国监管改革的变化，对国内外金融监管体制进行对比，要让学生认识到中国金融监管体制虽然与发达国家相比有所不同，但是在演变中不断适应我国经济金融发展变化进行变革，符合中国国情。因此在专业学习中应更加注重不要过于迷信西方的经济金融理论，要根据本国国情去研究相应的金融监管理论。

（2）课程思政教学实例二：社会责任。教学中通过选择恰当案例、真实事件进行延伸教学的方式，引导学生意识到一国金融监管的必要性，结合对金融科技的发展和各国监管制度变化的学习，强调一国金融监管机构要注重社会责任，致力打造开放、包容、安全的金融生态环境，在符合审慎监管要求的前提下，提升金融业的国际竞争力，在构建"双循环"新发展格局中发挥更大作用。例如，中国银保监会等五部委为何联合发布《关于进一步规范大学生互联网消费贷款监督管理工作的通知》？我国的P2P平台为何被要求全面清理？如何保护金融消费者权益？2019年中国包商银行为什么被接管？金融管理部门为何约谈蚂蚁集团？

（九）"第九章 货币需求"的思政教学指南

1. 专业教学目标

本章着重讲解货币需求的概念、货币需求的分类、影响货币需求的因素、传统货币数量论、凯恩斯的货币需求理论、货币学派的货币需求理论。具体教学目标如下：

- 理解货币需求的含义与货币需求的分类；
- 掌握马克思的货币需求理论；
- 理解传统货币数量论；
- 掌握凯恩斯的货币需求理论及发展；
- 掌握货币学派的货币需求理论。

2. 重要思政元素及融入点

货币需求的含义、货币需求的理论中包含较多的思政元素。其主要的思政元素和相关知识板块包括：

(1) 辩证思维。马克思的货币需求理论是本章中的重要内容，是辩证思维的重要体现。马克思认为：商品的价格取决于商品的价值和黄金的价值，而价值取决于生产过程，由社会必要劳动时间决定。对于纸币流通条件下货币量和价格之间的关系，马克思认为：纸币一旦进入流通，成为商品价值凝结的表现形式后，就不会再退出流通。即商品供给量对货币币值及物价起反作用，商品价格水平会随纸币数量的增减而涨跌。从马克思的观点可以看出，货币币值取决于流通中货币的总量。马克思的这一观点和弗里德曼讲的通货膨胀归根结底是一致的货币现象。

(2) 家国情怀。凯恩斯的货币需求理论提出三大动机，其中的投机动机和利率呈反比关系。目前国际社会普遍进入了负利率时代：2014年6月，欧洲央行将隔夜存款利率降低到-0.1%；2016年2月，日本央行开始实行负利率政策；美国更是开启超发美元，开启全球大宗商品涨涨涨的时代……；中国人民银行行长易纲在2020年10月的《金融助力全面建成小康社会》一文中指出，要管好货币"总闸门"，不让老百姓手中的票子变"毛"……易行长认为一些西方国家将利率降至零甚至负利率，是"不正常的"。通过对比国内外利率政策的差异，让学生体会中国政府对民众的爱护，加强学生的家国情怀。

(3) 社会责任。在给学生讲解凯恩斯货币需求理论中的交易动机时，指出交易动机出于满足人们日常交易需要而产生，它主要和收入有正向关系。这里可以引入日常的餐饮浪费现象对学生进行教育，主张日日清盘行动。食物是靠自己的钱来购买的，但不代表就可以浪费，因为整个社会生产的粮食还是短缺的。大家应该行动起来，杜绝"舌尖上的浪费"。

(4) 理性思维。在讲解古典货币数量理论时，告诉学生金融是现代经济的血液，而不是罩在实物经济上的一层面纱，任何产业如果要发展，都需要金融的支持。通过例举我国现代高铁、大飞机、5G等产业的发展都需要国家层面在金融上的大力支持，让学生理性思考金融对经济发展的重要性，并认识到古典货币数量论的理论局限。

(5) 创新意识。通过对凯恩斯货币需求理论发展的讲解，激发学生的创新意识。凯恩斯学派的后继者们敢于向权威挑战，发展了凯恩斯的货币需求理论中交易动机、预防动机和利率间的关系，将投机的需求从货币和债券扩展到股票等其他资产；货币的需求不仅仅关注利率的高低，还关注风险的高低。从而让学生知晓权威也是可以打破的，尽信书不如无书，创新是引领人类发展的第一动力。

(6) 全球视野。美元作为全球储备货币和贸易结算货币，为美国进行全球资本掠夺、转移经济危机提供便利，帮助美国维护全球霸权。中国已成为世界第二大经济体，并仍在快速发展。尽管人民币国际化刚刚起步，前路漫长艰难，但从长远来看，人民币最有希望打破美元垄断,为世界各国创造更为公正、稳定的国际货币。在人民币国际化的过程中,人民币的货币需求和供给的影响因素会产生变化,而中国要积极做好准备,管理人民币需求变化带来的金融风险。

3. 课程思政教学策略实例

采用多种教学手段和策略,在教学内容中融入相关思政元素,例如:

(1)课程思政教学实例一:理性思维。在讲解古典货币数量理论时,可以分析货币面纱论的历史局限。金融是现代经济的核心,金融的运行不仅直接影响着经济建设的进程,而且在很大程度上关系着社会发展的状况。所以,要构建社会主义和谐社会,就必须充分发挥金融的作用。发展与监管两手抓,促进我国的金融业健康有序发展。具体表现在:金融在现代经济中的核心地位,是由其自身的特殊性质和作用所决定的;金融是现代经济中调节宏观经济的重要杠杆;在现代经济生活中,货币资金作为重要的经济资源和财富,成为沟通整个社会经济生活的命脉和媒介。让学生学会理性思考金融对经济发展的重要性。

(2)课程思政教学实例二:社会责任。在讲解凯恩斯的货币需求理论时,让学生理解货币需求就是人们把现金作为资产持有的行为。持有货币满足人们的三个动机,其中交易动机主要出于满足人们日常交易的需要而产生,交易动机主要和收入有关系。收入高并不代表可以随意浪费粮食。勤俭节约是中华民族世代相传的美德,是践行社会主义核心价值观的必然要求。适量饮食更有利于身体健康,无论在家吃饭,外出聚餐,还是取自助、点外卖,把"够吃就好"作为一种习惯,把"光盘行动"作为一种时尚,合理膳食,拒绝野味,不浪费,不攀比,不炫耀,争做绿色节约消费的实践者。

(3)课程思政教学实例三:创新意识。通过对凯恩斯货币需求理论发展的讲解,激发学生的创新意识,凯恩斯学派发展了凯恩斯的货币需求理论,将投机的需求从货币和债券扩展到股票等其他资产;交易动机和预防动机的需求也和利率有关;而且对于货币的需求不仅仅是关注利率的高低,还关注风险的高低。

(十)"第十章 货币供给"的思政教学指南

1. 专业教学目标

本章着重讲解货币供给的概念、存款货币的扩张与收缩、基础货币与货币乘数、货币供给的理论、货币供求均衡等内容。具体教学目标如下:

- 理解货币供给及货币供给量的含义;

- 理解货币层次的划分；
- 掌握存款货币的扩张与收缩的过程；
- 掌握基础货币与货币乘数的概念及影响因素；
- 掌握货币供求理论。

2. 重要思政元素及融入点

货币层次的划分、存款货币的创造过程、影响存款货币创造的因素、货币供给的理论等内容中蕴含了丰富的思政元素。其主要的思政元素和相关知识板块包括：

（1）制度认同。货币供给乘数受到存款准备金率的影响，我国央行通常根据经济发展的需要来调整存款准备金率，并实行差别存款准备金率。差别存款准备金制度的主要内容是指：金融机构适用的存款准备金率与其资本充足率、资产质量状况等指标挂钩。金融机构资本充足率越低、不良贷款比率越高，适用的存款准备金率就越高；反之亦然。差别存款准备金率可以制约资本充足率不足且资产质量不高的金融机构，说明央行十分注重调控的差异性和灵活性，一方面，保证了政策执行的准确性；另一方面，更利于中小银行转型。通过对这一制度的讲解让学生体会我国金融制度的优越性。

（2）家国情怀。在讲授社会融资规模时，告诉学生社会融资规模指标是全面反映金融与经济关系，体现金融对实体经济资金支持的总量指标。2010年底中央经济工作会议首次提出"保持合理的社会融资规模"，社会融资总量和经济增长之间存在明显的相互影响的关系。如果社会融资规模这个指标的增量较小，说明经济相对比较疲软。针对社会融资规模指标，结合进出口数据、消费数据，对学生进行国情教育，让学生认识到当前中国经济发展中的困难，让学生树立"天下兴亡，匹夫有责"的家国情怀。

（3）社会责任。在讲授存款货币创造过程时，说明金融机构、企业及个人都对存款货币存在影响，这就要求，经济体中的每个企业都要承担起自己的责任，都应该为信用创造贡献自己应有的力量；在讲授影响商业银行存款创造能力的因素时，让学生掌握超额准备金、现金漏损等和个体选择有关的影响因素，每个个体不但要通过工作创造价值，同时也要合理消费和使用资金，承担社会责任。

（4）理性思维。在讲解影响商业银行存款创造能力的因素时，还要将派生倍数公式从最简易模型逐步放松到接近现实的模型，让学生理解当前货币供应量和通胀的产生并不是中央银行自身可以决定的，而是多因素共同决定的结果。同时指出，这个模型没有考虑到国际社会目前已经是一个地球村，其他国家货币的超发会影响中国的M2的规模，让学生理解整个人类社会对货币供应的影响，不能把货币的超发全部归因于金融监管当局。

在进行乔顿模型的推导时，将模型中的字母所代表的含义为学生解释清楚。分析乔顿模型中影响货币乘数的因素：法定存款准备金率、通货比率、活期存款转化为定期存款的比率、超额准备金率，并认真分析数值的变化对货币乘数的影响；即运用数理分析的方法让学生明晰影响货币乘数的各种因素及其对货币乘数影响的方向。

（5）创新意识。在讲授货币供给时，向学生普及我国央行的数字货币，即中国版的 CBDC，央行数字货币是由中国人民银行发行，由指定运营机构参与运营并向公众兑换，以广义账户体系为基础，支持银行账户松耦合功能，与纸钞和硬币等价，并具有价值特征和法偿性的可控匿名的支付工具。我国央行从 2014 年开始研究数字货币并且取得了一些进展，数字货币和电子支付是将来交易支付发展的趋势。

（6）全球视野。本章教学中，可以引入对国内外信用货币的介绍，进而分析当前信用货币发展的趋势、国内移动第三方支付发展的现状、规模和趋势。通过介绍我国央行对数字货币的推广并比较以太币、比特币与一国信用货币，畅想未来电子货币发展的趋势等创新内容。通过货币层次划分依据的不同，让学生理解：金融创新不仅丰富了各层次货币的内容，使每一层次货币包含的种类大大增加，金融新品种的出现也提高了多种货币的流动性；金融创新使得各层次货币与经济运行之间的联系有所改变，也使中央银行货币供给调控的重点处于不断调整中。

3. 课程思政教学策略实例

采用多种教学手段和策略，在教学内容中融入相关思政元素，例如：

（1）课程思政教学实例一：制度认同。差别存款准备金率主要是指金融机构适用的存款准备金率与其资本充足率、资产质量状况等指标挂钩。金融机构资本充足率越低、不良贷款比率越高，适用的存款准备金率就越高；反之亦是。为支持实体经济发展，加大对中小微企业的支持力度，降低社会融资成本，央行对农村信用社、农村商业银行、农村合作银行、村镇银行和仅在省级行政区域内经营的城市商业银行定向降低存款准备金率。央行在实施稳健的货币政策的同时，更加灵活地把支持实体经济放到更加突出的位置，注重定向调控，兼顾内外平衡，保持流动性合理充裕，货币信贷、社会融资规模增长同经济发展相适应，为高质量发展和供给侧结构性改革营造适宜的货币金融环境。定向降准对支持三农问题、精准扶贫和支持中小微企业等具有正向影响。

（2）课程思政教学实例二：社会责任。在讲授信用货币的特点时，可以结合当前我国中央银行管理消费贷的案例。2021 年 2 月 4 日《南方日报》刊登《信贷资金违规流入楼市为何屡禁不止》的报道，指出广州房地产市场中存在经营贷、消费贷等资金借助不法中介机构流入楼市的乱象。广东银保监局迅速组织精干力量，成立6个核查组，已发现经营贷、消费贷涉嫌违规流入房地产市场的问题金额逾3000万元。同时，全国各地如上海、杭州、北京等地也严查经营贷、消费贷资金违规流入楼市乱象。运用经济生活中的真实案例教育学生合理使用贷款资金。

（3）课程思政教学实例三：创新意识。在讲解货币供给时，将央行数字货币的最新发展情况介绍给学生，我国央行从2014年开始研究数字货币并且取得了一些进展，数字货币和电子支付是将来交易支付发展的趋势，当前我国央行的数字货币已经在一定的范围内进行推行，我国央行的数字货币将打破原有教材中的信用货币的构成，流通中的纸币和铸币将大幅减少，当前人们的出行、餐饮等小额支付大多都通过网上进行，已经基本实现了无纸币化，互联网的普及和金融科技的发展改变了现代人们的支付习惯，纸币的使用场景已经越来越少。

（十一）"第十一章　通货膨胀与通货紧缩"的思政教学指南

1. 专业教学目标

本章着重讲解通货膨胀的定义、衡量及类型、通货膨胀的原因、通货膨胀引起的社会经济效应、通货膨胀的治理以及通货紧缩等内容。具体教学目标如下：

- 掌握通货膨胀的含义、度量及类型；
- 掌握通货膨胀产生的原因；
- 理解通货膨胀的社会经济效果；
- 掌握治理通货膨胀的手段；
- 了解通货紧缩。

2. 重要思政元素及融入点

通货膨胀这一章蕴含了丰富的思政元素。其主要的思政元素和相关知识板块包括：

（1）制度认同。在讲解通货膨胀的类型时，比较当前国际国内的通货膨胀水平，说明人民币的坚挺趋势。人民币作为国际储备货币越来越受到国际金融市场的认可，很多国家已经将人民币作为储备货币，中国也和许多国家签订了双边贸易协议。人民币近几年来都表现强劲，就算在2015—2016年期间传言人民币要破7的时候，人民币的表现也非常优异。这体现了中国经济在中国共产党的英明领导下，秀立于世界，体现了社会主义制度的优越性。特别是在新冠疫情爆发后，中国政府的表现也是可圈可点，体现了强大的凝聚力。

（2）家国情怀。通过介绍1997年亚洲金融风暴的案例来对学生进行课程思政教育。以索罗斯为代表的金融大鳄，做空东南亚的货币，其中包括港币。在香港即将回归的前夕，港币被国际资本狙击。中国大陆在此危机时刻，动用了自身的国际储备来应对港币的危机，由于当时人民币限制国际流动而幸免于难。虽然当年港币和人民币都出现了较高的通货膨胀，但相对于东南亚的泰铢、越南盾以及韩元和俄罗斯的卢布来说，港币和人民币的贬值是比较少的。另外，还可以结合新中国治理第一套人民币通货膨胀的例子，让学生感受国家在治理通货膨胀上的信心和决心。

（3）社会责任。引入津巴布韦通货膨胀案例来分析，津巴布韦的通货膨胀可以说上至政府官员、下至普通士兵、农民都应负有责任。中国20世纪80年代末出现的通货膨胀，很多民众的抢购、囤积生活消费品的行为加剧了经济资源的浪费和通货膨胀。教育学生在面对通货膨胀时要有公民的社会责任感，不能助长损人不利已的抢购风潮。

（4）理性思维。在分析通货膨胀效应时，让学生理解并不是所有的通货膨胀都是不好的，温和的通货膨胀可以刺激经济的发展，实物资产的价格会随着通货膨胀的变动而相应升降。一方面，通货膨胀稀释了已有的资产和负债，使债务人受益，而债权人受损；另一方面，通货膨胀有利于政府，而不利于公众，实际上是政府对公众的掠夺。通过对通货膨胀的辩证分析，提升学生理性分析问题的能力。

（5）创新意识。中国数字货币剑指美元霸权，将绕开由美国控制的SWIFT，建立自己的全球清算体系，有力推动人民币国际化。此外，比特币、以太币等去中心化的网络内生加密的区块链技术，也可以有效防止通货膨胀。通过小组讨论、资料整理等方式，启发学生思考通货膨胀与经济危机的关系以及个人应对通货膨胀的工具与手段，锻炼学生的创新思维。

（6）全球视野。引入吴敬琏和周其仁之间的通货膨胀成因争论，来分析国际资本流动对中国外汇储备及基础货币的影响；让学生将人民币的通货膨胀问题放在全球的大框架中来思考，充分理解利率、汇率、通货膨胀率之间的关系。启发学生的思维，拓展学生的全球视野。

3. 课程思政教学策略实例

采用多种教学手段和策略，在教学内容中融入相关思政元素，例如：

（1）课程思政教学实例一：家国情怀。通过讲解1997年亚洲金融风暴的案例来对学生进行课程思政教育。中国为了让西方国家保持对港币的信心，在香港回归祖国怀抱之前将香港的汇率制度改成了货币局制度，但香港回归时不幸发生了东南亚金融危机，中国为了保证香港能顺利安全回归，帮助香港打赢了港币保卫战。通过资料整理、课堂发言等方式帮助学生认识中国政府在港币保卫战中的重要作用，培养学生的家国情怀。

（2）课程思政教学实例二：社会责任。利用津巴布韦货币通货膨胀的案例分析该国货币通货膨胀的原因。2000年的土改是津巴布韦衰败的开始。大量拿到土地的黑人却不会种地，农业受损、社会矛盾激化，津巴布韦国际形象下降，资本外逃，政府却忙于党争而无暇顾及经济，西方的多轮制裁令津巴布韦的经济雪上加霜。21世纪初，津巴布韦开始经历恶性通货膨胀，通货膨胀率升至2004年初的624%，其后降至三位数字低位，之后攀升至2006年4月1042.9%的新高。2006年2月，津巴布韦政府印了非常多的津巴布韦元来换取外币，以支付国际货币基金组织的欠款、支付兵警300%和其他公务员200%的薪金加幅。2008年12月，津巴布韦政府发行100兆面额的新钞，但实质上仅值25美元。津巴布韦央行没有货币政策独立性，疯狂超发货币迎合国内政治需要。同时实行汇率双轨制，管制官方汇率。一方面津元（津巴布韦元）急速贬值，持续恶性通货膨胀；另一方面，官方汇率保持稳定，造成了与市场汇率的巨大差别，因此官方换汇指标造就了巨大财富和巨大的腐败。从该案例可以看出，上至政府官员、下至普通士兵、农民对津巴布韦的通货膨胀都负有责任。

（3）课程思政教学实例三：创新意识。美元的不断宽松会威胁美元的国际货币地位。当前，中国正在研究央行数字货币，数字货币的推广将重构传统金融业；中国数字货币剑指美元霸权，将绕开由美国控制的SWIFT，建立自己的全球清算体系，有力推动人民币国际化。同时，比特币、以太币等完全去中心化的网络内生加密的区块链技术，可以有效防止通货膨胀。通过和学生探讨金融科技的发展，培养学生的创新意识。

（十二）"第十二章　货币政策"的思政教学指南

1. 专业教学目标

本章着重介绍货币政策的概念和目标、为了实现货币政策目标可以使用的货币政策工具、货币政策的传导路径以及货币政策的效应。具体教学目标如下：

- 理解并掌握货币政策的概念和目标，包括最终目标和中介指标；
- 理解并掌握货币政策工具，包括其选择和作用机制；
- 理解并掌握货币政策传导机制的主要理论；
- 了解货币政策的效应。

2. 重要思政元素及融入点

货币政策从目标到工具，再到各种工具的应用，素材多、维度广，蕴含了丰富的思政元素。其主要的思政元素和相关知识板块包括：

（1）制度认同。在介绍中国和国外的货币政策目标时，帮助学生认识到货币政策四大最终目标之间是有矛盾的，不可能全部都满足，最终选择哪一个作为最终目标，是要基于自己国家的情况来抉择的。中国的货币政策目标是："保持货币币值的稳定，并以此促进经济增长"。中国这么多年的实践经验证明，中国的货币政策目标完成的情况处于世界前列。货币政策的最终目标以及相应采取的货币政策和财政政策，和中国社会主义市场经济建设相适应。帮助学生认识到中国走出了中国特色的社会主义市场经济道路，增强学生的政治认同和制度认同。

（2）家国情怀。在介绍中国的货币政策工具时，讲解中国货币政策工具应用的转变过程，帮助学生了解到中国货币政策的应用也在不断进步、与时俱进。常备借贷便利、中期借贷便利等工具在棚户区改造中起到了重要的支持作用，临时流动性便利等工具也在疫情中为市场解了燃眉之急。由此让学生认识到，金融是国家发展不可或缺的动力之一，我们的金融需要不断的创新，也需要有新的更适应现代中国社会发展需要的货币政策工具。同学们在专业学习中应更加努力，为中华民族的伟大复兴而努力，激发学生的家国情怀和爱国热情。

（3）社会责任。在讲解中国的《货币政策执行报告》时，帮助同学了解中国实行的"三档两优"的存款准备金制度，即针对大中小银行有不同的准备金率，对普惠金融特别是支持三农的银行更有优惠政策。中小城商行和农商行实行更优惠的存款准备金率，是给他们更多政策支持中小企业发展，支持农村农业农民的发展，是促进他们承担社会责任的重要措施。我们每个人都有自己的社会责任，希望激发同学们的社会责任感，更加努力的学习，将来服务社会。

（4）理性思维。在分析货币政策目标选择时，必须清楚地认识到四个最终目标之间的矛盾，选择是基于理性分析、结合国情做出的最优选择。通过分析，促使学生理性看待目标选择。

（5）创新意识。通过对利率走廊以及中国人民银行不断创新的货币政策工具的介绍，让学生了解金融领域中不同层面的创新概念和创新来源，增强学生的创新意识；再结合专业知识训练，培养学生的创新能力。

（6）全球视野。通过对国内外货币政策工具的介绍，让学生了解货币政策相关领域的国内外情况，帮助学生具备全球化视野。

3. 课程思政教学策略实例

采用多种教学手段和策略，在教学内容中融入相关思政元素，例如：

（1）课程思政教学实例一：制度认同和社会责任。在讲授货币政策工具时，结合新冠疫情期间中国人民银行发布的《货币政策执行报告》，全面介绍中国货币政策工具在新冠疫情期间的使用情况，启发学生认识到中国货币政策在贯彻货币政策目标、支持中国实体经济恢复以及在维护普通民众正常生产生活等方面所做出的努力。启发学生认识到中国社会主义制度的优越性和中国社会主义市场经济建设的成就，中国的金融市场已经取得了长足的进步，中国的货币政策传导也较为通畅。启发学生认识到走中国特色的社会主义道路是中国发展的必由之路，中国的货币政策执行机构、中国的金融市场，也正在担负起应有的责任，由此增强学生的制度认同、政治认同和社会责任感。

（2）课程思政教学实例二：创新意识。在讲授货币政策工具时，介绍我国利率走廊建设的情况。利率走廊既是调控利率的重要工具，也是我国利率市场化的重要体现，中国的货币政策工具已经不再局限于存款准备金率、再贴现再贷款利率等基础工具，而是创造更多采取灵活的、盯住市场的创新工具。通过对相关工具的分析和讨论，引导学生明白创新是市场发展的需要，监管和调控也需要创新。

（十三）"第十三章　金融发展与金融稳定"的思政教学指南

1. 专业教学目标

本章着重介绍金融发展的含义、衡量指标和意义、金融的脆弱性导致的金融危机、金融稳定的目标以及维护金融稳定的主要措施。具体教学目标如下：

- 理解并掌握金融发展的含义和基本指标；
- 理解金融发展与经济发展的相互作用；
- 理解金融的脆弱性；
- 了解东南亚金融危机和美国次贷危机引起的全球金融危机的原因；
- 理解并掌握金融稳定的概念、目标和主要内容；
- 了解维护金融稳定的主要措施。

2. 重要思政元素及融入点

本章案例素材丰富、维度广，蕴含了丰富的思政元素。其主要的思政元素和相关知识板块包括：

（1）制度认同。中国一直坚持金融为实体经济服务，一直坚持有中国特色的社会主义制度的金融发展。无论是东南亚金融危机，还是次贷危机，中国都通过社会主义市场经济的调节功能成功化解，推动社会经济得以顺利平稳发展，这是社会主义本质特性决定的，也是中国政府坚持有中国特色的社会主义市场经济道路决定的。本章的学习将帮助学生认识到中国走出了具有中国特色的社会主义市场经济道路，增强学生的政治认同和制度认同。

（2）家国情怀。金融要市场化，金融也要对外开放，中国一直在努力。同时，我们也重视金融的脆弱性，如何在推进金融发展越来越好、市场越来越开放的同时，防范系统性金融风险，保持金融稳定，需要一代又一代金融人的努力。教育同学们在专业学习中应更加努力，为中华民族的伟大复兴而努力，激发学生的家国情怀和爱国热情。

（3）社会责任。在讲解东南亚金融危机和次贷危机时，帮助同学们了解到两次危机发生的根本原因，以次贷危机为例，信用评级机构、投资银行、商业银行都在推波助澜，从根本上没有守住自己的底线，没有承担自己应有的社会责任，最终酿成了全球金融危机。我们每个人都有自己的社会责任，希望激发同学们的社会责任感，更加努力的学习，将来服务社会。

（4）理性思维。在分析危机中的金融机构和金融产品消费者时，帮助学生认识到很多机构和投资者都是只看到了利益，而忽视了风险。必须清楚的认识到权利和义务并存、风险和收益共生，无论是做出什么决策，都要基于理性分析。

（5）创新意识。在讲解次贷危机的时候，可以联系蛋壳公寓破产事件展开分析。资产证券化作为一种创新发挥着重要作用，把资产证券化应用于公寓租赁也是一种创新。但是当应用这个创新的人忽视风险，它就只是一把利剑。通过相关案例的介绍，让学生了解金融领域中不同层面的创新概念和创新来源，从风险角度全面认识创新。教导学生既要增强创新意识，也要有风险意识。

（6）全球视野。通过讲解东南亚金融危机和次贷危机带来的全球性影响，包括中国在应对几次危机中所做的巨大努力，帮助学生理解经济全球化下，必须具备全球视野才能更好的应对各种挑战。

3. 课程思政教学策略实例

采用多种教学手段和策略，在教学内容中融入相关思政元素，例如：

（1）课程思政教学实例一：制度认同与全球视野。在讲授金融危机时，以东南亚金融危机为例，从事件的发展，到金融危机蔓延成经济危机，启发学生从多个角度思考危机爆发的原因，启发学生讨论为什么危机发生在东南亚，为什么游资有机可乘，也启发学生理解为什么中国可以顺利度过。使学生认识到中国社会主义制度的优越性和中国社会主义市场经济建设的成就，使学生认识到走中国特色的社会主义道路是中国发展的必由之路。此外，中国的货币政策执行机构、中国的金融市场，也正在担负起应有的责任。通过前述讲解，增强学生的制度认同、政治认同和社会责任感。

（2）课程思政教学实例二：社会责任与理性思维。在讲授金融危机时，以美国次贷危机为例，介绍危机发生的背景、发展和后果。讲解每一个金融机构应该做什么，结果他们做了什么。启发学生理解金融机构的责任，启发学生理解金融产品消费者自己的责任和义务，帮助学生认识到现在和将来的责任和义务。同时，也启发学生思考，作为理性经济人，到底什么是"理性"。

（十四）"第十四章 外汇与外汇制度"的思政教学指南

1. 专业教学目标

本章着重介绍外汇的概念、汇率的标价方法、汇率的决定理论、汇率的经济影响以及汇率制度。具体教学目标如下：

- 理解并掌握外汇的概念和外汇的标价方法，以及外汇的构成；
- 理解并掌握汇率的决定理论；
- 理解并掌握汇率的经济影响；
- 了解汇率制度。

2. 重要思政元素及融入点

外汇与外汇制度的学习能够帮助同学更好地了解国际金融的作用并更好地理解我国的外汇制度。其主要的思政元素和相关知识板块包括：

（1）制度认同。在介绍外汇制度时，帮助学生了解我国外汇制度的发展历史，帮助学生认识到，外汇制度关系到一个国家经济的稳定。我国改革开放 40 多年来取得了巨大的成就，经济的高速发展带动人民币在国际范围内更高的认同度，同时，经济的发展也与外汇制度的稳定是分不开的。在介绍外汇制度的发展时，帮助学生理解随着国民经济的发展，我国在不同的历史阶段选择了对国家经济发展更为有利的外汇制度。同时也要帮助同学们理解，判断经济政策的效果，不能仅从事后来看，也要看在制定经济政策时，该项政策是否为最优解，增强学生的制度认同。

（2）家国情怀。在介绍外汇制度的发展历程时，通过描述近代以来，我国外汇制度的发展史，帮助大家了解到，在国际金融规则的制定中，综合国力会影响一国在国际上的话语权。通过梳理我国参与国际金融市场的历程，帮助学生了解金融制度是一个国家发展必不可少的基础制度。一个国家如果综合国力不强，制度建设不完善，那么其货币在国际市场上的认同度将会比较低。由此，同学们在专业学习中应更加努力，为中华民族的伟大复兴而努力，激发学生的家国情怀和爱国热情。

（3）社会责任。结合中信泰富外汇合约巨亏案例，帮助同学了解外汇期货合约的风险，同时介绍在外汇期货交易领域实力较为雄厚的银行，帮助同学了解我国商业银行在衍生品交易领域的一些不足。由此激励学生应该更好地学习专业课知识，增加自身的专业知识储备，在投身工作领域以后，才能够更好地回馈我国的金融工作事业。

（4）理性思维。在分析外汇制度时，帮助学生认识到，任何制度的设计都不可能十全十美，不可能兼顾所有目标。而只能在当下的国际国内金融环境下，做出最优选择。通过分析，培养学生理性看待外汇制度。

（5）创新意识。通过对外汇产品的分析，让学生了解外汇领域的创新金融工具，培养学生的创新意识，再结合专业知识训练，培养学生的创新能力。

（6）全球视野。通过对国际外汇市场的介绍，让学生了解外汇市场的国际国内情况，理解外汇市场的运作模式，帮助学生具备全球化视野。

3. 课程思政教学策略实例

采用多种教学手段和策略，在教学内容中融入相关思政元素，例如：

（1）课程思政教学实例一：家国情怀与社会责任。在讲授汇率的决定理论时，结合索罗斯狙击英镑的案例，帮助学生更好地理解汇率决定理论中的利率平价理论，更好地理解《马斯特里赫特条约》以及欧元区的形成。由此帮助学生了解经济发展对于金融安全的重要作用。同时，结合东南亚金融危机，讲授我国在维护国际金融市场稳定当中所起到的重要作用，引导学生认识到，完善的金融体系和强大的国力，对于国家抵抗国际金融市场的动荡方面所发挥的重要作用。引导学生认识到，我国社会主义制度的优越性以及中国社会主义市场经济建设的成就，激发学生的爱国情怀，鼓励学生努力学习，为我国的金融建设贡献力量。

（2）课程思政教学实例二：制度认同。在讲授人民币国际化进程时，介绍人民币在国际结算和国际贸易领域所起到的重要作用。随着人民币国际化进程不断发展，我国在国际金融市场上的地位逐步上升，在国际金融市场拥有更多的话语权，我国企业在对外贸易中也能够规避汇率风险。引导学生认识到，人民币国际化所取得的巨大成就，提升他们对制度的认同感。

（十五）"第十五章　国际金融体系"的思政教学指南

1. 专业教学目标

本章着重介绍国际收支的概念、构成以及国际收支平衡表、国际储备的构成以及管理、国际货币体系的变迁。具体教学目标如下：

- 理解并掌握国际收支的概念；
- 理解国际收支平衡表的类目；

- 理解国际收支的平衡与调节；
- 了解外汇储备的构成与管理；
- 了解国际货币体系。

2. **重要思政元素及融入点**

国际金融体系包括很多国际收支与国际货币体系方面的基础知识。其主要的思政元素和相关知识板块包括：

（1）制度认同。中国一直坚持金融为实体经济服务，无论是次贷危机、贸易战还是新冠疫情期间，中国都一直坚持中国特色社会主义制度之下的金融体系。抗击新冠疫情期间，中国经济在世界经济中一枝独秀，为金融市场平稳发展奠定了基础。通过对本章的学习，帮助学生认识到中国特色社会主义制度是我国近年来在国际金融市场取得巨大成就的坚定基石，坚定学生的道路自信、理论自信、制度自信、文化自信。

（2）家国情怀。在讲解国际金融市场的发展历程时，结合我国近年在国际金融市场上发挥的重要作用以及我国融入国际金融市场的历程，鼓励学生为我国的金融建设事业努力。任何成就都不是一蹴而就的，需要大家为了中华民族的伟大复兴努力学习，激发学生的家国情怀和爱国热情。

（3）社会责任。在讲解国际收支平衡表时，结合国际收支的平衡和失衡对于经济的影响，帮助同学了解到，平衡的国际收支平衡表对于经济发展的重要意义。而良好的国际收支和强大的国力是分不开的，鼓励同学认真学习，激发同学们的社会责任感，将来服务社会。

（4）理性思维。在分析国际收支平衡表时，通过对国际收支平衡表计算科目的规则的介绍，帮助同学认识到，学习要借助理论框架，不能只看表象、忽视内在联系，鼓励学生在今后的工作和学习中保持理性思维。

（5）创新意识。在讲解国际储备时，激发学生的头脑风暴和发散思维，探讨哪些资产可能成为未来的国际储备资产，比特币一类的数字货币成为国际储备货币的可能性等。结合对于国际储备资产的前沿讨论，让学生更好地了解国际金融市场的新动向，增强学生的创新意识。

（6）全球视野。通过讲解人民币"入篮"以及我国的国际收支平衡表，帮助学生理解经济全球化下，必须具备全球视野才能更好的应对各种挑战。

3. **课程思政教学策略实例**

采用多种教学手段和策略，在教学内容中融入相关思政元素，例如：

（1）课程思政教学实例一：制度认同与全球视野。在讲授我国人民币"入篮"

时，讲解我国人民币"入篮"的历程，结合我国加入"国际货币基金组织（IMF）"的历史，多角度启发学生从更多角度思考人民币"入篮"对于我国经济发展起到的意义与作用。启发学生用国际视角看待人民币"入篮"。

（2）课程思政教学实例二：家国情怀。在讲授我国国际收支平衡表时，介绍我国近年来在吸引外资以及国际贸易领域取得的巨大成就，特别是新冠疫情爆发以来，我国在抗击疫情方面取得的巨大成就，为我国国际贸易复苏以及吸引国际投资创造了良好的内部环境，使得我国在全球先实现经济复苏。要求学生搜集查找我国近年来的国际收支平衡表，开展案例分析，启发学生认识到我国近年取得的巨大经济建设成就，增强学生的认同感和家国情怀。

三、《金融学》课程思政教学素材

《金融学》各章节可以采用的课程思政教学素材包括各种阅读材料、案例分析与讨论等，从中提炼出与专业知识紧密结合的各种思政元素，可选用的主要思政教学素材汇总如下：

序号	内容	形式
1	2008年全球金融危机	案例分析
2	1997年东南亚金融危机	案例分析
3	央行数字货币的推广	阅读材料
4	津巴布韦的通货膨胀	案例分析、讨论
5	四川的"交子"——全球最早的纸币	阅读材料
6	麦道夫的旁氏骗局	案例分析
7	郁金香泡沫	案例分析
8	"原油宝"爆仓事件	阅读材料
9	上交所的成立	阅读材料
10	央行的货币系列	视频材料
11	人民币	视频材料
12	中国人民银行2020年第一季度、第二季度《货币政策执行报告》	报告解读、分析讨论
13	中国利率走廊建设介绍	分析讨论
14	东南亚金融危机	案例分析、讨论
15	次贷危机	案例分析、讨论
16	索罗斯狙击英镑案例	案例分析、讨论
17	人民币国际化进程	案例分析、讨论
18	人民币"入篮"	案例分析、讨论

续表

序号	内容	形式
19	中国国际收支平衡表	报告解读、分析讨论
20	易纲《金融助力全面小康社会》（2020年10月）	阅读材料
21	20世纪80年代末的抢购风	案例分析
22	《关于进一步规范大学生互联网消费贷款监督管理工作的通知》	阅读材料
23	银保监会、人民银行2021年1月发布了《关于规范商业银行通过互联网开展个人存款业务有关事项的通知》	案例分析
24	张晓慧．三十而立 四十不惑——从存款准备金变迁看央行货币调控演进[J]，中国金融，2018（23）	阅读材料
25	央行课题组．央行票据是适合中国国情的货币政策工具[N]，金融时报	阅读材料
26	建立在香港发行人民币中央银行票据的常态机制	阅读材料
27	2018年以来央行降准10次，发挥支持实体经济的积极作用	阅读材料
28	中国银保监会消费者权益保护局发布《关于光大银行侵害消费者权益情况的通报》	阅读材料

《公司金融》课程思政教学指南

张震[1]　栾天虹[2]　董晓林[3]　于引[3]　刘爽[3]　王慧[4]　胡恒强[4]

([1]上海师范大学　[2]浙江工商大学　[3]南京农业大学　[4]南京财经大学)

一、《公司金融》课程的专业教学体系与课程思政教学目标

（一）课程简介

公司金融是金融学类专业的专业主干课程和学位课程之一，也是国标的核心课程，定位于帮助学生了解和掌握公司金融学的基础理论和相关实务。课程从财务分析入手，研究公司的投资决策、筹资决策、股利分配决策、营运资本管理决策等公司金融基本问题。通过教学，学生可以了解公司金融三大决策框架，并能够运用所学理论进行相应的实务分析。本课程一般在大二下学期开设，是后续的财务报表分析、固定收益证券、投资组合管理等课程的基础，也有助于与投资银行学、行为金融学等课程结合提升学生的综合应用能力。

公司金融的课程目标在于全面系统地讲述公司金融的基础理论和相关实务，培养学生发现问题、分析问题、解决问题的能力，提升学生的团队合作素质和国际化视野。

本课程可采用 Ross、Jonathan Berk 等编写的教材。同时，根据课时需要，可对教材的部分章节内容做相应的调整或取舍，并根据人才培养目标不断更新、优化课程案例及课程实验，尤其是及时补充中国公司案例。

（二）课程思政教学目标

1. 课程思政特征分析

公司金融是金融学类相关专业的核心课程，更是帮助学生认知公司的投资决策、筹资决策和股利分配决策的重要课程。本课程的授课对象为大学二年级的学生，处于世界观、价值观和人生观形成的关键时期，他们了解一定的专业背景知识，对公司运作、不同金融产品、不同金融市场之间关系的认识还不够深入，但是已经具有一定的政治意识和公民意识。通过润物无声的授课方式，将课程思政融入专业知识中，对学生三观、公民意识和政治意识的塑造具有积极意义，反过来也有助于学生专业知识的学习，自觉将专业能力培养与社会主义建设、中华民族伟大复兴相结合，从而实现立德树人的根本目标。

根据公司金融课程设计的专业特征、知识结构和教学需求，其蕴含的思政元素主要包含在制度认同、家国情怀、社会责任、理性思维、创新意识与全球视野六个方面的维度。

制度认同：公司金融中涉及大量的发达市场中的公司案例，特别涉及相关经济政

策和金融制度，都有助于学生对国内外制度进行比较和思考，帮助学生认识到中国共产党领导的社会主义制度的优越性，从而增强制度认同。本课程把历史唯物主义教育贯穿始终。一方面，它对社会存在与社会意识的关系、社会基本矛盾及其运动规律的揭示，有助于学生理解人类社会前进的方向和发展的动力，可以认识和解决"为何发展""发展为了谁""发展依靠谁"等意义重大的问题。另一方面，它对社会历史发展规律的揭示，有助于学生理解我们能在吸收人类社会一切文明成果的基础上解放生产力、发展生产力，在建设中国特色社会主义的进程中更加充满道路自信、理论自信、制度自信、文化自信。

家国情怀：家国情怀的基本内涵包括家国同构、共同体意识和仁爱之情，有助于增强国家认同和民族凝聚力。本课程的相关案例是彰显家国情怀的重要手段，包括中国公司在改革开放过程中奋斗崛起、成为抗击新冠疫情行动的中流砥柱，以及在公司金融领域做出重要贡献的中国学者等。这些案例是学生了解中国在发展过程中专业人才的缺口状况、实现文化认同、强化家国情怀的重要来源。

社会责任：本课程涉及大量关于公司行为造成重大社会影响的案例，通过对这些案例的分析，一方面让学生加深对专业知识的理解，另一方面提醒学生在利用专业知识时，也要分析其社会后果，要考虑社会责任，要尊重、维护和弘扬契约精神，要具有强烈的法律意识。

理性思维：本课程有很大部分内容涉及分析方法，这需要大量的练习，特别是思维训练，这些训练有助于学生加强对"普遍联系""部分与整体"等概念的认识，有助于理性看待个体最优选择与群体行为的宏观后果，有助于理性看待市场制度、监管规则的制定和选择。

创新意识：本课程的学习有助于学生从产品层面、组织层面和制度层面加强创新意识，专注于对学生创新能力的培养。

全球视野：本课程涉及大量的国内外案例对比，有助于开阔学生眼界，拓展学生的全球视野。

2. 公司金融课程思政教学目标

采用合适的教学方式，体现和强化课程思政元素，融入专业知识，实现以下目标：

接受马克思主义唯物史观、学习使用辩证法分析和解决问题；认同、拥护中国共产党领导的社会主义制度；了解中国国情和中国金融现状，了解中国有关金融制度的作用，具有家国情怀、文化自信和制度自信；形成良好的职业道德和契约精神，具备强烈的法制意识和高度的社会责任感。

二、《公司金融》课程各章节课程思政教学指南

（一）"第一章 公司理财导论"的思政教学指南

1. 专业教学目标

- 介绍公司理财的基本概念；
- 了解不同的企业组织形式；
- 理解公司目标和代理问题。

2. 重要思政元素及融入点

公司金融是一门具有完整理论体系和方法论的技术经济学科，以市场经济作为研究的基础环境，全面地介绍公司资金融通和运用的理论、方法和策略，蕴含丰富的思政元素，主要思政元素和相关知识板块包括：

（1）社会责任。通过讲授公司理财的概念、资产负债表和企业的组织类型，让学生对公司理财和公司财务报表有基本的了解。让学生思考公司如何管理营运资本的问题和公司制企业的优缺点，激发学生对管理公司财务和企业制度的社会责任感。

（2）职业道德。在讲授公司目标和代理问题时，引用华为股权结构存在的代理问题，让学生思考道德规范和公司目标的冲突，通过培养学生的职业道德来规避代理问题风险。

（3）创新思维。资本主义国家长期以来都以股东利益最大化为公司金融的目标，但利益相关者利益最大化的观点也越来越得到大众的认可，管理层与股东之间在利益观点上发生的冲突引发了代理问题。在讲授公司金融的目标时，引导学生思考如何更好地解决代理问题，拓展学生的思维宽度与创新能力。

（4）国际视野。在讲授公司的管制时，通过讲述美国 20 世纪 30 年代证券法的演变和《萨班斯－奥克斯利法案》，让学生了解到其他国家公司治理的管制，并与我国的公司管制作对比，拓展学生的国际视野。

3. 课程思政教学策略实例

采用多种教学手段和策略，在教学内容中融入相关思政元素，例如：

（1）课程思政教学实例一：社会责任。在讲授公司金融的概念和内容、企业的组织类型、公司制企业的特点时，引用美国新型企业组织形式——有限责任公司的例子，分析这种组织形式的优缺点，激发学生为我国建立更优质的企业组织形式或改善相关

制度法规的社会责任感。

（2）课程思政教学实例二：职业道德。在讲授公司理财的目标和代理问题时，引用华为员工持股案例分析缓解管理人员与所有者目标不一致的代理问题的方法，培养学生在面临道德规范与公司目标不一致时的职业道德感与规避代理问题的能力。

（3）课程思政教学实例三：创新思维。引用联想、蒙牛、阿里巴巴、华为等企业运用股权激励方式来解决代理问题的案例，引导学生思考：尽管目前股权激励是解决代理问题最直接最有效的方法，但仍然存在着许多复杂的因素，引导学生思考是否有优化改进的方案，以此激发学生的创新思维。

（4）课程思政教学实例四：国际视野。向学生讲授其他国家公司治理的管制，借用美国20世纪30年代证券法的演变和《萨班斯－奥克斯利法案》的例子，介绍目前国际上其他国家公司管制的重点与要求，并与我国的公司管制重点对比，分析优势与不足，培养学生国际视野与借鉴他者优势的能力。

（二）"第二章　财务报表、税与现金流量"的思政教学指南

1. 专业教学目标

- 了解资产负债表、利润表的主要内容；
- 理解会计利润和企业现金流量的区别与联系；
- 掌握经营性现金流。

2. 重要思政元素及融入点

（1）社会责任。在讲解营运资本、公司现金流量时，带领学生思考经营性现金流与经营活动现金流的区别，结合新冠疫情，引导学生思考疫情对公司现金流及经营绩效产生的影响，以此激发学生的大局观和社会责任感。

（2）职业道德。在讲授公司税负时，通过比较平均税率和边际税率的联系与区别，帮助学生理解会计观点和财务观点在分析问题和做出决策上的区别，引导学生思考财务和会计岗位性质的不同，培养学生的职业素养。

（3）理性思维。企业财务报表中最重要的不是企业的利润表而是现金流量表，企业的价值在于其产生现金流量的能力。在讲授企业现金流量的重要性时，帮助学生正确解读企业的财务报表，培养学生的理性思维能力。

（4）国际视野。向学生讲授美国的公认会计准则（GGAP）和国际会计准则（IFRS）的演变过程，让学生结合所学知识比较我国会计准则在公司理财方面与美国的异同，结合泰科公司、达力智公司操控公司现金流的案例，培养学生的国际视野。

3. 课程思政教学策略实例

采用多种教学手段和策略，在教学内容中融入相关思政元素，例如：

（1）课程思政教学实例一：社会责任。新冠疫情背景下，国家制订了一系列的政策帮助企业恢复生产经营，引导学生思考企业如何根据自身实际情况利用相关政策提高经营效益，推动社会经济平稳发展，培养学生的社会责任感。

（2）课程思政教学实例二：职业道德。在介绍利润表与现金流量表时，引用万科的现金流量表与利润表，带领学生从会计角度和金融角度分析公司的利润表以及公司的价值，培养学生的职业敏感性。

（3）课程思政教学实例三：理性思维。运用泰科公司、达力智、阿德菲亚通信等几家公司改变现金流量置于不同标题下的案例，提醒学生要关注企业的总现金流量而非经营性现金流量，从而培养学生的理性思维能力，正确关注企业的财务报表。

（4）课程思政教学实例四：国际视野。向学生讲授美国的公认会计准则（GGAP）和国际会计准则（IFRS）的演变过程，让学生了解到随着经济全球化的发展，会计准则在不同的国家之间的可比性越来越重要；利用泰科公司和达力智公司操控公司现金流的例子，学习美国公司的现金流量管理，让学生利用国际视野理解观察公司会计报表与现金流量管理。

（三）"第三章 运用财务报表"的思政教学指南

1. 专业教学目标

- 掌握财务报表的结构和重要财务比率。

2. 重要思政元素及融入点

（1）社会责任。在讲授财务报表分析时，通过介绍共同比报表和重要财务比率的含义以及计算方法，让学生掌握财务报表的分析方法，理解各项财务比率反映的财务特征。让学生思考部分跻身世界500强的中国公司大而不强的问题，激发学生的社会责任感。

（2）创新思维。通过讲述杜邦分析法，让学生结合具体案例分析、评价并比较两个公司；通过比较ROE和ROA两项财务指标，让学生思考两者对衡量盈利性的作用，培养学生的创新思维。

3. 课程思政教学策略实例

采用多种教学手段和策略，在教学内容中融入相关思政元素，例如：

（1）课程思政教学实例一：社会责任。结合相关财务报表知识，向学生分析跻身世界500强的部分中国公司因注重外部债务融资进行外延性扩张而忽略创新等内涵性发展导致的大而不强的例子，激发学生提高创新能力与学好经营管理知识的意识，培养学生为中国企业提高核心竞争力而努力的社会责任感。

（2）课程思政教学实例二：职业道德。结合苏宁公司陷入债务危机的案例，向学生讲授新冠疫情下公司的融资与转型，培养学生正确使用财务信息、理性分析财务比率的职业道德感。

（3）课程思政教学实例三：创新思维。讲述杜邦分析法时，让学生比较雅虎公司和谷歌公司的杜邦分解，了解两者在相同财务杠杆下资产运用效率的差异；通过比较ROE和ROA两项财务指标，让学生思考两者对衡量盈利性的不同作用、衡量对象的差异，培养学生的创新思维。

（四）"第四章　长期财务计划与增长"的思政教学指南

1. 专业教学目标

- 了解公司的长期财务计划和编制预测财务报表的方法。

2. 重要思政元素及融入点

（1）职业道德。通过讲授公司的长期财务计划和编制预测财务报表的方法，让学生区分财务报表信息的利用与滥用，充实学生的商业和财务术语。引用苏宁近期面临流动性危机的案例，增强学生的职业道德感。

（2）国际视野。类比美国在财务报表分析中存在的问题，让学生们讨论思考我国在财务报表分析中的问题。讲授罗伯特·希金斯对可持续增长率的看法，理解可持续增长公式的内涵与意义，培养学生的国际视野。

3. 课程思政教学策略实例

采用多种教学手段和策略，在教学内容中融入相关思政元素，例如：课程思政教学实例之国际视野。

通过讲述美国财务报表分析的问题，类比我国在财务报表分析中的问题，如跨国公司会计准则不同、公司经营业务不同、会计处理不同等问题。通过让学生学习可持续增长率的含义与体现内容，引导学生运用国际视野深入理解财务报表分析的知识。

（五）"第五章　估值导言：货币时间价值"的思政教学指南

1. 专业教学目标

本章作为估值的导入章节，重点介绍货币的时间价值，具体包括终值和复利、现值和贴现的相关概念及其计算方法，以及终值和现值之间的关系等内容，为后续的金融产品估值的学习奠定基础。具体教学目标如下：

- 理解货币时间价值的概念和产生；
- 了解终值、现值、复利和贴现的概念；
- 掌握复利终值和现值的计算方法；
- 掌握贴现率和投资期数的计算方法。

2. 重要思政元素及融入点

（1）节约意识。在讲授货币时间价值的概念时，强调现实生活中时间价值的存在；让学生充分认识到，当前进行理性科学的消费，提高资金的使用效果，可为未来带来更大的价值回报。这可帮助学生树立正确的消费观，培养学生的节约意识。

（2）理性思维。在讲解复利终值、现值的内容时，可通过分析一些校园贷款的实际案例，让学生意识到，市场的投融资产品纷繁复杂，存在利用人的心理进行欺诈的现象，强调理性投资和融资的必要性，培养学生的理性思维。

（3）民族精神。在讲授复利及其计算原理时，强调复利增长的力量，让学生意识到生活和学习中也蕴藏着"复利效应"，每天的点滴积累，每天对自我的投资，都会随着时间产生从量变到质变的变化，由此培养学生们的艰苦奋斗和坚持不懈的精神。

3. 课程思政教学策略实例

采用多种教学手段和策略，在教学内容中融入相关思政元素，例如：课程思政教学实例之理性思维。

在讲授复利方式下的终值和现值的内容时，紧密联系现实，分析"校园贷"的一些实际案例，向学生揭示校园贷的本质和"利滚利"方式下的校园贷款风险，让学生提升辨别金融产品圈套和陷阱的能力，增强防骗意识，理性对待带有欺诈性、诱导性的广告。此外，这也启示着学生应根据自身实际情况进行理性消费、理性投资，培养学生的理性思维。

（六）"第六章　贴现现金流量估价"的思政教学指南

1. 专业教学目标

本章主要介绍涉及多期现金流的估值问题，具体内容包括多期现金流量的现值和终值的计算原理及其方法，普通年金、预付年金、永续年金、增长型年金的概念和计算方法，复利影响下的利率比较和连续复利的计算，现值原则在贷款偿还方式中的应用等。本章的内容在前一章的基础上有所深入，且总结出的估值原则将在后续章节得到进一步的实际应用。具体教学目标如下：
- 掌握涉及多期现金流量的终值、现值的计算；
- 掌握有限年金、永续年金、增长型年金的计算方法和实际应用；
- 了解利率报价方式的不同，掌握在复利影响下的实际年利率的计算和比较；
- 掌握连续复利的计算方法；
- 掌握不同贷款偿还方式下的计算原理。

2. 重要思政元素及融入点

（1）辩证思维。在运用现值估值原则讲解不同贷款偿还方式时，以及在讲授"连续复利"时，说明量变产生质变原理在金融知识中的体现；让学生意识到，无论是在偿还贷款上，还是生活和学习中的其他事例中，这个道理都是适用的，培养学生的辩证思维能力。

（2）理性思维。在讲授不同贷款偿还方式下的计算时，重点向学生们传达一种理性意识；强调在贷款中，需懂得利用年金的公式计算贷款、推算出利息和本金的比例，懂得对比不同的贷款方式，进行权衡之后理智选择最合适的方式。在这个知识点的教学过程中，可充分让学生意识到，在未来的投资和融资中积极运用所掌握的知识并进行理性选择将是十分重要的，进一步培养学生们的理性思维；运用博彩中奖的例子，让学生利用已学的折现方法计算实际中奖金额的现值；通过了解1926年到2014年美国股市的整体回报，深入了解复利的威力，培养学生对折现现金流估价的理性思维。

（3）社会责任。在讲授终值与现值的概念时，利用生活中常见的助学金贷款、养老金的案例来帮助学生理解正确的时间价值观念，并结合具体数据，教授学生不同年金的计算方法。教育学生避免网贷，营造良好社会理财风气的社会责任感。

（4）职业道德。让学生掌握净现值的概念以及分析方法，了解公司正确投资决策的专业知识。引用近期热议的以理财产品为由的诈骗案例，引导学生树立正确的投资观念和职业道德感。

3. 课程思政教学策略实例

在此章节的知识讲授中，可准备一些具体的贷款偿还的例子作为习题，采取分组的方式，让学生学习利用软件快速计算不同贷款方式下需偿还本金和利息的金额，之后各小组之间进行结果的对比。通过这种方式，让学生们清晰且深刻地认识到不同的选择下结果也不同，需依照自身具体情况选择合适的方式；此外，也可让学生认识到，在做出选择前，需仔细分析各种方式的利与弊，理智地进行权衡。这将有利于培养学生们理性思考、理性判断的能力。

采用多种教学手段和策略,在教学内容中融入相关思政元素,例如:

(1)课程思政教学实例一:社会责任。通过介绍美国联邦斯塔福德补贴贷款的案例,讲述贷款的偿还方式。引用大学生因网贷而负债累累的案例,培养学生的基本理财意识,激发学生营造良好理财风气的社会责任感。

(2)课程思政教学实例二:职业道德。在讲授运用净现值分析法进行公司理财投资时,结合券商员工联手银行高管诈骗顾客购买"内部理财产品"的案例,培养学生树立正确的投融资观念和职业道德。

(3)课程思政教学实例三:理性思维。通过讲述博彩中奖案例,计算实际中奖金额的现值,熟练掌握折现现值与我们日常思想的差异;展示1926年到2014年美国股市的整体回报,让学生理解复利与单利的差异,建立对复利的理性认知,培养学生对现金流的理性思维。

(七)"第七章 利率和债券估值"的思政教学指南

1. 专业教学目标

本章重点介绍债券、债券收益率和利率,具体内容包括债券的基本特征、债券的估值、利率风险、到期收益率的计算,债券的其他特征,债券评级,债券的不同类型,债券市场,通货膨胀和利率,债券收益率和利率期限结构等。具体教学目标如下:

- 了解债券的基本要素、重要特征和各种类别;
- 掌握债券价值和到期收益率的计算方法;
- 理解利率和债券价值的关系;
- 了解债券市场的基本要素、报价知识和债券评级;
- 掌握利率期限结构的各种形态和形成原因。

2. 重要思政元素及融入点

(1)历史唯物主义。在讲授债券的基本特征时,让学生了解到证券是如何产生的、证券的功能有哪些、生产方式的发展演变与证券产生的关系是什么,运用历史唯物主义分析方法去分析和认识金融专业问题,培养学生的唯物史观。

(2)契约精神。在讲授债券契约和债券评级时,强调债券评级主要是对发行公司信誉的评估,即评价公司违约的可能程度,让学生意识到信用评级的重要性,违约将对投资者造成损失,对公司信誉不利,增强学生对契约精神和诚实守信的重视。

(3)制度认同。在讲解关于债券市场的相关内容时,可简要介绍我国目前债券市场的发展情况,促使学生认识到我国在债券市场发展程度方面与一些发达国家存在一定的差距；但我国一直在出台符合我国国情的政策和制度，正在稳步推动我国债券市场健康发展。通过这些内容，增强学生对我国制度的认同感。

（4）理性思维。在讲解债券收益率和利率风险时，说明证券投资收益与风险的关系：高风险伴随高收益，低风险也只有低收益，让学生懂得辩证地看待收益与风险。在讲授债券价值及其影响因素时，可重点强调信用和风险在产品定价当中产生的重要影响以及三者之间的关系。在金融市场中，信用越高、投资标的风险越小，资产定价也越高。通过此种关系告诉学生，不仅是在金融市场中，生活和工作中亦是如此，很多人、物或事的特点都彰显了其背后的信用程度和风险程度，所以需要理性看待、理性行动。

3. 课程思政教学策略实例

（1）课程思政教学实例一：历史唯物主义。在学习债券的特征和功能时，通过阅读债券的起源和发展历史的相关材料，让学生们明白债券的产生发展与经济状况、社会状况紧密相关，特别是与生产关系的变化息息相关。在这个过程中，提高学生利用历史唯物主义分析方法分析专业知识的能力，培养学生的正确史观。

（2）课程思政教学实例二：契约精神。在讲授关于债券信用评级的内容时，通过分析我国典型的债券违约案例，比如我国首例公司债券欺诈发行案——"五洋债券"违约案；依据信用风险，相应的信用评级也可从投资级别转为"垃圾"债券，列为"堕落天使"的行列。通过这些内容，可让学生充分了解债券违约对公司主体产生的重大影响以及对我国债券市场发展造成的不良影响，从而增强学生对信用的重视程度，懂得秉持契约精神。

（3）课程思政教学实例三：制度认同。在介绍债券市场时，让学生阅读我国债券市场发展报告等材料，帮助学生了解我国债券市场目前的发展状况。我国债券市场与外国一些发展程度较高的债券市场存在一定差距，然而在政策和制度层面上，我国基于国家经济发展的总体背景，积极地鼓励直接融资、推动债券市场定向扩容、加快债市对外开放、强化风险管控，为债券市场的长远健康发展创造了良好的政策环境和制度环境。在教学中，通过让学生了解这些内容，强化制度认同和政治认同。

（4）课程思政教学实例四：理性思维。在讲解债券价值知识时，可选择2018年我国民企债券违约潮案例来进行知识点和思政点的切入。2018年，我国民企债券违约的数量高达120多支，通过数据展现民企债券违约的频繁发生、涉及规模之大，帮助学生结合事件发生背景去理性思考事件背后的原因；并教导学生，在未来的抉择中，懂得充分重视和考虑信用和风险问题，提升理性意识。

(八)"第八章 股票估值"的思政教学指南

1. 专业教学目标

本章主要介绍关于股票和股票估值的知识,具体内容包括普通股估值的基本方法、不同股利增长方式下的估价原理,普通股和优先股的特点以及不同,股票市场的基本介绍等。这将为学习企业投资决策打下基础。具体教学目标如下:

- 掌握普通股估值的基本计算方式,以及股价和股利之间的关系;
- 掌握零增长、稳定增长、非稳定增长(特别是二阶段增长模型)的股票估值方法;
- 了解普通股和优先股各自的特点,掌握两者的区别和联系;
- 了解股票市场的基本运作方式。

2. 重要思政元素及融入点

(1)远见意识。在讲授股票估值时,强调股票价值的实质是其公司的真正价值。在做企业投资决策时,注重全面考察公司的发展情况,盲目跟风进行股票投机行为并不是长远之计;让学生认识到,注重公司本身的价值进行投资更有利于资本市场的健康发展,加强学生远见意识的培养。

(2)社会责任。在讲解股票价格时,讨论股票价格的影响因素,分析企业社会责任的履行对公司股票价格产生的影响;我们国家需要的不仅仅是能提供优质产品和服务的企业,更需要能够积极承担社会责任的企业。通过这些内容提升学生的社会责任感。

(3)爱国情怀。在讲授股票市场时,让学生了解上市公司对我国社会发展的作用,特别是结合时事背景,如了解上市公司在抗击疫情中发挥的积极作用。让学生们意识到,在国家面对重大困难时,无论是公司还是个人都应团结一心共同克服困难,激发学生的爱国情怀。

(4)创新精神。在讲解股利增长时,强调目前不派发股利并不代表公司没有价值或者出现问题,也可能是因为有更好的投资机会;通过分析典型的案例,让学生认识到,必须进行不断的创新才会给企业带来更大的成长机会,启发学生的创新意识,培养创新精神。

3. 课程思政教学策略实例

(1)课程思政教学实例一:远见意识。在讲授股票估值时,通过分析历史上著名的股票投机事件"南海泡沫"和荷兰的"郁金香泡沫"来说明盲目投机的危害;不立足于背后公司的真正价值而只注重短期利益,不仅容易将造成个人投资的失败,也不利于资本市场的健康发展。在做投资决策时,也需学会注重长期投资,放长眼光。通过分析这些内容,培养学生们的远见意识。

(2)课程思政教学实例二:社会责任。在讲解股票估值和股票价值影响因素的过程中,涉及社会责任的思政元素时,可通过组织学生在课堂分小组进行角色扮演的方式,让学生们分别将自我代入创业企业家和投资人的角色当中,从而思考企业家和投资人在经济发展和社会发展中所发挥的作用,领悟不同角色在社会中的定位。通过这种学习方式,让学生充分认识到,今后无论是处在何种角色上,都应具有高度的社会责任感。

(3)课程思政教学实例三:爱国情怀。在本章内容的讲授中,可充分结合时事热点——抗击新冠疫情的背景,让学生通过阅读关于疫情期间上市公司的报道材料,了解我国上市公司在"疫情阻击战"中所作的努力和贡献。在疫情的严峻形势下,很多上市公司在捐款捐物、疫情防控、复工复产过程中展现出了应有的担当,成为中流砥柱,彰显了爱国担当。这让学生深刻认识到,无论是公司还是个体,都在用实际行动共同克服困难,以此激发学生的强烈爱国情怀。

(4)课程思政教学实例四:创新精神。通过分析关于金融机构运用金融科技推出新型产品和新型服务平台等案例,来强调创新对于公司未来股利增长和长期发展的必要性和重要性。在科技不断进步的今天,不论是金融企业还是其他企业,只有充分利用新技术和新方法,推陈出新,才能提升竞争能力,获得长远的发展。让学生了解到,经济的推动需要创新,增强学生对创新的重视,培养学生的创新精神。

(九)"第九章 净现值和其他投资准则"的思政教学指南

1. 专业教学目标

本章是《公司金融》资本预算部分的开篇,在整门课程中具有非常重要的意义。本章着重介绍净现值的基本概念,包括净现值、内部报酬率和获利能力指数的区别和联系,以及回收期法则、贴现回收期、平均会计报酬率等内容,为之后各章的学习奠定理论基础。具体教学目标如下:

- 掌握净现值的基本概念,了解其产生的背景和最新发展;
- 了解回收期法则及贴现回收期;
- 了解内部报酬率、获利能力指数与净现值的区别和联系;
- 了解平均会计报酬率的计算;
- 掌握资本预算实务中各种方法的使用比例。

2. 重要思政元素及融入点

资本预算部分的素材多、维度广，蕴含着丰富的思政元素。其主要的思政元素和相关知识板块包括：

（1）社会责任。在讲授投资准则时，通过典型案例分析投资决策主体选择证券投资准则的重要意义，以及可能造成的社会后果，增强学生的社会责任感和职业伦理道德观念。

（2）理性思维。在分析投资准则时，着重强调"投资准则本身是中性的"的观点，对于投资准则需要正确应用，造成各种问题是投资决策主体对其滥用或错用的结果，因为要对未来现金流做准确预期，对贴现率做合适选择；在对比国内外投资准则选择时，强调不同的市场制度可能对其选择会有一定影响，但是这些准则本质上是相同的。通过这些方式，帮助学生理性看待资本预算、投资准则选择等。

（3）创新意识。通过净现值与内部报酬率、获利能力指数之间的关系介绍，让学生了解资本预算领域中不同种类的投资准则，增强创新意识，再结合专业知识训练，培养学生的创新能力。

（4）全球视野。通过对国内外投资准则对比、特别是国内外资本预算实务等介绍，让学生了解投资准则相关领域的国内外情况，熟悉国际金融市场，具备全球化视野。

3. 课程思政教学策略实例

采用多种教学手段和策略，在教学内容中融入相关思政元素，例如：

（1）课程思政教学实例一：理性思维。在讲授投资准则选择时，告诉同学们不要低估企业家的智慧，企业家会滥用投资回收期法则的情况在现实中并不存在，同时指出准确估计未来现金流和选择贴现率并不容易，要求学生用理性思维面对资本预算决策，让学生明白，偏离理性思维进行决策最终会带来严重的决策失误。

（2）课程思政教学实例二：创新意识。在讲授净现值概念及净现值与相关准则的关系时，通过对不同准则的对比，发现净现值是最为行之有效的方法，让学生认识到，资本预算的投资准则实际上也是通过企业家的创新实践不断发展的。要让学生认识到，创新的本质是在既有的知识基础上推进知识边界。创新方法则主要是找到知识和技术等的新组合、新应用。通过各种投资准则的对比应用，增强学生对创新的认识，培养学生的创新意识。

（十）"第十章　资本投资决策"的思政教学指南

1. 专业教学目标

本章是《公司金融》资本预算部分的第二篇，体现资本投资准则的应用价值。

本章着重介绍相关现金流量（增量现金流量）的基本概念，包括沉没成本、机会成本和附带效应（侵蚀效应和正面溢出效应），项目经营现金流量的不同计算方法（逆推法、顺推法和税盾法），以及贴现现金流量分析的一些特殊情况（评估降低成本的方案、制定竞标价格和评估不同寿命的备选设备）。具体教学目标如下：

- 掌握增量现金流量的基本概念，了解如何确定一项投资的相关现金流；
- 了解沉没成本、机会成本和附带效应；
- 掌握项目经营现金流量的不同计算方法（逆推法、顺推法和税盾法）；
- 掌握贴现现金流量分析的一些特殊情况（评估降低成本的方案、制定竞标价格和评估不同寿命的备选设备），特别是如何评估项目的等值年金成本。

2. 重要思政元素及融入点

资本投资决策部分同样素材多、维度广，蕴含了丰富的思政元素。其主要的思政元素和相关知识板块包括：

（1）家国情怀。在讲授资本投资决策中增量现金流相关附带效应概念时，把上海假定为一家公司，以其引入迪士尼项目分析对于上海现有项目可能产生的侵蚀效应（对欢乐谷主题公园的冲击）和正面溢出效应（带动浦东地区的旅游、餐饮、住宿、会展），提示迪士尼在中国的成功也与其成功进行本土化尝试密不可分，提醒学生在专业学习中应更加努力，为中华民族的伟大复兴而努力，激发学生的家国情怀和爱国热情。

（2）社会责任。在讲述企业制定竞标价格的时候，分析参与项目竞标不同主体的行为博弈，以及可能造成的市场冲击及社会后果，增强学生的社会责任感和职业伦理道德观念。

（3）理性思维。在资本投资决策分析中，再次着重强调"投资准则本身是中性的"的观点，对于投资准则需要正确应用。项目经营现金流量的不同计算方法常常殊途同归。通过这些方式，促使学生理性看待资本投资决策。

（4）创新意识。通过对项目经营现金流量、项目净营运资本、项目资本支出的计算分析，让学生真正理解资本投资决策，增强自身创新意识，再结合专业知识训练，提升学生的创新能力。

（5）全球视野。通过对国内外资本投资决策的案例对比，让学生了解资本投资决策相关领域的国内外情况，熟悉国际金融市场，具备全球化视野。

3. **课程思政教学策略实例**

采用多种教学手段和策略，在教学内容中融入相关思政元素，例如：

（1）课程思政教学实例一：家国情怀。在讲授资本投资决策中增量现金流相关附带效应概念时，以上海引入迪士尼项目作为案例，分析迪士尼进入上海可能对上海现有主题公园项目产生的侵蚀效应，以及对上海的旅游、餐饮、住宿和会展等产业带来的正面溢出效应，启发学生认识到中国市场对于国际资本的吸引力、中国旅游产业正在迎头赶上的发展势头、中国资本投资决策者对于现实世界的充分认知，再结合迪士尼的本土化成功运营，提升学生的家国情怀和爱国热情。

（2）课程思政教学实例二：社会责任。在讲授企业参与项目竞标时，通过讲授历史上中国稀土企业恶性价格竞争的案例，让学生思考企业的个体行为与市场波动、市场效率以及社会影响之间的关系，分析个体利益和社会利益之间在特殊情况下存在冲突的可能性，要求学生思考企业资本投资决策中的社会责任问题，让学生明白，不考虑社会责任而单纯追求个体利益，最终也会损害到个体利益。

（3）课程思政教学实例三：创新意识。在讲授项目经营现金流量计算和贴现现金流量分析的特殊情况时，要让学生认识到：创新的本质是在既有的知识基础上推进知识边界；创新方法则主要是找到知识和技术等的新组合、新应用。通过对等值年金成本法等内容的学习，增强学生对创新的认识，培养学生的创新意识。

（十一）"第十一章 项目分析与评估"的思政教学指南

1. **专业教学目标**

本章是《公司金融》资本预算部分的最后一章，是项目分析由静态分析向比较静态分析的延伸。本章着重介绍项目的敏感性分析、情境分析、盈亏平衡点分析，经营杠杆程度如何影响项目现金流量，以及资本配给如何影响公司接受项目的能力等内容。具体教学目标如下：

- 掌握拟议项目的敏感性分析、情境分析的方法；
- 理解现金、会计和财务盈亏平衡点的确定；
- 掌握经营杠杆程度影响项目现金流量的分析方法；
- 理解资本配给影响公司接受项目的分析方法。

2. **重要思政元素及融入点**

项目分析与评估的素材多、维度广，蕴含了丰富的思政元素。其主要的思政元素和相关知识板块包括：

（1）制度认同。在介绍项目评估的情境分析时，以新冠疫情对医药生物和航空产业的影响为例，对比国内外的不同状况，让学生认识到，尽管中国当前的医药生物产业与国际顶尖水平存在一定差距，但差距在不断缩小，总体而言符合中国经济发展的需求，而且与应对本次新冠疫情危机更加相适应，增强学生的政治认同和制度认同。

（2）理性思维。在分析不同盈亏平衡点时，着重强调财务盈亏平衡点比会计盈亏平衡点更加重要，学生要建立货币时间价值的财务思维。

（3）创新意识。通过对于经营杠杆和资本配给的分析，让学生理解经营杠杆程度如何影响项目现金流量，资本配给又如何影响公司接受项目的能力，增强学生的创新意识，再结合专业知识训练，提升学生的创新能力。

（4）全球视野。通过国内外对比，理解上述方法在项目分析与评估中的通用性，启发学生要具备全球化视野。

3. 课程思政教学策略实例

采用多种教学手段和策略，在教学内容中融入相关思政元素，例如：

（1）课程思政教学实例一：制度认同。在讲授项目分析与评估的情景分析时，引入当前新冠疫情对不同国家相关产业影响的案例。通过医药生物产业和航空产业的对比分析，启发学生认识到中国在本次新冠疫情应对中的顶层设计和自上而下执行的效率；再结合本次新冠疫情中某些发达国家的混乱局面，启发学生认识到发达国家的制度同样存在有很多问题，只有适合自己的才是最好的。通过这些方式，启发学生认识到制度选择是历史发展和现实国情决定的，增强学生的制度认同、政治认同。

（2）课程思政教学实例二：理性思维。在讲授盈亏平衡点分析时，主要比较财务盈亏平衡点与会计盈亏平衡点的差异，让学生思考货币时间价值的意义。

（3）课程思政教学实例三：创新意识。在讲授经营财务杠杆、资本配给等知识点时，让学生认识到：创新的本质是在既有的知识基础上推进知识边界；创新方法则主要是找到知识和技术等的新组合、新应用。通过对相关内容的启发式学习，增强学生对创新的认识，培养学生的创新意识。

（十二）"第十二章 资本市场历史的一些启示"的思政教学指南

1. 专业教学目标

本章是《公司金融》风险与报酬部分的开篇，而风险与报酬的关系是金融研究的根本问题，在整门课程中具有非常重要的意义。本章着重介绍报酬的衡量、历史的证据，通过历史证据得到的相关启示以及资本市场效率。具体教学目标如下：

- 掌握如何评估投资的报酬；
- 了解多种重要类型的投资的历史报酬；
- 了解多种重要类型的投资的历史风险；
- 掌握资本市场效率的含义。

2. 重要思政元素及融入点

资本市场的历史证据素材多、维度广，蕴含了丰富的思政元素。其主要的思政元素和相关知识板块包括：

（1）制度认同。在介绍国内外资本市场的历史发展时，对比中美两国 5 种重要金融产品的历史报酬率和方差，让学生认识到，中国当前的资本市场建设发展虽然相对美国等发达国家具有一定的差距，但差距正在缩小，总体而言符合中国经济建设的需求，而且从十九大以来在不断推进，与上海国际金融中心建设、完善社会主义市场经济建设等相适应，从而增强学生的政治认同和制度认同。

（2）家国情怀。在讲授中美两国 5 种重要金融产品的历史报酬率和方差时，让学生认识到，相比发达国家市场中的交易者和各大机构，本国交易员、金融机构在各方面还有一定差距，因此，在专业学习中应更加努力，为中华民族的伟大复兴而努力，激发学生的家国情怀和爱国热情。

（3）理性思维。通过以上分析，让学生更加充分认识到风险与收益成正比是金融学的最基本规律，促使学生理性看待市场交易和市场机制。

（4）创新意识。通过对资本市场效率的对比，让学生了解金融领域中效率的重要性，增强其创新意识，再结合专业知识训练，培养其创新能力。

（5）全球视野。通过对国内外资本市场发展的对比，让学生了解要在全球市场竞争中立于不败之地，必须熟悉国际金融市场，具备全球化视野。

3. 课程思政教学策略实例

采用多种教学手段和策略，在教学内容中融入相关思政元素，例如：

（1）课程思政教学实例一：家国情怀。在对比中美两国 5 种重要金融产品的历史报酬率和方差时，启发学生认识到中国正在迎头赶上的势头。激励学生为中华民族的伟大复兴而努力，激发学生的家国情怀和爱国热情。

（2）课程思政教学实例二：创新意识。在讲授资本市场效率时，让学生认识到：创新的本质是在既有的知识基础上推进知识边界；创新方法则主要是找到知识和技术等的新组合、新应用。通过对中国资本市场有效性的测度和讨论，增强学生对创新的认识，培养学生的创新意识。

（3）课程思政教学实例三：全球视野。在讲授资本市场效率时，全面对比不同国家资本市场的有效性程度，培养学生的全球化视野。

（十三）"第十三章　报酬、风险与证券市场线"的思政教学指南

1. 专业教学目标

本章是《公司金融》风险与报酬部分的末篇，把风险与报酬分析上升到理论高度，在整门课程中具有非常重要的意义。本章着重介绍期望报酬率和方差，分散化与投资组合风险，以及证券市场线与资本成本等内容。具体教学目标如下：

- 掌握如何计算期望报酬率、方差和标准差；
- 掌握多样化的影响；
- 总结系统风险的原则；
- 描述证券市场线和风险报酬抉择。

2. 重要思政元素及融入点

报酬、风险与证券市场线的素材多、维度广，蕴含了丰富的思政元素。其主要的思政元素和相关知识板块包括：

（1）理性思维。在分析报酬与风险关系时，全面理解均值方差模型的含义，培养学生理性看待市场交易与市场机制。

（2）创新意识。通过对报酬、风险与证券市场线的全面介绍，让学生了解金融领域中不同层面的创新概念和创新来源，增强其创新意识，再结合专业知识训练，培养学生的创新能力。

（3）全球视野。通过国内外资本市场发展的对比分析，让学生了解相关领域的国内外情况，意识到必须熟悉国际金融市场，具备全球化视野。

3. 课程思政教学策略实例

采用多种教学手段和策略，在教学内容中融入相关思政元素，例如：

（1）课程思政教学实例一：制度认同。在全面分析国内外资本市场发展的基础上，对比中国资本市场的建设、发展状况，讲授中国金融市场的顶层设计和自上而下执行建设的效率，再结合 2008 年全球金融危机，启发学生认识系统性风险的重要意义，并结合习近平总书记的相关论述，启发学生认识到只有适合自己的制度才是最好的。通过这些方式，启发学生认识到制度（金融制度）选择其实是历史发展和现实国情决定的，增强学生的制度认同、政治认同。

（2）课程思政教学实例二：创新意识。在讲授系统风险时，让学生认识到：创新的本质是在既有的知识基础上推进知识边界；创新方法则主要是找到知识和技术等的新组合、新应用。但是，创新可能会加大风险，因此要适当地进行风险管理，以此增强学生对创新的认识，培养学生的创新意识。

（3）课程思政教学实例三：全球视野。在讲授系统风险时，结合历次国际金融危机，特别是2008年全球金融危机，进行全面对比分析，从全球视野认识金融危机的成因与治理。

（十四）"第十四章　资本成本"的思政教学指南

1. 专业教学目标

本章是《公司金融》资金筹集部分的开篇，具有承上启下的作用。本章主要介绍不同融资方式下资本成本的计算方法，WACC的计算对于资本预算的作用。具体教学目标如下：

- 掌握普通股、优先股和债券的成本计算方法；
- 掌握WACC和发行成本的计算；
- 了解项目和部分成本的计算。

2. 重要思政元素及融入点

资本成本是公司金融课程的重要章节，上接资本预算的贴现率计算，下接资本结构的资本成本计算，内容集中，涉及的素材多，可以挖掘很多思政元素。其主要的思政元素和相关知识板块包括：

（1）社会责任。在讲授债务资本成本时，通过债务"有借必有还"的基本原则，让学生理解诚信在借贷中的重要作用。当前很多学生在面对各种诱惑时，忽略"有借必有还"的基本原则，甚至无视借贷成本，从而引起了严重的不良后果。通过分析典型案例，引导学生认识到诚信作为一项社会责任的重要意义。

（2）理性思维。在讲授资本成本时，通过对不同融资方式的成本计算，帮助学生理解使用资金是存在成本的。通过典型案例分析资金成本对于个人借贷和项目投资的重要意义，以及忽略资本成本可能造成的社会后果，锻炼学生的理性思维，引导学生理性看待资金的借贷和筹集问题。

（3）职业道德。在讲授债务和股权成本时，通过比较不同融资方式下资本成本的联系与区别，帮助学生理解财务观点在分析项目融资问题方面的重要作用，引导学生思考财务和投资岗位的不同，培养学生的职业素养。

3. 课程思政教学策略实例

采用多种教学手段和策略，在教学内容中融入相关思政元素，例如：

（1）课程思政教学实例一：社会责任。结合资金成本和货币时间价值的知识，向学生分析校园贷的案例。因很多学生借贷时过于乐观，忽略了借贷资本的资本成本和借贷还钱的基本原理，使自己陷入债务危机，甚至造成恶劣的社会影响。通过案例分析帮助学生理解讲诚信在为人处世和未来工作中的重要作用，理解理性考虑借贷行为的重要意义，增强学生讲诚信的社会责任意识。

（2）课程思政教学实例二：职业道德。结合东方金钰上市公司债券违约的案例，向学生讲授在经济新常态情况下，企业应该如何维护自身信用；帮助学生正确认识财务和投资工作的重要作用，正确使用资本成本计算和分析等专业知识，并逐步建立起把知识进行有效利用的职业道德感。

（十五）"第十五章 筹集资本"的思政教学指南

1. 专业教学目标

本章是《公司金融》资金筹集部分的第二篇，体现不同资金筹集的过程和投行的重要作用。具体教学目标如下：

- 了解风险投资市场和其在高新、高风险企业筹集资本时扮演的角色；
- 了解证券是如何销售给公众的、以及投资银行在这一过程中扮演的角色；
- 掌握首次公开发行上市和上市的一些成本；
- 掌握认股权是以怎样的方式出售给现有股东的、以及如何对这些认股权估价。

2. 重要思政元素及融入点

资金筹集部分涉及很多不同的融资方式、融资过程和融资中介，蕴含了丰富的思政元素。其主要的思政元素和相关知识板块包括：

（1）家国情怀。在讲授中国不同融资工具和资本市场的发展时，让学生了解中国资本市场的迅猛发展，中国公司在国外证券市场上市、并购和融资的成功历程，坚定学生们对中国制度的自信，激励学生好好学习专业知识，为中华民族的伟大复兴而努力，激发学生的家国情怀和爱国热情。

（2）创新意识。通过介绍风险投资、公开发售证券、众筹等融资方式和融资过程，让学生真正了解企业发展的生命周期与企业的融资生命周期，引导学生结合所学专业知识，提高融资创新意识，培养创新能力。

（3）全球视野。通过国内外公司的融资方式的案例对比，让学生了解资金筹集相关领域的国内外情况,帮助学生熟悉国际金融市场,具备全球化视野。

3. **课程思政教学策略实例**

采用多种教学手段和策略,在教学内容中融入相关思政元素,例如:

(1) 课程思政教学实例一:家国情怀和诚实守信。通过引入包玉刚创业案例,向学生们介绍包玉刚在创业过程中,基于诚实守信的美好品德与银行达成了长期合作,促进了事业的迅速发展;另一方面,通过讲述包玉刚成功后的先进事迹,激励学生不忘国家和家乡,为国家和家乡的建设贡献力量。

(2) 课程思政教学实例二:制度自信。在讲授筹集资本的时候,引入吉利收购沃尔沃公司的案例,通过向学生讲述吉利收购沃尔沃时的资本筹集和收购的结果,启发学生认识到中国公司相对于国外大公司的实力,大大增强学生们的制度自信。

(十六)"第十六章 财务杠杆与资本结构政策"的思政教学指南

1. **专业教学目标**

本章是《公司金融》筹集资本部分的最后一章,从最低资本成本向企业价值最大化分析转化。本章着重介绍公司财务杠杆的影响、经典的 MM 定理,以及税务和破产对资本结构的影响。具体教学目标如下:

- 了解财务杠杆的影响;
- 掌握有税收和没有税收情况下的 MM 定理;
- 掌握财务和破产对资本结构的选择造成的影响;
- 了解破产程序的要点。

2. **重要思政元素及融入点**

本章素材多、维度广,蕴含了丰富的思政元素。其主要的思政元素和相关知识板块包括:

(1) 理性思维。在分析财务杠杆的作用时,着重介绍不同资本结构对于企业价值的影响,强调不同资金的成本对于企业价值最大化的影响,引导学生理性认识资本结构与企业价值的关系,建立资本结构的财务思维。

(2) 创新意识。对于 MM 定理的分析,可以帮助学生理解通过不断放宽假设条件,得以让理论模型不断接近现实,并进而揭示出不同资本结构对企业价值的影响;此外,引导学生学习建立模型的过程,增强创新意识,培养创新能力。

(3) 全球视野。通过国内外公司资本结构的对比,帮助学生理解不同国家的公司在资本结构决策和资本市场等方面的区别,启发学生要具备全球化视野。

3. 课程思政教学策略实例

采用多种教学手段和策略，在教学内容中融入相关思政元素，例如：

（1）课程思政教学实例一：理性思维。在介绍资本结构时，引导学生认识到杠杆效应是把双刃剑，培养辩证思维方式。通过引入东方金钰的案例，让学生了解负债蕴藏着巨大的财务风险。资金链一旦断裂，便会有多米诺骨牌效应。帮助学生正确认识负债的作用，在以后的工作中理性选择担保和负债。

（2）课程思政教学实例二：创新意识。在讲授不同资金的成本与结构时，引入案例，与创业筹资相结合，引导学生创新性地从融资和资本结构两个方面考虑问题。通过对相关内容的启发式设计，增强学生对创新的认识，培养学生的创新意识。

（十七）"第十七章　股利和股利派发政策"的思政教学指南

1. 专业教学目标

本章是《公司金融》的股东回报部分，而股东回报是投资和筹集资金部分的延续，是一个重要主题。本章着重介绍股利的类型以及支付方式，并讨论了各种股利的区别，具体教学目标如下：

- 掌握股利的种类以及股利如何支付；
- 了解围绕股利政策的决策问题；
- 掌握现金股利和股票股利的区别；
- 了解股利的特殊形式——股份回购。

2. 重要思政元素及融入点

股利政策内容丰富，也可以挖掘出很多思政元素。其主要的思政元素和相关知识板块包括：

（1）制度认同。在讲授上市公司的股利政策时，梳理1990年以来中国上市公司股利分配政策的变化和发展，让学生认识到中国当前的资本市场和上市公司发展的速度，且在十九大以来仍在不断推进，增强学生的政治认同和制度认同。

（2）创新意识。通过股东群体和上市公司类别的对比，让学生认识上市公司和资本市场经营效率的重要性，增强学生的创新意识，再结合专业知识训练，培养学生的创新能力。

（3）全球视野。通过对比国内外上市公司的股利政策，让学生了解国内上市公司与国际上市公司的区别和联系，让学生意识到，必须熟悉国际金融市场和上市公司，必须具备全球化视野。

3. 课程思政教学策略实例

采用多种教学手段和策略，在教学内容中融入相关思政元素，例如：

（1）课程思政教学实例一：制度认同。引入 1990 年以来中国上市公司股利分配政策的发展，对比不同时期中国上市公司股利政策的变化，启发学生认识到中国资本市场和上市公司的发展势头，增强学生们的制度认同和政治认同。

（2）课程思政教学实例二：创新意识。通过股东群体和上市公司类别的对比，让学生了解上市公司股利政策的重要经济意义，启发学生创新思想，结合专业知识，探索上市公司股利分配政策，让学生增强创新意识，再结合专业知识训练，培养其创新能力。

（3）课程思政教学实例三：全球视野。讲授股利政策时，对比国内外上市公司的股利政策，帮助学生了解国内上市公司与国际上市公司股利政策的区别和联系。

三、《公司金融》课程思政教学素材

序号	内容	形式
1	美国新型企业组织形式——有限责任公司	阅读材料
2	阿里巴巴、华为利用股权激励方式解决代理问题	案例分析
3	美国证券法的演变和《萨班斯－奥克斯利法案》	阅读材料
4	万科的现金流量表与利润表	案例分析
5	泰科公司、达力智、阿德菲亚通信公司操纵现金流量	案例分析
6	美国的公认会计准则（GGAP）和国际会计准则（IFRS）的演变	阅读材料
7	世界 500 强的中国公司大而不强的原因分析	阅读材料
8	苏宁公司陷入债务危机	案例分析
9	雅虎公司和谷歌公司的杜邦分解比较	案例分析
10	美国财务报表分析存在的问题	阅读材料
11	美国联邦斯塔福德贷款案例	案例分析
12	券商员工"内部理财产品"诈骗案	阅读材料
13	1926 年到 2014 年美国股市的整体回报回顾	阅读材料
14	"校园贷"实际事例	案例分析
15	债券的起源与发展	阅读材料
16	"五洋债券"违约事件	案例分析
17	《2019 年度债券市场发展报告》（联合资信、联合评级）	阅读材料
18	"南海泡沫"和荷兰"郁金香泡沫"事件	案例分析

续表

序号	内容	形式
19	文章《凝心聚力，上市公司成抗击疫情中流砥柱》（中国证券报）	阅读材料
20	"金融+科技"案例	案例分析
21	2018年民企违约潮	案例分析
22	2020年美股四次"熔断"事件	案例分析
23	2020年"瑞幸咖啡财务造假致股价暴跌80%"事件	案例分析
24	上海迪士尼的本土化运营	案例分析
25	中国稀土产业的恶性竞争	案例分析
26	新冠疫情下的中国医药生物产业	案例分析
27	新冠疫情下的中国航空产业	案例分析
28	中美资本市场历史数据对比	案例分析
29	2008年全球金融危机	案例分析
30	习近平：守住不发生系统性金融风险的底线	阅读材料
31	刘鹤：两次全球大危机的比较研究	阅读材料
32	邵宇：预见未来10年的中国和美国：宏观展望	阅读材料
33	东方金钰债券违约	案例分析
34	创业创新——"船王"包玉刚	案例分析
35	中美上市公司资本结构数据对比	案例分析
36	吉利收购沃尔沃	案例分析
37	中国上市公司1990年以来股利政策变化的历史数据对比	案例分析
38	中美上市公司股利政策的历史数据对比	案例分析

《商业银行学》课程思政教学指南

王东明[1]　潘慧[1]　莫媛[2]

([1]上海立信会计金融学院　[2]南京财经大学)

一、《商业银行学》课程的专业教学体系与课程思政教学目标

(一) 课程简介

《商业银行学》既是金融专业的专业主干课程,也是一门理论与实践相结合的特色鲜明的应用性课程。该课程以我国现行的法律法规和国际准则为依据,主要讲授商业银行的业务经营和管理机制。课程教学中,吸收国外先进银行的管理理念、技术和最新的理论研究成果,同时结合国内银行的最新改革实践和现行做法,通过案例教学和讨论式教学,综合培养学生分析问题和解决问题的能力,缩短理论与实践的磨合期,使学生真正成为应用型、复合型、创新型和具有国际视野的专业人才。同时,围绕立德树人的根本任务,从诚实守信、勤勉尽职、守法合规、风险管理等方面,将商业银行学课程内容和思想政治教育相结合,有效发挥专业课程价值渗透作用。

本课程可采用戴小平教授主编的《商业银行学》(第三版)作为教材,重点讲述银行合规合法经营原则、三大业务和经营管理等内容,侧重商业银行的业务与经营管理,根据教学计划,讲述教材的前十二个章节,并实时融入最新银行实践和理论前沿,如最新商业银行法、大数据风控和智能投顾等,打造开放性教学内容体系,契合应用型人才培养要求。

(二) 课程思政教学目标

1. 课程思政特征分析

《商业银行学》授课对象为三年级本科生,这些学生已完成基础课程学习,如金融学等学科基础课程,而刚开始接触专业课程,正是学习专业知识和塑造"三观"的重要时期。为此,持续强化课程思政建设,深入挖掘课程思政元素,有助于在商业银行知识学习中实现价值引领。从商业银行基础理论、业务到管理,实现所有章节课程思政全覆盖,将知识传授、价值引领和能力培养有机融合,实现专业学习和思政提升的协同效应。

作为金融学课程下的主干专业课程,商业银行学注重理论讲述和实践操作的有机结合。通过本课程的学习,让学生了解商业银行作为我国金融体系"压舱石"的重要性,理解商业银行经营管理的基本原则、三大核心业务和经营管理,正确认识信用、风险管理、绩效管理和合规合法经营等概念,帮助学生树立正确的人生观、世界观和价值观。通过专业知识的学习,培养学生良好的金融职业素养,端正积极向上的人生

态度，使学生能够清楚认识到当代大学生所肩负的历史使命和责任担当，从而为实现中华民族伟大复兴努力奋斗，达到专业课程思政育人的良好效应。

根据《商业银行学》的课程特点和教学设计，结合当代大学生知识获取碎片化、多元化等特征，结合章节教学内容和社会金融时事热点，将其蕴含的思政元素包括且不局限于制度认同、家国情怀、社会责任、诚信品质、创新意识、法治意识和国际视野等维度。

制度认同：制度认同包括对国家、政治制度、阶级、政党、政治理想、政策等的认同。商业银行学讲述我国商业银行发展历程、中国商业银行特色，特别是我国特有的商业银行法律法规和制度政策体系，以及商业银行服务实体经济发展和国家战略发展的具体业务操作等，加之结合国内外的对比学习，能够帮助学生对中国特色社会主义制度的优越性有充足的认识，增强道路自信和制度自信。

家国情怀：商业银行的业务涉及几乎所有的居民和家庭，和学生的日常生活联系紧密，更容易引发学生的共鸣。通过了解商业银行的主要业务，包括存款、贷款和中间业务等，分析银行服务居民和服务社会的职能与作用，阐述商业银行在我国社会主义建设（例如机场、铁路和公路等基础设施建设）中的作用，同时了解我国知名商业银行专家的贡献，让学生在专业学习知识时，增强国家认同感。

社会责任：商业银行是特殊的企业，在追求利润的同时，更加注重安全性和稳健性，承担着我国金融体系"压舱石"的作用。结合全球历次金融危机和银行业危机的发展，让学生了解商业银行专业知识的同时，深刻理解企业和个人承担社会责任的重要性，注重诚信经营，强化风险管理，履行社会责任。

诚信品质：商业银行学课程中关于银行的信用中介职能、贷款过程中的信用评价、增信金融服务等，大量知识点讲述信用的重要性，将此和生活中的诚实守信等有机融合，重点阐述现代市场经济的核心是信用。建设信用中国，需要我们每个人、每家企业和其他社会组织等恪守信用，个人一定要做到诚实守信，建立良好的个人信用记录。

创新意识：商业银行在负债业务、资产业务和中间业务上均有创新产品不断出现，通过对创新产品的学习，促使学生了解创新背景、创新内容和创新特点，以及大数据、云计算等在商业银行经营管理中的应用，进而从不同视角了解创新的意义和作用，培养创新意识。

法治意识：商业银行从设立开始，到产品运营、业务拓展和风险管理等，均受到严格的监管，需要严格遵守法律法规的要求，不能触碰监管的"红线"。从商业银行领域的反腐实践案例等出发，拓展到学生的生活和今后工作，提醒学生要有坚实的法律认知，敬畏法律法规，做到遵纪守法，培养良好的金融职业素养。

国际视野：从国内外商业银行的发展历程，到商业银行的不同危机经历，再到国内外商业银行的业务和实践对比分析，帮助学生了解国内外商业银行的最新发展，理解我国当前"双循环发展格局"的战略意义，帮助学生树立国际视野，拥有全球化意识。

2. 商业银行学课程思政教学目标

课程教学采用线上线下混合教学方式，线上侧重理论知识讲授，线下注重实践业务和讨论互动，并结合最新商业银行的时事热点，有机融合到课程相关知识点中，将专业知识和思政教育深度融合，实现以下目标：

深刻理解马克思主义唯物史观，学习使用辩证法分析和解决问题，认同、拥护中国共产党领导的社会主义制度和社会主义核心价值观，了解中国金融发展历程和商业银行特征，深刻理解我国商业银行在金融体系中的基石作用，增强政治认同感，拥有道路自信、文化自信、制度自信和家国情怀，形成良好的金融职业素养，具备合规合法意识和高度的社会责任感，做合格的社会主义接班人。

二、《商业银行学》课程各章节课程思政教学指南

（一）"第一章　商业银行概论"的思政教学指南

1. 专业教学目标

本章是《商业银行学》的开篇，在整门课程中具有开宗明义的功能。本章着重介绍商业银行的基本概念、职能和地位、组织形式、人力资源管理和经营原则等内容，为之后各章的学习奠定理论基础和宏观视野。具体教学目标如下：

- 掌握商业银行的组织管理和经营原则；
- 理解商业银行人力资源管理的重要性，了解银行职业道德方面的要求；
- 了解商业银行的发展历史及其职能和地位。

2. 重要思政元素及融入点

（1）制度认同。回顾总结新中国成立以来，在党中央、国务院的正确领导下，中国银行业发生了翻天覆地的变化。让学生认识到，我国银行业从成立之初的不健全状态一举变成世界上比较强大的和初具现代化特征的银行体系，为中国经济持续稳定发展提供了强大的金融支持，增强学生的政治认同和制度认同。

（2）家国情怀。在讲授商业银行公司治理结构时，梳理我国商业银行建立现代公

司治理体系的历程。让学生认识到，我国商业银行经历过传统计划经济环境下的垄断发展，2004年的股份制改革开启了商业银行建立现代公司治理体系的征程，遵循国际成熟的公司治理规则，逐步建成了国际资本市场认可的公司治理框架体系。从宏观角度看，商业银行良好的公司治理结构是强化金融监管、防范系统性金融风险的基础。因此，在专业学习中应更加努力，为中华民族的伟大复兴而努力，激发学生的家国情怀和爱国热情。

（3）社会责任。在讲授商业银行人力资源管理时，分析商业银行内部道德风险的典型案例，以及由此造成的经济损失和社会后果，增强学生的社会责任感和职业伦理道德观念。

（4）理性思维。在分析商业银行的经营原则时，强调盈利性、流动性和安全性三者之间既统一又对立的关系，培养学生理性看待风险和收益的关系。

（5）创新意识。通过讲解商业银行组织结构的创新，以及对单一制银行、分支行制银行及控股公司制银行优缺点的介绍，让学生了解金融业国际化背景下银行组织形式的创新动因，增强学生的创新意识，结合专业知识训练，培养学生的创新能力。

（6）国际视野。通过介绍国内外银行业发展概况，尤其是2008年国际金融危机后形成和塑造的全球银行业新版图，让学生了解危机后全球银行业的变迁轨迹，及其转型变革的共同趋势，使学生具备全球化视野。

3. 课程思政教学策略实施

采用多种教学手段和策略，在教学内容中融入相关思政元素，例如：

（1）课程思政教学实例一：制度认同。介绍中国银行业发展历程时，强调2004年1月～2009年1月，国有商业银行股份制改造基本完成；1995年"五法一决定"相继出台，即《中华人民共和国中国人民银行法》《中华人民共和国商业银行法》《中华人民共和国保险法》《中华人民共和国票据法》《中华人民共和国担保法》《全国人民代表大会常务委员会关于惩治破坏金融秩序犯罪的决定》，确立了中央银行的法律地位和金融机构市场化、规范化发展的基本原则。启发学生认识到制度（金融制度）选择是历史发展和现实国情决定的，增强学生的制度认同、政治认同。

（2）课程思政教学实例二：创新意识。在讲授银行组织形式以及金融科技新发展趋势时，让学生认识到，制度层面的创新都是来自于某些新需求的拉动或新技术的推动。让学生认识到创新是在既有的知识基础上推进知识边界，创新方法则主要是找到知识和技术等的新组合、新应用。增强学生对创新的认识，培养学生的创新意识。

（3）课程思政教学实例三：国际视野。通过介绍花旗银行（香港）推出的"Citi Live Chat"平台，以及对法国巴黎银行、英国劳埃德银行、中国工商银行成立"金融科技实验室"等进行介绍,让学生了解国际金融市场的 Fintech 浪潮、全球移动支付的新发展,帮助其在思考问题时具备国际视野。

(二)"第二章 商业银行的负债业务"的思政教学指南

1. 专业教学目标

本章介绍《商业银行学》的负债业务,主要讲解银行外部资金来源渠道。本章着重介绍商业银行的存款业务、非存款业务及存款保险制度,为之后评价银行财务绩效奠定理论基础和微观视角。具体教学目标如下:

- 掌握存款负债的管理;
- 熟悉存款保险制度;
- 了解银行负债的种类及其构成。

2. 重要思政元素及融入点

(1)制度认同。回顾总结新中国成立以来,在党中央、国务院的正确领导下,中国资本市场的快速发展为银行业负债来源提供了多元化的渠道。让学生认识到,我国银行业负债从初期以存款为主转变为由存款和非存款类负债共同构成,先进的社会主义制度为中国银行业的规模扩张提供了成熟的市场环境,增强学生的政治认同和制度认同。

(2)家国情怀。在讲授商业银行存款保险制度时,梳理其产生的经济社会背景。让学生认识到,我国商业银行历史上经历过挤兑风险导致银行倒闭事件,我国从 2015 年 1 月开始推出存款保险制度,即当成员机构发生经营危机或面临破产倒闭时,存款保险机构向其提供财务救助或直接向存款人支付部分或全部存款。从宏观角度看,存款保险制度能够防范系统性金融风险和发挥公共救助机制职能。因此,在专业学习中应更加努力,为中华民族的伟大复兴而努力,激发学生的家国情怀和爱国热情。

(3)社会责任。在讲授存款保险制度时,分析存款保险制度的原理,及其对存款人利益的影响,增强学生的社会责任感和职业伦理道德观念。

(4)理性思维。在介绍银行各类成本概念时,强调存款总量与成本控制之间的关系,银行不仅需要考虑存款总量,银行还要考虑存款结构、利息成本与营业成本占总成本的比重,培养学生理性看待银行的存款成本。

(5)创新意识。通过对美国具有代表性创新存款工具的介绍,让学生了解美国金融管制背景下银行存款产品创新动因,增强创新意识,结合专业知识训练,培养学生创新能力。

（6）国际视野。通过对 1929 年之后美联储颁布金融管理条例的讲解，让学生了解经济大萧条对金融市场产生的影响，以及金融管制对金融秩序恢复的作用，使学生具备全球化视野。

3. 课程思政教学策略实施

采用多种教学手段和策略，在教学内容中融入相关思政元素，例如：

（1）课程思政教学实例一：制度认同。在介绍国外银行业存款产品的创新时，对比中国银行业存款类型、创新情况，结合存款利率市场化以及存款理财产品的规范化运营，启发学生认识到中国当前存款产品发展虽然相对美国等发达国家具有一定差距，但总体而言符合中国经济建设的需求，启发学生认识到制度（金融制度）选择是历史发展和现实国情决定的，增强学生的制度认同、政治认同。

（2）课程思政教学实例二：创新意识。通过对花旗银行存款产品（支票账户）以及美国大多数银行的存款产品特征进行分析，让学生认识到创新的本质，理解金融创新与金融监管的关系，增强学生对创新的认识，培养学生的创新意识。

（3）课程思政教学实例三：社会责任。从存款保险制度、人口老龄化以及系统性金融风险等角度，介绍 2018 年印发的《关于规范金融机构资产管理业务的指导意见》等文件内容，提出我国银行业存款市场的发展趋势和存在的问题，培养学生的社会认知和社会责任感。

（4）课程思政教学实例四：国际视野。在讲授美国金融管制时，指出其在 20 世纪 30 年代维持和恢复金融秩序、40 至 50 年代初美国低成本筹措战争资金、战后美国经济迅速恢复中发挥的作用，尤其针对银行业存款利率管制的 Q 条例，让学生了解国际金融市场的金融自由化浪潮，使其具备思考问题的国际视野。

（三）"第三章　商业银行的现金和证券业务"的思政教学指南

1. 专业教学目标

本章是《商业银行学》的第三章，主要介绍银行的流动性资产。本章着重介绍商业银行流动性的需求与供给、商业银行现金资产管理、证券投资业务等内容，为探索银行流动性管奠定理论基础和微观视角。具体教学目标如下：

- 掌握适度现金资产管理及证券投资的管理；
- 熟悉现金资产的构成和证券投资的对象；
- 了解商业银行的流动性需求和流动性供给。

2. 重要思政元素及融入点

（1）制度认同。回顾总结新中国成立以来，中国银行业在流动性管理方面的改革变化。让学生认识到，为促进我国银行业加强流动性风险管理，维护银行体系的安全稳健运行，我国金融监管部门不断修订商业银行流动性风险管理的相关办法，增强学生的政治认同和制度认同。

（2）家国情怀。在介绍商业银行投资的债券类型时，通过比较商业银行的持债结构和市场结构，让学生认识到政策性金融债券和国债是银行配置的主体，全国性商业银行在成交结构中占绝对主力。从宏观角度看，国债市场的发展是财政政策和货币政策的有机结合，能够发挥诱导资金流向和活跃证券市场交易的作用。因此，在专业学习中应更加努力，为中华民族的伟大复兴而努力，激发学生的家国情怀。

（3）社会责任。在讲授商业银行资金头寸调度流程时，分析商业银行由于头寸不足导致爆发流动性风险的典型案例，增强学生的社会责任感和职业伦理道德观念。

（4）理性思维。在讨论商业银行现金资产适度合理水平的测算、不同条件下银行证券投资策略的选择时，强调成本与收益、风险与收益的关系，培养学生的理性思维。

（5）创新意识。通过比较流动性准备方法、梯形期限策略法、杠铃结构法和利率周期期限决策法在银行证券投资策略中的优缺点，让学生了解不同投资策略及其组合对银行流动性管理的影响，增强学生的创新意识，结合专业知识训练，培养其创新能力。

（6）国际视野。随着国内、国际经济金融形式变化，银行业务经营出现新特点。结合巴塞尔协议Ⅲ中对净稳定资金比例（NSFR）国际标准的修订，介绍我国银行业对流动性风险监管制度的修订，使学生具备全球化视野。

3. 课程思政教学策略实例

采用多种教学手段和策略，在教学内容中融入相关思政元素，例如：

（1）课程思政教学实例一：制度认同。通过介绍1984年中国存款准备金制度建立、1998年存款准备金制度改革、2018年《商业银行流动性风险管理办法》的制定，启发学生认识到制度（金融制度）选择是历史发展和现实国情决定的，增强学生的制度认同、政治认同。

（2）课程思政教学实例二：社会责任。通过中国银行2008年海外证券投资剧变案例，让学生了解美国金融危机背景下外币债券投资对大型商业银行业绩的影响。通过2014年江苏射阳农商行、2020年山西省阳泉市商业银行、河北省保定望都县保定银行等中小银行出现储户集中提款事件，让学生了解政府在维护地方金融秩序和社会环境方面的重要性。

（3）课程思政教学实例三：国际视野。通过对美国四大私营证券评级公司、主权债券在国际金融市场发行、国债品种与期限结构同国际接轨等内容的介绍，让学生了解商业银行证券投资的新发展，使其具备思考问题的国际视野。

（四）"第四章　商业银行的贷款业务"的思政教学指南

1. 专业教学目标

本章介绍《商业银行学》的贷款业务，主要讲解银行如何管理盈利性较高的资产。本章着重介绍贷款业务概念、企业贷款管理、消费信贷管理、票据贴现及贷款风险分类与贷款风险管理，为之后评价银行财务绩效及风险管理奠定理论基础和微观视角。具体教学目标如下：

- 掌握企业贷款、消费者贷款和票据贴现的管理要点；
- 熟悉贷款管理的基本制度和程序；
- 掌握银行贷款风险分类和贷款风险的处理；
- 了解商业银行贷款业务和票据业务的种类。

2. 重要思政元素及融入点

（1）制度认同。改革开放以来，许多相关法律、行政法规先后对金融机构开展贷款业务作了规定，借款合同法律制度也逐步建立和完善。回顾我国商业银行贷款管理制度的重大改革，让学生认识到，我国银行业经营贷款业务，应当遵守法律、行政法规和中国人民银行发布的行政规章，银行与借款人因借贷担保而发生的法律关系，必须遵循平等、自愿、公平、诚信的基本原则。银行贷款管理制度对于支持社会经济发展，提高金融机构的自身经济效益，保障金融业的安全与稳健具有重要意义，以此增强学生的政治认同和制度认同。

（2）家国情怀。在介绍银行贷款业务时，让学生认识到在供给侧结构性改革背景下，我国商业银行紧密配合国家政策，支持经济社会转型，支持"一带一路"建设和京津冀协同发展、长江经济带建设等国家重大战略，为经济结构调整和转型升级提供金融动能。因此，在专业学习中应更加努力，为中华民族的伟大复兴而努力，激发学生的家国情怀和爱国热情。

（3）社会责任。在讲授企业贷款管理时，突出银行业在绿色金融和普惠金融等领域的责任担当，增强学生的社会责任感。讲授消费信贷管理时，结合数字信贷案例，体现商业银行以人民为中心的发展思想，以服务大众追求美好生活为目标的社会责任。讲授票据贴现业务时，结合银行承兑汇票诈骗案，强调银行从业人员守法合规的重要性，增强学生的职业伦理道德观念。

（4）理性思维。在介绍银行贷款风险管理时，强调贷款质量的概念。银行盈利性不仅需要考虑贷款规模，还要考虑贷款质量，培养学生在利率市场化的背景下理性看待银行资产的盈利性，贷款收益和风险是正相关的，应切实优化信贷资产质量。

（5）创新意识。介绍我国处理不良贷款的实践，政府层面从发行特别国债，到成立资产管理公司，再到通过外汇储备核销不良贷款等，机构层面包括资产重组、债权转股权、证券化等渠道创新，让学生了解到随着金融市场的完善，银行不良贷款管理处置水平和能力不断提升，增强学生创新意识，结合专业知识训练，培养学生创新能力。

（6）国际视野。通过比较我国与美国、新西兰、英国商业银行贷款定价模式，让学生了解科学合理地实施贷款定价，对提高银行市场竞争力、盈利能力和资源配置效率的意义，使学生具备全球化视野。

3. 课程思政教学策略实例

采用多种教学手段和策略，在教学内容中融入相关思政元素，例如：

（1）课程思政教学实例一：制度认同。在讲授银行贷款管理制度时，介绍1998年起我国从贷款规模限额控制到资产负债比例管理转变，由此加快深化金融宏观调控方式的改革；介绍贷款利率放开管制的历程，以及最新贷款基础利率集中报价和发布机制（LPR）正式运行；介绍贷款质量分类管理，从1993年《金融保险企业财务制度》中的"一逾两呆"到1998年《贷款分类指导原则》贷款质量五级分类。启发学生认识到制度（金融制度）选择是历史发展和现实国情决定的，增强学生的制度认同、政治认同。

（2）课程思政教学实例二：社会责任。在讲授贷款管理的程序时，介绍关于借款合同的法律法规，从1993年《中华人民共和国经济合同法》、1985年《借款合同条例》到1995年《贷款通则》对贷款合同的管理；在讲授贷款风险分类时，以银行承兑汇票诈骗案为例，从银行从业人员守法合规角度进行解读。由此培养学生的社会认知和社会责任感。

（3）课程思政教学实例三：创新意识。通过梳理中国银行作为发起方的中誉2016年第一期不良资产支持证券案例，以及金融科技助推居民消费信贷增长的案例，让学生认识到创新的本质，理解金融创新与经济发展的关系，增强学生对创新的认识，培养学生的创新意识。

（五）"第五章 商业银行的中间业务（一）"的思政教学指南

1. 专业教学目标

中间业务是继资产业务、负债业务之后，商业银行的另一个重要业务，而且在国内银行收入中的占比逐年提高。本章着重介绍中间业务的基本概念和银行开展中间业务的重要性，在此基础上，梳理中间业务中无风险或风险较低的业务品种，比如支付与代理业务、信用卡业务、现金管理、个人理财、投行与资管业务等，要求掌握各种业务的操作和管理要点。具体教学目标如下：

- 掌握各种中间业务的操作与管理要点；
- 熟悉我国商业银行开展中间业务的重要性；
- 了解商业银行中间业务中无风险或风险较低的业务品种，其概念和特点。

2. 重要思政元素及融入点

中间业务种类多，发展变化快，蕴含了丰富的思政元素。其主要的思政元素和相关知识板块包括：

（1）家国情怀。在讲授中间业务产品的过程中，势必会涉及中外对比，特别是和发达市场的对比，在这个过程中会发现，在中间业务发展之初，国内银行在不少中间业务产品的设计、定价、风险管理等方面，和发达国家存在一定差距。在最近十年，国内银行积极求变、主动转型、开拓创新，这种差距在日益缩小。因此，激励学生在专业学习中应加倍付出，为中华民族的伟大复兴而努力，激发学生的家国情怀和爱国热情。

（2）创新意识。过去国内银行秉承以存贷业务为主的业务模式，获得相应的利差收入。但是在日趋激烈的市场竞争中，如何吸引和留住客户，关键在于产品和服务创新。那些积极应对、及时调整自身角色定位、在产品和服务创新中卓有成效的银行把握住了市场先机，为未来赢得了发展空间，通过对这些内容的讲解激发学生的创新意识。

（3）诚信品质。信用卡是商业银行重要的中间业务品种和盈利来源。但是在其发展过程中，持卡人恶意透支、欠账不还，不法分子欺诈事件等依然时有发生。通过具体案例引导学生关注诚信问题、管理好个人信用。

3. 课程思政教学策略实例

采用多种教学手段和策略，在教学内容中融入相关思政元素，例如：

（1）课程思政教学实例一：家国情怀。在介绍商业银行中间业务概念、种类、发展状况时，通过国内银行中间业务发展前后数据对比、中外数据对比，分析国内银行中间业务发展历史和现状。结合我国和国外先进市场差距的不断缩小，从中可以了解到国内银行中间业务从无到有、从业务种类相对简单到产品线日趋丰富的变化。这种变化是近二十年来国内银行不断学习、努力创新的结果。激励学生不畏困难、迎头赶上、努力学习，将来为行业发展做出自己的贡献。

（2）**课程思政教学实例二：创新意识**。在讲授商业银行现金管理、个人理财业务时，介绍工商银行"资金池"、招商银行"摩羯智投"、平安银行"私人银行"等产品，说明在激烈竞争的市场环境中，银行积极应对，不断创新，满足客户需求。在这个过程中，商业银行将逐步迎来一系列重要变化，包括：角色转变从信用中介向信息中介转化；业务参与度转变：从信贷市场转向整个金融市场；业务结构的转变：从重资产、重资本向轻资产、轻资本转化；经营思路的转变：从提供资金转向提供综合金融服务。在这个过程中，引导学生要积极应对环境变化，努力创新以谋求发展。

（3）**课程思政教学实例三：诚信品质**。在讲授信用卡业务的风险及管理部分，引入相关案例，比如：持卡人恶意透支，不及时归还银行信用卡贷款，构成诈骗罪，最终在银行和公安部门的努力下，被抓获判刑、并处罚金和退赔相关款项等。向学生说明恶意透支的严重后果，在互联网借贷非常便利的当下，要妥善安排个人支出，管理好个人信用，弘扬社会主义核心价值观，促进诚信社会建设。

（六）"第六章 商业银行的中间业务（二）"的思政教学指南

1. 专业教学目标

本章介绍商业银行中间业务中风险较大的担保、承诺和金融衍生产品交易等业务。与上一章稍有不同，除了要求熟悉各种业务的概念和品种，还要求掌握业务的操作和管理要点，特别是风险管理的要求。具体教学目标如下：

- 熟悉各种业务的概念、品种；
- 掌握各种业务的操作与管理要点。

2. 重要思政元素及融入点

本章主要的思政元素和相关知识板块包括：

（1）**理性思维**。金融衍生品具有高杠杆高风险特性，因为金融机构的不当使用，出现了很多投资失败的案例，从而也导致了对衍生品交易的误解。引导学生用理性思维看待衍生品，不能一概而论。如果把衍生品当作对冲工具使用，可以非常有效地降低风险；把衍生品作为投机工具使用，就有可能出现巨额盈利或者亏损，关键在于怎么使用这些工具。

（2）**职业道德**。银行历史上有很多"败家"交易员，他们的违规操作，不仅给银行带来巨额损失甚至导致银行破产倒闭，也违背了个人职业道德操守，引导学生树立正确的职业道德观念。

（3）**国际视野**。通过国内外担保、承诺和衍生品市场发展历程的介绍，让学生了解相关领域的国内外情况,熟悉国际金融市场,具备全球化视野。

3. 课程思政教学策略实例

在教学过程中不断探索,积累素材,选择合适的角度融入相关思政元素,例如:

(1) 课程思政教学实例一:理性思维。在讲解金融衍生品的时候,比如远期,可以从最初的农产品远期交易入手,说明其保值避险的作用。在讲金融期货的时候,可以举例说明套期保值交易策略和投资策略,说明不同的操作策略可能带来的不同结果。还可以用 2007 年美国次贷危机的案例,说明对衍生品的不当操作,可能对金融危机起到推波助澜的作用,带来严重的市场恶果。对学金融的人来说,要了解基本的金融产品的交易原理和风险特征,有自己的理性思维和判断。

(2) 课程思政教学实例二:职业道德。在讲解衍生品交易的过程中,通过典型案例的介绍,让学生了解银行历史上的"败家"交易员,比如巴林银行的李森、大和银行的井口俊英、法兴银行的科维尔等。引导学生分析银行亏损甚至倒闭的原因,总结对金融从业人员来说,职业道德操守的重要性。

(3) 课程思政教学实例三:国际视野。在讲解担保、承诺业务时,介绍银行承兑汇票的出现、备用信用证在国外某些市场流行的背景、资产证券化的发展历程、票据发行便利的创新始末,让学生了解国际金融市场典型的金融产品,从而拓展视野,提升自己的认知格局。

(七)"第七章 商业银行的国际业务"的思政教学指南

1. 专业教学目标

本章介绍商业银行国际业务的概念、组织和特点;重点掌握国际结算和贸易融资业务。具体教学目标如下:

- 掌握银行外汇业务和国际结算业务要点;
- 熟悉国际贸易融资和国际贷款的操作流程;
- 了解商业银行国际业务的发展。

2. 重要思政元素及融入点

商业银行的国际业务产品多、涉及市场范围广泛,蕴含了丰富的思政元素。其主要的思政元素和相关知识板块包括:

(1) 制度认同。国内银行积极走出去,在亚洲、非洲,甚至欧美市场广泛布局,服务国内外客户,取得了良好成效。了解国内银行改革开放过程中付出的努力和取得的成绩,增强大学生对"四个自信"的价值认同。

（2）家国情怀。商业银行主动服务"一带一路"战略，顺势而为，通过系统性、创新性的机制建设、外部合作、跨境协同、重点服务、风险管控，在为"一带一路"建设提供有效金融支撑的同时，开辟银行自身业务发展的新天地。激励学生要把自己的个人发展融入国家的发展大局，谋求更大发展机遇。

（3）创新意识。商业银行的国际业务和国内业务有明显区别，银行在国际结算过程中发掘企业需求，提供除了结算之外的贸易融资、担保、保值避险等多种业务操作，形成结构性的贸易综合服务方案，满足企业需求，拓宽盈利渠道。激励学生始终保有创新意识、奋发有为、开拓进取。

（4）国际视野。改革开放后，国外银行纷纷进驻国内市场，带来了新的机构、产品和业务模式；国内大型银行上市后经历了十年走出去步伐，在全球广泛布局，为自己赢得了广泛发展空间。引导学生关注国内外市场，了解金融业的发展改革史，具有国际视野和历史担当。

3. 课程思政教学策略实例

在各个知识点的教学过程中，灵活运用多种教学手段，融入相关思政元素，例如：

（1）课程思政教学实例一：制度认同。在讲解国际结算产品和贸易融资的过程中，介绍国内银行推出的金融服务方案，不仅满足客户多方面的金融需求，也为银行自身开拓了新的盈利来源，在国内外市场的影响日益扩大。激励学生增强道路自信、理论自信、制度自信和文化自信。

（2）课程思政教学实例二：家国情怀。"一带一路"战略是新时期国家级顶层战略，也是国际业务部分的热点问题。银行主动对接，在沿线国家和地区开展国际业务。可以引导学生把理论和实践结合，明确合作共赢的重要性，不仅对于沿线国家和参与其中的金融机构，合作会带来更多发展机遇；同时只有把个人的努力融入国家发展的大局，才能得到更多机会，理想也更容易实现。

（3）课程思政教学实例三：国际视野。在讲授国际银行业务组织机构的过程中，引入国外银行走进来、国内银行走出去的案例，引导学生了解国内金融市场改革开放的历程，培养国际视野。

（八）"第八章　商业银行的电子银行业务"的思政教学指南

1. 专业教学目标

本章在介绍电子银行基本概念的基础上，逐个梳理电话银行、手机银行和网络银行，包括互联网金融相关的内容。具体教学目标如下：

- 掌握电子银行的风险及其防范；
- 熟悉电子银行的监管；
- 了解电子银行的特点和种类。

2. 重要思政元素及融入点

电子银行是银行业务中的又一个重要内容，涵盖了电子银行发展史以及最新进展，其主要的思政元素和相关知识板块包括：

（1）国际视野。梳理国际电子银行业务历史，让学生了解从电话银行、网上银行到手机银行的发展过程，拓展国际视野。

（2）创新精神。在20世纪金融电子化的浪潮下，ATM机、POS机、电话银行、银行卡、网络银行、手机银行相继出现，银行一直在创新和变革，满足客户需求，由此培养学生的创新意识和创新精神。

（3）理性思维。电子银行业务、互联网金融大大拓展了银行的业务空间，但也带来了前所未有的挑战和风险。引导学生不能因噎废食，要理性看待新的业务风险和银行发展之间的关系，让电子银行助力银行业务发展。

3. 课程思政教学策略实例

在教学过程中，结合具体知识点，合理穿插案例和分析，实现价值引领，例如：

（1）课程思政教学实例一：国际视野。电子银行是20世纪金融电子化的产物。电子银行发展迅猛，形成了从ATM机、POS机到无人银行、电话银行、网上银行、手机银行的全方位金融电子化服务。在讲解电子银行发展历史的过程中，梳理各国典型案例，帮助学生确立国际视野。

（2）课程思政教学实例二：创新精神。在金融电子化浪潮下，银行一直在创新和变革，满足客户需求。在讲解网上银行的过程中，引入典型案例，比如招商银行"一网通"和"一卡通"的品牌和服务创新，让学生明白创新的重要性。

（3）课程思政教学实例三：理性思维。首先，在讲解电子银行业务风险的过程中，比如讲风险类型时，说明电子银行业务发展加剧了一些传统风险并改变了传统风险的形式，因而影响了整个银行风险组合，特别是战略风险、操作风险和信誉风险，给银行带来了前所未有的挑战。其次，引入热点问题，比如，互联网金融的出现和金融科技的发展对现有金融业务模式带来了颠覆性影响，其应用效果有待实践检验，对金融监管也带来全新的挑战。银行处于前所未有的机会或风险当中。引导学生理性看待新的业务风险和银行发展之间的关系，让电子银行、科技金融助力银行业务发展。

(九)"第九章 商业银行的资本金管理"的思政教学指南

1. 专业教学目标

本章是商业银行管理中非常重要的组成部分,介绍了银行资本金的概念、作用和主要的资本工具,在此基础上引出资本充足率标准的演变。重点分析了巴塞尔协议Ⅰ到巴塞尔协议Ⅲ的演进及主要内容,最后介绍了我国资本充足率的管理。具体教学目标如下:

- 掌握巴塞尔《新资本协议》、巴塞尔协议Ⅲ的主要内容以及我国商业银行对资本的管理;
- 熟悉资本金的概念、主要的资本工具;
- 了解商业银行资本充足率标准的演变。

2. 重要思政元素及融入点

本章涉及范围广,理论和实践兼具,蕴含了丰富的思政元素。其主要的思政元素和相关知识板块包括:

(1)家国情怀。在商业银行的资本金管理方面,无论是国内的监管当局,还是银行业自身,都付出了巨大努力,不断缩小和国际先进银行的差距。金融是经济发展的命脉,我国金融市场是银行主导型市场,银行的健康、稳健发展至关重要。作为金融专业的学生,要立志做新时代卓越财经人才,在校期间努力学习,将来融入国家的改革发展进程,为国内金融业和金融市场的发展和振兴努力奋斗。

(2)社会责任。从巴塞尔协议Ⅰ到巴塞尔协议Ⅲ,汇集了国际银行业风险管理理论和实践经验的成果,在资本监管方面体现了国际银行业开放、合作、包容、创新的重要理念,这也是当代大学生学习阶段应该具备的基本素质和未来作为金融行业从业人员的职业素养。

(3)国际视野。在银行资本金监管方面,国际银行业走过了上百年的历史。通过梳理银行业在资本监管,包括风险计量方面的历史和现状,帮助学生拓展国际视野,了解银行业的资本监管理论和实践进展。

3. 课程思政教学策略实例

在教学过程中采用多种教学手段和策略融入相关思政元素,例如:

(1)课程思政教学实例一:家国情怀。在讲解我国的资本金管理时,梳理国内主要监管标准的变化,突出监管当局紧跟国际银行业资本监管的步伐,主动推动国内银行业的资本金监管和国际接轨。同时,梳理国内银行在资本监管指标方面不同阶段的变化，特别是有更多银行入选全球1000家大银行，突出国内银行克服困难，努力补短板，改变发展理念，平衡业务发展和风险管理的关系，从而激励学生的家国情怀，努力学习。

（2）课程思政教学实例二：社会责任。从巴塞尔协议Ⅰ到巴塞尔协议Ⅲ，是国际银行业加强合作、不断创新的结果；同时这些成果供不同国家和市场的银行借鉴和选用，充分体现了开放、包容的时代精神，而这些都将有利于全球银行业的和谐健康发展。通过对巴塞尔协议的解读，让合作、开放、包容、创新的精神深植学生内心，助力未来发展。

（3）课程思政教学实例三：国际视野。在讲解商业银行资本充足率标准的演变时，对巴塞尔协议Ⅰ到巴塞尔协议Ⅲ的演进过程作纵向梳理，突出其年代、内容、特征的差异，并从中总结银行业风险计量和管理的深刻变化，帮助学生了解银行业在资本监管和风险管理方面的历史和进展，拓展学生的国际视野。

（十）"第十章　商业银行资产负债管理"的思政教学指南

1. 专业教学目标

本章节内容侧重理论知识的学习，资产负债管理是商业银行经营管理的核心，讲述从资产管理阶段和负债管理阶段，到资产负债综合管理阶段的发展过程，重点掌握资产负债管理的方法，把握利率敏感性缺口管理和持续期缺口管理方法。具体教学目标为：

- 掌握资产负债管理方法，特别是负债管理、资产负债综合管理、利率敏感性管理和持续期缺口的方法；
- 熟悉资产负债管理的一般理论；
- 了解商业银行资产负债管理的发展历程。

2. 重要思政元素及融入点

商业银行在不同发展阶段采取的经营管理理论不同，涵盖负债管理、资产管理、资产负债综合管理和管理方法等，包含的思政元素和相关知识点具体表现为：

（1）家国情怀。阐述国内外资产负债管理理论的发展历程和背景，对比我国商业银行的发展阶段，让学生认识中国特色的商业银行体系。时至今日，商业银行在西方发达国家金融体系的地位显著下降，而在我国依然占据85%以上的份额，符合我国金融发展和金融安全的需求。最后，结合资产负债综合管理理论，阐述我国商业银行经营管理水平的持续提升，增强学生的政治认同和道路认同感。

（2）理性思维。资产负债管理方法的学习，有助于培养学生理性思考和理性分析的能力，通过利率敏感性缺口管理和持续期缺口管理，让学生理解客观判断银行资产负债管理的依据和实践操作，结合课内实验实践操作，能够让学生理解掌握科学方法进行管理的重要性，有效增强学生的理性思维能力。

（3）国际视野。从资产管理理论的不同阶段，再到负债管理理论的几个阶段，最后到资产负债综合管理，世界各国的金融经济环境发展了巨大改变，选择资产负债管理理论对商业银行进行有效管理，需要结合自身金融基础。因此，要从全球化视角分析各国商业银行资产负债管理现状，客观认识发展变化规律。

3. 课程思政教学策略实例

采用师生互动、生生互动和案例教学等多元化教学方法，实时在教学内容中融入相关思政元素，例如：

（1）课程思政教学实例一：家国情怀。结合我国商业银行的资产负债管理发展历程，讲述我国商业银行如何结合我国经济发展和改革开放的时期，逐步完善资本，改进管理，稳步扩大经营规模，实现资产负债管理优化。具体可结合时事热点案例或者典型商业银行发展历程分析，如招商银行的多次转型发展等，同时对比西方部分银行发展中的问题，分析我国商业银行在不同时期的实践探索路径，增强学生对我国商业银行发展道路的认同感，强化马克思关于实践是检验真理的唯一标准的认知，加深学生对我国国情和现实发展的理解，增强对国家发展道路的认同。

（2）课程思政教学实例二：理性思维。结合利率敏感性缺口管理和持续期缺口管理的技术方法，引导学生进行实验操作。通过实验操作和计算，理解不同利率敏感性资产和负债对银行利率风险的量化影响，从银行管理视角思考银行进行资产负债管理的必要性，理性分析利率敏感资产和负债的影响，明晰收益性和安全性之间的关系，全面科学分析银行的资产负债管理情况。

（3）课程思政教学实例三：国际视野。结合资产负债综合管理理论的实践，讲述西方商业银行转型发展的背景和发展路径，认识全球商业银行发展的趋势，尤其是商业银行进行主动资产负债综合管理的实践，既有来自其他非银行金融机构的发展，也有计算机互联网技术的支持，使得全球银行结合自身国情提升经验管理水平，走出了不同的转型发展道路，具体可对比美国、德国和日本商业银行资产负债管理的实践案例，培养学生具备全球化视野和多元化思维。

（十一）"第十一章　商业银行风险管理"的思政教学指南

1. 专业教学目标

本章节学习商业银行风险的种类、风险管理流程和全面风险管理体系等，了解银行面临的常见风险种类及其含义，掌握商业银行风险管理的具体流程，重点关注信用风险、市场风险和操作风险的管理流程，熟悉银行的内部控制和内部审计，理解银行的风险成因。思政融入上，结合风险无处不在的特点，让学生学会正确认识风险，勇于面对风险和管理风险，持续提升自己的专业知识和综合素养，提升自身的抗压能力和风险管理能力。具体学习目标为：

- 掌握商业银行风险管理流程；
- 熟悉商业银行内部控制和内部审计；
- 了解商业银行风险的分类、风险的成因。

2. 重要思政元素及融入点

风险管理始终贯穿商业银行经营的各个环节。而我们作为处于社会当中的个人，也面临着不确定性和风险，从而存在给个人带来损失的可能性。因此，有机融合商业银行风险的学习，将国家风险、银行风险和个人风险进行有机融合，提升风险意识和责任担当等，具体思政元素融合表现为：

（1）制度认同。习近平总书记说过，金融安全是国家安全的重要组成部分；金融稳则经济稳，经济稳则国家稳。商业银行作为我国金融体系的"压舱石"，银行的风险管理至关重要。我国一直重视防范系统性金融风险，将其列为金融监管工作的重点，其中银行风险防范是核心。改革开放以来，我国商业银行体系经历了1997年亚洲金融危机和2008年世界金融危机的考验，商业银行始终保持稳步运营，说明了在中国共产党的领导下我国经济金融发展道路的正确，增强学生对中国道路和党领导的制度认同。

（2）社会责任。商业银行的风险管理、合规管理和内部控制，既是商业银行自身运营的需要，又是社会金融经济稳定的需要，是银行履行社会责任、勇于担当的重要表现。从世界经济危机发展历史看，初期多是银行危机，银行一旦出现系统风险，会冲击到社会其他行业和居民。因此，银行作为特色企业，要履行社会责任，管理好运营风险。回到我们个人，也要注意个人风险管理，学习好专业知识，全面管理风险，从而能够扛起历史赋予当代大学生的责任。

（3）创新意识。随着金融发展，金融创新不断涌现，与之相伴的金融风险也持续增加，这要求金融风险管理方法也要完善。商业银行风险管理，从早期的关注信用，到市场风险、操作风险，再到全面风险管理，风险管理方法在不断创新完善。可以看出，风险管理随着金融环境的变化在动态发展中，我们应强化专业知识学习，时刻需有创新意识，提高金融风险管理水平。

（4）职业素养。金融风险是无处不在的，同时金融风险管理是需要专业知识和专业技能的。通过对金融风险管理方法、合规管理和内部控制的管理，帮助学生深刻理解商业银行风险管理的专业性和细致性，明晰金融从业人员的职业素养要求，鼓励学生严格要求自己，掌握专业技术方法，恪守风险管理规范，持续提升自身金融职业素养。

3. 课程思政教学策略实例

采用经典案例分析、时事热点讨论和学生讲坛等多元化教学方法，实时在教学内容中融入相关思政元素，例如：

（1）课程思政教学实例一：社会责任。选取国内外典型案例，例如国内最近的包商银行破产清算和花旗银行违规事件等实践案例，进行讨论分析，阐述其风险产生的原因和影响，后续风险处置措施，使学生认识到科学处理风险的重要性。银行要切实履行社会责任，保障经济和社会稳定，进一步拓展到个人，明确个人也要有担当，承担社会责任。

（2）课程思政教学实例二：创新意识。商业银行在不同时期面临的主要风险不同，进而采取的风险管理方法也有不同。作为风险管理机构，商业银行积极创新金融产品，完善风险管理方法，保障商业银行的稳健运营。我们在生活中也面临各种不确定性，也要积极面对，勇于创新，及时发现问题和解决问题，积极培育创新意识，提升个人竞争力。

（3）课程思政教学实例三：职业素养。结合我国古代"扁鹊三兄弟医术"讲述事前风险控制的重要性，运用中国工商银行全面风险管理框架阐述科学风险管理，帮助学生理解管理风险需要专业、科学的方法，包括风险识别、计量和控制等均要求极高的专业素养，目前要掌握好专业知识，培养扎实的金融职业素养，形成良好的个人品质。

（十二）"第十二章　商业银行的财务分析与绩效管理"的思政教学指南

1. 专业教学目标

本章节学习商业银行的财务报表，进行银行经营的财务分析，掌握其成本构成和成本控制，理解和熟悉商业银行的绩效管理，通过绩效管理，可以对前面所学业务的

运行进行控制,实现银行的既定目标。具体教学目标为:
- 掌握商业银行成本构成、成本控制的方法;
- 熟悉商业银行绩效管理的主要内容;
- 了解银行财务报表,并能对报表进行简单分析。

2. 重要思政元素及融入点

结合商业银行的财务报表分析,阐述财务合规、诚信记账、遵循财务制度和监管规定,如实反映银行运营情况。同时,商业银行需建立完善的绩效评价管理体系,科学引导部门和员工发展,实现银行既定的目标。思政元素和相关知识点具体表现为:

(1) 诚信品质。从宏观层面上讲,银行特别是上市银行信息披露充分、可信度高,体现了银行对自身信用的维护和坚守,有助于金融生态良性循环和整个社会信用环境的改善。从微观层面上讲,商业银行的财务报表和财务分析客观公正,体现了企业品质,有利于提升银行形象和口碑。作为社会的一份子,我们应坚守诚信,为信用中国贡献自己的力量。

(2) 社会责任。结合商业银行的财务分析和绩效评价方法,比如具体的坏账损失准备、资本金充足率、边际成本率、流动性比率、不良资产率、单一集团客户授信集中度等指标,一方面是银行要符合金融监管的要求,同时这些指标也反映了商业银行的责任担当和风险防范,以维持稳健经营。结合上述知识点,帮助学生了解企业除了利润率以外的指标,树立责任意识,结合自身定位,积极承担社会职责。

(3) 职业素养。结合商业银行的财务报表分析,尤其是利用知名商业银行财务问题的案例,阐述其带来的不利影响,最严重的会导致银行破产清算,希望用真实案例来告诫学生在未来的职业生涯中,谨遵会计职业道德和金融监管法律法规,恪守金融职业操守。当下,应努力学习基本财务规范和专业知识,熟悉金融法律法规和财务要求,持续提升自身职业素养。

3. 课程思政教学策略实例

采用最新银行财务报表分析、经典案例分析和热点讨论等互动教学方法,在相关教学内容中融入相关思政元素,例如:

(1) 课程思政教学实例一:诚信品质。结合中国工商银行的年报,分析工商银行的财务情况,对比分析其财务变动情况,包括过去五年的自身发展对比以及和国外大型商业银行的财务报表分析,了解商业银行财务分析的特点,把握商业银行的财务报表中影响运营情况、偿债能力和风险分析等方面的指标,理解财务诚信的重要性,强化对诚信重要性的认知。

（2）课程思政教学实例二：社会责任。结合 2020 年新冠疫情期间的商业银行财务运行情况，阐述在特殊时期，商业银行是如何服务实体经济和助推产业升级的，比如支持小微企业信贷、科创企业贷款、降低服务费和支农服务等，通过这些具体的财务数字，让学生深刻理解商业银行是如何践行社会责任的。充分发挥我国制度优势，响应国家号召，在关键时刻帮助企业渡过难关，提升风险可控性，降低自身盈利，促进社会稳定发展。

（3）课程思政教学实例三：职业素养。结合我国商业银行的最新财务违规案例，比如某农商银行财务人员违规套取资金、某城商行虚增利润等，要求学生在学习专业知识的同时，培养良好的专业素养，提高职业操守，遵循行业规范和监管要求。这部分内容，鼓励学生主动搜集最新案例，结合具体案例进行互动讨论，分析金融从业要求和基本素养，研讨从今天开始，如何持续提高自身金融职业能力和职业道德水平。

三、《商业银行学》课程思政教学素材

各章节可以采用的课程思政教学素材包括各种阅读材料、视频资料、实践案例和互动讨论等，在经典案例和时事热点中进行师生互动和生生互动，有机融合专业知识和思政教育，可选用的主要思政教学素材汇总如下：

序号	内容	形式
1	2004~2009 年国有商业银行股份制改造历程	阅读材料
2	1995 年"五法一决定"相继出台	阅读材料
3	花旗银行（香港）推出的"Citi Live Chat"平台，法国巴黎银行、英国劳埃德银行、中国工商银行成立"金融科技实验室"等	案例分析
4	20 世纪 30 年代美国金融管制的背景和目的	师生互动
5	《关于规范金融机构资产管理业务的指导意见》等文件内容	阅读材料
6	我国存款准备金制度的改革	师生互动
7	2018 年《商业银行流动性风险管理办法》的制定	阅读材料
8	中国银行 2008 年海外证券投资剧变案例	案例分析
9	2014 年江苏射阳农商行、2020 年山西省阳泉市商业银行、河北省保定望都县保定银行等中小银行储户集中提款事件	案例分析
10	美国四大私营证券评级公司介绍	师生互动
11	我国银行贷款管理制度改革	阅读材料
12	我国贷款利率放开管制的历程	师生互动
13	借款合同的法律法规	阅读材料

续表

序号	内容	形式
14	银行承兑汇票诈骗案	案例分析
15	中国银行中誉 2016 年第一期不良资产支持证券案例	案例分析
16	金融科技助推居民消费信贷增长的案例	阅读材料
17	金融期货套期保值和投机操作	阅读材料
18	2017 年 5 月 11 日新浪财经：商业银行服务"一带一路"的五个着力点	阅读材料
19	互联网金融的冲击和挑战	阅读材料
20	全球前十大银行	阅读材料
21	招商银行的二次转型发展	案例分析
22	利率敏感性缺口实验	实验操作
23	我国商业银行资产负债管理评析	师生互动
24	《货币》纪录片第 4 集《银行历程》	视频观看
25	"扁鹊三兄弟的医术"——风险事前控制的重要性	历史典故
26	中国工商银行全面风险管理框架	案例风险
27	我国商业银行近年来的典型风险案例（包商银行等）	互动讨论
28	花旗银行违规事件	案例分析
29	国内最新商业银行违规案例研讨	生生互动
30	中国工商银行年报	案例分析
31	典型的商业银行财务报表分析	课内实验
32	我国商业银行财务违规的案例介绍	生生互动

《金融风险管理》课程思政教学指南

尚秀芬[1]　邓弋威[2]　潘群星[3]　王莹[3]

([1]上海立信会计金融学院　[2]浙江工商大学　[3]南京财经大学)

一、《金融风险管理》课程的专业教学体系与课程思政教学目标

近年来,金融风险及其管理问题引起了全社会的高度关注。党中央和习近平总书记在多个重要场合反复强调金融风险管理的重要性。金融风险管理不只是关系到金融机构经营安全的技术性问题,而且是一个关系到国家金融安全、经济发展的重大政治议题。党的十九大报告明确指出,金融从业人员的核心任务是"健全金融监管体系,守住不发生系统性金融风险的底线"。

习近平总书记在2017年全国金融工作会议上指出:"做好新形势下金融工作,要坚持党中央对金融工作集中统一领导,加强理想信念教育,特别是要注意培养金融高端人才,努力建设一支宏大的德才兼备的高素质金融人才队伍"。在金融学由定性分析主导转向定量分析主导的学科转变过程中,《金融风险管理》作为一门技术性极强,与实务结合紧密的专业课程,我们更应该在课程建设中重视课程思政,强调信念为先,德才兼备,从价值取向、职业道德和职业能力三方面对学生进行综合培养。

(一)课程介绍

金融风险管理是金融工程专业的专业基础课,也是金融学、信用管理、金融科技、金融数学等专业的必修课,应用性较强。本课程让学生了解金融机构如何对各种风险源进行量化和管理,主要包括市场风险、信用风险、操作风险,以及信贷衍生品市场的风险管理。具体风险类别如下:

(1)市场风险。市场风险是指由于基础资产市场价格的不利变动或者急剧波动而导致衍生工具价格或者价值变动的风险。基础资产的市场价格变动包括市场利率、汇率、股票、债券行情的变动。

(2)操作风险。操作风险是指由于信息系统或内部控制缺陷导致意外损失的风险。引起操作风险的原因包括:人为错误、电脑系统故障、工作程序和内部控制不当。

(3)信用风险。信用风险又称违约风险,是指借款人、证券发行人或交易对方因种种原因,不愿或无力履行合同条件而构成违约,致使银行、投资者或交易对方遭受损失的可能性。

(4)流动性风险。流动性风险指商业银行虽然有清偿能力,但无法及时获得充足资金或无法以合理成本及时获得充足资金以应对资产增长或支付到期债务的风险。

(二) 国内风险管理类课程教学现状

《金融风险管理》旨在培养学生掌握金融风险辨识和金融风险度量的一般方法，熟悉金融风险管理系统和组织体系。通过教学不仅要求学生掌握金融风险管理的一般理论知识和技术方法，同时形成对金融风险问题的辨识力，使学生能够利用所学的金融风险管理理论方法为金融机构制定科学的风险管理方案。应用型本科高校金融学专业的人才培养定位是一线基层金融机构的应用型人才，提升岗位从业人员的金融风险防范意识，为课程思政与《金融风险管理》专业知识的内在契合提供了教学思路。通过课程的学习，使学生在掌握专业知识和技能的同时，充分认识健康金融环境对宏观经济发展的重要性，树立金融风险的防范意识、责任和义务。在教学中，与课程思政有机融合，使《金融风险管理》成为培养金融理财综合人才的服务平台，引导学生以践行社会主义核心价值观为行为准则，把"树立共同理想、加强文化自信"作为提升能力的立足之本，为金融服务实体、风险防范和金融消费维权作贡献。

(三) 课程思政教学目标

1. 课程思政特征分析

《金融风险管理》的授课对象为大学二、三年级的学生，他们处于世界观、价值观和人生观形成的关键时期，具有一定的政治意识和公民意识。通过润物无声的方式，将课程思政融入到专业知识中，对学生三观、公民意识和政治意识的塑造具有积极意义，反过来也有助于学生专业知识的学习，自觉将专业能力培养与社会主义建设、中华民族伟大复兴相结合，从而实现立德树人。

根据金融风险管理的专业特征、知识结构和教学需求，其蕴含的思政元素主要包含在制度认同、家国情怀、社会责任、理性思维、创新意识与全球视野六个方面。

制度认同：制度认同是要坚决拥护中国共产党的领导，坚持中国特色社会主义理想信念，并积极投身于中国特色社会主义建设。中国特色社会主义是改革开放以来中国共产党的全部理论和实践，更是党和人民历经千辛万苦，付出巨大代价，取得的成就。制度认同是青年一代创造幸福生活的精神支柱、价值追求和道德准则。筑牢制度认同，才能形成全国各族人民团结奋斗的共同思想基础，才能为实现中华民族伟大复兴的中国梦而努力奋斗。

家国情怀：家国情怀的基本内涵包括家国同构、共同体意识和仁爱之情，有助于增强国家认同和民族凝聚力。引导学生不仅需要掌握风险管理方法和熟悉风险类型，更要树立正确的道德观、法治观、职业观等。帮助学生了解中国在发展过程中专业人才的缺口状况，实现文化认同、强化家国情怀。

社会责任：本课程涉及大量关于交易者追逐个人私利而影响他人、甚至形成市场剧烈波动并最终造成重大社会影响的案例，通过对这些案例的分析，一方面让学生加深对专业知识的理解，另一方面提醒学生在利用专业知识时，也要分析其社会后果，要考虑社会责任，要具有法律意识。

理性思维：客观理性的思维特质是把自然界视为人的认识对象和改造对象，坚信客观世界是可以认识的，理性也是自我反思的产物，是人类发展的精神支柱。只有具有客观理性的思维特质，才能使得人们通过大胆假设、认真求证、摆脱愚昧。通过拓展知识边界，从而更清晰的认识世界，最终将认识从经验层面上升到客观真理层面。

创新意识：探索创新的价值取向是科学精神的重要体现。墨守成规将被历史淘汰，只有创新才能真正推动人类的发展。解放思想，大胆质疑，才能打破惯性思维，达成认知和思想上的新高度，做出重大的发明发现，创造出新的价值。

全球视野：我们所处的环境并不是真空和封闭的，而是处于一个全球化和国际化的时代背景之中。我国与全球国家的联系比以往更紧密，在文化、经济、政治等方面，各国发生着极为广泛的交流与碰撞，从而也对上至国家政策下至民众的日常生活产生着重要影响。构建全球视野要求人们在考虑问题时能够从全局着眼，在世界格局中思考、理解和解决中国问题，并在与世界沟通交往中理解并认同具有中国特色的政治体系和知识体系。

2. 金融风险管理课程思政教学目标

采用合适的教学方式，体现和强化课程思政元素，融入专业知识，实现以下目标：

接受马克思主义唯物史观、学习使用辩证法分析和解决问题；认同、拥护中国共产党领导的社会主义制度；了解中国国情和中国金融现状，了解中国有关金融制度的作用，具有家国情怀、文化自信和制度自信；形成良好的职业伦理道德，具备法制意识和高度的社会责任感。

二、《金融风险管理》课程各章节课程思政教学指南

（一）"第一章 金融风险管理概述"的思政教学指南

1. 专业教学目标

本章是《金融风险管理》的开篇，在课程中具有开宗名义的功能。具体教学目标

体现为:
- 掌握金融风险管理的发展;
- 理解金融风险管理的组织形式;
- 理解金融风险的识别与度量。

2. **重要思政元素及融入点**

本章蕴含了丰富的思政元素。授课中可以结合我国历史发展背景及金融监管等内容,从金融运行的宏观经济指标、金融风险的累积性等方面讲解并与学生进行互动,有利于加深学生对系统性风险相关内容的理解,引导学生领会十九大精神,感悟政治现象与经济现象的关联性,使学生明白建设现代化经济体系,要以提高供给体系质量作为主攻方向。其主要的思政元素和相关知识板块包括:

(1) 制度认同。在介绍国内金融风险管理的发展概况时,对比中国金融风险管理的建设、发展状况,让学生认识到,中国金融风险管理与一些发达国家的差距在不断缩小,尤其是十九大以来相关工作的不断推进,金融风险管理能力与上海国际金融中心建设、完善社会主义市场经济建设等工作更相适应,由此增强学生的政治认同和制度认同。

(2) 家国情怀。在介绍金融风险管理相关案例时,重点分析发展挫折与失败教训,激发学生的学习欲望,帮助学生了解到只有将所学灵活运用,与实际相结合,才能为祖国的事业贡献自己的力量。

(3) 社会责任。在讲授金融风险管理的发展过程时,分析发展中所遭遇的挫折,以及一些风险管理师的不光彩行为对个人及社会机构造成的巨大损失和巨大危害,增强学生的社会责任感和职业伦理道德观念。

(4) 理性思维。在分析金融风险和风险管理时,引导学生注意采用科学的手段和方法进行分析,规避风险,开展风险管理,尽可能减少主观因素和不理智行为对金融风险管理的影响。

(5) 创新意识。在讲解金融风险管理方法时,介绍金融风险管理与大数据等新兴技术的结合所创造出的创新金融风险分析方法,培养学生的创新意识和创新精神,增强学生的创新能力。

(6) 全球视野。本章节通过国内外市场以及风险管理方法的对比,让学生明白我国金融风险管理与发达国家的的差距,以及我国的优势所在,由此培养学生的全球视野。

3. **课程思政教学策略实例**

(1) 课程思政教学实例一:制度认同。在教授本章内容时,对比分析中美两国金融风险管理的发展、影响和区别,让学生明白,中国的金融市场仍然是一个并不发达的市场,存在着诸多的问题,但我国仍在不断探索符合本国国情的管理方法。介绍 2008 年次贷危机中美国和中国不同的管理方式,指出中国的风险管理方法仍处于不断完善和发展之中,增强学生对中国金融制度的认同感。

(2)课程思政教学实例二:社会责任。结合相关案例分析交易员错误的市场观和职业道德观,引导学生不仅需要熟悉风险管理的类型、掌握风险管理的方法,更要树立正确的道德观、法治观和职业观。对于学有余力的同学,推荐电影和书籍作为课后学习资料。

(3)课程思政教学实例三:创新意识。本课程涵盖了大量的数理方法,可以通过案例分析和补充材料帮助学生实现数理工具与实际应用的结合,同时培养学生的创新思维和创新意识。

(二)"第二章 市场风险度量与管理——风险价值(VAR)"的思政教学指南

1. 专业教学目标

市场风险是指由于基础资产市场价格的不利变动或者急剧波动而导致衍生工具价格或者价值变动的风险。基础资产的市场价格变动包括市场利率、汇率、股票、债券行情的变动。主要教学目标如下:

- 熟悉和了解均值回归的含义以及如何通过波动率进行预测;
- 熟悉长期 VAR 的含义以及资产收益分布如何偏离正态分布;
- 解释回报分布中厚尾的存在性,并分析厚尾对收益分布的影响;
- 熟悉蒙特卡洛模拟和拔靴法及二者区别、熟悉 VAR 方法、压力测试及其市场风险度量与管理。

2. 重要思政元素及融入点

(1)理性思维。本章涉及大量定量分析方法,对学生的理性思考能力具有较高要求。结合实际案例帮助学生学习相关要点,掌握风险管理所需的各种技术手段,通过分析金融风险管理中所产生的问题,培养学生的理性思考能力。

(2)创新意识。结合定量分析方法与大数据等新兴技术,向学生介绍金融风险管理的发展前沿,分析传统分析方法的缺陷,引导学生共同讨论风险分析方法未来改进的方向,培养学生的创新思维和创新能力。

(3)制度认同。在讲述在险价值方法(VAR 方法)时,让学生认识到随着我国金融市场逐渐走向国际化,金融企业所面临的风险也将更加复杂。所以需要对金融市场进行合理分析。在结合我国的国情和社会制度的前提下，找到金融制度存在的优势，同时也要针对我们的劣势进行合理的分析，在考虑当前国情的情况下适当修正。

（4）社会责任。在讲述相关案例的过程中，让学生理解到，无论金融交易的规模和影响力大或小，无论从业者的职业和背景如何，都不能对风险控制掉以轻心，一旦风险被无限制扩大，将带来灾难性的损失。让学生认识到在追求高额收益的同时，规避风险也是我们应该承担的社会责任。

3. 课程思政教学策略实例：社会责任

采用多种教学手段和策略，在教学内容中融入相关思政元素，例如：

结合相应案例教学，让学生充分认识到，随着我国金融市场的发展，中国金融市场不断走向国际化，中国金融企业面对的风险也更加复杂，同时也引导学生形成较为完善的金融产业观。虽然大多数的同学在毕业之后从事前台工作，但是在追求高额收益的同时也会产生巨大的风险，让同学增强社会责任感和使命感。

（三）"第三章 信用风险"的思政教学指南

1. 专业教学目标

信用风险是指借款人不能根据约定条件履行其支付贷款利息或偿还贷款本金的义务，而导致银行、投资者或交易对方遭受损失的可能性。信用风险是大多数银行面临的主要风险，源自其银行持有的贷款或债券不能部分或全部被偿还的可能性。本章的教学目标为：

- 掌握债券的到期收益率、价格敏感性的单因素度量；
- 了解基于收益率平行移动的价格敏感性度量；
- 理解信用风险组合模型；
- 掌握信用风险管理及战略资本配置；
- 理解各种信用衍生品。

2. 重要思政元素及融入点

（1）制度认同。在介绍信用贷款证券化时，引入雷曼兄弟破产案例来分析中美信贷的异同，让学生认识到中国的制度缺陷与优势。对美国的制度也要进行合理的分析，取长补短，逐渐完善我们的制度。强化信用管理，企业必须首先做好客户的资信管理工作，尤其是在交易之前对客户信用信息的收集调查和风险评级，具有非常重要的作用，而这些工作都需要在规范的各种管理制度下进行。

（2）理性思维。在讲解信用风险度量方法时，让学生认识到应该用理性思维对信用风险数据开展合理分析，尽可能降低主观因素的影响。同时也引导学生明白，金融市场不确定性极高，要时刻保持理性思维。

（3）家国情怀。在讲解证券的信用风险管理时，通过债券的各项指标来反映债券市场的风险管理。如果内控系统不完善，对于公司的损失将会越来越大，由此会影响到本国金融市场体系，对于国家的经济发展极为不利。通过案例的学习使学生了解到一些主权国家也会进行违约，因此我们要养成诚信的品质。在国家层面，则需要注重从制度层面推进诚信文化建设，树立良好的国际声誉，进而拥有属于自己国家的文化自信。

（4）社会责任。当今证券市场体系仍然不够完善，因此需要金融从业者树立正确的价值观和人生观，主动承担起社会责任。在讲解专业知识的过程中，引导学生意识到：勇于承担社会责任，也是规避风险的一种较好的方式。

（5）国际视野。本章节同时也要求我们了解美国证券市场的构成、美国国债的构成。通过了解外国固定收益市场、学习其他国家的长处，进而弥补我们国家在制度上、法律上存在的缺陷和不足之处。

3. 课程思政教学策略实例

（1）课程思政教学实例一：制度认同。在讲授信用风险管理时，引入雷曼兄弟破产案例，再结合2008年全球金融危机中风控的作用，使学生认识到发达国家的制度也有很多问题，只有适合自己才是最好的。通过这些方式，启发学生认识到制度（尤其是金融制度）的选择是由历史发展和现实国情决定的，增强学生的制度认同感和政治认同感。

（2）课程思政教学实例二：家国情怀与社会责任。在教授本章时，引入著名的"日本大和银行债券投资案"，使学生意识到金牌交易员也有可能产生巨大的亏损。一方面，我们要为自己的国家着想，要保持国家的金融稳定；另一方面，也要认识到我们从业者的责任越大，对公司所产生的影响也越深远。

通过讲解俄罗斯金融危机，提醒学生要养成诚信的品格，进一步树立国家层面的文化自信。国家也有金融风险，也存在着主权违约的风险。

雷曼兄弟的破产是由于数次危机的影响和过快发展不熟悉的业务以及杠杆过高。我们要培养学生养成终身学习的习惯，在不确定性较高的市场环境中可以做出相对理性的判断。

（四）"第四章　操作风险"的思政教学指南

1. 专业教学目标

本章节主要介绍的是操作风险。操作风险是指由于信息系统或内部控制缺陷导致意外损失的风险。引起操作风险的原因包括：人为错误、电脑系统故障、工作程序和内部控制不当。操作风险与人为失误、不完备的程序控制、欺诈和犯罪活动相联系，它多数是由技术缺陷和系统崩溃引起的。本章主要教学目标为：

- 掌握损失分布方法；
- 理解技术风险与其他操作风险、模型风险；
- 了解新巴塞尔协议中的操作风险与《萨班斯－奥克斯利法案》。

2. 重要思政元素及融入点

本章蕴含了丰富的思政元素，主要体现为：

（1）国际视野。在讲授操作风险和综合风险管理时，通过案例让学生了解到新巴塞尔协议中关于操作风险的条款与《萨班斯－奥克斯利法案》。介绍和分析相关国际法案，可以让学生在学习专业知识的同时拓展国际视野。

（2）社会责任。讲授操作风险和技术风险时，引入一些交易员因职业道德缺失等问题造成巨大亏损的案例，提醒学生要遵循道德操守、承担社会责任。

（3）理性思维和创新思维。在讲述操作风险相关的技术手段和模型时，告知学生技术手段本身所具有的缺陷往往会导致一定风险，这就更需要我们有理性思维和创新精神，尽可能地去规避这些风险。银行等大型机构要正确引导分支机构在调整结构和防范风险的基础上提高经营效益，防止重规模轻效益。要合理确定任务指标，把风险及内控管理纳入考核体系，切实加强和改善银行审慎经营和管理，严防操作风险。不能制定容易引发偏离既定经营目标或违规经营的激励机制。

3. 课程思政教学策略实例

采用多种教学手段和策略，在教学内容中融入相关思政元素，例如：

（1）课程思政教学实例一：国际视野。讲授操作风险时，引入新巴塞尔协议中的操作风险条款和《萨班斯－奥克斯利法案》，帮助学生了解相关的国际法案与职业准则，让学生明白金融交易与操作应符合国际惯例，拓展学生的国际视野。

（2）课程思政教学实例二：理性思维。在讲授操作风险时，引入"日本住友商事巨亏"的案例。该案例中，"铜先生"掌控全球5%的铜交易量，企图在金属期货市场大量做多推高全球铜价，结果以失败告终，住友银行也因此亏损26亿美元。通过讲解这些较为经典的案例，引导学生保持理智的分析和理性的思维方式。

（五）"第五章 综合风险管理"的思政教学指南

1. 专业教学目标

本章节主要介绍利用综合分析法对金融风险进行测量和管理。本章节主要教学目

标包括:
- 掌握全公司范围风险管理的理论与实务;
- 了解投资者与风险管理;
- 掌握风控与公司创收;
- 了解金融集团的风险评估;
- 掌握企业全面风险的识别、度量和控制。

2. **重要思政元素及融入点**

(1) 家国情怀。在讲授综合风险管理时,通过梳理国内交易者在国际市场上进行交易的成功与失败案例,让学生认识到,相比发达国家市场中的交易者和各大机构,我国交易员与金融机构在各方面还有一定差距。因此,在专业学习中应更加努力,为中华民族的伟大复兴而努力,激发学生的家国情怀和爱国热情。

(2) 社会责任。在讲述流动风险以及各项综合风险时,要通过案例向学生灌输职业操守的思想。金融衍生工具的杠杆特性决定了其在成倍放大投资回报率的同时,也成倍放大了投资风险。要引导学生树立个人的职业操守和良好的社会责任感,为完善社会主义市场经济体制贡献力量。

(3) 创新思维。在讲述商业银行通过研究新的风险控制点来完善各项控制制度的同时,教育学生要懂得通过创新来使商业银行在坚持过去行之有效的制度的前提下,要把握形势,紧贴业务,不断研究新的风险控制点,完善企业全面的风险控制制度,及时有效地评估并控制可能出现的各项风险,把各种安全隐患消除在萌芽状态。

3. **课程思政教学策略实例**

采用多种教学手段和策略,在教学内容中融入相关思政元素,例如:

从四个维度上来分析中国工商银行的全面风险管理,包括内部环境、事项识别、风险评估、风险应对。要进一步评估和加强防范控制风险的能力,及时发现风险并切断风险的来源,加强对操作风险的监测;实行谨慎的风险管理措施和交易策略,以减小汇率风险,按照利率和汇率的变动及时调整风险计量方法,对工商银行进行市场风险的防控。

三、《金融风险管理》课程思政教学素材

《金融风险管理》各章节可以采用的课程思政教学素材包括各种阅读材料、案例分析与讨论等,从中提炼出与专业知识紧密结合的各种思政元素,可选用的主要思政

教学素材汇总如下：

序号	内容	形式
1	法国兴业银行——凯维·埃尔	案例分析
2	德国金属公司	案例分析
3	"中航油"事件	案例分析
4	Chase Manhattan Bank & Drysdale Securities	案例分析
5	大和证券固定收益交易员井口俊英	案例分析
6	爱尔兰联合银行外汇交易员——约翰·拉斯纳克	案例分析
7	中信泰富炒汇巨亏事件	案例分析
8	长期资本管理公司与俄罗斯金融危机	案例分析
9	雷曼兄弟破产	案例分析
10	住友银行交易员——滨中泰男	案例分析
11	巴林银行——尼克里森	案例分析
12	阿莫雷罗斯顾问公司对冲基金的天然气期货和期权的交易	案例分析
13	震惊美日千亿日元金融弊案始末	阅读材料
14	新巴塞尔协议中的操作风险与《萨班斯－奥克斯利法案》	阅读材料

《国际金融学》课程思政教学指南

方霞[1]　黄志勇[2]　鲁春义[3]　程丽萍[3]

([1]浙江工商大学　[2]南京财经大学　[3]上海立信会计金融学院)

一、《国际金融学》课程的专业教学体系与课程思政教学目标

(一) 课程简介

国际金融学是金融学、经济与金融的专业基础课,也是金融工程学、投资学、保险学专业、金融数学和信用管理等专业的必修课。本课程是应用经济学的一个分支,注重实际和标准化的研究,强调实用性。学生通过本课程的学习掌握国际收支、汇率决定、国际政策协调和国际资本市场的相关理论。本课程一般在大二开设,是后续的金融工程学、金融风险管理、国际结算、投资组合管理等课程的基础,也有助于与金融理财学、投资银行学、金融计量学等课程结合提升学生的综合应用能力。

本课程可使用的教材包括保罗·克鲁格曼、托马斯·A·普格尔、贺瑛等分别编撰的国际金融教材,可根据课时需要,对参考教材的部分章节内容做相应的调整或取舍,并在课程案例、课程实验等内容上根据人才培养目标不断更新、优化。

(二) 课程思政教学目标

1. 课程思政特征分析

国际金融学是金融学等相关专业的核心课程,更是培养学生认识金融跨期资源配置、风险再分配功能、熟悉金融产品微观分析和应用、熟悉金融创新方法的重要课程。本课程的授课对象为大二学生,处于世界观、价值观和人生观形成的关键时期。他们了解一定的专业背景知识,对不同金融产品、不同金融市场之间关系的认识不够深入,具有一定的政治意识和公民意识。通过润物无声的方式,将课程思政融入到专业知识中,对学生三观、公民意识和政治意识的塑造具有积极意义,反过来也有助于学生专业知识的学习,自觉将专业能力培养与社会主义建设、中华民族伟大复兴相结合,从而实现立德树人。

根据国际金融学的知识结构和教学需求,其蕴含的思政元素主要包含在制度认同、家国情怀、社会责任、理性思维、创新意识、风险意识与全球视野七个方面的维度。

制度认同:国际金融学中涉及大量的金融危机和汇率风险、中国外汇市场的建设与人民币汇率的演变,特别涉及相关财政政策、货币政策和金融制度,都有助于学生对国内外制度进行比较和思考,帮助学生认识到中国共产党领导的社会主义制度的优越性,从而增强制度认同。

家国情怀：家国情怀的基本内涵包括家国同构、共同体意识和仁爱之情，有助于增强国家认同和民族凝聚力。掌握马克思列宁主义、毛泽东思想、邓小平理论、"三个代表"重要思想、科学发展观和习近平新时代中国特色社会主义思想，树立正确的世界观、人生观和价值观，了解我国基本国情，理论联系实际，实事求是。本课程的相关案例是彰显家国情怀的重要手段，包括人民币汇率上的演变历史、东南亚金融危机中的中国成功案例、次贷危机中的中国成功政策选择，以及在国际金融领域做出重要贡献的中国学者等。这些案例的分析，是学生了解中国在发展过程中专业人才的缺口状况、实现文化认同、强化家国情怀的重要来源。

社会责任：注重科学精神与人文关怀培养相结合，引导学生关注社会问题，树立忧患意识和使命感，树立回报社会意识，具有服务家庭、他人、集体、民族和国家的强烈社会责任感。本课程涉及大量关于制度问题导致的金融危机、全球不合作导致的经济损失、债务危机等案例，通过这些案例的分析，一方面让学生加深专业知识的理解，另一方面提醒学生在利用专业知识时，也要分析其社会后果，要考虑社会责任，要具有法律意识。

道德修养：本课程通过讲解全球货币体系的演变、国内外均衡的冲突等内容培养学生树立正确的道德观念，遵循正确的道德原则和道德规范，具有吃苦耐劳的精神、乐观向上的心理素质和良好的挫折承受力，具备健全的品行人格、良好的职业道德和高尚的君子之德。

理性思维：本课程的学习有很大部分内容是掌握分析方法，这需要大量的练习特别是思维训练，这些训练有助于学生加强"普遍联系""部分与整体"等概念的认识，有助于理性看待国家最优选择与国际协调的宏观后果，有助于理性看待内外均衡选择和最优政策的选择。

创新意识：本课程的学习有助于学生从企业层面、行业层面和国家层面加强创新意识，专注创新能力培养。

风险意识：本课程通过金融危机的讲解和风险意识的培育，有助于培养学生防范系统性金融风险的底线思维。

全球视野：本课程设计大量的外汇市场的发展历程及现状、国内外财政政策和货币政策的选择、国际经济和政策的协调等，开阔学生眼界，拓展全球视野。

2. 国际金融学课程思政教学目标

采用合适的教学方式，体现和强化课程思政元素，融入专业知识，实现以下目标：

接受马克思主义唯物史观、学习使用辩证法分析和解决问题；认同、拥护中国共产党领导的社会主义制度；了解中国国情和中国金融现状，了解中国有关金融制度的作用，具有家国情怀、文化自信和制度自信；形成良好的职业伦理道德，具备法制意识和高度的社会责任感。

二、《国际金融学》课程各章节课程思政教学指南

（一）"第一章 国际收支平衡"的思政教学指南

1. 专业教学目标

本章着重介绍国际收支平衡表的概念、特点、结构、记账方法、宏观经济意义等，通过对该章的学习，为之后各章的学习奠定理论基础和宏观视野。具体教学目标如下：

- 掌握国际收支平衡表的基本概念，了解其特点及结构，了解具体的记账方法；
- 了解经常账户和综合账户的宏观经济意义，了解 BOP 和 IIP 之间的联系和区别；
- 能够具体分析各国的国际收支平衡表，通过对各国国际收支平衡表的分析，间接了解该国经济发展状况。

2. 重要思政元素及融入点

国际收支平衡表中蕴含了丰富的思政元素。其主要的思政元素和相关知识板块包括：

（1）制度认同。在比较国内外国际收支平衡表时，可以看到中国国际收支平衡表的特色在于，自 20 世纪 90 年代以来，中国的经常项目和资本与金融项目在大多数年份都是顺差，这种"双顺差"的国际收支结构在全球范围内也是独特的，这也是中国制度优势取得的结果。"双顺差"和有管理的浮动汇率制度给中国带来了巨量的外汇储备，这为中国抵御外来金融危机侵蚀发挥了巨大的作用，尤其是在 1997 年香港收到投机资金冲击时，中国巨大的外汇储备为香港做了坚强的后盾，避免了香港联系汇率制的崩溃，这体现了中国制度巨大的优越性。

（2）家国情怀。在比较分析各国的国际收支平衡表时，要看到我国国际收支在改革开放后表现出的巨大优势，这些优势只有在我国制度背景下才能产生。另外结合亚洲金融危机时期，中国政府对香港的支持，充分反映出祖国对香港发展的担当。由此，引导学生明确认识到香港是中国不可分割的一部分，应针对当前港独分子进行无情的批驳，充分激发学生的爱国情怀。

（3）社会责任。在分析各国国际收支平衡表时，通过对 20 世纪 90 年代不断发生

的金融危机以及2009年欧洲债务危机的讲授，明确发生危机时，这些国家经常账户发生的巨大赤字以及大量资本外流造成的巨大的负的净国际投资头寸。另外，在金融危机发生的过程中，认清国际投机者在其中扮演的"不光彩"角色，以及造成的市场冲击及社会后果，增强学生的社会责任感和职业伦理道德观念。

（4）理性思维。在分析中国国际收支平衡表中的特色时，向学生强调理性思维，既要看到双顺差带来的好处和优势，也要看到过多的顺差和巨大外汇储备可能带来的不足之处，培养学生理性分析问题的能力。

（5）风险意识。通过对照历次金融危机时期的国际收支平衡表，让学生意识到国际收支平衡表中隐藏的风险，结合专业知识训练，培养和加强风险意识。

（6）全球视野。通过对各国国际收支平衡表的比较分析，让学生了解各国经济发展过程中的问题，熟悉国际金融市场，具备全球化视野。

3. 课程思政教学策略实例

采用多种教学手段和策略，在教学内容中融入相关思政元素。

（1）课程思政教学实例一：制度认同。比较中国和东南亚其他发生金融危机国家（如泰国）的国际收支平衡表，着重强调这些国家巨大的贸易逆差和经常账户逆差，而中国则存在巨大的贸易顺差和经常账户顺差。这些顺差对发展中国家保持经济稳定至关重要，但目前世界上还没有哪一个发展中国家能在这么长的时间连续取得这么大的贸易和经常项目顺差，这充分体现了我国制度方面的优势。再结合2009年欧洲债券危机中相关国家的巨大经常项目赤字，启发学生认识到发达国家的制度也有很多问题，只有适合自己的才是最好的。通过这些对比，启发学生认识到制度（金融制度）选择是历史发展和现实国情决定的，增强学生的制度认同、政治认同。

（2）课程思政教学实例二：家国情怀。在讲授中国的国际收支平衡表时，要强调指出，国际收支的双顺差为中国积累了大量的外汇储备，而正是这些外汇储备，成了1998年香港阻击国际投机资金攻击联系汇率制度的坚强后盾。引导学生认识到香港是祖国不可分割的一部分，培养学生的爱国情怀。

（3）课程思政教学实例三：风险意识。通过讲授发生金融危机国家的国际收支平衡表，了解这些国家发生危机的根源，提高学生的风险意识，帮助学生学会通过分析一国的国际收支平衡表来推断该国隐藏的经济或金融风险。

（二）"第二章　外汇及外汇市场"的思政教学指南

1. 专业教学目标

本章着重介绍外汇、汇率和外汇市场的概念、特点等，通过对该章的学习，可以使学生了解更多的关于外汇的基础知识。具体教学目标如下：
- 掌握外汇及汇率的基本概念；
- 了解外汇市场结构及外汇市场的主要特点；
- 了解外汇市场的运作特点；
- 了解外汇市场交易的主要货币；
- 了解外汇市场主要交易工具等。

2. 重要思政元素及融入点

外汇及外汇市场中也蕴含了丰富的思政元素。其主要的思政元素和相关知识板块包括：

（1）制度认同。在讲解本章内容时，向学生介绍我国在20世纪因长期的外汇短缺而制约经济发展的事实，但改革开放短短十几年就改变了这一状态，外汇储备急剧增加，2006年超过日本成为第一大外汇储备国，这在别的国家是很难想象的。这充分显示了我国的制度优势，增强学生的制度认同感。

（2）家国情怀。人民币实行国际化战略后，人民币在国际市场上的交易规模呈直线上升趋势，已跻身全球八大交易货币之列，这反映了中国货币在国际市场上巨大的发展潜力。人民币国际化除了赋予中国人民极大的自豪感外，对中国的经济发展也有很大好处。这部分内容的学习有助于增强学生的爱国情怀和民族自豪感。

（3）理性思维。20世纪90年代发展中国家不断发生的金融危机实际是一种货币危机，主要是固定汇率制受到冲击而引发的。我国现阶段实行的是有管理的浮动汇率制，但是欧美等发达国家不断指责我们操纵汇率，要我们实行完全的浮动汇率制，其实质是迫使我国无法影响人民币汇率。作为发展中国家，采用完全浮动的汇率制是很危险的，众多发展中国家发生的汇率危机就很好地说明了这一点。所以我们在为学生授课时，一定清晰解释现阶段我国实行有管理的浮动汇率制的根本原因，教育学生要时刻谨记曾经的经验教训，不能被以美欧为首的发达国家影响，保持理性思维。

（4）风险意识。外汇市场是一个变化多端、受许多因素影响的市场，可以通过外汇市场的模拟操作让学生切实感觉到汇率的风险。结合专业知识训练，培养和加强学生的风险意识。

3. 课程思政教学策略实例

采用多种教学手段和策略，在教学内容中融入相关思政元素：

（1）课程思政教学实例一：制度认同。中国采用的有管理的浮动汇率制度在英文里有时用"Dirty"来表示，告诉学生这是对该制度的一种歧视。实际上，很多国家采用的都是这种制度，这种有管理的浮动汇率制度对发展中国家来说是非常必要的。事实上也证明了这一点，如果在现阶段完全放开汇率，实行完全的自由化，那么我们就会成为发达国家任意宰割的对象，所以要清楚认识自己的发展阶段，不能人云亦云，要对我国的制度选择有充分的信任和认同。

（2）课程思政教学实例二：家国情怀。人民币在短短几年的国际化过程中，走出了令世界瞩目的成就，一是体现在外汇市场的交易额上，中国已跻身世界八大交易货币之列；二是在储备方面，许多国家开始以人民币作为本国的外汇构成货币；三是在结算方面，许多国家开始采用人民币进行国际大宗商品的结算。结合前不久我国和伊朗签订的用人民币结算石油贸易的协议，更能看到人民币在国际化方面取得的巨大成就，这也同时体现了我们的制度优势，人民币国际化给我们带来了更多的自豪感和优越感，我们更加感受到祖国的强大。

（3）课程思政教学实例三：风险意识。通过学生参与外汇市场的模拟操作实践，充分感受外汇市场杠杆操作所带来的巨大风险，从而帮助学生建立起风险意识。

（三）"第三章 汇率的决定理论"的思政教学指南

1. 专业教学目标

本章是国际金融学的核心内容，主要分析汇率的决定机制和影响因素。汇率决定理论随经济形势和经济学理论的发展而发展，为一国货币局制定汇率政策提供理论依据。本章具体教学目标如下：

- 了解汇率的短期和长期变化的特征；
- 理解一价定律和利率平价；
- 掌握购买力平价理论和利率平价理论；
- 掌握汇率的货币分析法，理解汇率超调现象。

2. 重要思政元素及融入点

本章汇率决定理论是基于市场机制的抽象与总结，引入人民币汇率决定机制，挖掘思政元素。其主要的思政元素和相关知识板块包括：

（1）家国情怀。在讲授汇率决定理论时，梳理国际上主要国家汇率决定理论的历史与发展案例，对比分析中国人民币汇率决定机制的演进历程。让学生认识到，过去我国人民币汇率主要是直接盯住美元汇率，而随着我国经济地位的提高以及国际货币的多元化发展，人民币汇率开始采取盯住一篮子汇率的方式进行调节。基于此，激励学生在专业学习中应更加努力，为人民币国际化而努力，从而为中华民族的伟大复兴贡献一份力量，提高学生的家国情怀和爱国热情。

（2）社会责任。通过学习本部分内容，学生会了解到汇率变动对经济各方面产生的作用和影响是不同的。一般情况下，国际关键货币贬值在短期内会不利于其他工业国和发展中国家的贸易收支，由此可能引起贸易战和汇率战，并影响世界经济的景气程度。而且主要货币汇率不稳定还会给国际储备体系和国际金融体系带来巨大的影响。因此，应引导学生认识到，拥有国际化货币的大国，不能随意放纵汇率波动，要肩负起稳定国际社会的重任，主动承担应尽的社会责任。中国作为发展中的大国在此方面表现尤为突出，由此激发学生的社会责任感。

（3）理性思维。通过学习本部分内容，学生应该认识到汇率决定理论有一个不断发展的过程，国际借贷学说、购买力平价学说、利率平价学说、国际收支学说、资产市场学说等理论分别从货币因素、宏观基本面因素、实际市场因素、存量因素和流量因素等不同的角度对汇率的决定和变动进行了研究。这些理论都有优点，但也都有不足。一种理论只能针对汇率决定的某一方面进行深入详尽的阐述。同一种理论在不同时期的解释能力也是不同的。到目前为止，还没有一种全能的汇率决定理论。但是这些汇率决定理论是相互补充、相互替代的，它们一起构成了多姿多彩的汇率决定理论体系。注意不能用单一的汇率决定理论绝对地分析某个汇率现象。由此锻炼学生的辩证与理性思维能力。

（4）创新意识。通过汇率理论与汇率现象之间关系的介绍，让学生了解国际金融领域中不同层面的汇率关系，尤其是这些汇率关系中的创新概念和创新来源，再结合专业知识训练，增强学生创新意识，培养学生创新能力。

（5）全球视野。汇率问题作为世界各国关注的重要实践问题和重大理论问题，显然是国际金融学中的核心内容，其主要反映全球各国之间的货币经济关系，因此该问题的学习、讨论和分析都必须是基于全球视野的。这样，关于汇率决定问题的学习也是最能培养学生全球视野的课程内容。

3. 课程思政教学策略实例

（1）课程思政教学实例一：社会责任。以人民币汇率为例，虽然人民币还没有实现国际化，但是随着世界经济体系一体化的形成，中国与世界各国的经贸联系往来更加的紧密，人民币汇率的波动不但会对本国经济经常产生一定的影响，同时也会对世界经济的复苏和发展产生重大影响。因此，人民币汇率的稳定是对全球社会经济稳定发展的重要保证。可以此案例，让学生认识到一国汇率变化所体现的社会责任情况。

（2）课程思政教学实例二：理性思维。在学习各种汇率决定理论时，应当让学生认清楚各类汇率理论的缺陷，从而客观的看待各汇率理论的适用范围。例如，最经典的购买力平价理论也有其内在的缺陷。首先，其认为汇率的变动完全由于购买力的变动决定，忽视了其他因素，如国民收入、国际资本流动、生产成本、贸易条件、政治经济环境等的影响，也忽视了汇率变动对购买力的影响。其次，以购买力统计测算汇率时，存在实际困难。如在是否选择国内一般价格指数作为计算物价指数的样本方面存在争议。最后，由于实际存在的运费、关税、商品不完全流动、产业结构变动以及技术进步等因素的差异会引起国内价格的变化，因而"一价定律"在实证中很难实现。理性认识各类汇率理论的缺陷，有助于学生全面掌握汇率决定的机制，锻炼其辩证与理性思维。

（3）课程思政教学实例三：创新意识。在各种汇率决定理论的学习中，学生应该从每次新理论产生的原因中寻找可能的汇率理论创新发展的方向，从而有意识的提高自身的创新能力。从已有的汇率决定理论来看，一般可以至少从三个方面启发学生的创新意识，一是经典理论假设的放松，比如从购买力平价理论到国际货币主义的汇率理论；二是新现象的总结与抽象，比如巨无霸指数；三是多学科理论的推广应用，比如汇率决定的资产组合分析等。

（4）课程思政教学实例四：全球视野。从全球视野来看待人民币汇率问题，"一带一路"上的人民币国际化是一个合适的案例。"一带一路"建设为人民币国际化创造了难得的投融资载体、国际分工环境和市场条件。首先，"一带一路"建设将夯实做强人民币的区域化基础，有助于实现人民币国际化的路径突破；其次，"一带一路"建设将助推人民币对外直接投资和人民币境外信贷的发展，有助于实现人民币国际化的模式突破；最后，"一带一路"建设还将助推人民币在基础设施投融资、大宗商品计价结算及电子商务计价结算等关键领域突破。可以以此案例让学生认识到人民币国际化后其汇率变化的影响因素将更加复杂、更加具有不确定性，因此要认真学习专业知识，以应对这种不确定性。

（四）"第四章　浮动汇率制与政策选择"的思政教学指南

1. 专业教学目标

本章通过介绍短期产出的宏观经济模型和均衡汇率的决定模型，检验浮动汇率制下不同政策搭配所产生的影响。在对这些影响进行分析的过程中，允许在永久性政策变动和暂时性政策变动所产生的影响间存在差异，永久性政策变动会改变汇率的长期预期，而暂时性政策变动不会。这个差别更加体现了预期汇率对宏观经济的重要性。具体教学目标如下：

- 掌握内外均衡的内涵和外延；
- 了解商品市场均衡条件；
- 了解资产市场均衡条件；
- 掌握商品市场和资产市场同时均衡下，汇率与产出的关系；
- 了解浮动汇率制下实现充分就业的政策选择；
- 了解浮动汇率制下实现内外均衡的政策选择。

2. 重要思政元素及融入点

内外均衡问题、充分就业的实现以及政策选择，蕴含了丰富的思政元素。其主要的思政元素和相关知识板块包括：

（1）制度认同。介绍商品市场和资产市场均衡和内外均衡的内涵和外延，让学生认识到中国当前面临内外均衡问题，以及中国在改革开放和经济发展历程中形成的解决内外均衡问题的经验，增强学生的政治认同和制度认同。

（2）家国情怀。在讲授浮动汇率制下实现充分就业的政策选择时，梳理政策选择的依据，让学生认识到，过去每种政策实施背后的损失。由此，教育学生在专业学习中应更加努力，为中华民族的伟大复兴而努力，激发学生的家国情怀和爱国热情。

（3）理性思维。分析美国 1979 年和 1983 年的财政货币政策，利用模型对历史事件进行分析。通过这些方式，培养学生理性看待国际经济协调的能力。

（4）创新意识。通过分析金融危机时期各个国家政策实施的效果和政策选择，让学生了解政策实施的创新思路和创新来源，增强创新意识，再结合专业知识训练，培养创新能力。

（5）全球视野。通过介绍国内外均衡问题以及各个政策对比等，让学生了解内外均衡相关领域的国内外情况，熟悉国际经济协调，具备全球化视野。

3. 课程思政教学策略实例

采用多种教学手段和策略，在教学内容中融入相关思政元素，例如：

（1）课程思政教学实例一：制度认同。在讲授宏观经济目标即内外均衡问题时，通过介绍中国在东南亚金融危机和 2008 年全球金融危机中的表现，启发学生认识到中国是作为一个负责任大国的国际形象，以及中国在迎头赶上的势头。通过这些方式，启发学生认识到制度（金融制度）选择是历史发展和现实国情决定的，增强学生的制度认同、政治认同。

（2）课程思政教学实例二：理性思维。分析美国 1979 年和 1983 年的货币政策和财政政策。1979 年初，美国通货膨胀加剧，货币供应量增长迅猛，美联储采用"单一规则"的货币政策，但是这一做法在 1982 年就被证明是失败的。1982 年是美国全面实行"经济复兴计划"的一年，也是美国战后经济危机最严重的一年，通过对美国该时期政策的分析，提高学生理性判断的能力。

（3）课程思政教学实例三：全球视野。通过讲解 2008 年全球金融危机中 G20 会议的召开意义，让学生明白，不能只关注国家利益，而不考虑各国宏观经济政策间的相互影响。结合 19 世纪 70 年代两次石油危机期间的经验和 1980 年后的经验，不难发现，货币和财政政策引起的冲击通常会从一个国家传导到另一个国家。

（五）"第五章　固定汇率制与政策选择"的思政教学指南

1. 专业教学目标

本章论述了中央银行的干预以及这种干预政策与货币供给的关系。对此，本章综合运用宏观经济模型来分析固定汇率下的政策。从中央银行的资产负债表可以清晰地看出外汇干预对货币供给所造成的影响。由于放宽了利率平价的条件并考虑了汇率风险的因素，本章的论述是对前面章节所论述的模型的扩展。这就引出了关于冲销式干预的讨论。本章另一个论述的焦点是国际收支危机和资本外逃，以及由此而来的关于国际收支或流动性危机如何发生的不同的理论模型。此外本章还在第四节运用两国模型分析了固定汇率的选择体系。具体教学目标如下：

- 了解中央银行外汇干预和货币供给间的关系；
- 熟悉中央银行的资产负债表；
- 掌握冲销式干预的有效性；
- 理解国际收支危机和外汇抽逃产生的原因；
- 理解三元悖论的内涵；
- 了解金本位制；
- 掌握布雷顿森林体系下的内外均衡问题；
- 掌握布雷顿森林体系下通货膨胀的跨国传递。

2. 重要思政元素及融入点

中央银行维持汇率稳定以及固定汇率制下政策选择和国际收支危机等内容，蕴含了丰富的思政元素。其主要的思政元素和相关知识板块包括：

（1）制度认同。在介绍中央银行外汇干预和货币供给间的关系以及冲销式干预的有效性时，让学生认识到，中国在维持汇率稳定和促进经济发展中的政策举措，增强学生的政治认同和制度认同。

（2）家国情怀。在讲授东南亚金融危机过程时，介绍东南亚各国金融危机产生的缘由以及中国的表现，激发学生的家国情怀和爱国热情。

（3）社会责任。在讲授布雷顿森林体系产生的原因以及该体系下的内外均衡问题时，增强学生的社会责任感和职业伦理道德观念。

（4）理性思维。在讲授国际收支危机和资本抽逃等内容时，分析一国经济状况与国际收支失衡间的关系，阐述国际收支失衡导致的资本流动以及市场预期的变化，以提高学生理性判断国际收支失衡问题的能力。

（5）创新意识。通过讲授三元悖论，分析国家在资本流动、货币政策独立性和汇率稳定之间的选择，让学生了解政策实施的创新概念和创新来源，增强创新意识，再结合专业知识训练，培养创新能力。

（6）全球视野。通过对金本位制和布雷顿森林体系下国内外均衡问题以及通货膨胀的相互传递等内容的介绍，让学生了解不同货币体系下国与国之间的相互关系，熟悉国际经济协调，具备全球化视野。

3. 课程思政教学策略实例

采用多种教学手段和策略，在教学内容中融入相关思政元素，例如：

（1）课程思政教学实例一：制度认同。通过分析东南亚金融危机中东南亚国家和中国的表现，启发学生认识到中国全球危机中的出色表现和中国的大国担当。通过这些方式，增强学生的制度认同、政治认同。

（2）课程思政教学实例二：社会责任。以"二战"结束布雷顿森林体系的建立和崩溃过程为例，阐述各国在全球货币体系中的作用，以增强学生社会责任感和职业伦理道德观念。

（3）课程思政教学实例三：理性思维。在讲授国际收支危机和资本抽逃等内容时，通过分析东南亚金融危机中东南亚国家和中国的表现，以提高学生理性判断的能力。

（4）课程思政教学实例四：创新意识。在讲授三元悖论时，以英镑危机为例，解释三元悖论的内在逻辑以及固定汇率制度下投机资本冲击的后果，以培养学生对金融产品设计和选择的创新意识。

（5）课程思政教学实例五：全球视野。介绍20世纪60年代全球通货膨胀的蔓延以及美元危机的由来，让学生明白，全球金融市场的相互联动以及国际协调的重要性。

(六)"第六章 国际储备"的思政教学指南

1. 专业教学目标

国际储备也称"官方储备",是一国货币当局持有的、用于国际支付、平衡国际收支和维持其货币汇率的国际间可以接受的一切资产。国际储备是战后国际货币制度改革的重要议题之一,它不仅关系各国调节国际收支和稳定汇率的能力,而且会影响世界物价水平和国际贸易的发展。本章具体教学目标如下:

- 掌握国际储备基本定义及特点;
- 熟悉国际储备的基本构成及来源;
- 区分国际储备与国际清偿力;
- 了解国际储备的供求;
- 掌握国际储备的管理原则及管理方法;
- 了解国际储备管理的发展动态与趋势。

2. 重要思政元素及融入点

(1) 家国情怀。在讲授国际储备类型时,梳理不同国家国际储备情况,让学生认识到,过去我国国际储备不足,相比大多数国家还有较大差距,因此,在专业学习中应更加努力,为中华民族的伟大复兴而努力,激发学生的家国情怀和爱国热情。

(2) 社会责任。通过学习本部分,让学生认识到国际储备对我国社会经济稳定具有非常重要的意义。首先,调节国际收支,保证对外支付。我们在与外国的贸易往来中不可能一直用人民币,这就要求政府有足够的外汇储备来应对国与国之间的贸易往来。其次,干预外汇市场,稳定本币汇率。当汇率出现波动时,可以利用外汇储备干预汇率,使之趋于稳定。再次,维护国际信誉,提高对外融资能力。最后,可以增强综合国力和抵抗风险的能力。

(3) 理性思维。我国虽然拥有最多的外汇储备,很好地维持了汇率稳定。但是应该让学生看到过多外汇储备也会带来一些负面效应,理性认识外汇储备规模的问题。首先,外汇储备的过度增长,有可能通过基础货币的扩张,引发泡沫经济或通货膨胀风险。其次,过多的外汇储备有可能降低我国对外金融资产的收益水平和财富增长速度。最后,外汇储备的过快增长,会增加人民币升值压力,加剧贸易摩擦。

(4) 创新意识。通过比较各国国际储备管理体系,让学生了解不同国家国际储备管理制度的优点和缺点,从而结合中国的实际,发展创新出适合中国的国际储备管理方法。

（5）全球视野。通过讲解国内外国际储备的发展，特别是对黄金、外汇、SDRs 等国际储备的种类、交易规模，以及各国先进国际储备管理经验等介绍，让学生了解国际储备相关领域的国内外情况，熟悉国际储备情况，具备全球化视野。

3. 课程思政教学策略实例

（1）课程思政教学实例一：家国情怀。在讲授国际储备的种类时，比较各个国家的国际储备，并强调我国外汇储备的发展。改革开放以来，特别是从 1994 年外汇管理体制改革之后，我国开始逐步形成处于国家宏观调控下的外汇储备市场机制。由于国际收支的贸易顺差、大量外商直接投资的净流入和国际市场上的热钱流入等诸多因素的影响，我国外汇储备踏上快速增长之路。从 21 世纪起，我国的外汇储备便维持着高速上升的势态。自 2006 年开始，我国的外汇储备便高过日本，居全球榜首。2014 年，我国外汇储备已高达 3.84 万亿美元，相对 2000 年上涨了 22.21 倍。应该让学生认识到，我国居民通过辛勤的劳动赚取了全球最多的外汇，增强学生的家国情怀。

（2）课程思政教学实例二：社会责任。以我国外汇储备为例，首先让学生认识到其稳定人民币汇率保障社会经济发展的作用，当汇率出现波动时，可以利用外汇储备干预汇率，使之趋于稳定。一般来说，我们认为在预期人民币汇率存在升值压力时，从供求的角度分析，是人民币需求大于供给，美元的供给大于需求。政府就可以向市场收购美元来增加市场上流通的人民币，以此来减轻人民币的升值压力。其次，以案例形式分析其增强综合国力和抵抗风险的能力，例如在 1997 年亚洲金融危机的时候，各国货币纷纷贬值，人民币汇率并没有太大波动。

（3）课程思政教学实例三：理性思维。本部分内容需要培养学生的理性思维，让学生认识到充裕的外汇储备在维持国际支付能力、防范金融风险、维护国家经济金融安全等方面发挥了重要作用，有力地保障了国民经济健康稳定发展。但是巨额外汇储备也带来了一定的负面效应。一方面巨额外汇储备使得我国机会成本增高，相同的资金用到了外汇储备意味着失去了用这些资金做别的事情的机会。超过 3 万亿的外汇储备资产闲置十分可惜。如今我国的外汇储备的主要持有形式是美国国债和机构债券，美国国债虽然是年利率约为 4% 的 4A 级债券，但仍然收效甚微，而美国将这些借来的资金投资各处，换来了更高额的利润。如果我国将这些外汇储备进行国外投资、运转企业，其获得的利润将会成倍增加；用作大型建设、改善民生，也对社会建设有深远的影响。另一方面巨额外汇储备也使得我国汇率风险提升。我国的外汇结构以美元为主，然而美国的经常项目严重失衡，美元贬值已经是必然。美元一旦大幅贬值，将造成美元资产的贬值、美元资产外汇储备的价值缩水。因此，可以在美元大幅度贬值之前，调整外汇结构，但是我国持有的美元资产过于庞大，调整空间有限，这样一来，我国外汇储备会严重缩水。更重要的是，美国正在给我们设一个"陷阱"，那就是美联储的"美元贬值政策"，这更加打击了我国外汇储备的安全性，使得我国外汇一直处在资产缩水的风险当中。

（4）课程思政教学实例四：创新意识。通过本部分教学，让学生认识到，对于国际储备可根据国际经验创新管理方式。比如，1980年我国恢复在基金组织的合法席位后划出了1280万盎司的黄金作为国际储备，1981年又调减为1270万盎司。鉴于1997～1999年和2007～2009年先后两次国际金融危机的影响，黄金作为具有实际价值的最后的结算支付手段的重要性及抗风险能力再次被重视。目前我国官方黄金储备1842.6吨，约为3389.38万盎司。借鉴发达国家的储备管理实践做法和经验，未来当人民币真正成为普遍的国际储备货币时，或许我国可以减少其他外汇储备而持有相对更多的黄金。

（5）课程思政教学实例五：全球视野。通过本部分教学，让学生从全球角度客观看待黄金的储备情况。全球黄金储备主要集中于美国、德国、意大利、法国等发达国家。这些主要发达国家的黄金储备，约占世界黄金储备总量的一半。美国的黄金储备量一直维持在8134吨继续领跑全世界。发展中国家特别是一些亚洲国家的黄金储备相对薄弱，占比很小。而且发达国家黄金储备占外汇储备的比重较高，其中美国高达到76.3%，德国、意大利和法国也都在70%以上，而中国仅不足2%。

（七）"第七章　国际货币体系"的思政教学指南

1. 专业教学目标

本章主要讨论国际货币体系，一般情况下国际货币体系是指支配各国货币关系的规则和机构，以及国家间进行各种交易、支付所依据的一套安排和惯例。本章具体教学目标如下：

- 掌握国际货币体系的基本概念以及类型；
- 了解国际货币体系的历史；
- 熟练掌握布雷顿森林体系的主要内容及其特点和作用；
- 理解布雷顿森林体系崩溃的原因；
- 熟悉欧洲货币体系的新发展；
- 熟练掌握现行国际货币体系改革的基本困难、改革的基本路径。

2. 重要思政元素及融入点

（1）家国情怀。在讲授国际货币体系发展历史时，梳理不同时期国际货币体系的内容，分析中国在每个国际货币体系中所处的位置。让学生认识到，不管在哪个国际货币体系，一国的经济实力决定了该国所处国际货币体系中的地位。因此，教育学生在专业学习中应更加努力，为中华民族的伟大复兴而努力，激发学生的家国情怀和爱国热情。

（2）社会责任。学习本章内容让学生认识到，理想的国际货币体系肩负着重要的国际社会责任，其基本功能是促进国际贸易和国际资本流动的发展，主要体现在以下三个方面：一是建立相对稳定合理的汇率机制，避免竞争性贬值；二是为国际经济的发展提供必要的清偿力，为国际收支不平衡的调节提供有效的手段，防止个别国家清偿力不足而引发区域性或全球性金融危机。三是促进各国经济政策的协调。在国际金融体系框架下，各国经济政策都要遵守相应的准则，互相协调，保持经济稳定与持续发展。

（3）理性思维。在本章学习中，让学生既要看到每个国际货币体系的优点，也要看到国际货币体系的缺点。首先，金本位制的优点是可以很稳定地维持货币之间的固定汇率，波动幅度非常小，缺点是流动性不足。其次，布雷顿森林体系相对于金本位制来说，优点是汇率变化幅度更大了，但是又相对稳定地维持了美元与其他国家货币汇率水平，可以避免汇率波动风险。它仍然属于固定汇率制度。布雷顿森林体系的缺点是在理论上存在不可调和的矛盾——特里芬难题，这是导致其解体的根本原因。最后，牙买加体系的优点是承受风险、冲击的能力更强，具有较强的价格弹性；缺点是国际储备多元化也造成国际货币格局不稳定、管理调节复杂性强、难度高；浮动汇率制加剧了国际金融市场和体系的动荡和混乱，套汇、套利等短线投机活动大量泛滥。

（4）创新意识。当前的国际货币体系存在诸多瑕疵，国际金融市场又不稳定，金融危机频发，所以如何创新改革国际货币制度是对当代大学生提出的重要议题。尤其是对我们中国大学生而言，随着中国在国际货币体系中作用越来越大，中国大学生的创新意识对国际货币体系改革越来越重要。

（5）全球视野。国际货币体系是一个全球性经济协调体系，学生通过学习本章内容，应该能够从全球的角度思考经济问题。随着中国国际地位的提高，其对国际的影响力逐渐增强，这种全球意识也应该不断加强。学生们应该认识到，中国国际地位的上升，极大地推动了世界经济的发展，并为新的国际秩序形成贡献了相当的力量，同时对国际关系其他方面产生积极的影响。

3. 课程思政教学策略实例

（1）课程思政教学实例一：家国情怀。通过案例展示中国在国际货币体系中的地位，加强学生的爱国情怀。随着中国成为全球第二大经济体，其在国际货币体系中的地位也不断上升。中国近年来不断推动国际货币基金组织份额和治理结构的改革，提高有活力的新兴市场和发展中经济体的份额占比。同时，研究扩大特别提款权 SDR 的使用。从 2016 年 10 月 1 日开始，人民币正式成为特别提款权 SDR 篮子的货币之一，中国已经同时用美元和 SDR 发布外汇储备、国际收支和国际投资头寸数据。

（2）课程思政教学实例二：社会责任。随着中国发展成为经济大国，其在国际社会中的责任也变得越来越重，本章应通过相关案例让学生看到大国的担当，并认识到自己应当承担的责任。为了应对世界经济面临的风险和挑战，国际货币基金组织需拥有充足资源。2012 年 6 月在墨西哥洛斯卡沃斯举行的 G20 第七次峰会，中国宣布支持并决定参与国际货币基金组织增资，数额为 430 亿美元。印度、俄罗斯、巴西和墨西哥分别将贡献 100 亿美元左右。另外，土耳其承诺向 IMF 贡献 50 亿美元，其他一些国家提供的资金金额约为 10 亿美元。中国在会上发表了题为《稳中求进共促发展》的重要讲话，号召二十国集团成员既要巩固应对国际金融危机的成果、保持经济社会稳定和发展，又要稳中求进，探索新思路，采取新举措，解决新问题，推动世界经济强劲、可持续、平衡增长，并提出五点具体主张，充分表现了大国担当精神。

（3）课程思政教学实例三：理性思维。通过本章学习，学生应该理性认识到现行以美元为中心的国际货币体系存在缺陷。虽然布雷顿森林体系崩溃了，但并不意味着美元在国际支付与国际经济联系中的作用消失。相反，美元仍然是世界上最重要的储备货币、结算货币和外汇交易的手段。日元在 20 世纪 80 年代的兴起，欧元在 20 世纪 90 年代的产生，都没有从根本上动摇美元的地位。作为世界货币的美元，享受着铸币税的收入，享受着对外投资、国际支付中外汇风险小的便利，但是美元却没有承担起世界货币相应的责任。一方面，美元具有提供全球流动性的义务，但美元与黄金脱钩后，美元的创造缺乏限制，致使流动性过剩并流向非生产性的金融市场，即"脱实向虚"现象。引起以经济过热和资产价格暴涨为特征的信用泡沫，泡沫一旦破裂，金融危机的爆发不可避免。另一方面，美国没有对全球经济承担相应的责任，在 2008 年美国爆发次贷危机过程中，美国货币当局不断采取量化宽松政策，转移自身风险，很少顾及国际情况和货币政策的外溢性，从而加剧了国际金融市场的波动性。

（4）课程思政教学实例四：创新意识。以中国人民银行前行长周小川提出的国际货币体系改革设想为例，激发学生对国际货币体系的创新改革意识。周小川提出，一是可创造一种与主权国家脱钩、并能保持币值长期稳定的国际储备货币。由一个全球性机构管理的国际储备货币将使全球流动性的创造和调控成为可能，当一国主权货币不再作为全球贸易的尺度和参照基准时，该国汇率政策对失衡的调节效果会大大增强。这些能极大地降低未来危机发生的风险、增强危机处理的能力。二是充分发挥 SDR 的作用。SDR 具有超主权储备货币的特征和潜力，同时它的扩大发行有利于基金组织克服在经费、话语权和代表权改革方面所面临的困难。这需要各成员国政治上的积极配合，着力推动 SDR 的分配，特别是应尽快通过 1997 年第四次章程修订及相应的 SDR 分配决议，以使 1981 年后加入的成员国也能享受到 SDR 的好处。在此基础上考虑进一步扩大 SDR 的发行。SDR 的使用范围需要拓宽，从而能真正满足各国对储备货币的要求。

（5）课程思政教学实例五：全球视野。本章可以 G20 会议为例，从中国在 G20 中的地位、影响，及其倡导的全人类命运共同体的发展理念出发，帮助学生建立以全球视野看待问题的方式。20 国集团，又称 G20，是 1999 年 9 月 25 日由八国集团的财长在华盛顿提出的，于 1999 年 12 月 16 日在德国柏林成立，目的是防止类似亚洲金融风暴的重演，让有关国家就国际经济、货币政策举行非正式对话，以利于国际金融和货币体系的稳定。20 国集团从 2008 年起召开领导人峰会。随着 20 国集团的架构日渐成熟，并且为了反映新兴工业国家的重要性，20 国集团成员国的领导人于 2009 年宣布该组织取代八国集团成为全球经济合作的主要论坛。G20 峰会是一个国际经济合作论坛，属于布雷顿森林体系框架内非正式对话的一种机制，由原八国集团以及其余十二个重要经济体组成。峰会旨在推动已工业化的发达国家和新兴市场国家之间就实质性问题进行开放及有建设性的讨论和研究，以寻求合作并促进国际金融稳定和经济的持续增长。按照以往惯例，国际货币基金组织与世界银行列席该组织的会议。2020 年 11 月，G20 第 15 次峰会在利雅得举行，中国在其中发挥了中流砥柱的作用。习近平主席在 G20 峰会上的重要讲话，充分体现了人类命运共同体理念、生命至上和人民至上的道德精神，体现了中国负责任大国的立场态度，因而深得国际社会人心，赢得了国际舆论的高度评价。从峰会宣言可以看出，多处采纳了中国的提议。

（八）"第八章　金融全球化与全球金融治理"的思政教学指南

1. 专业教学目标

金融全球化是指金融业跨国发展，金融活动按全球统一规则运行，同质的金融资产价格趋于等同，巨额国际资本通过金融中心在全球范围内迅速运转到世界各国、各地区。金融全球化是经济全球化的必然发展和重要组成部分，世界经济的发展离不开金融全球化的推动。本章具体教学目标如下：

- 了解金融全球化产生的原因、表现特征以及对世界经济的作用；
- 熟悉中国金融开放的步伐与现状；
- 掌握中国加入 WTO 后，银行业、证券业和保险业市场的开放步伐；
- 结合实际分析中国金融改革的重要与难点；

- 熟悉全球金融治理的特征、困难与挑战；
- 掌握中国参与全球金融治理的困难与方式。

2. 重要思政元素及融入点

（1）家国情怀。学生可以从本部分内容的学习中清楚看到中国在全球金融化中的机遇与挑战。首先，技术的进步、金融工具和金融机构的不断创新，形成了金融全球化的趋势；其次，金融的全球化，带动了中国金融业的快速发展的同时，又对中国乃至世界各国的金融业产生负面影响，这不利于我国金融业的快速、稳步发展。让学生看到，只有深化金融体制改革，才是应对金融全球化风险的关键。

（2）社会责任。学生应通过学习本部分了解金融全球化给国际社会带来的各种风险与危机，需要各国一起合作治理才有可能化解风险，各国在金融全球化过程中都应承担自己的责任。金融全球化治理是指：在金融全球化背景下，各主权国家、政府间金融监管机构和国际金融组织等组织机构为建立或维持理想的国际金融秩序，防范和化解全球性和区域性金融危机和金融风险，通过多边或双边、正式或非正式的协调、合作、确立共识等方式管理金融全球化过程中相关事务的行为。其宗旨是通过维护全球货币和金融的稳定和公平，进而推动全球经济、贸易和投资等各个领域的健康发展。

（3）理性思维。通过本部分的学习，学生应该认识到金融全球化带来了资本的全球流动，在更高层面优化了资金与资源配置，大大促进了全球经济的发展，与此同时要尤其关注金融全球化带来的风险与危机。金融危机是指国际金融领域所发生的剧烈动荡和混乱通过支付和金融操作，或通过金融恐慌心理迅速传导到相关的国家或地区，而使有关国家或地区的金融领域出现剧烈动荡和混乱。而国际金融危机是指一国所发生的金融危机通过各种渠道传递到其他国家从而引起国际范围内金融危机爆发的一种经济现象。国际金融危机既是国际金融体系中潜在风险累积和爆发的结果，也是国际金融体系脆弱的集中表现。无论发生何种形式的国际金融危机，其基本特征是金融领域所有的或大部分的金融指标的急剧恶化，以至于影响相关国家或地区乃至世界经济的稳定与发展。由此，教育学生辩证、理性地认识金融全球化趋势的影响。

（4）创新意识。通过本部分的学习，学生应该能够发现问题，并培养创新解决问题的能力。现有的国际货币体系处于不稳定状态，原来的金融全球化治理的组织体系由于其结构上的封闭性和功能上的缺失性出现危机。加上国家经济发展出现巨大的变化，新兴国家开始发挥作用，金融全球化治理需要沿袭过去的基础开始全面的制度建构，即一个全面的制度化治理体系的有序建构与有效运作。但是金融全球化治理作为一种超主权的全球性制度安排，也必然会遭遇国家主权与让渡国家主权之间的艰难权衡。因此，金融全球化治理改革不可能脱离具体的国际政治与经济环境，在实际推进中面临着各种困难和挑战。这就需要学生发挥自己的聪明才智，积极运用创新思维，为未来的金融全球化治理改革添砖加瓦。

（5）全球视野。本章中不管金融全球化还是全球金融治理都是从全球视野来看待金融问题，相关案例都与全球经济金融密切相关，因此可通过本章的学习，全方位拓宽学生的视野，培养学生从宏观角度分析问题的能力。

3. 课程思政教学策略实例

（1）课程思政教学实例一：家国情怀。通过案例分析发现，2008年国际金融危机后，中国开始首次进入全球经济和金融治理的核心圈。中国随之成为金融稳定理事会（FSB）、巴塞尔银行监管委员会（BCBS）等国际金融组织和俱乐部的新成员。在此背景下，中国参与全球金融治理的中心问题是，中国能否在全球金融治理规则的制定与调整中发挥与其经济金融规模相适应的作用，并承担相应的责任。除去在已有国际金融多边组织中争取发挥更重要作用外，新成立的丝路基金、亚洲基础设施投资银行、金砖国家开发银行，以及上海合作组织融资机构等安排已成为中国参与金融全球化治理，发挥相应作用的新平台。这些平台一方面将成为中国构建支持"走出去"的金融支持体系的重要部分；另一方面，中国主发起的这些多边机构也应通过其自身高标准的有效运作和良好治理，成为现有国际金融秩序的良好补充。由此展现出中国越来越稳固的世界强国地位，激发学生的家国情怀。

（2）课程思政教学实例二：社会责任。通过案例分析，让学生认识到中国作为新兴市场国家中的大国，应积极参与金融全球化监管体系的改革，积极为新兴市场国家争取利益，并主动承担相应的责任。一是积极参与国际金融监管标准的制定。巴塞尔协议和IOSCO标准等在内的国际金融监管标准较少考虑发展中国家利益，中国应积极参与到监管标准的制定中去，维护新兴市场国家的利益。二是在国际监管合作中积极配合，共同承担全球金融稳定的责任。在国内银行中推进巴塞尔协议Ⅲ的实施，与国际监管标准接轨；积极参加各种国际和区域等多层次的金融监管组织，积极参加各项活动。三是加快上海国际金融中心建设。通过建设上海国际金融中心，可以将中国在全球监管体系中的话语权得到实质性提升。上海国际金融中心如果取得成功，将在国际金融市场上分享已有的市场份额，形成与纽约、伦敦等金融中心抗衡的局面。中国也就成为了国际金融市场中举足轻重的国家。

（3）课程思政教学实例三：理性思维。以最新的金融危机为案例，让学生感性地认识到金融全球化带来的危机，并从理性的角度理解和分析。在2006年之前，由于美国住房市场持续繁荣，美国利率水平较低，加速了美国次级抵押贷款市场迅速发展。但是，随着美国住房市场的降温尤其是短期利率提高，增大了次级抵押贷款的还款利率,加重了购房者的还贷负担。同时,住房市场的持续降温也使购房者出售住房或者通过抵押住房再融资变得困难。这种局面直接导致大批次级抵押贷款的借款人不能按期偿还贷款,进而引发"次贷危机"。2009年末,全球三大评级公司下调了希腊主权评级,投资者抛售大量希腊国债。在市场情绪带动下,爱尔兰、葡萄牙、西班牙等国的主权债券收益率也大幅攀升,迫使欧元和欧洲股市双双大幅下跌,2010年起,欧洲其他国家相继陷入危机,欧洲债务危机全面爆发。

(4)课程思政教学实例四:创新意识。通过理解金融全球化治理演化历程以及现行金融全球化治理基本特征,然后进行比较、总结经验,以酝酿出新的治理方式。国际金本位制下的金融全球化治理,这一时期的金融全球化治理并没有其他固定的制度安排,体现出自发性、松散性和稳定性的特点,由金本位制的自动运行机制来维持;二战结束后,美国凭借其强大的经济、金融实力和综合国力,主导建立了一系列国际金融规则和国际金融组织,从而形成了以布雷顿森林体系为核心的金融全球化治理框架,这是人类历史上第一代金融全球化治理框架;牙买加协议时代,金融全球化治理似乎回到了自由竞争状态,呈现出多层次、多渠道和多主体的特征。

(5)课程思政教学实例五:全球视野。可以以"逆全球化"为案例,从全球视野来分析"逆全球化"现象,从而更深刻地理解全球经济金融变化。比较经典的"逆全球化"案例是英国"脱欧",即英国脱离欧洲联盟计划。2013年1月23日,英国前首相卡梅伦首次提及"脱欧"公投。2016年6月,英国全民公投决定"脱欧"。2017年3月16日,英国女王伊丽莎白二世批准"脱欧"法案,授权特雷莎·梅正式启动"脱欧"程序。3月29日,"脱欧"程序正式启动。根据英国与欧盟的协议,英国应在2019年3月29日正式"脱欧"。2018年6月26日,英女王批准英国"脱欧"法案,允许英国退出欧盟。7月12日,英国已经发布"脱欧"白皮书。11月25日,欧盟除英国外的27国领导人一致通过了英国"脱欧"协议草案。12月10日,欧洲法院裁定,英国可单方面撤销"脱欧"决定。2020年1月30日,欧盟正式批准了英国"脱欧"。2020年12月,经过多轮激烈谈判,欧盟与英国终于就包括贸易在内的一系列合作关系达成协议,为英国按照原计划在2020年结束"脱欧"过渡期扫清障碍。

三、《国际金融学》课程思政教学素材

《国际金融学》各章节可以采用的课程思政教学素材包括各种阅读材料、案例分析与讨论等,从中提炼出与专业知识紧密结合的各种思政元素,可选用的主要思政教学素材汇总如下:

序号	内容	形式
1	人民币汇率演变史	案例分析
2	2008 年全球金融危机时期 G20 会议	案例分析
3	美国 1979 年和 1983 年的货币政策和财政政策	案例分析
4	索罗斯攻击港币失败	案例分析
5	英镑危机	案例分析
6	G20 会议	案例分析
7	美元危机	案例分析
8	东南亚金融危机	案例分析
9	人民币在国际货币中的崛起	阅读材料
10	美国 1979 年和 1983 年的财政货币政策	案例分析

《金融工程学》课程思政教学指南

张利兵[1]　万谍[2]　陈江燕[3]

([1]上海立信会计金融学院　[2]浙江工商大学　[3]南京财经大学)

一、《金融工程学》课程的专业教学体系与课程思政教学目标

（一）课程简介

金融工程学是金融工程专业的专业基础课，也是金融学、投资学等专业的必修课。本课程以远期、期货、互换、期权等衍生品为载体，讲授有关市场运行机制，要求学生掌握基本的分析方法（基于无套利思想的证券复制和定价），熟悉对冲、投机、套期保值、套利等交易应用。本课程在一般在大学二、三年级开设，是后续的金融风险管理、金融产品设计、量化交易、金融工程模拟实验等课程的基础，也有助于与金融理财学、投资银行学、金融计量学、大数据等课程结合提升学生的综合应用能力。

金融工程学的课程目标包了解市场机制、掌握分析方法、熟悉交易应用几部分内容，由理论和课程内实验两部分构成。

本课程可采用厦门大学郑振龙、上海交通大学吴冲锋、以及 John Hull 等编写的教材，鉴于中国衍生品市场的发展对教学内容调整的需求，国内高校以郑振龙等编写的教材最为常用。同时，根据课时需要，可对教材的部分章节内容做相应的调整或取舍，并在课程案例、课程实验等内容上根据人才培养目标不断更新、优化。

（二）课程思政教学目标

1. 课程思政特征分析

金融工程学是金融工程学和相关专业的核心课程，更是培养学生认识金融的跨期资源配置功能的重要补充——风险再分配功能、熟悉金融产品微观分析和应用、熟悉金融创新方法的重要课程。本课程的授课对象为大学二、三年级的学生，处于世界观、价值观和人生观形成的关键时期，他们了解一定的专业背景知识，对不同金融产品、不同金融市场之间关系的认识不够深入，具有一定的政治意识和公民意识。通过润物无声的方式，将课程思政融入到专业知识中，对学生三观、公民意识和政治意识的塑造具有积极意义，反过来也有助于学生专业知识的学习，自觉将专业能力培养与社会主义建设、中华民族伟大复兴相结合，从而实现立德树人。

根据金融工程学的专业特征、知识结构和教学需求，其蕴含的思政元素主要包含在制度认同、家国情怀、社会责任、理性思维、创新意识与全球视野六个方面的维度。

制度认同：金融工程学中涉及大量的发达市场中的风险事件、中国金融市场特别是衍生品市场的建设与发展，特别涉及的相关经济政策和金融制度，都有助于学生对

国内外制度进行比较和思考，帮助学生认识到中国共产党领导的社会主义制度的优越性，从而增强政治认同。

家国情怀：家国情怀的基本内涵包括家国同构、共同体意识和仁爱之情，有助于增强国家认同和民族凝聚力。本课程的相关案例是彰显家国情怀的重要手段，包括发达市场投资者对我国的恶意做空、采用创新手段实现资本跨境流动等手段引起国内市场波动，改革开放早期国内衍生品市场发展面临的问题，以及在金融工程领域做出重要贡献的中国学者等。这些案例的分析，是学生了解中国在发展过程中专业人才的缺口状况、实现文化认同、强化家国情怀的重要来源。

社会责任：本课程涉及大量关于交易者追逐个人私利而影响他人、甚至形成市场剧烈波动造成重大社会影响的案例，通过这些案例的分析，一方面让学生加深专业知识的理解，另一方面提醒学生在利用专业知识时，也要分析其社会后果，要考虑社会责任，要具有法律意识。

理性思维：本课程有很大部分内容要求学生掌握分析方法，这需要大量的练习特别是思维训练，这些训练有助于学生加强对"普遍联系""部分与整体"等概念的认识，有助于理性看待个体最优选择与群体行为的宏观后果，有助于理性看待市场制度、监管规则的制定和选择。

创新意识：本课程的学习有助于学生从产品层面、组织层面和制度层面加强创新意识，专注创新能力培养。

全球视野：本课程涉及大量的国内外衍生品市场的发展历程、现状、产品设计、代表性交易策略设计案例等，开阔学生眼界，拓展全球视野。

2. 金融工程学课程思政教学目标

采用合适的教学方式，体现和强化课程思政元素，融入专业知识，实现以下目标：

接受马克思主义唯物史观、学习使用辩证法分析和解决问题；认同、拥护中国共产党领导的社会主义制度；了解中国国情和中国金融现状，了解中国有关金融制度的作用，具有家国情怀、文化自信和制度自信；形成良好的职业伦理道德，具备法制意识和高度的社会责任感。

二、《金融工程学》课程各章节课程思政教学指南

(一)"第一章 金融工程概论"的思政教学指南

1. 专业教学目标

本章是《金融工程学》的开篇,在整门课程中具有开宗名义的功能。本章着重介绍金融工程的基本概念,包括研究对象、功能和应用,与金融科技的区别和联系,以及金融工程涉及的几大交易者、金融工程的定价基础等内容,为之后各章的学习奠定理论基础和宏观视野。具体教学目标如下:

- 掌握金融工程的基本概念,了解其产生的背景和最新发展;
- 了解国内外的衍生品市场概况;
- 了解金融工程与金融创新,了解金融工程与金融科技的区别和联系;
- 掌握金融工程中涉及的几大交易者类型及其交易目的;
- 了解不同的定价方法,掌握金融工程中定价的基本理论。

2. 重要思政元素及融入点

远期、期货等衍生品的交易素材多、维度广,蕴含了丰富的思政元素。其主要的思政元素和相关知识板块包括:

(1) 制度认同。在介绍国内外衍生品市场的发展概况时,对比中国衍生品市场的建设、发展状况,结合 2008 年由美国次贷危机引发的全球金融危机,让学生认识到,中国当前的衍生品市场建设发展虽然相对美国等发达国家具有一定的差距,但差距在缩小,总体而言符合中国经济建设的需求,而且从十九大以来在不断推进,与上海国际金融中心建设、完善社会主义市场经济建设等相适应,增强学生的政治认同和制度认同。

(2) 家国情怀。在讲授金融工程涉及的几大交易者类型时,梳理国内交易者在国际市场上进行相关交易的成功与失败案例,让学生认识到,相比发达国家市场中的交易者和各大机构,本国交易员、金融机构在各方面还有一定差距,因此,在专业学习中应更加努力,为中华民族的伟大复兴而努力,激发学生的家国情怀和爱国热情。

(3) 社会责任。在讲授几大交易者类型时,通过典型案例分析国内金融市场中投机者和套利者扮演的"不光彩"角色,以及造成的市场冲击及社会后果,增强学生的社会责任感和职业伦理道德观念。

（4）理性思维。在分析金融衍生工具在市场波动甚至金融危机中的角色时，着重强调"金融工具本身是中性的"的观点，需要正确应用金融工具，金融工具造成的各种问题是人（交易者、机构等）对其滥用或错用的结果；在对比国内外衍生品发展概况时，强调不同的市场制度选择是经济发展水平和国情等因素决定的。通过这些方式，培养学生理性看待市场交易、市场机制、制度选择等。

（5）创新意识。通过介绍金融工程与金融创新、金融科技之间的关系，让学生了解金融领域中不同层面的创新概念和创新来源，增强创新意识，再结合专业知识训练，培养创新能力。

（6）全球视野。通过介绍国内外衍生品市场发展、特别是国内外衍生工具种类、交易规模，以及金融工程研究前沿等，让学生了解金融工程相关领域的国内外情况，熟悉国际金融市场，具备全球化视野。

3. 课程思政教学策略实例

采用多种教学手段和策略，在教学内容中融入相关思政元素，例如：

（1）课程思政教学实例一：制度认同。在讲授金融工程的研究对象即衍生品市场时，通过对中国衍生品市场发展的介绍、中美衍生品市场的对比，启发学生认识到中国在迎头赶上的势头、中国对金融市场特别是衍生品市场发展的顶层设计和自上而下执行建设的效率，再结合2008年全球金融危机中衍生品的作用，启发学生认识到发达国家的制度也有很多问题，只有适合自己的才是最好的。通过这些方式，启发学生认识到制度（金融制度）选择是历史发展和现实国情决定的，增强学生的制度认同、政治认同。

（2）课程思政教学实例二：社会责任。在讲授金融工程涉及的交易者类型时，通过327国债期货事件、2015年A股大跌中股指期货交易者的交易行为等案例，以及2008年全球金融危机爆发中金融机构的角色，让学生思考交易者的个体行为与市场波动、市场效率以及社会影响之间的关系，分析金融交易中个体利益和社会利益之间在特殊情况下存在冲突的可能性，要求学生思考交易者特别是机构投资者在极端市场情况下的社会责任问题，让学生明白，不考虑社会责任而单纯追求个体利益，最终也会损害到个体。

（3）课程思政教学实例三：创新意识。在讲授金融工程概念及金融工程与金融科技的关系时，通过金融工程的起源、金融工程与金融科技的结合、金融工程定价中的"积木法"等，让学生认识到，产品层面、组织层面和制度层面的创新，都来自于某些新需求的拉动或新技术的推动。要让学生认识到：创新的本质，是在既有的知识基础上推进知识边界；创新方法则主要是找到知识和技术等的新组合、新应用。可以通过"债权+期权⇒可转债"等内容的讲解,增强学生对创新的认识,培养学生的创新意识。

(二)"第二章 远期与期货市场"的思政教学指南

1. 专业教学目标

本章着重介绍远期和期货的定义、远期和期货的市场交易机制、远期和期货的差异,为之后几章学习期货定价和运用建立基础。具体教学目标如下:

- 掌握远期和期货的基本概念,了解其产生的背景和最新发展;
- 了解国内外的远期和期货市场概况;
- 掌握各类远期和期货合约的定义;
- 理解远期和期货的市场交易机制;
- 掌握远期和期货合约的差异性。

2. 重要思政元素及融入点

远期和期货的素材多、维度广,蕴含了丰富的思政元素。其主要的思政元素和相关知识板块包括:

(1)制度认同。通过了解远期和期货的发展历史,并对比国内期货市场的发展进程,帮助学生掌握我国期货市场如何从无到有、步步为营、快速发展的过程,由此理解社会主义制度的优越性,并建立起对逐步壮大的远期、期货市场的发展信心,从而增进学生的制度认同。

(2)社会责任。在讲授远期和期货市场交易机制时,可以通过分析这些机制的设计逻辑,结合具体的案例,理解期货和远期交易者的社会责任,特别是为何要避免违约,期货的保证金设计是否足够避免大面积违约事件,引导学生思考交易者的道德和社会责任问题。

(3)国际视野。通过了解远期和期货市场的历史发展进程,以及当前各类期货、远期在国际市场上的合约差异和交易量分布,理解期货交易所的交易量与定价权的关系及其深远意义,可以从衍生品的角度建立更完整的世界观,培养具备更全面的国际视野的人才。

3. 课程思政教学策略实例

采用多种教学手段和策略,在教学内容中融入相关思政元素,例如:

(1)课程思政教学实例一:社会责任。可以通过企业远期违约案例,让学生从远期交易风险的角度来理解企业社会责任,例如2020年唐山钢贸远期违约事件等;可以通过企业因期货对冲失败而违约，从而导致行业乃至宏观经济波动加剧的案例来说明期货交易者的社会责任，相关的案例包括 2016 年中储棉套保失败、2018 年联合石化原油期货交易亏损。

（2）课程思政教学实例二：国际视野。在讲授国际期货市场的分布和发展历史时，可以用某类品种的具体发展历史，来拓宽学生的国际视野，比如原油期货的设计、原油期货的分布、上期所原油期货的发展进程、原油定价权的争夺等都可以贯穿进来，丰富完善学生的世界观并提升其国际视野。

（三）"第三章　远期与期货定价"的思政教学指南

1. 专业教学目标

本章着重介绍远期和期货的定价方法，为之后几章学习期货运用和互换定价建立基础。具体教学目标如下：

- 掌握期货定价公式的无套利组合推导方法；
- 掌握考虑离散分红、红利率、存储费用等的远期和期货定价公式；
- 理解期货定价的持有成本模型；
- 理解便利率、存贷利差等对期货定价的影响；
- 了解远期和期货定价的差异和关系。

2. 重要思政元素及融入点

远期和期货的定价偏方法多一些，思政元素的融入有一定的难度，但仍然可以找到一些切入点。其主要的思政元素和相关知识板块包括：

（1）创新精神。在讲授期货定价的无套利分析方法时，着重介绍该定价思路的产生原因，结合一些使用该方法进行产品设计的案例，培养学生的创新精神。

（2）国际视野。在讲授便利率时，举一些国际上利用便利率的实际案例，提升学生对国际产业链的关注度，并理解衍生品在其中的作用；在讲授存贷利差影响定价时，可以讨论一下跨国市场套利中存贷利差的作用，由此建立起学生从国际市场构成的层面对期货市场运转机制的全面理解。

3. 课程思政教学策略实例

采用以案例教学为主，课堂讨论和线上教学为辅的策略，在教学内容中融入相关思政元素，例如：

（1）课程思政教学实例一：创新精神。从普通资产到分红资产、连续分红资产、再到有存储费用、有便利率的资产的期货或远期定价公式的推导，就是在一步一步引导学生理解在既有的无套利均衡框架下产生定价模型的创新逻辑。之后，结合具体的产品设计案例，以实践培育学生的创新精神。

（2）课程思政教学实例二：国际视野。介绍国际上便利率影响期货定价的案例，提升学生对期货定价原理理解的同时，拓展学生的国际视野；以国际上跨市场套利者影响定价的案例来讨论存贷利差各地差异对期货定价的影响，一方面增强对存贷利差导致期货套利区间变化的理解，另一方面提升学生对国际期货市场的了解。

（四）"第四章　远期与期货应用"的思政教学指南

1. 专业教学目标

本章着重介绍远期和期货的运用方法，包括风险管理、套利和投机。具体教学目标如下：

- 掌握期货最优对冲比例的计算方法；
- 掌握基差交易的方法；
- 理解基差与套利风险；
- 理解套利者与投机者的差异；
- 了解常用的套期保值策略。

2. 重要思政元素及融入点

远期和期货的风险管理、套利和投机都从多个角度涉及思政教育，相关的思政元素非常多，可以从多角度多方面入手进行。其主要的思政元素和相关知识板块包括：

（1）职业道德。在讲解套期保值者、套利者和投机者等市场参与者时，可以结合案例详细讲解各类市场参与者应该遵循的职业道德，并结合职业道德出现问题的具体案例，让学生理解并接受期货从业者的职业道德要求，培养精技术、讲情怀、知道德的有为青年。

（2）社会责任。在讲授套期保值策略时，可以用案例解析企业如何运用期货管理自身的市场风险，以及市场风险与系统性风险的关系，可以从这个角度谈企业的社会责任，并分析从业者如何帮助企业更好地用期货套期保值履行社会责任；还可以谈投机者的市场功能，分析每一个市场参与者的社会责任。由此，从角色参与、市场模拟从业等角度来提升学生的社会责任感和未来职业认同感。

（3）创新精神。在讲授基差交易、套期保值策略时，可以结合企业的实际经营问题，分析基差交易的必要性和交叉对冲策略设计的合理性，从而培养学生联系实际、利用已有期货品种进行策略设计、产品设计的创新能力，培育其创新精神。

(4) 国际视野。在讲授期货风险管理策略和投机交易策略时，引入国际上对冲成功与失败的案例，通过分析这些案例中策略实施的动机和最终失败的原因，扩展学生的国际视野。

3. 课程思政教学策略实例

采用以案例教学为主，课堂讨论和线上教学为辅的策略，在教学内容中融入相关思政元素，例如：

（1）课程思政教学实例一：职业道德。套利交易者可能背离套利的初衷而变成投机者，最终导致所在机构的重大损失，可以用巴林银行倒闭案例来讲述期货从业者的职业道德问题；光大银行的乌龙指事件及其后续处理也可以为学生的职业道德教育提供案例素材。可以运用学生课前预习总结、课堂讨论交流、课后进一步找案例进行扩展分析的方式来融入这类职业道德教育。

（2）课程思政教学实例二：社会责任。掌握大量现货的企业，既可以选择通过期货市场转移存货的价格波动风险，也可以通过现货提供的便利在期货市场逼空牟利，可以用2021年初白银期货价格的剧烈波动来解读参与其中的企业的社会责任缺失；更直观的例子来自农产品期货，可以用"豆你玩、蒜你狠"等中国市场的实际例子，来解读相关的农产品厂商在期货市场投机的案例。通过分析这些案例中过度投机导致的市场风险和系统性风险，从期货从业者的角度解读企业和从业人员的社会责任，从而可以加强学生的社会责任感。

（3）课程思政教学实例三：创新精神。在讲授最优套期保值比例、交叉套保、基差交易时，可以通过已有的基差交易或交叉对冲案例，或基于交叉套保思想的策略设计，来培养学生理论联系实际的创新思维。相关的案例或阅读材料包括农产品基差交易的实务操作、钢坯现货与螺纹钢期货的交叉套保分析、股指期货交叉套保案例、中盛粮油套保失败案例。

（4）课程思政教学实例四：国际视野。可以结合国内外市场上常用的套期保值策略、国内市场发展带来的新的套保策略、以往国际市场上出现过的套保失败案例等来丰富学生对全行业的了解，拓宽学生的国际视野。相关的案例包括：德国金属公司套保失败案例、三普药业商品期货套保巨亏案例、中航油套保亏损和国储铜期货巨亏案例等。

（五）"第五章　主要金融远期与金融期货"的思政教学指南

1. 专业教学目标

本章介绍主要的金融远期与金融期货，包括远期外汇合约、远期利率协议、短期国债期货与欧洲美元期货、股指期货与国债期货。要求理解这些金融远期与金融期货的定义、了解其主要的市场机制，掌握它们的复制和定价方法，熟悉它们在投机和对冲交易中的应用，并能根据定价关系设计套利交易策略。具体教学目标如下：

- 理解主要金融远期和期货的基本概念，了解它们的市场机制；
- 掌握主要金融远期和期货的到期损益、复制和定价的分析方法；
- 掌握主要金融远期和期货的投机和对冲应用；
- 掌握远期外汇交易、远期利率期货、短期国债期货和欧洲美元期货的套利交易策略设计方法；
- 了解全球主要的金融远期与期货市场。

2. 重要思政元素及融入点

本章主要介绍主要的金融远期和期货，涉及产品与市场创新、市场规则（制度）制定与选择等比较容易开展课程思政的内容，其主要的思政元素和相关知识板块包括：

（1）制度认同。在介绍国内外金融期货市场的发展概况时，通过投行的行业研究报告，对比中国和发达国家的金融期货市场发展差异，让学生认识到中国金融衍生品市场的发展潜力；通过分析2015年A股大跌中股指期货的作用和监管层采取的措施，结合1997年索罗斯通过市场预期攻击港币失败等案例，增强学生的政策认同和制度认同。

（2）理性思维。与第二章内容相比，本章的金融远期与金融期货具有各自的特殊性，如远期利率协议的标的是资金的使用权，复制它的证券不是同时到期，短期国债期货和欧洲美元期货的标的在期货到期时才出现或产生等，掌握这些内容和分析方法，需要较多的思维训练，这种训练有助于训练学生的抽象能力，引导学生"透过现象看本质"，从而提升理性思维能力。

（3）创新意识。一方面，通过主要金融远期和期货的复制方法的介绍和梳理，从产品创新层面增强学生的创新意识；另一方面，通过微观交易行为的宏观结果分析，如远期外汇的套利交易与资本跨境流动，以及股指期货与国债期货的"逼仓"与标的价格波动，从分析方法的角度增强学生创新意识。

（4）全球视野。通过国内外主要金融远期、金融期货市场的发展对比，以及国内外主要的金融期货品种介绍，增强学生对全球衍生品市场的了解。

3. 课程思政教学策略实例

采用多种教学手段和策略，在教学内容中融入相关思政元素，例如：

（1）课程思政教学实例一：制度认同。在讲授远期外汇合约的定价和应用时，结合 1997 年索罗斯攻击港币的交易，分析市场预期改变会导致投机者和套利者的交易行为，这些行为导致市场重新局部均衡的条件之一是货币（港币）贬值，一方面可以让学生认识到预期会导致汇率的剧烈波动，另一方面通过中央政府的支持如何打破这种市场预期导致的交易行为的分析，让学生认识到强大的国家是保持香港金融稳定的根本力量，进而提升政治认同、制度认同。

（2）课程思政教学实例二：理性思维。在讲授主要金融远期与金融期货的到期损益、等价交易等内容时，着重强调其与其他证券交易之间的等价关系，即可由其他具体的证券交易复制相应的金融远期或金融期货，让学生透过现象看本质，理解在一定的条件下可将复杂事物等价为其他简单事物组合的科学思维。同时提问：既然这些证券可以复制相应的金融远期或金融期货，那么这些金融远期和期货还有无必要存在？

（六）"第六章　互换与互换市场"的思政教学指南

1. 专业教学目标

本章是互换的开篇章节，从整体上介绍互换的概念和种类，主要包括利率互换、货币互换、总收益互换、信用违约互换等主要种类，以及引入了互换市场的起源和发展，并且着重介绍了利率互换市场的基本运作机制。具体的教学目标如下：

- 掌握互换的定义，了解互换和远期、期货的区别；
- 掌握最主要的四种互换种类；
- 了解其他互换种类；
- 了解互换市场的起源与发展；
- 掌握利率互换市场的基本运作机制。

2. 重要思政元素及融入点

（1）制度认同。在介绍互换市场的起源与发展时，引入中国互换市场的发展现状。通过国内外互换市场的对比，引起学生思考，明白中国当前的互换市场与欧美国家存在一定的差距，但是随着十九大以来我国不断推进经济金融建设，完善社会主义市场经济建设，我国与发达国家的差距正在缩小，从而增强学生的制度认同感。

（2）家国情怀。梳理中国国内互换市场交易的具体案例，主要以利率互换为代表，让学生认识到，我国的互换市场起步晚，目前存在的互换种类较少，互换成交量比较清淡，相较于发达国家还有一定差距，因此激发学生的爱国情怀，在金融工程的专业课学习中更加努力。

（3）社会责任。通过介绍金融市场曾经出现的造成社会重大影响的反面案例，提醒学生在利用专业知识时,要分析其社会后果,要考虑社会责任,要具有法律意识,避免在金融市场中出现不合法的套利或者投机行为。

(4)创新意识。互换作为金融衍生工具是一把双刃剑,随着现代科学技术的发展,金融工具和科学技术的结合是未来金融市场创新的主要方向,通过向学生介绍前沿的金融科技发展,培养学生的创新意识,考虑互换产品的创新。

3. 课程思政教学策略实例

(1)课程思政教学实例一:家国情怀。在讲授利率互换时,可以介绍国内首笔基于SHIBOR的标准利率互换这一案例,一方面帮助学生更好地理解利率互换的概念,另一方面让学生了解到我国互换市场还处于起步阶段,与发达国家还具有一定的差距,要不断完善我国的金融衍生品市场,必须加强专业化的学习,为中华民族的伟大复兴而努力。

(2)课程思政教学案例二:制度认同。在讲授互换市场的起源与发展时,通过介绍中国人民银行2006年发行的《中国人民银行关于开展人民币利率互换交易试点有关事宜的通知》和2008年发行的《中国人民银行关于开展人民币利率互换业务有关事宜的通知》这两个文件,启发学生认识到中国正在根据自身的市场经济的特点完善金融衍生品的相关机制,从而增强学生对本国制度的认同感。

(3)课程思政教学案例三:创新意识。制定与签署交易主协议是国际场外金融衍生品市场的惯例,其中被广为接受的是ISDA交易主协议。但是ISDA主协议是以英美法律体系为基础拟订的,在中国的法律环境下无法执行,难以适用于人民币的金融衍生产品。通过介绍中国人民银行2009年授权中国银行发布的《中国银行间市场金融衍生产品交易主协议》,引导学生明白要结合中国金融衍生品市场实际发展情况制定合适的交易规则,提高交易效率,可以培养学生的创新意识。

(七)"第七章 互换的定价"的思政教学指南

1. 专业教学目标

本章承接第六章,根据互换的组合形式对互换进行定价,同时分析与互换相联系的主要风险。由于利率基准不同、现实市场中的互换天数在计算上存在一些变化以及交易对手可能发生违约,因此互换的现金流是不确定的,根据这一思路,本章着重讨论利率互换的定价原理。具体的教学目标如下:

- 掌握协议签订后利率互换的两种定价方法;
- 掌握协议签订时的利率互换定价方法;

- 掌握货币互换定价的两种主要方法；
- 了解将互换分解成债券组合与分解成远期组合进行定价的区别与联系；
- 了解与互换相联系的两种风险以及两者的区分。

2. 重要思政元素及融入点

（1）制度认同。目前我国主要的互换类型是利率互换和货币互换，在介绍利率互换和货币互换的定价原理时，同时介绍金融衍生品市场的相关机制，增强学生的制度认同感。

（2）理性思维。通过学习利率互换的定价原理，帮助学生更好地使用互换等金融衍生工具，同时明白金融工具的中性特点，只有在金融市场中合理正确地应用互换等金融衍生工具，才能更好推动我国金融市场的发展，从而培养学生的理性思维。

（3）社会责任。本章涉及与互换市场相联系的风险类型，主要是信用风险和市场风险，可以讲授相关案例，一方面让学生更深入了解金融衍生工具市场存在的风险，培养学生的风险意识，另一方面也可以提醒学生在利用专业知识时，也要分析其社会后果，要考虑其社会责任。

（4）创新意识。互换可以分解为债券的组合，也可以分解为一系列远期协议的组合，不同的组合有不同的定价方法，协议签订后和协议签订时也有不同的利率互换定价方法，在介绍以上方法时，可以引导学生结合其他相关专业知识分析问题，提高学生的创新意识。

3. 课程思政教学策略实例

（1）课程思政教学实例一：理性思维。通过介绍利率互换定价和货币互换定价的具体案例，一方面教会学生掌握多种定价方法，另一方面培养学生的理性思维，把互换作为一种金融工具来合理正确地使用。

（2）课程思政教学案例二：创新意识。新兴市场的出现拓宽了可选择投资金融产品种类的范围，结合对案例"发达国家通过货币互换向新兴市场注入流动性"的分析，引起学生对金融领域创新的重视，明白创新的本质是在既有的知识基础上推进知识边界，创新方法主要是找到知识和技术等的新组合、新应用，有助于培养学生的创新意识。

（八）"第八章　互换的应用"的思政教学指南

1. 专业教学目标

本章是在前两章学习了互换的概念、互换市场的发展以及互换的定价原理之后对互换的实际运用。互换主要被用于套利、风险管理与构造新的金融产品，无论何种用途，其最终目的都是降低交易成本、提高收益与规避风险。正是互换的这些重要运用，极大地促进了互换市场的迅速发展。具体的教学目标如下：

- 了解互换运用的三个方面：套利、风险管理和构造新产品；
- 掌握运用互换进行套利的两种主要方法；
- 掌握运用互换进行风险管理；
- 了解不同互换种类所管理的不同类型的风险；
- 掌握运用互换构造新产品；
- 了解利率互换在风险管理上的运用；
- 了解运用货币互换管理汇率风险。

2. 重要思政元素及融入点

（1）创新意识。互换可以分解为债券的组合或者一系列远期协议的组合，通过介绍运用互换进行套利、风险管理和构造新产品，使得学生在更加深入学习相关专业知识的同时，将所学知识进行实际应用，明白金融产品创新的来源，有助于增强学生的创新意识。

（2）全球视野。第一个利率互换出现在英国伦敦，并且在过去的几十年中，国际互换市场发展得十分迅速，我国的互换市场目前来讲较为清淡。通过国内国际对比，让学生主动了解国际互换市场的发展，培养学生的全球化视野。

（3）理性思维。在运用互换这一金融衍生工具的过程中，要着重强调"金融工具本身是中性的"这一观点，正确应用互换，需要避免由于人为的原因（比如滥用或者错用互换）而带来的问题，强调理性思维的重要性，培养学生理性看待互换、互换市场、互换交易方以及与互换相关的金融市场机制等金融市场因素。

（4）社会责任。运用互换进行套利是互换的主要用途之一，但是不恰当的套利往往会带来负面的后果，对金融市场造成冲击。在介绍互换的应用时，也应同时强调互换错用的反面影响，增强学生的社会责任感和职业伦理道德观念。

3. 课程思政教学策略实例

（1）课程思政教学实例一：创新意识。通过向学生展示 2020 未来科学大奖获得者彭实戈院士关于倒向随机微分方程等金融数学领域的贡献相关的材料、视频和图片，让学生了解金融领域中不同层面的创新概念和创新来源，增强创新意识，再结合专业知识训练，培养创新能力。

（2）课程思政教学实例二：全球视野。在经济全球化的背景下，由中国提出的

"一带一路"建设取得了显著的成效,引入中国与多个"一带一路"沿线国家签署本币互换协议,对这一材料的解读可以让学生将视野由国内扩展到国际,在重视国内互换市场的同时关注国际互换市场,有助于学生更深刻地了解经济命运共同体,拓展全球视野。

(九)"第九章 期权与期权市场"的思政教学指南

1. 专业教学目标

本章着重介绍期权与期权市场,包括期权的定义、种类,期权市场与期权的交易机制,与其他衍生品的联系与区别等内容。具体教学目标如下:

- 掌握期权的基本概念,理解其基本种类划分;
- 了解国内外的期权市场概况;
- 理解期权的交易机制;
- 理解期权与其他衍生工具的区别和联系。

2. 重要思政元素及融入点

期权覆盖了包括金融在内的社会经济各个领域,因此蕴含了丰富的思政元素。其主要的思政元素和相关知识板块包括:

(1)制度认同。在讲授期权市场的发展概况时,介绍中国期权市场的发展和建设状况,梳理中国的期权市场体系,同时与美国等发达市场进行对比。让学生了解中国期权市场与发达市场国家期权市场的差距,思考中国期权市场建设的必要性、重要性,分析期权市场建设与上海国际金融中心建设、完善社会主义市场经济建设等的关系,增强学生的制度认同感。

(2)社会责任。通过典型案例介绍国内外期权市场中交易者过度逐利和投机对市场的冲击,甚至对期权市场发展带来的影响,要求学生反思个体行为的社会后果,增强学生的社会责任感和职业伦理道德观念。

(3)理性思维。在讲授期权交易引起市场波动甚至剧烈冲击的案例时,强调期权等金融工具需要正确应用,金融工具造成的各种问题是人(交易者、机构等)对其滥用或错用的结果,进一步让学生从监管的角度看待期权市场的发展,从而培养学生对市场规则和政策制定等方面进行选择的分析能力和思考能力,培养理性分析和科学思维的能力。

(4)创新意识。通过期权品种的创新、期权与其他金融工具结合的创新、期权在理财、投行等业务领域的应用等内容,让学生了解期权广阔的应用前景,开拓学生关于期权产品设计和应用层面的视野,增强创新意识。

(5)全球视野。通过对国内外期权市场发展、特别是国内外期权的种类、交易规模等方面的介绍,让学生了解、熟悉国际期权市场状况,了解期权在全球金融领域中的地位,也了解期权在全球主要的金融事件中扮演过的角色,拓展学生的全球化视野。

3. 课程思政教学策略实例

可采用多种教学手段和策略,在本章教学内容中融入相关思政元素,例如:

(1)课程思政教学实例一:制度认同。在讲授期权市场时,可通过阅读材料、图片、视频等介绍中国股票权证、商品期货期权和股指期权等市场发展,梳理中国现有的期权市场体系,对比发达国家期权市场的发展历程和中国社会主义市场经济建设的历程,结合上海国际金融中心建设,启发学生认识到中国期权市场尚存的差距,另一方面也要认识到包括期权在内的金融市场建设的中国速度和效率,更要认识到"鞋子合不合脚,自己穿了才知道",启发学生明白影响我国期权等金融工具发展的历史和现实国情因素,增强学生的制度认同。

(2)课程思政教学实例二:创新意识。在讲授期权市场发展时,通过图表、案例等形式对期权种类、期权应用进行介绍,特别是期权在投机、对冲等方面的应用,以及期权与其他融资工具结合,突出期权在产品设计、策略设计等方面的创新;结合部分量化交易知识,对期权的量化交易状况进行介绍。通过这些方式,让学生认识到期权在产品设计层面和交易层面的创新应用,增强学生的创新意识,有意识地培养创新能力。

(3)课程思政教学实例三:全球视野。可通过发达国家期权市场的有关研究报告(如投行关于美国期权市场的研究报告)、国外主要期权市场网站(如芝加哥期权交易所)等,以完成课外作业(或课程小论文)的方式,让学生了解全球主要的期权市场、期权种类、交易规模,并结合中国期权市场现状,思考中国期权市场的发展前景。

(十)"第十章 期权的回报价格分析"的思政教学指南

1. 专业教学目标

本章着重介绍期权的回报(到期损益)与价格特性,包括期权到期损益与盈亏分布、期权价格与标的资产价格的关系、期权的时间价值与内在价值、影响期权价格的因素、期权价格的上下限等。具体教学目标如下:

- 掌握期权的回报和盈亏分布特点,熟悉期权价格与标的资产价格的关系;
- 掌握期权平价定理及其应用;

- 掌握内在价值、时间价值,以及实值、虚值和平值期权的概念;
- 理解期权价格的影响因素;
- 掌握欧式期权的上下限;
- 了解美式期权提前执行的合理性。

2. 重要思政元素及融入点

本章主要的思政元素和相关知识板块包括:

(1) 理性思维。期权回报及应用部分可以严格用代数式描述,通过数学推导分析标的价格、行权价等与期权费高低、选择何种期权头寸进行投机和对冲标的价格波动;在期权平价关系及其应用、欧式期权的上下限等部分,利用简单而严密的数学推导有助于加深对四个证券之间相互复制关系的认识。这些内容可以训练学生的理性思维,提升专业素养,培养严谨的学习态度。

(2) 创新意识。期权交易中有很多复杂内容,单靠理解基本知识,在面对现实交易时仍然会面临很多困惑,例如对同一到期时间的看涨(看跌)期权,有多个行权价,在不同的交易中该如何选择,在何种情况下该选择实值、平值或虚值期权等。这些内容需要学生进一步去探索实践。对于此,可以通过课程实验培养学生的创新意识。

3. 课程思政教学策略实例

采用多种教学手段和策略,在教学内容中融入相关思政元素,例如:

(1) 课程思政教学实例一:理性思维。期权回报及应用、欧式期权上下限等部分,可以合理设计题目,启发学生完成部分推导步骤;对期权平价关系部分,可设计课程实验,根据中国金融市场数据,不考虑交易限制,由学生完成利用平价关系进行套利的策略设计。通过这些方式训练学生的理性思维和实践能力。

(2) 课程思政教学实例二:创新意识。可设计课程实验,根据中国市场数据,由学生完成期权平价关系的套利策略设计,但需要考虑中国市场中某些标的资产具有卖空限制但有期货的现实,由此启发学生用期货交易替代现货的买卖从而设计套利交易策略;对投机、对冲等应用部分,利用交易终端在中国期权市场上对不同行权价的期权(看涨或看跌)进行选择,启发学生将理论知识落地。通过这些方式培养学生的探索精神和创新意识。

(十一)"第十一章 期权定价"的思政教学指南

1. 专业教学目标

本章着重介绍期权定价的两种基本方法——B-S定价和二叉树定价,期权定价的发展脉络、布朗运动的数学描述，B-S定价的分析思路，离散状态逼近连续状态的逻辑，二叉树定价的基本方法等。具体教学目标如下：

- 了解期权定价的概念，以及期权定价与远期、期货和互换定价的区别；
- 掌握 B-S 定价的分析思路；
- 掌握二叉树定价的方法；
- 了解二叉树等基于离散状态的期权定价方法与连续状态定价的逻辑关系。

2. 重要思政元素及融入点

本章教学重点在于定价分析，但也蕴含了一定的课程思政元素，主要的思政元素和相关知识板块包括：

（1）家国情怀。在讲授期权定价时，通过拓展阅读、视频等方式，让学生了解期权定价研究的脉络，一方面可让学生认识到发达国家学者在其中的开创性研究，同时也会涉及华人和中国学者的相关研究介绍；让学生了解中国学者在期权定价等方面做出的贡献，激发学生的民族认同和家国情怀，从而更努力地进行专业学习。

（2）理性思维。在讲授期权定价时，需要让学生理解 B-S 方法中布朗运动的数学描述、二叉树方法中的离散状态如何逼近现实的连续状态，借助这两个知识难点的讲解，帮助学生认识现实世界和抽象的数学模型（乃至符号）之间的联系，认识现实世界与科学描述之间的简化对应关系。在期权定价分析中，突出了"无套利"定价思想在期权部分的应用，体现了课程的核心分析方法在整门课程学习框架中的一致性。

（3）全球视野。本章内容涉及期权定价研究的脉络，包含各国学者浩若烟海的研究成果，这些内容可让学生了解全球范围的期权研究发展和现状，有助于了解研究前沿，包括已解决的问题和尚待解决的问题等。

3. 课程思政教学策略实例

采用多种教学手段和策略，在教学内容中融入相关思政元素，例如：

（1）课程思政教学实例一：家国情怀。在讲授期权定价的发展脉络时，通过阅读资料、图片和视频等，介绍全球学者做出的重要贡献，也突出华人和中国人的研究成果，例如通过重要论文和专著的有关图片等，介绍"2020年未来科学大奖"获得者彭实戈院士在倒向随机微分方程等方面做出的突出贡献。通过这些方式激发学生的民族认同和自豪感。

（2）课程思政教学实例二：理性思维。在讲授期权定价时，可通过随机模拟程序演示布朗运动的随机轨迹，展示用二叉树逼近连续状态分布；采用计算软件画出不同参数对应的期权价格曲线或曲面；通过课程实验计算特定时期的期权理论价格和市场报价的差异,并进行对比分析。用这些可视化方法既可激发学生对专业知识的学习,还可以激发学生的探索精神和思维理性训练热情。

(3)课程思政教学实例三:全球视野。在介绍期权研究脉络和主要著名学者的研究时,通过国别、高校等背景联系,通过相关论文的展示,帮助学生建立对全球顶级高校、相关学科和相关专业的总体认识,以及对期权相关研究进展和前沿的了解,形成国际学术群体分布的全球视野。

(十二)"第十二章 期权组合"的思政教学指南

1. 专业教学目标

本章着重介绍期权组合的基本概念、分类,以及主要价差和组合期权的构造方法和应用。具体教学目标如下:

- 了解期权组合的概念和分类;
- 掌握牛熊价差、蝶式价差的构造方法,了解其应用;
- 了解水平价差的构造方法;
- 掌握基本组合期权的构造方法,了解其应用;
- 了解期权与标的构造的组合及应用。

2. 重要思政元素及融入点

本章主要的思政元素和相关知识板块包括:

(1)理性思维。期权组合包含期权与标的资产的组合、价差和组合期权,从期权组合的到期损益中可以看出期权组合名称的由来、可能的应用和构造的出发点等,并根据其到期损益特征可以进行简化记忆。在讲授和学习过程中,从"构造—到期损益—特点和应用"的每一步分析,均在严格而简单的数学推导中进行,需要科学、理性、严谨的分析思路。在期权组合与单一期权应用的优劣比较和成本分析中,体现出"天下没有免费的午餐"的无套利思想。

(2)创新意识。期权组合的应用分析中,需要学生积极调动创新思维和创新意识。许多案例中的融资方案或对赌协议都可以剥离出某一个期权组合,这样的分析除了需要科学思维进行推导外,还需要创新意识去推动科学思维的应用,用创新的眼光去看待复杂金融工具的创新思路。

(3)全球视野。期权组合应用的许多实例,均涉及国际顶级投行的产品设计,从中可以看到期权组合早期的创新性应用、产品设计的复杂性,从中窥见全球著名投行的产品设计能力和创新能力,也有助于对国际一流金融机构的业务、服务对象等有所了解。

3. 课程思政教学策略实例

采用多种教学手段和策略，在教学内容中融入相关思政元素，例如：

（1）课程思政教学实例一：理性思维。在讲授期权组合的构造、到期损益、特点和应用时，从单一期权的到期损益代数式出发，根据构造方式，展示期权组合到期损益的推导过程，训练学生的科学思维和严谨的态度。可以设计题目，比较单一期权和部分期权组合对标的进行对冲的效果和成本的优劣，让学生在实现专业训练的过程中，认识到好的对冲方案必定对应着高的成本（或代价），从而领悟到"天下没有免费的午餐"的道理。

（2）课程思政教学实例二：创新意识。在讲授期权组合应用时，通过如"2008 中信泰富澳元累计期权交易"等案例的分析，将案例中的复杂合约条款进行拆解，分解成期权和期权组合，从专业角度分析合约条款的合理性，再逆向训练学生将期权、期权组合等进一步组合成复杂的对赌合约的能力；通过课程实验，借助相关软件构建相关的期权组合，并回测组合的价值变动情况。用这些方式训练学生实践能力的同时，培养学生产品层面的创新意识和创新能力。

（3）课程思政教学实例三：全球视野。介绍高盛、摩根士丹利、花旗、汇丰等国际顶级金融机构向其部分客户提供的含期权组合的产品设计，帮助学生了解全球范围内期权组合的应用情况。

三、《金融工程学》课程思政教学素材

《金融工程学》各章节可以采用的课程思政教学素材包括各种阅读材料、案例分析与讨论等，从中提炼出与专业知识紧密结合的各种思政元素，可选用的主要思政教学素材汇总如下：

序号	内容	形式
1	2008 全球金融危机	案例分析
2	《中共中央、国务院关于构建更加完善的要素市场化配置体制机制的意见》（2020.03.30）	阅读材料
3	《科技与金融有效融合 实现全面创新驱动》（人民网，2017.07.10）	阅读材料
4	《中国期货业发展规划纲要（2014～2020 年）》	阅读材料
5	"国储铜"事件	案例分析
6	2015 年 A 股大跌中的股指期货交易	案例分析
7	2017 年 05 月 11 日证券时报：中国与 21 个"一带一路"沿线国家签署本币互换协议	阅读材料、图片

续表

序号	内容	形式
8	发达国家通过货币互换向新兴市场注入流动性	案例分析
9	2020未来科学大奖获得者彭实戈院士关于倒向随机微分方程等金融数学领域的贡献	阅读材料、视频、图片等
10	索罗斯攻击港币失败	案例分析
11	粮食部门与农民的粮食收购协议	阅读材料
12	327国债期货事件	案例分析
13	中国金融期货交易所网站	阅读材料
14	2020中行"原油宝"爆仓事件	案例分析
15	2021美国散户大战对冲基金：GME股票期权	案例分析
16	2008中信泰富澳元累计期权交易	案例分析
17	CME GROUP网站	阅读材料
18	LME网站	阅读材料
19	上海期货交易所、郑州商品交易所、大连商品交易所、上海国际能源交易中心网站	阅读材料
20	上海证券交易所、深圳证券交易所网站	阅读材料
21	便利率对WTI原油期货价格的影响	案例分析
22	页岩气革命如何影响便利率与原油期货价格	案例分析
23	便利率与中国黄铜期货价格的关系	案例分析
24	能源期货跨市场套利机会与利率波动的关系	案例分析

《金融计量学》课程思政教学指南

孔傲[1]　陆天虹[2]　毛朝选[2]

([1]南京财经大学　[2]上海立信会计金融学院)

一、《金融计量学》课程的专业教学体系与课程思政教学目标

（一）课程简介

金融计量学是金融工程专业的专业基础课，也是金融学、投资学等专业的专业选修课。本课程系统地讲述了金融计量学的基本原理和各种建模方法，主要包括线性回归模型、单变量时间序列模型、多元模型、协整模型、波动率模型等金融计量方法，以及这些模型在应用于金融实际研究时所需的 Eviews 软件的操作技术。

本课程一般在大三开设，前置课程包括线性代数、概率统计、金融学、证券投资学、计量经济学等，也是金融工程学、量化投资等后续课程的基础，有助于提升学生分析数据、综合运用知识解决实际问题的能力。

本课程旨在让金融工程或金融相关专业学生了解金融计量学的基本概念和基本原理，掌握相关软件和建模技术，培养学生定量分析和实际动手能力，由理论讲授和上机实验两部分构成。

根据授课学生的基础，本课程可采用英国学者 Chris Brooks 编写、王鹏翻译的《金融计量经济学导论》这本教材，也可综合采用计量经济学和金融时间序列相关教材。同时根据课时需要，可对教材的部分章节内容作相应的调整或取舍，并在课程实验内容上根据人才培养目标不断更新、优化。

（二）课程思政教学目标

1. 课程思政特征分析

金融计量学是金融工程和相关专业的核心课程，更是培养学生定量地分析和研究金融领域的相关问题、客观认识金融市场的重要课程。本课程的授课对象为大学三年级的学生，处于世界观、价值观和人生观形成的关键时期，他们掌握了一定的金融背景知识，但对金融市场运行规律的认识不够深入，缺乏科学严谨的论证逻辑。

根据金融计量学的专业特征、知识结构和教学需求，其蕴含的思政元素主要包含制度认同、家国情怀、社会责任、理性思维、创新意识与全球视野六个方面的维度。

制度认同：金融计量学中涉及一些发达市场中的风险事件、中国金融市场的建设与发展，特别涉及相关经济政策和金融制度，都有助于学生对国内外制度进行比较和思考，帮助学生认识到中国共产党领导的社会主义制度的优越性，从而增强制度认同。

家国情怀：家国情怀的基本内涵包括家国同构、共同体意识和仁爱之情，有助于

增强国家认同和民族凝聚力。本课程对于国内外金融市场的各类政策制度以及市场趋势的检验和实证研究可以让学生了解国内外期货市场和股票市场的情况，了解国内外金融市场的发展状况，了解国内外金融市场交易制度的差异，让学生认识到，相比发达国家，国内金融市场还有不完善的地方，因此，在专业学习中应更加努力，为中华民族的伟大复兴而努力，激发学生的家国情怀和爱国热情。

社会责任：本课程涉及一些关于交易者追逐个人私利而影响他人、甚至形成市场剧烈波动造成重大社会影响的案例，通过这些案例的分析，一方面让学生加深专业知识的理解，另一方面提醒学生在利用专业知识时，也要分析其社会后果，要考虑社会责任，要具有法律意识。

理性思维：本课程的核心内容就是训练学生提出问题、分析问题并解决问题的能力，其中涉及大量的公式推导、数据分析和模型构建的训练，这些训练有助于学生加强逻辑思维能力、有助于其理性分析和看待金融市场制度和金融市场交易者的行为。

创新意识：本课程教授了大量新的数学模型和数学方法，这些模型和方法中蕴含着丰富的创新思维，有助于学生领会如何创新性地解决问题，从而鼓励学生培养创新意识和创新能力。

全球视野：本课程涉及大量的国内外金融市场制度、市场趋势以及国际市场间的相互影响关系案例等，有助于开阔学生眼界，拓展全球视野。

2. 金融计量学课程思政教学目标

采用合适的教学方式，体现和强化课程思政元素，融入专业知识，实现以下目标：

接受马克思主义唯物史观、学习使用辩证法分析和解决问题；认同、拥护中国共产党领导的社会主义制度；利用理性思维分析中国金融市场规律，分析金融市场在理论和实践中存在的问题，培养家国情怀、文化自信和制度自信；培养良好的创新意识和全球视野，从更独特和更开阔的视角了解中国金融的创新发展。

二、《金融计量学》课程各章节课程思政教学指南

（一）"第一章　金融计量学导论"的思政教学指南

1. 专业教学目标

本章是《金融计量学》的导论，在整门课程中具有开宗名义的功能。本章着重介绍金融计量学的基本概念，包括数据类型、金融模型中的收益率，构建计量经济学模

型的步骤以及本门课的教学软件 Eviews 简介。具体教学目标如下：
- 掌握金融计量学的基本概念，了解其产生的背景和最新发展；
- 区分不同类型的数据；
- 掌握计量经济学建模的主要步骤；
- 掌握资产收益率的计算；
- 掌握创建工作文件、导入数据并运用 Eviews 软件完成简单的操作。

2. 重要思政元素及融入点

金融计量学的数据类型多样，经济模型与实际联系紧密，资产收益率涉及各种资产，蕴含了丰富的思政元素。其主要的思政元素和相关知识板块包括：

（1）社会责任。在讲授金融计量学涉及的应用案例时，会通过案例介绍金融交易者在市场中扮演的角色，讲授他们的交易活动对金融市场的影响，增强学生的社会责任感和职业道德感。

（2）理性思维。在分析金融计量经济学模型时，着重强调构建模型的步骤，首先对研究的问题进行调研和分析，然后搜集与模型相关的数据，再根据问题提出模型，选择模型估计方法，评估模型的统计显著性和理论意义，最后是模型应用。通过这些建模步骤，培养学生的理性思维、逻辑思维。

（3）创新意识。通过阅读文献，让学生了解最新的研究方向和研究方法，了解金融计量学领域中不同层面的创新概念和创新来源，增强创新意识，再结合专业知识训练，培养创新能力。

（4）全球视野。通过介绍金融计量学研究前沿，国内和国外研究现状及国际主要金融市场等，让学生了解金融计量相关领域的国内外情况，具备全球化视野。

3. 课程思政教学策略实例

（1）课程思政教学实例一：社会责任。在讲授金融计量学的研究数据类型和模型构建时，通过对比国内外 2020 年新冠疫情期间的政策结果，分析国家为此采取的各项措施，突出了生命至上、举国同心、舍生忘死、尊重科学、命运与共的伟大抗疫精神，让学生有更深刻的国家荣誉感和强烈的社会责任感。

（2）课程思政教学实例二：创新意识。在讲授计量经济学建模步骤的时候，让学生思考如何分析现实生活中的实际经济金融问题，找到引起这些问题的原因，分析这些原因是如何影响实际结果的，同时进一步思考如何用经济模型去解释这些经济金融现象，然后又是如何把经济模型转换成计量经济模型，培养学生分析问题的能力，培养学生金融建模能力，增强学生的创新意识。

（二）"第二章　经典线性回归模型概要"的思政教学指南

1. 专业教学目标

本章着重介绍回归模型的概念、经典线性回归模型的假定，OLS 估计量的性质、统计推断、假设检验等。具体教学目标如下：

- 推导 OLS 模型，并估计其参数和标准误差；
- 解释一个优良的估计量所应该具有的理想特质；
- 讨论影响标准误差大小的因素；
- 通过显著性检验和置信区间方法来检验假设；
- 在 Eviews 中估计回归模型并检验单一假设。

2. 重要思政元素及融入点

经典线性回归模型包含了金融计量模型的构建、参数估计、假设检验等，具有很强的实用性，蕴含了丰富的思政元素。其主要的思政元素和相关知识板块包括：

（1）社会责任。通过对新冠疫情发生前后医药行业发展状况的对比分析，分析医药行业投资组合的 CAPM 模型案例时，介绍新冠疫情中各行各业的发展状态，特别是医药卫生行业人员的辛勤付出，增强学生的社会责任感和职业道德感。

（2）理性思维。经典线性回归模型包含模型的构建、模型参数的估计、统计推断和统计检验、所有的步骤都需要有严格的数学推导和证明。通过这些建模步骤，培养学生的理性思维、逻辑思维。

（3）创新意识。通过模型的数学推导，让学生了解线性回归模型的本质，了解模型的来源和研究方法，增强学生的创新意识，再结合专业知识训练，培养创新能力。

3. 课程思政教学策略实例

（1）课程思政教学实例一：理性思维。讲授 OLS 估计理论推导的全过程，讲授如何通过严密的数学推导得到 OLS 估计的表达式，然后通过数学证明分析 OLS 估计的无偏性、有效性。这些理论推导的过程就是训练学生理性思维的过程，每一步的变化都有严格的数学理论支撑。

（2）课程思政教学实例二：创新意识。在进行 OLS 估计的推导过程中，可以引导学生去思考每一步的过程，讲述 OLS 估计的原理，鼓励学生去探索模型背后的方法，尝试前辈解决问题的思考方式，总结模型解决的方法和规律，并鼓励学生将学习到的方法进行举一反三，激发学生的创新意识。

（三）"第三章　对经典线性回归模型的进一步探讨"的思政教学指南

1. 专业教学目标

本章着重介绍经典线性回归模型的推广、多元线性回归模型参数估计、多重假设 F 检验、拟合优度统计量等。具体教学目标如下：

- 使用多个解释变量构建模型；
- 运用 F 检验对多个假设进行检验；
- 判断模型对数据的拟合度；
- 构建有约束的回归模型；
- 构建并解释分位数回归模型。

2. 重要思政元素及融入点

多元线性回归模型的应用更广泛，模型更复杂，需要更深入的探讨，同时也蕴含了丰富的思政元素。其主要的思政元素和相关知识板块包括：

（1）制度认同。多元线性回归模型是金融计量经典线性回归模型的推广，可以利用该模型探讨金融市场因子模型、APT 模型等，用中国股市的数据进行模型验证，进一步了解我国金融市场的现状和特征，对比不同金融市场在相同模型下的不同表现，进一步认识当前我国的金融制度特点。

（2）社会责任。通过研究 2020 年新冠疫情传播的各种影响因素，探究疫情发生前后各行业的变化及影响，通过介绍新冠疫情中各行各业的发展状态，了解金融行业对各个行业的影响，进一步了解金融在整个社会中的重要作用，让学生在以后从事金融行业时有更强的社会责任感。

（3）理性思维。经典线性回归模型的推导过程需要用到复杂的数学方法，需要学生在学习过程中将之前学习的数学知识结合起来，让学生认识到数学统计方法在金融计量学的学习过程中的重要性，进一步加强学生的理性思维能力。

（4）创新意识。多元线性回归模型是一元线性回归模型的推广，从一维到多维，不仅仅是简单的推广，更是一次质的提升，多元线性回归模型可以解决更加复杂的经济金融问题，可以构建更加多样的数学模型，通过这些知识的讲解，可以提升学生的创新意识，培养学生的创新能力。

3. 课程思政教学策略实例

（1）课程思政教学实例一：理性思维。在介绍多元线性回归模型参数估计和 F 检验的推导过程中，可以培养学生的理性思维和逻辑思维。

（2）课程思政教学实例二：创新意识。通过对比简单线性回归模型和多元线性回归模型的推导过程，探讨矩阵运算在多元线性回归模型中的作用，引入矩阵运算，使推导更简洁方便，培养学生的创新意识和创新思维。

（四）"第四章　经典线性回归模型的假设和诊断检验"的思政教学指南

1. 专业教学目标

本章着重介绍经典回归模型的假设、多重共线性、模型函数形式设定、参数稳定性等。具体教学目标如下：

- 描述回归残差进行异方差检验和自相关检验的步骤；
- 解释异方差和自相关对 OLS 参数估计最优性的影响；
- 交接动态模型的优点和缺点；
- 检验模型使用函数形式是否合理；
- 确定回归模型残差的分布是否显著有别于正态分布；
- 考察模型参数是否稳定。

2. 重要思政元素及融入点

经典线性回归模型的假设和诊断检验包含了金融计量模型的假设对参数估计的影响，以及如何改进模型等内容，蕴含了丰富的思政元素。其主要的思政元素和相关知识板块包括：

（1）理性思维。所有的模型都是要满足一定的假设才能进行实证分析，如果违反了假定，模型估计就会发生错误。通过分析模型假设，探讨如何检验模型是否满足假定，探讨违反模型假定的原因、违反假定模型将会出现什么后果等问题，培养学生的理性思维与逻辑思维。

（2）创新意识。通过发现模型假定不满足的问题，探讨各种问题的解决方案，检验改进模型，探究更合理的函数形式，增强学生的创新意识，再结合专业知识训练，培养创新能力。

（3）全球视野。通过介绍确定主权信用评级案例，可以让学生了解国际上著名的两家评级机构——穆迪和标准普尔，让学生熟悉主权信用评级的影响因素，熟悉国际主权债务情况，具备全球化视野。

3. 课程思政教学策略实例

（1）课程思政教学实例一：创新意识。每个金融计量经济学模型都有一系列的假定条件，当不满足这些条件时，模型就会出现问题，通过不同的案例讲解模型可能遇到的问题，然后再激发学生去思考如何解决这些问题，通过课堂分组讨论、学生查阅资料等方式解决这些问题，激发学生的创新意识和创新思维。

（2）课程思政教学实例二：全球视野。通过介绍确定主权信用评级案例，可以让学生了解国际上著名的两家评级机构——穆迪和标准普尔。穆迪公司（Moody's）成立于1900年，由John Moody创立，位于美国纽约曼哈顿，该公司是著名的债券评级机构。穆迪投资服务公司最初是邓白氏（Dun & Bradstreet）的子公司，2001年邓白氏公司和穆迪公司两家公司分拆，成为独立上市公司。穆迪公司在1909年首创对铁路债券进行信用评级；1913年，穆迪开始对公用事业和工业债券进行信用评级。穆迪在全球有800名分析专家，1700多名助理分析员，在17个国家设有机构，股票在纽约证券交易所上市交易（代码MCO）。

标准普尔专为全球资本市场提供独立信用评级、指数服务、风险评估、投资研究和数据服务，在业内一向处于领先地位。标准普尔是全球金融基础建构的重要一员，在150年来，一直发挥着领导者的角色，为投资者提供独立的参考指针，作为投资和财务决策的信心保证。

通过让学生了解这些国际范围内影响力大的评级机构的历史以及他们的评级方法，让学生能够了解国际上通用的评级规则，培养学生的国际视野。

（五）"第五章　单变量时间序列建模与预测"的思政教学指南

1. 专业教学目标

本章着重介绍移动平均过程、自回归过程、ARMA过程、ARMA模型的建立等。具体教学目标如下：

- 解释各种随机过程的特点；
- 对给定的数据序列识别出合适的时间序列模型；
- 导出自回归移动平均模型和指数平滑模型的预测值；
- 用各种矩阵评价预测的准确性；
- 在Eviews中估计时间序列模型并进行预测。

2. 重要思政元素及融入点

单变量时间序列建模与预测包含移动平均过程、自回归过程、ARMA过程、ARMA模型的建立等内容，蕴含了丰富的思政元素。其主要的思政元素和相关知识板块包括：

（1）理性思维。单变量时间序列模型中的自回归模型、移动平均模型以及ARMA

模型等都包含了复杂的数学推导，学生通过了解模型背后的数学原理，能够更清楚的理解模型建立的逻辑以及适用范围，有助于培养学生的理性思维与逻辑思维。

（2）创新意识。单变量时间序列模型是处理时间序列的模型，可以理解为多元线性回归模型在时间序列数据建模中的推广，学生可以通过比较两个模型的不同处理方式，了解时间序列模型中新的处理方法和理念，可以增强学生的创新意识，再结合专业知识训练，培养创新能力。

3. 课程思政教学策略实例

（1）课程思政教学实例一：理性思维。单变量时间序列模型中的自回归模型，移动平均模型以及 ARMA 模型等都包含了复杂的数学推导。自回归滑动平均模型（英语：Auto – Regressive Moving Average Model，简称：ARMA 模型）是研究时间序列的重要方法；由自回归模型（简称 AR 模型）与移动平均模型（简称 MA 模型）为基础"混合"构成，在市场研究中常用于长期追踪资料的研究，如：Panel 研究中，用于消费行为模式变迁研究；在零售研究中，用于具有季节变动特征的销售量、市场规模的预测等。ARMA 模型，即自回归滑动平均模型，模型参量法高分辨率谱分析方法之一。这种方法是研究平稳随机过程有理谱的典型方法，适用于很大一类实际问题。它比 AR 模型法与 MA 模型法有较精确的谱估计及较优良的谱分辨率性能，但其参数估算比较繁琐，学生通过了解模型背后的数学原理，能够更清楚地理解模型建立的逻辑以及适用范围，培养学生的理性思维，逻辑思维。

（2）课程思政教学实例二：创新意识。通过讲解自回归模型和移动平均模型的优缺点以及两个模型的推导过程，给出一些不符合两个模型的案例集，即这些案例的 ACF 和 PACF 都是拖尾的，引导学生思考用新的模型去刻画这些数据集，进一步引出 ARMA 模型，培养学生的创新意识和解决实际问题的能力。

（六）"第六章　多元模型"的思政教学指南

1. 专业教学目标

本章主要介绍多元的结构性模型和时间序列模型，包括联立方程组和 VAR 模型。通过本章学习，使学生了解联立方程以及 VAR 模型的特点及其估计方法，会正确利用 Eviews 软件建立 VAR 模型，会对金融变量进行格兰杰因果关系检验、脉冲响应分析和方差分解分析。具体教学目标如下：

- 比较并对照一元方程与基于系统的建模方法；
- 讨论联立方程偏差的产生原因、可能后果及解决方案；

- 由结构性模型推导简化形式的方程；
- 描述几种联立方程模型的估计方法；
- 解释 VAR 模型的相对优势和劣势；
- 确定某系统中的等式是否可以识别；
- 估计最优滞后长度、脉冲响应和方差分解；
- 进行格兰杰因果关系检验；
- 用 Eviews 建立联立方程模型和 VAR 模型。

2. 重要思政元素及融入点

（1）制度认同。在介绍 VAR 模型时，以中国股市实行沪港通、深港通、沪伦通等政策对中国内地股市与其他股市联动关系产生的巨大影响为实证案例，展示 VAR 模型的构建方法和应用场景。同时，让学生认识到，中国股市当前的基础制度是符合现阶段经济发展要求的，由此提升学生的制度认同感。

（2）家国情怀。在介绍中国股市实行沪港通、深港通、沪伦通等政策时，引导学生分析中国股市实行这些政策的意义与影响。同时以近期中国股市实行的股指期权上市、注册制改革等政策为案例，分析中国股市发展进程，让学生认识到中国资本市场近年来的发展成就，加强学生的家国情怀。

（3）理性思维。在介绍格兰杰因果、脉冲响应、方差分解等知识点时，引导学生建立因果关系、影响因素分析等定量分析的理性思维，通过严谨的分析认识事物发展的客观规律。

（4）全球视野。在讲授联立方程组和 VAR 模型时，以中国股市与其他国家股市的联动规律为实验案例，引导学生分析不同国家股市对中国股市的影响程度，认识到中国金融市场不是孤立的市场。同时联系中国资本市场渐进开放的过程，从 20 世纪 90 年代 B 股发行，到 2002 年 QFII 制度的出台，直到近年来沪港通、深港通、沪伦通的实行，最后到近期中国 A 股纳入 MSCI 指数，使得学生认识到开放是中国资本市场的发展方向，也给中国股市带来了巨大的影响，无论是投资者还是监管者，在制订策略或政策时都需要有全球视野。

3. 课程思政教学策略实例

（1）课程思政教学实例一：理性思维。在讲授格兰杰因果检验这一概念时，需将格兰杰因果关系与通常的因果关系进行比较，指出格兰杰因果关系研究的是 A 事件对 B 事件的预测性，而通常的因果关系是逻辑思考得到的 A 是 B 发生的原因。结合中国内地上海股市和深圳股市的联动关系检验这一上机实验内容，引导学生理解上海股市和深圳股市互为格兰杰原因，但这一原因并不是通常意义上的原因，是一种预测关系。

（2）课程思政教学实例二：全球视野。在讲授 VAR 模型的估计方法时，需要结合沪伦通下中国内地股市和英国股市的联动效应开展上机实验操作。引导学生发现中国股市与国外股市的联动规律，同时让学生认识到，世界经济是一个整体，中国股市的运行与其他世界经济体的关联性日益加强，中国政府实行的沪伦通等政策也正是顺应了这一趋势。当对中国股市进行研究时，需要具有全球视野，考虑全球范围内的多方面因素。

（七）"第七章　金融领域中的长期关系建模"的思政教学指南

1. 专业教学目标

通过本章学习，使学生了解平稳的概念和协整的思想，掌握协整检验的 Engle - Granger 二步法，了解 Johanson 协整检验的思想和原理，掌握 Johanson 协整检验的 Eviews 操作，会正确利用 Eviews 对金融变量进行协整检验以及建立 VECM 模型。具体教学目标如下：

- 使用非平稳数据会出现什么问题；
- 时间序列的单位根检验；
- 考察系统中的变量是否协整；
- 估计误差修正模型和向量误差修正模型；
- 解释 Johansen 协整检验背后的直观逻辑；
- 描述如何在 Johansen 框架下进行假设检验；
- 用 Eviews 构建变量间的长期关系模型。

2. 重要思政元素及融入点

（1）理性思维。介绍伪回归概念及伪回归成因时，通过举例说明使学生认识到"透过现象看本质"的重要性。在讲授误差修正模型时，要引入长期均衡和短期波动相互伴随的观点，指出长期均衡是历史规律，而短期波动虽然会打破这种平衡，但长期看来不会影响均衡状态，以此培养学生辩证唯物主义的思维方式。

（2）创新意识。在讲授协整这一概念时，着重强调协整这一概念产生的来龙去脉，使得学生在深刻掌握这一概念的同时发现其在提出过程中的创新思想，领会视角的改变对问题的解决所带来的帮助，从而培养学生的创新意识和创新能力。

3. 课程思政教学策略实例

（1）课程思政教学实例一：理性思维。在讲授平稳性检验的必要性时，涉及伪回归的概念。回归分析的目的是找到自变量和因变量之间的相关性。然而，当我们对时间序列进行回归分析时，必须要警惕伪回归陷阱。伪回归在生活中随处可见。例如某个夏天，人们发现镇上的冰淇淋销量和溺水儿童数量同步上升。如果拿冰淇淋销量对溺水儿童数量进行线性回归，得到的结论是：前者是后者的一个很好的解释变量。但从现实生活中的逻辑来看，这两者应该有所谓的"冰淇淋卖得好，溺水儿童数就多"的关系吗？这是否意味着"游泳池的儿童都在吃冰淇淋"？正确的答案是，这仅仅是一个伪回归。通过对这个例子的讲解，使同学们认识到"透过现象看本质"的重要性，提升同学们理性思维的能力。

在讲授误差修正模型时，围绕中国股市期货市场和现货市场的长期均衡和短期波动问题展开上机实验操作，引导同学们认识到期货市场和现货市场的长期均衡关系是两个市场运行的最根本的规律，而短期的波动虽然会打破这种均衡，但长期看来仍会被拉回均衡状态，并不能违背这种本质规律，这体现了马克思辩证唯物主义思维方法。

（2）课程思政教学实例二：创新意识。在引入协整模型时，提出金融市场收益率序列虽然满足平稳性，而价格序列不满足平稳性。收益率满足平稳性仅仅说明价格呈现随机游走，对于构建投资策略几乎没有作用。我们想要的是价格序列呈现出平稳性。但现实中投资品价格基本上都呈现（几何）布朗运动。这意味着投资品的价格均不满足平稳性的要求，但有时我们可以把多个投资品（通常是两个）线性组合在一起构成一个价差序列，而这个价差序列满足平稳性，这就是需要引入协整的概念。这里引导同学们感受提出协整概念的这一创新思维。

（八）"第八章 波动率和相关性建模"的思政教学指南

1. 专业教学目标

本章着重介绍波动率模型、隐含波动率模型、自回归波动率模型、自回归条件异方差模型、EGARCH 模型、GARCH－M 模型等。具体教学目标如下：

- 解释如何估计条件波动率模型；
- 检验时间序列数据中的 ARCH 效应；
- 运用 GARCH 模型做预测；
- 比较多种 GARCH 族模型；
- 构建多元条件波动率模型，并对不同模型进行比较；
- 考察模型参数是否稳定。

2. 重要思政元素及融入点

波动率模型包含了波动率模型、隐含波动率模型、自回归波动率模型、自回归条件异方差模型、EGARCH 模型、GARCH – M 模型等，蕴含了丰富的思政元素。其主要的思政元素和相关知识板块包括：

（1）家国情怀。通过介绍 GARCH 模型的相关概念以及相关经济学家，分析国内外经济学家的差距，培养学生的远大目标，让学生在专业学习中应更加努力，为中华民族的伟大复兴而努力，激发学生的家国情怀和爱国热情。

（2）理性思维。波动率模型是在 ARMA 模型的基础上进一步探讨资产收益率的波动率模型，波动率模型是非线性模型，模型更复杂。波动率模型可以去探讨资产的风险，能够更全面地认识金融市场，培养学生的理性思维与逻辑思维。

（3）创新意识。通过介绍 ARCH 模型以及 GARCH 模型的来源和演变，让学生了解如何利用数学模型解决实际问题，以及波动率模型和前面所介绍模型的联系，增强学生的创新意识，再结合专业知识训练，培养创新能力。

3. 课程思政教学策略实例

采用多种教学手段和策略，在教学内容中融入相关思政元素，例如：

（1）课程思政教学实例一：家国情怀。通过介绍 GARCH 模型的相关概念，以及对相关经济学家 Engle 和 Kroner 的介绍，分析国内外经济学家的差距，培养学生的远大目标，让学生在专业学习中应更加努力，为中华民族的伟大复兴而努力，激发学生的家国情怀和爱国热情。

（2）课程思政教学实例二：理性思维。通过介绍 ARCH（1）模型和 GARCH（1,1）模型的数学推导以及在金融中的应用，让学生能够更全面的认识金融市场，培养学生的理性思维、逻辑思维。

三、《金融计量学》课程思政教学素材

《金融计量学》各章节可以采用的课程思政教学素材包括案例分析与讨论、数据搜集与实验、阅读材料等，从中提炼出与专业知识紧密结合的各种思政元素，可选用的主要思政教学素材汇总如下：

序号	内容	形式
1	327 国债期货事件	案例分析与讨论
2	2015 年 A 股大跌中的股指期货交易	案例分析与讨论
3	2008 年全球金融危机	案例分析与讨论
4	探讨最优套期保值比率	数据搜集与实验

续表

序号	内容	形式
5	验证 CAPM 模型	数据搜集与实验
6	2020 年新冠疫情中金融机构的角色	阅读材料
7	利用在线教育行业数据构建 CAPM 模型	数据搜集与实验
8	确定主权信用评级	案例分析与讨论
9	中国内地上海股市和深圳股市的联动关系	数据搜集与实验
10	沪伦通对中国股市的影响	数据搜集与实验
11	冰淇淋销量和溺水儿童数量伪回归	案例分析与讨论
12	期货市场和现货市场的长期均衡和短期波动	数据搜集与实验
13	经济学家 Engle 和 Kroner 的介绍	阅读材料

《金融市场与金融机构》课程思政教学指南

刘郭方　徐笑丁　陈修兰

(上海立信会计金融学院)

一、《金融市场与金融机构》课程的专业教学体系与课程思政教学目标

(一) 课程简介

《金融市场与金融机构》是金融学和相关专业的核心课程,该课程大体分为相互联系的两部分内容:金融市场以及依托于市场进行业务操作的金融机构。课程首先阐述了组成金融体系的主要金融市场及其市场功能;进而对活跃于主要金融市场中的相关金融机构进行具体的介绍和阐述;最后,对金融市场与金融机构监管的相关问题进行探讨。通过本课程的学习,能够对金融市场以及金融机构的主要特征、运作机理、主要业务等内容有较为深入的认识。

学习本课程使学生能够掌握:正确的职业道德伦理、必要的分析逻辑和方法、贴近实际的金融机构运行模式和必要的市场环境、金融市场中不同的金融服务提供者和参与者其角色、金融机构的内在相互联系、金融工具的需求和供给以及对应金融机构的相关金融活动、从一国和全球视野来理解金融机构在经济社会中的作用以及相互影响等。

本课程可采用 Mishikin 或 McGraw–Hill 等编写的教材,鉴于中国特色社会主义金融市场的发展对教学内容调整的需求,国内高校以 Mishiki 与郑振龙等编写的教材结合最为常用。同时,根据课时需要,可对教材的部分章节内容做相应的调整或取舍,并在课程案例、课程实验等内容上根据人才培养目标不断更新、优化。

(二) 课程思政教学目标

1. 课程思政特征分析

《金融市场与金融机构》是金融学和相关专业的核心课程,更是培养学生深入理解社会主义市场经济以及市场经济改革的重要组成部分,需要学生全面掌握市场调配资源的规律与金融机构运营特点。本课程的授课对象为大学二、三年级的学生,处于世界观、价值观和人生观形成的关键时期,他们了解一定的专业背景知识,对不同金融产品、不同金融市场之间关系的认识不够深入,具有一定的政治意识和公民意识。通过润物无声的方式,将课程思政融入到专业知识中,对学生三观、公民意识和政治意识的塑造具有积极意义,反过来也有助于学生专业知识的学习,自觉将专业能力培养与社会主义建设、中华民族伟大复兴相结合,从而实现立德树人。

根据《金融市场与金融机构》的专业特征、知识结构和教学需求,其蕴含的思政

元素主要包含在制度认同、家国情怀、社会责任、理性思维、创新意识与全球视野六个方面的维度。

制度认同：《金融市场与金融机构》中涉及大量的金融市场中的违约与套利行为、中国金融市场与金融机构的成长历程，也包括了相关经济政策和金融制度，都有助于激发学生的爱国主义情怀，帮助学生认识到中国共产党领导的社会主义制度的优越性，从而增强制度认同。

家国情怀：家国情怀的基本内涵包括家国同构、共同体意识和仁爱之情，有助于增强国家认同和民族凝聚力。本课程中的相关案例常常涉及中国金融市场发展、中国金融机构的艰难成长过程，例如艰苦创业不易、外部反动势力打压、道路曲折等事实。对于这些案例的分析，使学生极易产生民族自豪感，坚定为中华之崛起而读书的坚定信念；同时，也有助于同学们了解中国金融业对专业人才的渴求与信任，进而产生对中华文化的认同感。

社会责任：本课程将讲解多次金融危机爆发的原因。原因常常是人性的贪婪和金融创新的结合。原因探寻的过程会使同学们加深对专业知识的理解，然而更重要的是提醒学生专业知识是一柄双刃剑，德才兼备以德为先。

理性思维：金融市场及其重要组成——金融机构，时至今日，中国金融业已形成一个错综复杂的近乎完美的体系。要想习得其中规律，需要同学们具备极强的探究精神，能够自觉探寻、举一反三，具备理性思维能力。

创新意识：课程中层层剖析金融市场构成以及金融机构组织架构的过程，将会培养学生的创新意识。

全球视野：本课程将涉及国内外金融市场以及机构，能够引领同学们从国际视野审视自己的专业知识和技能。

2. 金融市场与金融机构课程思政教学目标

采用合适的教学方式，体现和强化课程思政元素，融入专业知识，实现以下目标：

接受马克思主义唯物史观、学习使用辩证法分析和解决问题；认同、拥护中国共产党领导的社会主义制度；坚定中国特色社会主义理想信念；了解中国国情和中国金融体系发展现状，了解中国金融市场与金融机构发展演变，掌握债券、股票、期权、期货等金融资产定价方法，具有家国情怀，热爱祖国、热爱中国文化；形成良好的职业伦理道德，具备法制意识和高度的社会责任感；形成客观理性的思维方式，建立良好的市场风险意识，形成创新的价值取向。

二、《金融市场与金融机构》课程各章节课程思政教学指南

(一) "第一章 金融体系概览"的思政教学指南

1. 专业教学目标

本章是《金融市场与金融机构》的开篇，具有开宗名义的功能。本章重在传递以下观念：金融市场与金融机构对于运行良好的经济体而言尤为重要，原因在于前二者有助于将资金从未能充分利用资金的参与者手中转移到可以运用的参与者那里。此处可以引入国际金融市场。具体教学目标如下：

- 掌握金融市场的功能与结构；
- 了解权益市场的一二级市场，货币市场，债券市场，交易所以及场外市场；
- 理解金融市场国际化，国际债券市场，欧洲债券以及货币市场。

2. 重要思政元素及融入点

权益市场的一二级市场，货币市场，债券市场，交易所以及场外市场，甚至国际市场的概述中包含大量的思政元素。其主要的思政元素和相关知识板块包括：

（1）诚实守信。金融体系涉及货币、信用、金融机构、金融市场四个范畴，其中现代信用包括商业信用、银行信用、国家信用、消费信用、国际信用、民间信用六种形式。此处可融入诚实守信的思政元素。诚信是做人的根本，忠诚老实诚恳待人、以信用取信于人。做到诚实守信就要坚持实事求是的原则，杜绝假大空、不欺骗他人也不自欺欺人。诚实守信就要做到"言必行，行必果"，讲信用、讲信誉、信守承诺，答应别人的事情就要做到。信用在经济领域里的概念是一种建立在相互信任的基础上以偿还和付息为条件的借贷行为。"有借有还，再借不难"则是经济领域讲信用的表现。

（2）家国情怀。金融机构和金融业务中讲到我国现行的金融机构体系，是以中国人民银行为核心，商业银行为主体、政策性银行及非金融机构并存、协调的金融机构体系。该体系是在40多年改革开放的过程中随着经济制度的变革、经济的发展逐渐形成的，由过去长期实行的"大一统"银行体制逐步发展成为多元化的金融机构体系。

（3）风险意识。应用马克思主义唯物"联系观"和"内因观"分析内外环境因素对一国金融体系的影响，引导学生树立风险防范意识，培养正确的理财观念和学习态度。

（4）理性思维。在讲解金融对于经济社会发展的作用时，可教育学生根据自己的投资理念、风险承受能力选择合适的投资理财产品，理性对待投资收益与风险。

（5）创新意识。在讲解金融市场发展时，可以通过数字金融、科技金融、普惠金融等近年来金融市场上的变化，让学生了解金融领域中不同层面的创新概念和创新来源，增强创新意识，再结合专业知识训练，培养创新能力。

（6）全球视野。国际金融市场已成为国际政治经济文化交往的重要场所，实现国际贸易、引进外资、加强国际经济技术合作的纽带。此处可挖掘并融入习近平外交思想，坚持以外交布局为依托打造全球伙伴关系，坚持以维护和平、促进共同发展为宗旨推动构建人类命运共同体，坚持以共商共建为原则推动"一带一路"建设，坚持以互相尊重、合作共赢为基础走和平发展道路。

3. 课程思政教学策略实例

采用多种教学手段和策略，在教学内容中融入相关思政元素，例如：

（1）课程思政教学实例一：制度认同。正如国民经济的资金需要决定了金融机构的产生、发展变化的方向。1980年我国试行基建投资"拨改贷"后，中国建设银行从财政部分设出来，专门负责管理基本建设资金。现在随着小微企业的蓬勃发展，专门为小微企业服务的金融机构开始出现。反过来我国现行的金融机构体系也为国民经济的发展服务。

（2）课程思政教学实例二：国际视野。对外开放是我国的基本国策，随着经济全球化和金融国际化的发展，我们要更加坚持积极主动地扩大对外开放。比如由习近平主席倡议筹建的亚洲基础设施投资银行在2015年正式成立（总部设在北京），这是首个由中国倡议设立的多边金融机构，这是我国参与国际金融建设的一大步。

（二）"第二章 风险与利率的期限结构"的思政教学指南

1. 专业教学目标

通过本章的学习，使学生理解风险和期限结构如何影响利率。学生需要了解利率的风险结构及其检查方法，掌握利率风险结构的理论，并解释利率波动。具体教学目标如下：

- 掌握利率风险结构理论；
- 掌握利率期限结构理论；
- 理解利率波动的根源，相关理论横向比较。

2. 重要思政元素及融入点

利率与风险结构理论包含大量的思政元素。其主要的思政元素和相关知识板块包括：

（1）家国情怀。讲解货币政策与利率之间关系时，指导学生查阅全国两会政府工作报告、《中央经济工作会议（全文）》和《货币政策执行报告》等文件，了解我国经济发展目标，比较不同阶段我国货币政策的取向和效果，帮助学生理解"中国梦"的内涵和对新时代青年提出的要求，引导学生从"两耳不闻窗外事"到"家事国事天下事，事事关心"转变，将个人理想和中国梦、将个人进步与国家发展紧密结合，坚定理想信念，明确新时代新青年肩负的新使命。

（2）社会责任。讲解金融风险时，将学生分组，布置"课前收集历史上郁金香泡沫、东南亚金融风暴、美国次贷危机、欧洲主权债务危机等重大金融危机相关资料"的任务，整理其成因、影响和对策。课堂上以美国次贷危机为切入点，开展头脑风暴，充分讨论其成因和影响，讨论金融机构对客户信用审查不严、过度逐利等行为造成的影响，提醒学生在今后金融和财务工作中应细心谨慎、严格把关，积极承担社会责任。

（3）理性思维。讲解通货膨胀、实际利率与名义利率关系时，借用市场调查法，课前要求学生：每月去超市、商场等地考察各类商品价格情况，并结合各月CPI、借用Excel表格进行数据整理和图表分析。课堂上以津巴布韦、阿根廷等国家面临的严重通货膨胀为例，分析背后的原因、影响、对策并与我国实情进行对比分析，总结我国治理通货膨胀的经验和成效。在理论联系实际的要求下，引导学生将专业所学与实际生活联系在一起，真正体会知识来源于生活用于实践，引导学生明白"没有调查就没有发言权"，培养学生理性分析经济活动的能力。

（4）创新意识。在"互联网+金融"和AI技术背景下，金融机构业务呈现综合化、操作智能化的趋势，机构员工更要树立较高的服务意识和职业素养。借用情景模拟教学法开展教学，带领学生开展业务办理和客户接待的情景模拟，发现问题并给出指导建议。引导学生在新的市场环境下，用创新思维解决问题，开展业务服务。

（5）全球视野。讲解利率国际联动时，以人民币加入SDR货币篮子这一事件为切入点，借用讨论法开展教学。结合2016年10月1日人民币正式加入SDR货币篮子事件，将学生分组，课前搜集整理好资料，课上现场讨论"入篮"的机遇与挑战。由此了解人民币在国际货币市场的地位，引导学生拓宽视野、从不同角度分析问题。同时，对"入篮"过程进行梳理，体会我国综合国力的提升及人民币走上国际舞台发挥的作用。

3. 课程思政教学策略实例

采用多种教学手段和策略，在教学内容中融入相关思政元素，例如：

（1）课程思政教学实例一：国际视野。讲解在"一带一路"倡议背景下成立亚投行（AIIB）这一金融机构的重大意义。课前搜集有关亚投行的资料，课上利用多媒体讲解,与由美日主导的亚开行进行对比分析,让学生了解习近平总书记提出的"一带一路"倡议,并了解到亚投行是由我国提倡成立的第一个国际金融机构,现有成员国的数量已远超亚开行,帮助学生树立高度的民族自信心,拓展学生的国际视野。

(2)课程思政教学实例二:创新意识。借用新闻解读法对中国人民银行下调中小银行的法定存款准备金率这一操作展开解释。结合教材理论和新闻内容,讲解此项货币政策背后的原因及下调存准率的目的。让学生理解宏观经济政策和实际生活的紧密联系,释放的流动性旨在配合"普惠金融"扶持三农发展和"双创精神"引导下的小微企业成长。在国家积极政策的支持下,引导学生树立创新创业精神。

(三)"第三章 金融市场是否有效率?"的思政教学指南

1. 专业教学目标

通过本章的学习,学生可以全面理解资产价格的决定,有效率市场假说中信息如何反映到价格中,以及如何将这些理论运用于投资中。具体教学目标如下:
- 掌握有效率市场假说;
- 理解有效率市场假说的合理性与支持性依据,以及相互冲突的观点。

2. 重要思政元素及融入点

有效率市场假说、合理性与支持性依据以及相互冲突的观点中包含大量的思政元素。其主要的思政元素和相关知识板块包括:

(1)家国情怀。讲解流动性与市场有效性时,切入点为五套人民币演变史。借用实地考察法:学生通过线上查找资料、线下去省博物馆钱币板块实地参观了解货币演变史,感受新中国成立以来的经济发展历程,通过搜集新中国五套人民币资料,透过各套人民币的面额、图案、防伪技术等了解我国经济发展实况,树立学生的爱国情怀和对人民币的敬畏之心。

(2)法治意识。结合股市信息披露的重要性、内幕交易的危害性对学生进行法制教育。借用实操演练法:学生在金融实训室分析大盘走势、上市公司财务报表等资料,了解内幕操作和交易案例,了解违法金融行为的严重后果,通过法制教育提醒学生树立法制意识。结合中国证监会将5月15日定为"投资者保护宣传日"这一制度,指导学生未来投资过程中要善于学法、知法、用法律武器保护自身合法权益。

(3)理性思维。讨论考证券从业资格证与参加证券投资技能竞赛的关系。培养学生精益求精的学习积极性,激发学生对待学习与工作高标准、严要求的工匠精神。

(4)创新意识。在讲解提升金融市场效率的新发展时,引入近年来在我国和国际金融市场上广为关注的量化投资和高频交易作为教学内容，并采用我国金融市场的高频数据，为学生们进行演示，从而激发学生的创新意识，提高学生的创新能力。

（5）全球视野。讲解有效率市场假说的合理性与支持性依据时，通过对比金融市场有效理论的国内外证据，启发同学们思考国内外是否存在不同，原因是什么。

3. 课程思政教学策略实例

采用多种教学手段和策略，在教学内容中融入相关思政元素，例如：

（1）课程思政教学实例一：社会责任。金融究竟是不是零和博弈，是否要强调零和博弈下的输赢这类话题可以作为课堂讨论的素材。包括素材中提到的《华尔街》《大空头》一类的电影情节都可以用作课堂的思政素材。探讨的时候可以从个人与社会的关系入手，通过"金融""零和游戏"这类关系让学生思考个人与社会的关系，树立正确的财富观、金融伦理观。

（2）课程思政教学实例二：理性思维。引用《千年金融史》中的公元前352年的契约。分析契约考虑问题的复杂程度已经显现出当时人们对出海风险的认知已经相当的全面、系统和成熟。更重要的是，既然有如此复杂的契约，就一定有与这种复杂程度相匹配的法律体系（如复杂的陪审团制度），引用一句《千年金融史》中的表述："雅典的法律体制可被认为是一种金融技术"。

（3）课程思政教学实例三：风险意识。引入拳王泰森破产案例、"校园贷""E租宝事件"的录像、大学生被骗案例、电影《巨额来电》等案例，应用马克思主义唯物辩证法的发展理论分析金融创新与规避风险之间的关系，引导学生树立风险防范意识，培养正确的理财观念和学习态度。

（四）"第四章　金融机构存在的原因是什么？"的思政教学指南

1. 专业教学目标

本章探讨金融市场的主体（即金融机构）的重要性，这一问题对于深入理解金融市场的运行非常重要。本章着重介绍了信息不对称、道德风险、逆向选择等基本概念，及其如何影响间接和直接融资中的金融机构，凸显了金融中介在降低信息不对称、降低交易成本、解决委托代理问题中发挥的重要作用。此外，还集中讨论了金融机构和服务媒介面临的利益冲突问题。具体教学目标包括：

- 掌握信息不对称、道德风险、逆向选择以及利益冲突等基本概念；
- 了解交易成本如何影响金融结构以及金融机构可以发挥的作用；
- 理解在解决道德风险时，债务工具和权益工具的不同方式以及金融中介的贡献；

- 分析当出现利益冲突时，对金融机构和其他服务机构采取的措施。

2. 重要思政元素及融入点

金融机构在金融市场中发挥的作用范围广、影响大，包含了丰富的思政要素。其主要的思政元素和相关知识板块包括：

（1）制度认同。在介绍金融机构的基本情况时，结合中国金融机构和金融市场在改革开放后的快速发展和成就，利用数据和图表进行动态比较，让学生既明了我国与发达国家在这方面的差距，也指出这种差距无论在规模上，还是在质量和制度上都在缩小。在上海作为国际金融、航运和贸易中心的发展过程中，金融机构尤其是上海的机构，发挥了重要作用，担当了社会主义经济建设的重要基石，以增强学生的制度认同和政治认同。

（2）家国情怀。在讲授金融市场中金融中介的作用时，列举国内外机构促成交易成本降低、消除信息不对称的成功案例，让学生认识到，我国金融机构在改革开放的背景下，积极学习发达国家市场的合理做法，并不断总结本国的失败教训，提升服务质量和效率，为经济建设更好地发挥应有作用。进而激发学生的家国情怀和爱国热情，并投入专业学习中去，为中华民族的伟大复兴而努力。

（3）社会责任。在讲授信息不对称中的道德风险时，通过定量分析和案例，讨论道德风险中融资方基于自身利益以及无约束、无抵押品的情况下，可能导致的铤而走险，导致投资人遭受损失的情况，结合国内近年来来在 P2P 平台跑路的案件频发，增强学生对于金融从业者的职业伦理道德感和责任感、使命感。

（4）理性思维。在分析道德风险如何影响债务和股权合约的选择时，着重就其问题的关键（即委托代理问题）进行深入分析，并分别就股权和债务环境下，分别提出针对性解决方式，并强调在信息的市场化生产和强制性提供方面的重要性，以及金融中介起到的独特作用。进而回归到本章的重点，即金融机构为何而存在的主题上。通过这种演绎性分析，引导和培养学生理性分析各种金融现象和背后的原因以及机制。

（5）创新意识。在引入金融中介的重要性前，先行分析二手车问题，利用类比，引发学生的思考，通过完整的分析路径，训练和启发学生的开放性思维，增强对于金融现象的创新思考，培养创新研究和分析能力。

（6）全球视野。通过介绍国外金融机构的发展现状、利益冲突的案例分析以及对应的监管措施和法规的发展、变革，对比国内相关的金融实践，使得学生可以了解金融机构运行机制上的最新动态，熟悉国外监管的新变化，拓展其国际视野。

3. 课程思政教学策略实例

采用多种教学手段和策略，在教学内容中融入相关思政元素，例如：

（1）课程思政教学实例一：制度认同。讲授国外金融机构的基本状况时，结合基本事实探讨金融机构为何存在，分别就我国金融机构的发展，直接融资和间接融资的来源，债券、股票与银行贷款在企业外部融资中的比例对比，金融监管的国内外比较，以及历次全球金融危机中，国外金融机构暴露出的各种严重问题等内容开展探讨，启发学生深入思考，认识到发达国家金融机构并非十全十美，以及金融监管的必要性，加强学生的制度认同。

（2）课程思政教学实例二：社会责任。在讲授交易成本影响金融结构和信息不对称等问题时，结合国内 P2P 平台近年暴露出的各种问题，针对其关键（即道德风险）深入探讨，引导学生认识到根源所在，进而凸显商业银行等金融中介在信息不对称和逆向选择等问题上的关键作用，进而引出金融机构在金融体系中所发挥的重要作用、担当的社会责任，并将这一思考扩展到其他非银行金融机构在金融市场中所担当的角色，并引导学生思考在走上金融工作岗位后，认识个人社会责任的重要性。

（3）课程思政教学实例三：创新意识。在讲授到道德风险在债务和股权合约选择中的影响时，结合当前的各种债务违约和上市公司信息披露创新，引导学生思考交易所、银保监会等为何对于信息披露有强制性要求，包括银行和各类金融信息服务机构为何要收取高额的信息服务费用，以及商业银行开展贷款业务时为何要求客户提供抵押品、设置客户自身净值要求，鼓励学生通过多维的角度进行分析，进而认识到在减少道德风险的过程中，需要多重监管手段的介入，并需要各种创新性的金融安排。从中增强和提高学生对于创新的认识，意识到金融创新不仅仅是金融服务和工具的创新，在金融体系的其他领域包括监管金融安排也需要创新，同时也强化了学生的创新意识。

（五）"第五章　货币市场"的思政教学指南

1. 专业教学目标

本章是《金融市场与金融机构》的核心章节。货币市场是指期限在一年以内的金融资产交易的市场。该市场的主要功能是保持金融资产的流动性，以便随时转换成可以流通的货币。它的存在，一方面满足了借款者的短期资金需求，另一方面为暂时闲置的资金找到了出路。了解及掌握货币市场的运行机制是本章的学习目标。本章重点是研究一个国家的货币市场是如何运作以及如何通过货币市场的运行实现其功能目标。具体教学目标如下：

- 了解货币市场的功能及运作过程；
- 掌握货币市场中同业拆借市场、票据市场、大额可转让定期存单市场、国库券市场、消费信贷市场和回购协议市场六个子市场的运作过程；
- 分析我国的货币市场发展史，并与国际货币市场、欧洲货币市场等进行比较研究。

2. 重要思政元素及融入点

货币市场发展过程、功能目标及运作流程中包含大量的思政元素。其主要的思政元素和相关知识板块包括：

（1）制度认同。货币市场是基于诚实守信原则发展而来的。货币市场中的交易主体都需要遵循这一基石才能够进行交易。了解我国货币市场发展史，分析我国同业拆借市场、票据市场、大额可转让定期存单市场、国库券市场、消费信贷市场和回购协议市场的入市指南、交易规则、监管政策、自律机制等，同时与国际货币市场、欧洲货币市场进行比较分析，可以理解我国的货币市场是如何维护市场正当竞争秩序，促进市场规范健康发展的。讲授该内容，可以使学生基于历史角度全面了解我国货币市场的发展史，增强学生的制度认同和政治认同。

（2）家国情怀。我国的货币市场发展曲折，货币政策与当时的经济环境相关联，历经计划管理体制下的货币政策、宏观管理体制下的货币政策、以反通货膨胀为主要目标的货币政策、1998~2008年初取消了信贷规模管理时期的货币政策、2008年以来国际金融市场剧烈动荡的货币政策这一历程。货币市场在重重压力下成长起来，发展至今，目前我国同业拆借市场、票据市场、大额可转让定期存单市场、国库券市场、消费信贷市场和回购协议市场逐步完善，其发展水平对我国的经济稳定发展意义重大。讲授该内容，能够激发学生的家国情怀和爱国热情，激励其投入金融学的专业学习中去。

（3）社会责任。授课时详细讲授货币市场的交易主体所需的自律要求及市场自律机制，只有交易主体维护市场正当竞争秩序，才能促进货币市场的规范发展。该内容的讲授目标是引导学生树立社会责任感，以使其在未来从事金融工作中遵守正当竞争规则，具备金融从业者的职业伦理道德和社会责任。

（4）理性思维。在分析货币市场中各个子市场如何运作以及货币市场的交易主体如何参与货币市场交易时，引导学生将自身代入模拟交易情境，作为货币市场产品的发行方模拟制定发行计划、发布发行公告、上市流通等流程，作为货币市场产品的购买者模拟交易中需要关注的收益率曲线等要点。通过这种情境模拟教学分析过程，引导和培养学生金融学专业所需的理性思维。

（5）创新意识。通过对货币市场中新的交易产品及交易工具的分析，让学生了解金融领域中不同层面的创新之处，增强创新意识，再结合专业知识训练，培养创新能力。如在银行间同业市场的教学过程中，带领学生学习我国目前使用的 CFETS 同业存款系统的功能操作手册和 CIBMTS 中国银行间市场本币交易平台用户手册，使学生了解不断创新的交易平台，增强并激励其创新意识。

（6）全球视野。通过介绍国际货币市场、欧洲货币市场的发展历史及现状，与我国的货币市场发展及现状相比较，使得学生可以开阔视野，了解世界货币市场的最新动态及国外监管的新变化国际视野可以激发学生的家国情怀和创新潜能。

3. 课程思政教学策略实例

采用多种教学手段和策略，在教学内容中融入相关思政元素，例如：

（1）课程思政教学实例一：制度认同。引导学生在中国人民银行、全国银行间同业拆借中心等机构网站收集整理我国货币政策及同业拆借市场、票据市场、大额可转让定期存单市场、国库券市场、消费信贷市场和回购协议市场的入市指南、交易规则、监管政策、自律机制文件，了解我国的监管机构及市场主体为维护货币市场正当竞争秩序，促进货币市场规范健康发展是如何运作的，并与国际货币市场、欧洲货币市场相比较，寻找其异同点，制度会因深入了解而得到深刻认同。

（2）课程思政教学实例二：国际视野。引导学生了解世界上其他国家货币市场，如美国、英国、日本的货币市场以及欧洲货币市场，各国通过货币市场来贯彻其货币政策具体的做法存在差异也存在相同之处，了解其他国家的货币政策及货币市场发展情况对理解我国的货币政策及货币市场非常重要，拥有国际视野才能更好地发展我国的货币市场。

（3）课程思政教学实例三：创新意识。我国的货币市场发展史也是不断学习、不断创新的历史。截至目前，交易产品品种丰富，包括同业拆借、质押式回购、买断式回购、现券买卖、债券借贷、债券远期、远期利率协议、利率互换、同业存单发行和交易、CRM 凭证等多种品种；交易主体不断扩大，经中国人民银行批准，具有独立法人资格的商业银行及其授权分行、农村信用联社、城市信用社、财务公司和证券公司等有关金融机构，以及经中国人民银行认可经营人民币业务的外资金融机构都可以进入货币市场进行交易；交易软件不断更新，CIBMTS 中国银行间市场本币交易平台、X–Trade 债券借贷意向报价业务模块、CFETS 同业存款系统、货币及债务工具发行系统都不断更新，以更好地服务于货币市场交易。这些内容的学习可以使学生了解我国货币市场的创新发展，激发学生的创新意识，未来能够更好地从事金融行业的工作。

（六）"第六章　债券市场"的思政教学指南

1. 专业教学目标

本章是金融市场的核心章节。债券市场是发行和买卖债券的场所，是金融市场的一个重要组成部分。债券市场是一国金融体系中不可或缺的部分。一个统一、成熟的债券市场可以为全社会的投资者和筹资者提供低风险的投融资工具；债券的收益率曲线是社会经济中一切金融商品收益水平的基准，因此债券市场也是传导中央银行货币政策的重要载体。本章重点是研究一个国家的债券市场（发行市场和流通市场）是如何运作以及如何通过债券市场的运行实现其功能目标。具体教学目标如下：

- 了解债券市场的功能及运作过程；
- 掌握债务市场工具的特点，债券的价格、收益率、收益率曲线等知识；
- 分析我国的债券市场发展史，并与国际债券市场进行比较研究。

2. 重要思政元素及融入点

债券市场发展过程、功能目标及运作流程中包含大量的思政元素。其主要的思政元素和相关知识板块包括：

（1）制度认同。我国债券市场的发展较晚，但发展迅速。讲授时以中国债券结算中心为例，让学生了解中债信息产品是如何不断完善及丰富的。了解中债估值范围是如何由境内向境外延伸，由标准债券估值向多资产估值延伸的；了解收益率曲线是如何编制的，精细化编制指数有何意义，学习中债中心如何细分底层资产类别的资产支持证券（ABS）曲线，涵盖煤炭、钢铁、房地产等六大行业的行业曲线，以及非公开债券及可续期债券收益率曲线的；了解目前指数定制的新态势。讲授该内容，可以使学生基于最新债券市场发展情况，全面了解我国的债券市场发展，增强学生的制度认同和政治认同。

（2）家国情怀。债券发行市场是发行单位初次出售新债券的市场，其作用是将政府、金融机构以及工商企业等为筹集资金向社会发行的债券，分散发行到投资者手中。债券流通市场让投资者可以转让债权，完成债券变现。这一流程使得债券市场能够行使其传导中央银行货币政策的重要载体这一职能，讲授该我国债券市场的发展历程及运行机制，能够让学生深入了解其职能，激发学生的家国自豪感及投身金融业的动力。

（3）社会责任。授课时详细讲授债券市场的市场法规、市场规则、业务协议、业务规则以及债券的信用评级，引导学生理解只有在监管部门监督下，各交易主体维护市场秩序，才能促进债券市场的规范发展。该内容的讲授目标是引导学生从债券的信用评级及债券的市场规则等方面学习职业伦理道德和社会责任。

（4）理性思维。在分析债券市场中交易主体及交易过程时，需要计算债券的价格、收益率、久期、凸性等，引导学生逐步学习整个债券发行及流通市场中涉及的概念及计算过程。通过教学流程，培养学生衡量价格与收益、注重债券期限管理的理性思维。

（5）创新意识。通过对债券市场中新的交易产品、交易工具、交易规则的学习，让学生了解债券市场的全面创新点。以中央国债登记结算有限责任公司为例，交易平台使用的中债综合业务平台、债券信息自主披露系统、地方政府债券发行窗口选择系统、中债金联系统使得债券信息查询及业务办理越来越通畅；2002年公司结合中国债券市场的实际情况，提出并开发出了全新的债券收益率曲线构建模型，并且自2002年中债指数开始发布以来，经过不断地完善和改进，已日渐形成了一个指标丰富、覆盖面广的指数体系。基于我国不断更新的债券市场来讲授债券市场知识，可以使学生了解不断创新的债券市场以激发其创新意识。

（6）全球视野。通过介绍国际债券市场发展历史及国际债市产品、交易、规则等现状，与我国的债券市场发展及现状相比较，使得学生可以开阔视野，了解世界债券市场的最新动态及国外监管的新变化，以拓展的国际视野来重新审视我国债券市场的进阶之路。

3. 课程思政教学策略实例

采用多种教学手段和策略，在教学内容中融入相关思政元素，例如：

（1）课程思政教学实例一：制度认同。我国债券市场的发展较晚，但发展迅速。讲授时以中国债券结算中心为例，让学生了解中债信息产品是如何不断完善及丰富的，了解中债估值范围是如何由境内向境外延伸，由标准债券估值向多资产估值延伸的；了解收益率曲线是如何编制的，精细化编制指数有何意义，学习细分底层资产类别的资产支持证券（ABS）曲线，涵盖煤炭、钢铁、房地产等六大行业的行业曲线，以及非公开债券及可续期债券收益率曲线的；了解目前指数定制的新态势。讲授该内容，可以使学生基于最新债券市场发展情况，全面了解我国的债券市场发展，增强学生的制度认同和政治认同。

（2）课程思政教学实例二：国际视野。引导学生了解世界上其他国家债券市场及指数编制、到期收益率曲线、即期收益率曲线、远期收益率曲线构建理论及实际操作过程，在此基础上，基于"金融市场尤其是债券市场的发达程度决定了收益率曲线所包含的信息内容及程度"这一事实，分析我国国债收益率曲线的公信力以及提高对策。引导学生拓展视野，知己知彼，比较研究发达国家构建国债收益率曲线的方法，梳理主要国家央行（或财政部）在数据筛选和处理、数量模型方法等方面的实践经验，并在此基础上引导学生讨论并提出完善我国国债收益率曲线的若干建议。

（3）课程思政教学实例三：创新意识。我国收益率曲线的编制工作起步较晚，但从20世纪末期开始，中国债券登记结算中心、Wind等机构在编制我国国债收益率曲线方面开展了积极有益的探索。中国债券登记结算中心2021年推出以下新产品：非公开债券及可续期债券曲线、信托产品估值、更加全面且完善的风险指标体系数据、恒定久期、价值因子和ESG等策略性指数、涵盖全国32个省、自治区、直辖市的单一省份地方政府债以及长江经济带系列指数等区域型表征指数以及中债隐含评级指数、二级资本债指数、ESG数据和城投债数据库、各项咨询服务。这些最新信息的学习可以让学生了解我国债券市场的最新发展及创新，激发学生对创新的兴趣及对专业的自豪感。

（七）"第七章　股票市场"的思政教学指南

1. 专业教学目标

本章讲授的是金融市场中的股票市场。股票市场是股票发行和交易的场所，包括发行市场和流通市场两部分。股份公司通过面向社会发行股票，迅速集中大量资金，实现生产的规模经营，而社会上分散的资金盈余者本着"利益共享、风险共担"的原则投资股份公司，谋求财富的增值。本章重点是研究一国的股票市场（发行市场和流通市场）是如何运作以及如何通过股票市场的运行实现其功能目标的。具体教学目标如下：

- 了解股票市场的功能及运作过程；
- 掌握股票交易方式、交易流程、交易术语、市场职能等知识；
- 分析世界主要国家的股票市场及我国股票市场的发展史，进行比较研究。

2. 重要思政元素及融入点

债券市场发展过程、功能目标及运作流程中包含大量的思政元素。其主要的思政元素和相关知识板块包括：

（1）制度认同。我国股票市场的发展较晚，自1984年提出建立资本市场构想至今，发展历程比较曲折艰辛，但股票发行市场的存在和发展为股票发行者创造了有利的筹资环境，有利于公司筹措长期资金，对于投资者来说，通过股票流通市场的活动，可以使长期投资短期化，在股票和现金之间随时转换，增强了股票的流动性和安全性，因此我国的股票市场是需要继续发展壮大的。讲授我国股票市场的发展历程以及目前发展的成就，引导学生了解社会主义市场下的股票市场发展成绩，以增强制度认同。

（2）家国情怀。我国的上海证券交易所和深圳证券交易所在扎实推进资本市场改革发展稳定工作，积极推进科创板并试点注册制改革工作，努力提高上市公司质量，提高直接融资比例，提升资本市场服务实体经济、防控金融风险、深化金融改革的本领和水平方面成绩卓著，基于目前我国债券交易所中交易产品、交易机制等信息的讲授，能够让学生深入了解我国股票市场是如何实现其有效利用社会盈余资金发展经济这一职能的，对我国债券市场的发展情况的深入学习将会增强学生的家国情怀。

（3）社会责任。授课时详细讲授股票市场的法律法规、政府监管体系、自律监管体系，引导学生了解股票市场规范发展中各个股份公司所需的社会责任感。该内容的讲授目标是引导学生从股票市场的市场规则等方面学习职业伦理道德和社会责任。

（4）理性思维。在分析股票市场中普通股与优先股的差异、股票市场的交易方式、股票价格变动的机制等内容时涉及大量的计算过程。通过对该部分内容的讲授，培养学生进行股票交易选择的理性思维。

（5）创新意识。全世界有50多个国家建立了股票市场。电脑技术和先进通讯设备的广泛应用使股票交易日益国际化，各种股票指数及股票交易软件也不断创新和发展。对这些知识的讲授可以使学生了解不断创新的股票市场，从而以使其了解从事股票市场工作时必须具备创新意识。

（6）全球视野。股票的出现以及股票交易所的产生始于荷兰的阿姆斯特丹，第一个证券交易所出现在英国，后来演变为伦敦证券交易所，截至目前大部分股票的成交集中在纽约、东京和伦敦三大股票市场。我国的证券交易起步晚，虽然发展迅速，但是还需要立足我国，放眼全球，在学习中发展，拥有全球视野的金融从业人员才可以为我国股票市场的发展贡献力量，因此对金融学专业的学生要特别注意引导及培养其全球视野。

3. 课程思政教学策略实例

采用多种教学手段和策略，在教学内容中融入相关思政元素，例如：

（1）**课程思政教学实例一**：制度认同。我国股票市场起步较晚，但能够与时俱进，迅速发展。我国的A股、B股市场的发展有目共睹，基于上海证券交易所和深圳证券交易所的普通股及优先股数据来实际讲授该内容，可以使学生全面了解我国社会主义制度下的股票市场的发展现状，增强学生的制度认同。

（2）**课程思政教学实例二**：全球视野。世界主要国家的股票市场，如纽约股票市场、伦敦股票市场、东京股票市场、瑞士股票市场、多伦多股票市场的发展情况，都对我国股票市场的发展有启迪作用。所以在授课过程中引导学生了解世界主要股票市场的发展历史及现状，以国际视野来比较我国的股票市场与其他国家的股票市场，从而更好地在学习国际先进经验的基础上改进和创新我国的金融市场。

（3）课程思政教学实例三：创新意识。从1990年至2018年，上海证券交易所从最初的8只股票、22只债券，发展为拥有1450家上市公司、1493只股票、27万亿股票市值的股票市场，拥有1.2万只债券现货，总托管市值8.4万亿元的债券市场，拥有ETF、LOF等多品种（共233只产品）的基金市场，以及拥有上证50ETF期权的衍生品市场，上交所建立了以上证综指、上证50、上证180、上证380指数，以及以上证国债、企业债和上证基金指数为核心的上证指数体系；深交所也不断创新产品：资管计划份额转让、股票质押式回购交易、约定购回式证券交易、质押式报价回购交易的出现体现了我国在股票市场上的创新和发展，对这些与时俱进的股票市场知识的学习，可以让学生了解我国股票市场的最新发展及创新，激发学生对金融创新的兴趣。

（八）"第八章 银行的管理以及银行类金融机构"的思政教学指南

1. 专业教学目标

本章介绍了最重要的金融机构即商业银行业务以及金融机构的管理，包括了银行的业务原则、表外业务、如何评判银行的业绩等。有助于学生了解和熟悉金融机构的运行和管理，并运用到后续章节中。具体教学目标如下：

- 理解传统银行等储蓄机构的作用、资产负债表，重点思考银行如何管理其资产以及负债并合理取得利润，T账户的变动以及管理；
- 掌握银行资产负债表；
- 掌握银行管理的一般原则：流动性管理，资产管理，资本充足率管理；
- 了解执业经理：银行资本管理策略。

2. 重要思政元素及融入点

金融机构管理内容分布广，既涉及理论，也包括实务，结合了各种思政要素。主要包括：

（1）制度认同。对本章金融机构的资产、负债以及信用等内容作总体介绍时，结合对国外银行业务的讲授，对比我国金融机构在经济活动中所开展的具体业务、发挥的作用与影响，突出金融机构在我国经济建设中的重要性，引导学生了解全国性、地方性金融机构在经济发展中担当的重要功能，增强学生的政治认同和制度认同。

（2）家国情怀。在讲授国外金融机构发展的现状时，结合当前美国等发达国家金融机构资产负债表的数据，以及其金融业务的现状，对比以我国商业银行为主的金融机构在以上方面的发展与特色，既引导学生对于中外差异的思考，又启发辩证思考，充分使其意识到社会主义特色金融行业的独特性，并激发学生的学习动力和热情，引发学生家国情怀的共鸣。

（3）社会责任。在介绍银行管理的一般性原则时，分别讲解流动性、资产、负债和资本充足率管理方面的重要意义，基于银行类金融机构吸收公众存款所担负的社会责任，列举国内外银行因管理不善导致挤兑、破产倒闭的反面案例和不良影响，增强学生对于金融行业的责任感，强化风险管理意识和职业道德观念。

（4）理性思维。在讲授如何考量银行绩效的内容时，一方面需要结合损益表的主要内容，以及具体衡量指标进行分析，同时也需要结合国外银行绩效分析中的动态变化，并对比我国商业银行在不同发展阶段的不同侧重点，强调管理和措施上的国别差异是客观存在、具有阶段性特点的。注重引导分析中培养学生理性思考，培养学生掌握客观分析问题的视角和方法。

（5）创新意识。在讲授银行等金融机构面临的委托代理问题时，结合流氓交易员、巴林银行等案例，介绍近年来在风险测定模型的运用以及测试银行压力的做法，将风险管理和监管方式的创新做法介绍给学生，让学生得以了解最新的动态发展和设想，进而提升学生的创新意识和兴趣，并在案例分析中提高创新分析能力。

（6）全球视野。通过引入国外银行以及其他金融机构在金融服务、风险管理以及金融监管当局的各种新举措，进而让学生了解不同金融体系下，各国金融机构的发展，熟悉相关做法和规则，拓展国际化视野。

3. 课程思政教学策略实例

采用多种教学手段和策略，在教学内容中融入相关思政元素，例如：

（1）课程思政教学实例一：制度认同。在介绍国外商业银行资产负债表的现状时，列举国内商业银行近年来的数据和发展动态，通过对比和分析，鼓励学生通过数据发现我国金融机构不断向国外同业学习，在竞争中成长的趋势，结合国内商业银行在业务和风险管理上的不断创新、银行规程上的不断完善和金融监管部门的与时俱进，对比欧美金融机构在风险管理等方面的反面案例，引导学生逐步认识到，发达国家金融机构也存在自身在管理和道德风险方面的问题，其市场竞争也存在不同形式的垄断和违规行为，进而启发学生意识到我国金融机构的各种管理和实践需要结合国情、循序渐进，并应符合我国的金融监管和相关法规，继而增强学生的制度和政治认同。

（2）课程思政教学实例二：社会责任。在讲授金融机构面临的委托代理关系时，通过我国的包商银行、英国巴林银行以及流氓交易员等案例，鼓励学生思考：银行等金融机构在流动性、负债、资本充足率等方面实施管理与其所担当的社会责任之间的关系，引导学生认识到一旦出现金融机构破产和倒闭等事件，由此引发的经济损失和社会效应，以及风险管理和金融监管的必要性。进而通过研讨，引导学生理解金融机构不仅仅谋求利益，同时应履行好其作为金融中介被托付的社会责任。

（3）课程思政教学实例三：创新意识。在讲授风险管理时，结合度量模型和美国次贷危机后对于商业银行进行的压力测试等做法，以及我国在金融监管中进行的穿透式监管等案例，鼓励学生认识到，创新不仅仅存在于金融机构所提供的业务和产品中，在风险管理和监管部门的实践中同样也需要。引导学生发现创新的需求，不仅仅是针对套利，也同样可以用于风险的度量和管理，而创新的方式方法服从于根本目的。通过案例的讨论，鼓励学生开拓思路，提高对于创新的认识。

三、《金融市场与金融机构》课程思政教学素材

序号	内容	形式
1	李雪琴．"财务会计"课程思政教育案例探讨——基于上海立信会计金融学院思政课程案例［J］．新会计（月刊），2018（11）：29—30．	案例分析
	《财务造假监控与检测》	阅读材料
2	《又见平遥》	阅读材料
	《没有法规就没有自由：次贷危机隐藏的教训》	阅读材料
3	《千年金融史》	阅读材料
	《现代金融创新史》	阅读材料
4	P2P 行业寒潮：网贷资本骗局何解？（民主与法制时报）	案例分析
	《骗局：美国商业欺诈简史》	阅读材料
5	人民银行发布的 2020 年货币政策执行报告解读（中国人民银行报告）	阅读材料
	《美联储》	阅读材料
6	国债收益率曲线的构建案例：方法与实践（中国债券登记结算股份有限公司研究报告）	案例分析
	《债务危机》	阅读材料
7	红色金融史：安源路矿工人运动与红色股票的诞生（学习强国）	案例分析
	红色金融史：第二次国内革命战争时期，红色金融逆境生存	案例分析
8	"流氓交易员"大闹伦敦金融城作者：《光明日报》（2011 年 09 月 22 日 08 版）	阅读材料
	《假账与反假账》	阅读材料

《证券投资学》课程思政教学指南

杨凌霄[1]　倪禾[2]　姚亚伟[3]　种曌天[4]

([1]上海立信会计金融学院　[2]浙江工商大学　[3]上海师范大学　[4]南京财经大学)

一、《证券投资学》课程的专业教学体系与课程思政教学目标

（一）课程简介

证券投资学是金融学、投资学专业的必修课，也是其他经管类专业的重要选修课程。本课程主要讲授证券与证券市场基本知识、市场运行机制、证券分析方法、证券组合理论及资产定价模型等内容。通过本课程的学习，学生应当熟悉股票、债券、基金、金融衍生品等证券工具，掌握投资分析的方法体系，具有开展实际投资的基本能力。本课程一般在大三上学期开设，可与投资银行学、金融理财学等课程结合共同培养学生的综合应用能力，也能够为后续金融产品设计、量化交易、证券期货模拟实验等课程奠定基础。

本课程以提升学生对证券分析方法的认知与应用能力、培养学生正确的投资价值观为课程目标，课程内容一般包括证券投资工具、证券市场、基本面分析、技术面分析、证券投资组合理论与资产定价模型等章节。

本课程可采用中国人民大学吴晓求、北京大学曹凤岐、上海财经大学霍文文等编写的教材。根据各学校课时安排需要，可对教材的部分章节内容做相应的调整或取舍，并在课程案例、课程实验等内容上根据证券市场发展与人才培养目标不断更新与优化。

（二）课程思政教学目标

1. 课程思政特征分析

证券投资学是帮助学生构建证券知识体系与投资价值理念的核心课程，授课对象主要为大学三年级的学生。该阶段的学生正处于世界观、价值观和人生观形成的关键时期，已经具有一定的专业基础知识，但对具体的投资工具与市场机制认识还不够深入，尚未形成明确的风险意识与大局观念。将课程思政融入到课程知识中讲授中，潜移默化中帮助学生树立正确三观、公民意识、政治意识与风险意识，有助于深化学生的专业知识学习，自觉将专业能力培养与社会主义建设、中华民族伟大复兴相结合，从而实现立德树人目标。

根据证券投资学的课程特征、知识结构和教学需求，其蕴含的思政元素主要包含在制度认同、家国情怀、社会责任、理性思维、法制意识、创新意识与全球视野七个方面的维度。

制度认同：制度认同体现为坚定拥护中国共产党领导，为实现中华民族伟大复兴

的中国梦而奋斗。证券投资学课程中涉及中国证券市场建设与发展、资本制度改革与创新、证券投资风险系列事件等内容，有助于学生对国内外资本市场制度进行比较和思考，帮助学生认识到中国共产党领导的社会主义制度的优越性，从而增强制度认同。

家国情怀：家国情怀的基本内涵包括家国同构、共同体意识和仁爱之情，是爱国主义精神产生的情感状态，体现为对国家民族的归属感、与国家休戚与共的使命感。本课程与之相关的案例包括发达国家对我国经济科技封锁引起的市场波动、证券市场发展中作出重要贡献的中国学者、实践强国梦的著名企业家等，促使学生更加明白经济繁荣背后的人文情怀，主动担当起时代赋予的使命，实现个人理想与社会价值。

社会责任：社会责任是个人或组织所承担的高于自身目标的社会义务，涉及社会道德、公共利益、环境保护等各个方面。本课程涉及大量上市公司积极承担社会义务的案例、过度投机冲击市场带来的社会后果等，加深学生对专业知识理解程度的同时，提醒学生在开展各类经济分析、处理各类经济事务时，也要加入对社会和自然环境影响的考量，明确并履行社会主义制度下的权利、责任与义务，提高学生的社会意识和大局观念。

理性思维：理性思维是建立在逻辑推理与证据链基础上的思维方式，体现了人们把握客观事物本质和规律的能力。本课程中涉及的基本面分析、技术面分析方法，要求学生加强部分与整体、普遍联系、矛盾层次、逻辑推理等概念的认识与应用，有助于培养学生的科学精神，以更加理性的态度看待证券市场趋势、证券交易风险与监管改革方向。

创新意识：创新意识是创造活动中表现出来的意向与设想，是创新活动的内在动力，包括创造兴趣、创造动机、创新精神等维度。本课程内容涉及证券工具发展与创新、市场制度变革、经济发展带动的技术、工艺、渠道与模式创新等内容，通过比较学习，有助于激发学生创新意识的形成，促进创新思维与创新能力的培养，丰富学生思想内涵。

全球视野：全球视野是从世界全局着眼，形成在世界格局中理解中国问题、在与世界沟通中认同中国特色制度的思维方式。本课程涉及大量国内外证券市场发展历程、产品创新、分析方法与交易策略案例解读等内容，拓展学生眼界，帮助学生在全球变化的情境下多角度了解国际制度、文化、市场差异，在国际纵横比较中认识中国证券市场的强大生命力。

2. 证券投资学课程思政教学目标

采用合适的教学方式，体现和强化课程思政元素，融入专业知识，实现以下目标：接受马克思主义唯物史观、学习使用辩证法分析和解决问题；认同、拥护中国共产党领导的社会主义制度；坚定中国特色社会主义理想信念；了解中国国情和中国证券市场发展现状，了解中国证券市场制度演变，具有家国情怀，热爱祖国、热爱中国文化；形成良好的职业伦理道德，具备法制意识和高度的社会责任感；形成客观理性的思维方式，建立良好的市场风险意识，形成创新的价值取向。

二、《证券投资学》课程各章节课程思政教学指南

（一）"第一章 证券投资工具"的思政教学指南

1. 专业教学目标

本章是《证券投资学》的开篇，是本课程的基础。本章讲述了关于证券投资的一般性基础知识，包括投资、投机、风险等。在此基础上，结合中国证券市场实际，系统介绍了股票、债券、证券投资基金、金融衍生工具四大类主要证券投资工具的定义、类型、基本特征和金融功能等方面的基本理论及基础知识。此外，本章介绍了另类投资工具，并简要介绍了其中的金融衍生品和私募股权。本章具体教学目标如下：

- 了解风险的基本概念；
- 掌握债券的基本概念、分类和收益率的计算；
- 掌握普通股和优先股的基本概念、基本特征及区别；
- 掌握证券投资基金的基本分类、概念和区别；
- 掌握金融衍生工具的主要类型、金融功能和缺陷。

2. 重要思政元素及融入点

证券投资工具涉及的素材多、维度广，蕴含了丰富的思政元素。其主要的思政元素和相关知识板块包括：

（1）制度认同。讲授证券投资工具中的股票这一节时，可以通过对比我国和其他国家股票市场的发展历史，尤其是美国历史上的经济危机，引导学生发现几次危机背后的真正原因，过于宽松自由的市场经济必然带来过度的投机行为，造成经济泡沫；我国股票的发展历史较短，但在不断发展完善中，强调证券监管部门在我国股市中的调控作用，增强学生的政治认同和制度认同感。

（2）家国情怀。在介绍债券的概念和分类时，通过阐述我国国债市场发展历史，了解我国国债发行的三个阶段，让学生认识到国债在新中国成立之初、改革开放以来对我国社会主义经济建设的作用，增强学生对国家发展的艰辛历程的充分理解；着重

强调年轻的中国国债市场正在茁壮成长，发行规模不断扩大，市场化程度不断提高，市场流动性和交易效率不断提升，增强学生对祖国的自豪感，对未来的发展充满信心。

（3）社会责任。在讲授几大交易者类型时，通过典型案例分析国内金融市场中投机者和套利者扮演的"不光彩"角色，以及造成的市场冲击及社会后果，增强学生的社会责任感和职业伦理道德观念。

（4）理性思维。在介绍投资的概念和目的时，通过生活中遇到的各种投资情况，让学生充分理解投资和投机两种行为；运用风险偏好测试表，结合效用函数，学生在了解自身风险偏好的同时更深入理解风险偏好和"效用—收益"的关系。通过这些方式，引导学生理性看待投资活动、风险内涵，树立成熟理性的投资理念，权衡风险和收益，不过度投机。

（5）创新意识。通过讲解国内外金融衍生品市场发展、特别是国外衍生工具种类、交易规模，让学生了解金融领域中不同层面的创新概念和创新来源，启发学生结合我国国情和当下热点问题，思考如何增强创新意识，再结合专业知识训练，培养创新能力。

3. 课程思政教学策略实例

采用多种教学手段和策略，在教学内容中融入相关思政元素，例如：

（1）课程思政教学实例一：家国情怀和制度认同。在介绍债券的概念和分类时，通过阐述我国国债市场发展历史，了解我国国债发行的几个阶段，以视频和图片的方式呈现我国的经济发展情况，让学生充分认识到国债在新中国成立之初、改革开放以来对我国社会主义经济建设的作用，增强学生对国家发展的艰辛历程的理解；以我国几次发行的特别国债为例，尤其是抗疫特别国债以及我国抗疫的成果，说明我国的制度优越性，增强学生对祖国的自豪感，对国家制度的认同感。

（2）课程思政教学实例二：社会责任。在介绍金融衍生工具市场涉及的交易者类型时，通过327国债期货事件、2015年A股大跌中股指期货交易者的交易行为等案例，以及2008年全球金融危机爆发中金融机构的角色，让学生思考交易者的个体行为与市场波动、市场效率以及社会影响之间的关系，分析金融交易中个体利益和社会利益之间在特殊情况下存在冲突的可能性，要求学生思考交易者特别是机构投资者在极端市场情况下的社会责任问题，让学生明白，不考虑社会责任而单纯追求个体利益，最终也会损害到个体。

（3）课程思政教学实例三：创新意识。在讲授金融衍生工具时，通过介绍期货及期权的起源、金融衍生品的创新、衍生工具和市场活力、金融科技进步等，让学生认识到，产品创新受到市场需求、技术进步甚至是理论发展的影响。结合我国的国情和目前的热点问题，启发学生从国家战略需求角度，在已有的金融产品基础上，结合技术手段等，探索新的金融产品或市场应用，比如以碳金融市场的发展为例，增强学生对创新的认识，培养学生的创新意识。

（二）"第二章　证券市场"的思政教学指南

1. 专业教学目标

本章对证券市场进行概述，介绍关于证券市场的一般性基础知识，具体包括实物资产和金融资产，证券市场的功能、分类和发展阶段。在此基础上，本章结合中国证券市场实际，系统介绍证券市场运行机制的基本理论和基本知识，具体包括证券市场微观主体、交易场所以及证券市场投资的过程。本章还介绍证券价格的一些基础性知识和股票价格指数及债券价格指数的计算方式，并概述国内外若干著名的证券市场。本章还对证券市场监管机构和监管内容进行说明，并总结几次金融危机和证券市场监管变革的情况。具体教学目标如下：

- 掌握证券市场的基本功能和分类；
- 熟悉证券市场的主要历史发展阶段；
- 了解证券市场的微观主体，熟悉证券投资过程，熟悉主要的证券市场指数；
- 了解证券市场监管机构、监管内容以及近年来的证券市场监管改革。

2. 重要思政元素及融入点

证券市场发展历史、运行机制以及市场监管的内容丰富，蕴含了丰富的思政元素。其主要的思政元素和相关知识板块包括：

（1）制度认同。在讲授证券发行市场时，对比证券发行中的注册制、核准制和审批制，比较几种制度的优缺点，着重强调不同制度下国家和政府在发行公司申请公开发行证券时的作用；了解我国证券发行制度的变化，为了增强我国资本市场的融资功能，扩大股票供给并丰富资本市场结构，试点注册制，为构建与中国大国经济相匹配的大国金融提供新的活力。通过以上方式，使学生充分认识到我国证券发展的积极态势，进而增强对国家制度的认同感。

（2）家国情怀。在讲授证券市场的发展历程时，梳理国内证券市场体系的不断调整和完善，以几次重要的改革为切入点，让学生认识到，尽管相比发达国家的证券市场中的交易品种、交易制度和交易者，我国在各方面还有一定差距，但一直在借鉴国际经验、融合本土国情，处于不断地学习发展中，以此激励学生在专业学习中应更加努力，为中华民族的伟大复兴而努力，激发学生的家国情怀和爱国热情。

（3）社会责任。在介绍证券市场的参与者时，包括投资者和证券从业人员，强调参与者的自我约束，包括专业人员行为准则；通过现实案例，深刻揭示内幕交易、操作市场、虚假财报等行为对市场和社会的危害，帮助学生树立正确的职业道德观，勇于承担社会责任。

（4）理性思维。在分析证券交易方式时，尤其是信用交易、期货交易以及期权交易等交易方式时，用数据说明这些交易方式具有的杠杆作用，以及高杠杆在市场波动甚至是金融危机中的破坏力，着重强调"杠杆作用在带来高收益的同时也会带来高风险"的观点，增强学生能够正确认识和运用金融工具的能力，以现实案例说明交易者和机构等对其滥用或错用的结果。通过这些方式，培养学生理性对待金融产品和工具，选择适当的证券交易方式。

（5）全球视野。在介绍证券交易场所时，通过全球知名的证券交易所的介绍引入证券交易所的功能、分类、成员等内容，让学生了解证券市场的相关领域的国内外情况，熟悉国际证券市场，特别是美国纳斯达克的成功，启发学生具备全球化视野的同时，树立创新意识。

3. 课程思政教学策略实例

采用多种教学手段和策略，在教学内容中融入相关思政元素，例如：

（1）课程思政教学实例一：制度认同。在讲授证券发行市场时，对比证券发行中的注册制、核准制和审批制，以表格的形式清晰罗列三种制度的优缺点，以美国和中国的证券市场为例，说明两国在证券发行制度上的差异；介绍我国证券市场的借鉴和创新举措，例如"新三板"试点，以及设立科创板试点注册制等，让学生从这些现实案例里充分认识到我国证券市场发展的朝气，从我国证券市场的规模变动中看到我国证券市场发展的潜力，激发学生的爱国自豪感，进而增强对国家制度的认同感。

（2）课程思政教学实例二：理性思维。在分析证券交易方式时，针对那些使用保证金的交易方式，以案例和图表说明杠杆作用的原理，帮助学生理解杠杆作用对市场的影响，并树立"高杠杆在带来高收益的同时也会带来高风险"的观点；以现实案例，比如2015年我国股市危机，运用视频解说的方式，说明交易者和机构滥用高杠杆直接导致经济泡沫，进而造成市场的崩盘。通过理论结合实际的方式，培养学生理性对待金融产品和工具，在投资中选择适当的证券交易方式。

（3）课程思政教学实例三：全球视野。在介绍证券交易场所时，以全球知名的证券交易所（包括纽约证交所、东京证交所、伦敦证交所、法兰克福证交所、香港联交所、上交所等）为例，介绍这些著名证交所的发展历史、交易产品和交易方式，让学生了解国内外证券交易所的发展情况和各自优缺点，熟悉国际证券市场；以美国纳斯达克市场的成功,引导学生思考科技发展和证券市场发展的关系,帮助学生开拓视野、树立创新意识。

(三)"第三章 基本面分析:宏观经济分析"的思政教学指南

1. 专业教学目标

本章主要讲述宏观因素(政治因素、经济因素)影响证券市场的作用机理,并能够结合金融产品的属性,对不同宏观经济周期下的最优金融产品的投资选择进行合理判断。具体教学目标如下:

- 掌握宏观经济分析的方法逻辑;
- 掌握宏观分析的经济因素和非经济因素;
- 掌握不同宏观因素对股票价格影响的机理及作用方向;
- 理解不同宏观经济周期阶段的相对占优的大类资产;
- 理解宏观非经济因素对股票市场影响的负外部性。

2. 重要思政元素及融入点

宏观分析涉及对未来整体的经济、政治环境的全面分析,包含着丰富的思政元素。其主要的思政元素和相关知识板块包括:

(1)制度认同。改革开放后,我国的财政政策和货币政策都经历了较大的变迁,我国的经济体制也从计划经济阶段逐步过渡到社会主义市场经济阶段,中国股票市场见证了这一转变。从早期增发货币弥补财政赤字导致恶性通货膨胀,到通过发行国债来优化金融资源配置,我国的 CPI 持续保持在相对较为合理的水平区间。而随着互联网经济、金融科技在金融领域的渗透,传统的货币政策对市场调整的力度有所下降,央行转而投向以价格型调整为目标的新型货币政策工具,特别是 2020 年新冠疫情冲击下,央行通过 SLF、MLF 来调整短中期市场利率,通过 LPR 来引导市场利率的下行,货币政策的有效实施保障了经济的稳定运行。这表明我国宏观层面采取的财政政策和货币政策是相对合理的。引导学生对不同发展时期的政策实施进行梳理,有助于学生了解我国宏观政策的变迁及对我国经济增长做出的贡献。

(2)家国情怀。围绕关于中国经济"牛"股市"熊",股市未能有效反映实体经济的质疑观点,结合宏观经济背景,梳理中国股票市场不同阶段涨跌的原因,特别是 20 世纪 90 年代的政企分开改革、2005 年的股权分置改革和人民币汇率改革、2010 年的信用交易改革,再到沪港通、深港通等的开通,引导学生认识不同阶段上市公司的特征、动机及可能存在的欺诈行为,为学生还原股市发展过程中的问题。结合我国新股发行制度改革的不同阶段,让学生感受到我国股票市场的效率在不同提高,市场化程度在不断完善,增强学生对国家改革成效的认同,对未来的发展充满信心。

(3) 社会责任。结合美国 2007 年次贷危机之后和 2020 年新冠疫情发生后采取的几乎无底限的量化宽松政策所带来的冲击影响,结合美国股市的畸形上涨,讨论美元霸权的国际影响力,激发学生的斗志,增强学生的社会责任感。

(4) 理性思维。结合我国股票市场自成立以来的大涨大跌事件,在对大涨大跌背后的驱动因素深度分析的同时,引导学生关注市场投资的非理性行为,逐步培养理性的投资理念。

(5) 创新意识。通过对我国资本市场开放进程的梳理,诸如 QFII、QDII、RQFII 等,并结合我国金融期货衍生产品和信用交易机制的推出对股票市场的冲击影响,激发学生对创新概念和创新来源的思考。

3. 课程思政教学策略实例

采用多种教学手段和策略,在教学内容中融入相关思政元素,例如:

(1) 课程思政教学实例一:家国情怀和制度认同。在讲述我国货币政策的制度变迁时,通过对我国货币政策实施的工具、目标等梳理,帮助学生了解央行在我国金融体系发展的不同阶段所采取的货币政策,并进而分析货币政策实施对股票市场的冲击影响;伴随着宏观经济的下滑、互联网金融创新的应用,探讨央行在从数量型货币政策工具向政策型工具转变过程中的货币政策执行效率及对股票市场的冲击影响,着重理解央行实施新型货币政策工具的原因,让学生从货币投放渠道的变迁、货币政策执行效率的利率走廊等方面展开系统讨论,增强学生对我国金融政策调控能力的认同,增强学生对国家制度的认同感。

(2) 课程思政教学实例二:理性思维。上海证券交易所成立已有 30 周年,期间股市大涨大跌多次,尤其以 2005~2008 年和 2014~2015 年的两次暴涨暴跌为代表。2005~2008 年的"暴涨"是受股权分置改革和人民币汇率改革交叠作用下的暴涨,伴随着美国次贷危机蔓延全球开始暴跌;2014~2015 年则因场外配资的杠杆较高而在政府收紧杠杆的政策驱动下发生暴跌,而且很多财经媒体在这两波暴涨暴跌中的报道都表现出异常的乐观和悲观,且两次的涨跌轨迹非常相像。引导学生对两次暴涨暴跌进行分析,思考投资者情绪和羊群效应在助推股市涨跌中的作用,从而引导学生建立理性投资的理念。

(3) 课程思政教学实例三:创新意识。在讲述我国资本市场对外开放和成长的过程时,探讨沪港通、深港通开通后,北上和南下资金的动态变化,分析对 A 股市场的冲击影响。同时,进一步地通过考察陆港通开通后,同股不同价的跨市交易下的价格变化关联，分析我国资本市场开放后的一体化进程是否得到提高。同时，也可以根据大股东增持时，面对陆港通下的价格差异时，通过对大股东增持标的价格的比较分析，深度分析股东增持的动机，培养学生进行科研创新的意识和潜力。

（四）"第四章　基本面分析：行业分析"的思政教学指南

1. 专业教学目标

行业分析主要理解不同行业形成的原因、行业周期与宏观经济周期的非同步性、行业竞争的"五力理论"、行业集中度分析，特别是行业内产品形成的不同市场结构、是否存在特许权价值等，理解行业周期、板块轮换效应、是否存在兼并收购重组机会等。具体教学目标如下：

- 掌握不同行业的分类；
- 理解不同行业的分类标准；
- 理解行业的一般特征及竞争力分析；
- 熟悉产业链和价值链；
- 熟悉行业的生命周期。

2. 重要思政元素及融入点

行业的形成是社会分工的结果，具有天然的非同步性，蕴含了丰富的思政元素。其主要的思政元素和相关知识板块包括：

（1）制度认同。行业的分类标准一般有两种依据。一是针对政府：从整体上把握经济发展、产业结构调整及优化；二是针对投资者，从行业差异化的视角挖掘潜在的投资机会。国际上的行业分类标准较多，从1948年联合国推出的国际标准产业分类（ISIC REV 3.1），包括FTSE的全球分类系统、MSCI和S&P的全球行业分类标准都受到广泛应用。我国自1984年推出《国民经济行业分类》后，直到2002年证监会发布《上市公司行业分类指引》（并于2012年修订），我国关于行业分类的标准基本上确认下来，新的行业分类标准划分更为科学，为政府和投资者提供了较好的参照依据和标准。

（2）家国情怀。比较1984年的《国民经济行业分类》和2002年的《上市公司行业指引》，会发现我国的行业分类中删减、增加和修改了较多科目，行业划分的修改也表明我国的宏观经济结构发生了重要的变化，让学生感受到我国在20年的时期内在经济方面取得的巨大成就。同时，引导学生对不同年份的行业市值及市值占比进行比较，体会我国随着改革开放的深入，经济结构性调整所取得的巨大成就。

（3）社会责任。结合中美贸易摩擦和新冠疫情的冲击，分析中美贸易摩擦重大事件发生时，中美股票市场的相关反应，特别是涉及敏感行业的股票的价格反应，让学生在世界百年未有之大变局的机遇和挑战中，激发创新的热情，特别是对于"卡脖子"的一些行业在经营中面临的困境，培养学生勇于承担社会责任的意识。

（4）理性思维。基于内在价值理论，股票的价格由股票的价值决定，股票的价格围绕价值上下波动，而在实践中，往往存在着行业分化非常严重的现象，"煤飞色舞钢花溅，吃药喝酒一起来"等现象较为普遍，特别是机构抱团消费股的现象已造成股票的价格严重偏离于内在价值，这有可能带来投资风险的大幅增加。通过让学生对不同周期的不同行业指数的累积收益率进行统计分析，通过行业板块轮换效应等的存在性论证，培养学生理性进行行业投资的行为。

（5）全球视野。指导学生分析比较我国的上市公司行业分类标准并与联合国、FTSE等国际行业分类标准进行对比，并利用wind数据库中A股公司在不同行业分类中的归属，让学生了解国际间行业分类的差异，并在熟悉国内外差异的基础上，对我国行业分类的合理性进行论述，启发学生的全球化视野，树立创新意识。

3. 课程思政教学策略实例

采用多种教学手段和策略，在教学内容中融入相关思政元素，例如：

（1）课程思政教学实例一：社会责任。动态选取A股市场上市值规模最大的10家公司与美国市场、中国香港联交所同期排名市值最大的10家公司，比较这些公司的行业差异。从中可以发现，我国A股市值规模最大的公司集中于银行类、能源类，而在2020年，市值规模最大的为茅台；反观欧美股市，市值最大的公司往往是高科技企业，这意味着未来要提高我国整体的竞争力，需要更强的科技支撑，这也有助于培养学生的社会责任感。

（2）课程思政教学实例二：理性思维。引导学生对相同时期不同频段的不同行业指数的涨跌幅进行统计分析，可以以年为单位，比较1年内最好的行业与最差的行业之间的累积收益差异，让学生了解不同的行业之间存在着较大的差异。通过对行业板块的轮换规律的分析，引导学生在进行行业选择时要理性。

（3）课程思政教学实例三：全球视野。比较既发行了A股，又发行了H股的"A+H"公司，比较不同的行业之间价差的差异，并进一步考虑沪港通、深港通开通后，对"A+H"公司价差的冲击影响，比较价差的变化趋势，分析全球化视野下不同行业之间的内生性差异。

(五)"第五章 基本面分析：公司价值分析"的思政教学指南

1. 专业教学目标

本章介绍微观公司的分析方法，是基本面分析的落脚点。本章内容包括公司基本素质分析方法、竞争战略分析体系、会计报表与财务分析框架、公司估值基本模型等内容，使基本面分析落在实处，为制定价值投资策略奠定基础。具体教学目标如下：

- 了解公司分析的重要性与主要分析方法；
- 熟悉公司基本素质分析、竞争战略分析的内容；
- 掌握会计报表与财务分析的主要方法，能够完成上市公司财务报表的基本分析；
- 掌握公司估值的基本思路和方法，能够运用相关数据估算上市公司理论价值；
- 熟悉投资价值分析报告的应用，能够制定价值选股策略。

2. 重要思政元素及融入点

公司价值分析涉及的内容较多，维度较广，蕴含了丰富的思政元素。其主要的思政元素和相关知识板块包括：

（1）制度认同。在介绍公司价值分析的基本框架时，对比国内外大型企业在管理制度、企业文化、技术创新、盈利能力、品牌影响等方面的差异，帮助学生认识到中国企业发展虽仍存在差距，但是进步速度惊人，与完善社会主义市场经济建设需求相适应，为中国经济快速发展提供了极大支持，从而增强学生的政治认同与制度认同。

（2）家国情怀。在讲授上市公司基本情况分析时，梳理中国上市公司在国家非常时期做出的各类行为选择、讲述著名企业家的强国初心与奋斗历程，激励学生更加认真对待专业学习，为中华民族的伟大复兴而努力读书，增强学生与国家发展休戚与共的使命感，激发学生的家国情怀和爱国精神。

（3）社会责任。在讲授公司估值方法时，拓展引入关注企业环境、社会和治理绩效的 ESG 投资理念，介绍企业承担社会责任、开展环境管理等行为对企业价值的正向影响，介绍交易所编制的社会责任指数的引导作用，一方面拓展学生的知识结构，另一方面促使学生重视社会责任对企业价值的影响，增强学生主动承担社会责任的担当意识，弘扬和践行社会主义核心价值观。

（4）法治意识。在讲授上市公司财务报表分析方法时，引入瑞幸咖啡、康美药业等上市公司财务造假案例，分析财务造假的方式、目的和处罚结果，介绍《公司法》《证券法》等对上市公司信息披露的要求，增强学生对上市公司诚实守信原则与遵纪守法义务的理解,引导学生讲诚信、守法规,树立正确的职业道德观。

(5) 创新意识。在讲授上市公司竞争战略分析时,结合中美贸易战中高科技封锁暴露的科技短板,以及华为等公司持续的科技创新等,让学生认识到高质量的科技供给是实现经济高质量发展的第一动力,树立创新意识、加强专业知识学习与训练是提高创新能力的必然途径。

(6) 全球视野。在讲授公司基本素质分析、发展战略分析等内容时,通过对比国内外上市公司产品、技术、品牌等内容,让学生能够了解到不同国家公司发展的差异性与多样性;同时讲解国内上市公司的国际化发展战略,如吉利并购沃尔沃、腾讯控股 Supercell、中海油并购尼克森公司等,促使学生理解国际竞争力对公司价值的影响,培养学生的全球战略眼光与国际思维习惯。

3. 课程思政教学策略实例

采用多种教学手段和策略,在教学内容中融入相关思政元素,例如:

(1) 课程思政教学实例一:家国情怀。在讲授上市公司基本情况分析时,列举介绍新冠疫情期间上市公司积极支持疫情防控的措施,如碧桂园捐赠 1 亿元设立首期抗击疫情基金;不少医疗类上市公司捐赠医疗物资弥补疫情物资短缺,多家口罩等防疫物资生产商提前开工;航空类公司则认真执行防疫抢运工作,不少房企执行租金减免政策等。由此在学习专业知识的同时也提醒学生,每个人、每家企业的发展都与祖国密切相关,厚植家国情怀,筑牢共同体意识,才能在国家繁荣与社会进步的大潮流中实现自身的理想与价值。

(2) 课程思政教学实例二:法治意识。在讲授公司财务报表分析时,引入上市公司财务造假案例,如瑞幸咖啡、康美药业、獐子岛等,以及近期证监会查处的财务造假典型事例,总结财务造假模式、手段与动机,对比国内外监管机构对上市公司财务造假的处罚情况。拓展财务分析等专业知识维度,强调财务造假的严重后果,提醒学生坚守并践行诚信品质要求,提高法律规范意识,立身修德、遵纪守法,树立正确的职业价值观。

(3) 课程思政教学实例三:创新意识。在讲解公司竞争战略分析等内容时,介绍中美贸易战中中兴通讯被制裁等事件,启发学生思考芯片短板对国家经济发展的影响,以及未来发展的应对策略;引入 2020 中国上市公司创新指数报告等材料,结合中国中车、海康威视、中兴通讯以及华为等公司的技术创新案例,促使学生认识到实现从"大"到"强大"的新发展跨越,必须有关键核心技术和强大科技创新能力做支撑,培养创新思维、谋划科技创新、投身创新潮流,才能真正强大中国、惠及世界。

（六）"第六章　技术面分析"的思政教学指南

1. 专业教学目标

本章介绍证券投资的技术分析方法。本章内容包括技术分析的三大假设、道氏理论、K线理论、切线理论、形态理论、技术指标、波浪理论等，有助于提高选股择时与策略制定的综合能力。具体教学目标如下：

- 理解技术分析的三大假设；
- 了解道氏理论的内容；
- 掌握K线的基本画法，理解K线组合的市场含义；
- 掌握支撑线与压力线的相关应用；
- 掌握价格形态特征和买卖信号；
- 掌握移动平均线、MACD、KDJ等重要技术指标的含义和信号；
- 了解波浪理论的基本原理。

2. 重要思政元素及融入点

技术面分析涉及的主要的思政元素和相关知识板块包括：

（1）理性思维。在介绍技术分析方法体系与技术分析三大假设时，强调技术分析是通过发现过去和现在的市场行为规律预测价格未来走向的方法体系，引导学生理解万事万物都有发展规律，深入观察抓住"普遍联系"、理解"部分与整体"关系，并将这一思路应用于日常生活、学习以及未来工作中，达到事半功倍的效果。在讲授技术分析各方法流派时，不仅讲授各方法的应用优势，也强调其缺陷，引导学生以理性的态度对待技术分析方法，正确面对方法预测失误的情况，加强技术分析各方法之间、技术分析与基本分析之间的配合使用，尝试构建适合自己的选股择时方法体系，形成风险防范意识，树立正确的投资价值观。

（2）创新意识。在讲授技术分析方法的发展与应用时，拓展引入威廉·江恩等技术流派投资家的生平事迹，启发学生认识到新理论、新技术等的出现依赖于强大的创新意识与勤奋工作。要充分运用多门学科知识开拓自身思维模式，对生活、学习和工作保持强烈的好奇心与创新精神，敢于追寻新思想、新技术，永葆初心与活力。

（3）职业道德。在总结技术分析方法的应用时，讲述职业投资人的工作流程与竞争压力，鼓励学生阅读著名投资人的传记等书籍，说明健全的人格、坚强的意志、良好的抗压能力是成为成功投资人的必要素质，培养学生的职业素养。讲述证券史上操纵市场、内幕交易等违法事件与处罚结果，加强学生对证券行业职业道德与法治精神的理解。

3. 课程思政教学策略实例

采用多种教学手段和策略，在教学内容中融入相关思政元素，例如：

（1）课程思政教学实例一：理性思维。在讲授技术分析各方法流派时，辩证分析技术分析方法的优劣，培养学生对技术分析方法的理性认识，技术分析是通过过去和现在的市场信息刻画投资人心理和行为特征，进而实现对未来价格的预测，不能全盘否定技术分析的有效性，但是机械套用技术分析结论，预测偏差也必然存在。加强技术分析各方法之间、技术分析与基本分析之间的配合使用，从不同角度预测股价，确定选股择时交易策略，树立正确的投资价值观。

（2）课程思政教学实例二：创新意识。在讲授技术分析方法的发展与应用时，拓展引入威廉·江恩等技术流派投资家的生平事迹，启发学生认识创新意识的重要性。江恩创造性地运用天文学、数学、几何学等知识，构建了包括周期理论、波动法则、江恩角度线等分析方法体系，且自身投资保持较高的投资收益率，是20世纪最为伟大的投资家之一。由此启发学生要拥有打破旧思维禁锢、不断重构新思维模式的勇气，在扎实专业知识的基础上，不断主动地"重构"和"再创造"，追寻新思想、新技术，保持强烈的好奇心与创新精神，这是创造职业成就的重要因素。

（七）"第七章 资产组合理论"的思政教学指南

1. 专业教学目标

本章介绍马科维茨资产组合理论，主要内容包括理论概述、均值方差模型、有效前沿组合、二基金分离定理、资本市场线、证券市场线。具体教学目标如下：

- 掌握资产组合理论的主要内容；
- 了解均值方差模型的构建过程和使用；
- 了解模型的假设条件与计算方法；
- 掌握有效前沿组合和二基金分离定理；
- 了解资本市场线与证券市场线。

2. 重要思政元素及融入点

（1）家国情怀。在讲述马科维茨资产组合理论时，指出经典投资理论为我们提供了股票等金融资产的选择标准，重点在于如何实现投资收益与风险的合理配置。但是，我们更应认识到金融服务实体经济的本质，创新金融服务实体经济的新范式，落实国家防范化解风险的重要任务，为深化供给侧结构性改革、促进经济结构调整和转型升级作出更加积极的贡献。

（2）辩证思维。投资中最核心的问题无非是面对各种矛盾：供应与需求之间的矛盾、增长与萎缩之间的矛盾、基本面与技术面之间的矛盾、价格与持仓之间的矛盾，抑或是平均盈亏与胜率之间的矛盾、收益与回辙之间的矛盾，等等。在讲述两基金分离定理时，训练学生辩证思维能力，指出学习这一定理要处理好主要矛盾和次要矛盾的关系，我们要首先关注主要矛盾，即首先要明白股票池是由市场证券组合与无风险资产组合构成，也就是风险资产的组成一定是市场证券组合。次要矛盾才是要解决市场组合与无风险资产的资金配比问题。

（3）理性思维。马科维茨资产组合从理论上看是那样的完美，只要能做到市场证券组合与无风险资产的组合构建，就能够充分分散风险，达到收益与风险的合理权衡，可是在实践中，理论的实行又是那么艰难，充满那么多意想不到的问题。二者间为什么会有这么大的反差？有些人只是简单地把问题归结为价值投资的不适用，与之相对的观点则把问题归结为操作上的失误，但是他们几乎没有反省理论和实践之间的"反差"。由这个问题扩展开去，就是一个带有普遍性的问题：投资理论和实践之间究竟应该是什么关系？我们从历史和现实的所有这类"反差"事件中究竟能够提取出什么样的经验教训来？

（4）创新精神。马科维茨资产组合理论终究是一种定性的分析。理论上构建市场组合与无风险资产的组合即可以完成资产组合的选择，但是市场组合究竟是什么，包括哪些资产，如何构建市场组合我们并不知道，基于资产组合理论的创新，CAPM模型给了我们解释，CAPM对风险进一步做了分类，分为系统风险（与市场相关的风险，比如经济衰退）与非系统风险（单属于个体资产的风险），并认为非系统风险是可以通过投资多元化分散掉的，系统风险是无法避免的，因此，系统风险决定了个体资产的预期收益，非系统性风险不会得到回报，这样就可以构造资产组合来分散个体资产的风险，形成市场组合。

3. 课程思政教学策略实例

（1）课程思政教学实例一：辩证思维。由马科维茨资产组合理论推导出的重要内容即两基金分离定理指，在所有风险资产组合的有效边界上，任意两个分离的点都代表两个分离的有效投资组合。而有效组合边界上任意其他的点所代表的有效投资组合，都可以由这两个分离的点所代表的有效投资组合的线性组合生成，两基金分离定理表示风险资产组成的最优证券组合的确定与个别投资者的风险偏好无关。最优证券组合的确定仅取决于各种可能的风险证券组合的预期收益率和标准差。也就是说，在做资产组合时主要矛盾是要将资金分配在市场组合与无风险资产上，次要矛盾才是投资者的风险偏好。次要矛盾只能决定投资者资金分配在无风险资产与市场组合的比例上，而不能决定投资者的资产组合在股票池的选择上。

（2）课程思政教学实例二：创新精神。马科维茨的资产组合理论的基本思想可以概括为"不要把鸡蛋装在同一个篮子里"，即在做资产的选择时，要做到分散投资，分散风险，但是这只是一种定性的分析，如何做到分散投资，该选择哪些资产构成资产组合并没有得到真正的解决。在马科维茨资产组合理论基础上发展起来的 CAPM 模型通过定量的分析，真正做到了通过 β 系数为资产定价，合理地构建股票池。

（八）"第八章　资本资产定价模型"的思政教学指南

1. 专业教学目标

本章着重介绍资本资产定价模型的基本概念、模型假设、计算方法、两种风险、Beta 系数、意义与应用、模型限制、投资理论比较等内容。具体教学目标如下：

- 掌握 CAPM 模型的基本概念，了解其产生的背景和最新发展；
- 了解国内外资本市场的运行；
- 了解模型的假设条件与计算方法；
- 掌握系统性风险与非系统性风险；
- 掌握 Beta 系数，了解投资理论的比较。

2. 重要思政元素及融入点

（1）制度认同。在讲述 CAPM 模型基本假定时，梳理中国资本市场发展历程，指出中国资本市场用了二十多年的时间走过了发达国家二百多年的路程，取得了辉煌的成绩。资本市场作为中国社会主义市场经济的重要组成部分，正日益发挥着越来越重要的作用。尽管如此，我国的资本市场制度仍然不够完善，无法满足 CAPM 模型的一些基本假定。这样的情况下，学生要意识到 CAPM 模型是有发展阶段限制的，认可我国的资本市场制度。

（2）家国情怀。运用 CAPM 模型进行定价的技术被西方世界所垄断，处于当今历史大发展大变革中，扶植我们自己的信用评级机构，捍卫我国的权利与利益迫在眉睫。央行相关部门负责人表示，在推动我国评级业对内对外双向开放的同时，下一步还将从严加强评级监管，提高我国评级质量，建立基于评级质量的优胜劣汰机制，推动存量评级机构进行资源整合，做大做强。

（3）社会责任。效率与公平是各种经济社会制度都要追求和平衡的两大目标，资本市场作为实现资源配置和财富分配的重要制度，应该有效地为实体经济服务，使全民都能分享经济增长的好处。现有的中国资本市场在这两个方面都有必要加以改造，达到富民强国的战略目标。一方面，建立资本市场上代表公众利益的"公众基金"，使之成为终身保荐人和长期战略投资者，减少一级市场高价圈钱、二级市场疯狂套现的行为，并建立起直接向大众分配财富的渠道；另一方面，制定有利于实体经济和公众资本的规则，将市场估值重新建立在真实收益和现金流基础上，区分不同性质的股票并做差异化的处理，从而把资本确实有效地引导到实体经济需要的地方。

（4）创新意识。在讲述CAPM模型时，需要指出CAPM模型最大的优点在于简单、明确。它把任何一种风险证券的价格都划分为三个因素：无风险收益率、风险的价格和风险的计算单位，并把这三个因素有机结合在一起。但其缺点也很明显：首先，资本资产定价模型的假设前提是难以实现的，其次，资本资产定价模型中的β值难以确定。所以建立在CAPM模型基础上的多因素模型创新显得格外重要。

3. 课程思政教学策略实例

（1）课程思政教学实例一：制度认同。资本市场基础制度应该是一整套紧密联系、内在协调、相互支撑的制度生态体系，共同保障资本市场正常运转和有效发挥作用。CAPM模型中的重要假设：投资者理性，允许做空，是建立在资本市场发展完善的基础上的，西方资本市场上的机构投资者远远多于散户投资者，而在我国的资本市场上散户投资者比例较高，散户投资者有些不具备专业的投资知识与技能，这种情况下如果任其随意做空将会造成资本市场的急剧震荡，这样无法达到长远的发展目的。随着我国资本市场发展的逐渐完善，到那时机构投资比例进一步上升、市场达到充分理性时，制度将会更加符合CAPM模型的假定。就现阶段来看我们必须充分认可我们的制度。

（2）课程思政教学实例二：家国情怀。CAPM模型归根结底是一种为资产定价的模型，而定价的权利几乎都被华尔街所垄断。中国社会科学院世界经济与政治研究所研究员沈骥如深入分析了为什么要扶持中国自己的信用评级机构。中国人民银行原行长周小川也猛烈抨击了美国的三大评级机构是寡头垄断。在此可以教导学生认识到，三大评级机构为了谋取自己和美国的私利，在国际金融危机期间兴风作浪、推波助澜，加剧了欧洲的主权债务危机，扰乱了国际金融市场。因此我们要扶持自己的信用评级机构，把定价权利掌握在自己国家的手中。

（3）课程思政教学实例三：创新意识。在讲解CAPM模型发展时培养学生的创新意识。提出CAPM模型以来，人们就一直在尝试对传统单因子模型的扩充与拓展。这一方面是因为CAPM模型在处理市值效应、价值效应及动量效应等金融异象上乏力与失效；另一方面，也是由于不同时空上各证券市场自有的特殊性。其中最为典型的莫过于三因子模型，该模型在 CAPM 模型的基础上加入了解释市值效应的因子 SMB 和解释价值效应的因子 HML，实证中也发现三因子模型能够有效地解释股票组合回报的差异，并在各市场之间存在稳定性。在此基础上，Carhart 利用经典的 JT 法构造出动量因子 WML 以构建四因子模型，但这一因子并非是股价变动的原因，而仅仅是输赢组合之间的差值。此外的许多研究则关注动量效应的存在与否，此后不同的学者试图从市场的各个方面构建出不同的因子。

三、《证券投资学》课程思政教学素材

《证券投资学》各章节可以采用的课程思政教学素材包括各种阅读材料、案例分析、视频、问卷调查与讨论等，从中提炼出与专业知识紧密结合的各种思政元素，可选用的主要思政教学素材汇总如下：

序号	内容	形式
1	我国的股票市场发展历史（如 1990 年老八股）	阅读材料
2	股权分置改革：三一重工	案例分析
3	投资收益及风险偏好分析及选择	问卷调查、分组讨论
4	绿色债券及我国绿色债券发展历史	阅读材料、图片视频等
5	2021 年 3 月 24 日，美国中概股暴跌事件	视频、案例分析
6	2015 年 A 股暴跌中的主要原因及监管	案例分析
7	2020 年推行创业板改革并试点注册制	阅读材料
8	"中航油"事件	案例分析
9	中国证券市场的监管体系	阅读材料
10	首单公司债——长江电力公司债	案例分析
11	我国 ETF 市场发展	阅读材料
12	816 光大证券乌龙指事件	案例分析
13	2020 年新冠疫情对资本市场的冲击影响	案例分析
14	读懂流动性，从央行视角谈起	阅读材料
15	中美汇率战：历史、现状与前景	阅读材料
16	首付贷、商业银行风险承担与系统性金融风险	案例分析
17	全面客观评估美国对华《301 报告》	阅读材料
18	信用交易、场外配资、高频交易与系统性金融风险	案例分析
19	迈向碳中和的机遇和挑战	阅读材料
20	经济数据持续向好，国常会延续直达实体货币政策工具	阅读材料
21	新能源行业发展规划（2021～2035）	阅读材料

续表

序号	内容	形式
22	我国股票市场行业效应存在性的检验分析	案例分析
23	中美科技战，国际经验、主战场及应对	阅读材料
24	"A+H"同股不同价公司的行业差异分析	案例分析
25	公司的力量纪录片	视频
26	新冠肺炎期间上市公司抗疫行为	阅读材料
27	一代代中国企业家均有"家国情怀"印记	阅读材料
28	创新改变世界——格力电器	视频
29	康美药业、瑞幸咖啡、獐子岛等财务造假	案例分析
30	股市黑市揭秘，银广夏骗局	视频
31	上证社会责任指数	阅读材料
32	ESG与责任投资	阅读材料
33	2020中国上市公司创新指数报告	阅读材料、案例分析
34	芯片突围战	案例分析
35	中海油并购加拿大尼克森公司	案例分析
36	沃伦·巴菲特传	课外阅读
37	华尔街四十五年	课外阅读
38	财富非常道：技术的力量	视频
39	Foundations of portfolio theory, Markowitz, Harry, Journal of Finance., 1991 (46)	文献阅读
40	均值-CVaR模型下的量基金分离定理	文献阅读
41	董国熊：做投资要有家国情怀	案例分析
42	两基金分离定理意义	案例分析
43	马科维茨资产组合理论和CAPM模型联系与区别	阅读材料
44	把握金融本质，服务实体经济	阅读材料
45	Capital Asset Prices: A Theory of Market Equilibrium under Conditions of Risk - Sharpe, JF1964 (CAPM)	文献阅读
46	Security Prices, Risk, and Maximal Gains From Diversification - Lintner, JF1965 (CAPM)	文献阅读
47	融资市场上的价格发现：CAPM的案例	阅读材料、案例分析
48	国泰君安：综合金融服务商的家国情怀	阅读材料
49	沈骥如：为什么要扶持中国自己的信用评级机构	案例分析
50	Fama-Franch多因子模型与CAPM模型的比较	案例分析

《投资银行学》课程思政教学指南

陈文政[1]　周叶菁[1]　王向进[1]　刘圣囡[2]

([1]上海立信会计金融学院　[2]南京财经大学)

一、《投资银行学》课程的专业教学体系与课程思政教学目标

（一）课程简介

投资银行学是投资学专业的重点必修课程，也是很多金融类专业的选修课程。本课程的主要内容包括投资银行概述、股份制改组和首次公开发行、上市公司再融资、债券的发行与承销、基金的发行与交易、公司并购、资产证券化、项目融资、资产管理等。在内容上尽量反映国内外最新研究成果，紧跟我国经济改革实践的步伐，做到体系完整、内容丰富、融会中西、实用性强。本课程作为普通高等院校金融、经济、管理等专业的本科生课程，亦可用于相关从业人员的继续教育和日常培训。

（二）课程思政教学目标

1. 课程思政特征分析

投资银行学课程的思政建设不同于其他课程，它有着独特的课程特征：

投资银行学研究的对象特殊，需要培养学生爱国精神的同时在专业上要诚信、勤奋和谦虚。投资银行学研究的对象包括金融市场中的企业、金融中介机构与自然投资人及其他利益相关者。有人说投资银行学是"造富"的学问，所以在这个领域经济关系复杂，阳春白雪与下里巴人共存，人性的贪婪与恐惧，美好与丑恶，真诚与欺诈表现得淋漓尽致。所以，正确的人生观、价值观的培养非常重要。

在课程教学中要把正确的人生观、价值观与专业科学精神结合起来，提高学生正确认识问题、分析问题和解决问题的能力。投资银行学课程要注重经济科学思维方法的训练和科学伦理的教育，培养学生探索未知、追求真理、勇攀科学高峰的责任感和使命感，又要激发学生学以报国的家国情怀和使命担当。

开展润物细无声式的的教育，而不是单纯的政治教育。在公司上市、再融资、发行债、企业购并和资产证券化等投行业务中，有很多不道德和违法的案例。我们以案例为抓手，在给学生讲案例的同时，以"润物细无声"的方式把思政课讲好，而不是空谈政治。

根据投资银行学的课程设计、知识结构和教学需求，其蕴含的思政元素主要包含制度认同、家国情怀、四个自信、社会责任、法治意识、理性思维、创新意识与全球视野八个方面的维度。

制度认同：投资银行学中涉及我国投资银行业的发展与改革，投资银行相关业务

的发展等内容，需要对国内外制度的比较和思考，有助于学生理解中国共产党领导下的社会主义制度的优越性，增强学生的制度认同。

家国情怀：通过对我国投资银行业的发展历程以及取得的巨大成就的学习，梳理国内投行的成功与失败案例，展示我国资本市场的发展以及债券市场在全球的重要地位，激发学生的家国情怀和爱国热情。

四个自信：四个自信即中国特色社会主义道路自信、理论自信、制度自信、文化自信。本课程通过对跨国并购中的文化冲突和成功案例的介绍，帮助学生理解我国在对外经济交流中取得的巨大成就，以及在国际并购市场中的重要地位，增强四个自信。

社会责任：课程通过对国内外投行经典案例、上市公司财务造假、主权债务危机等案例的讨论，和学生共同讨论金融业对于经济环境稳定发展的重要作用，培养学生诚实守信的品格和良好的职业道德。

法治意识：课程通过对金融市场法制化建设的讨论以及违法案例的警示分析，牢固树立学生的遵纪守法意识，帮助学生充分意识到法律的严肃性和权威性，培养遵纪守法的金融从业者。

理性思维：本课程中涉及国内外投行的对比分析，上市地点选择以及金融资产定价理论的应用，通过相关内容学习，帮助学生理性看待我国金融市场发展路径的选择，培养学生理性思考的能力。

创新意识：本课程通过对资本市场上相关创新的梳理和讨论，培养学生的创新思维，增强学生的创新能力。

全球视野：本课程授课内容中涉及跨国并购以及全球资本市场的相关分析，能够开阔学生眼界，拓展学生的全球视野。

2. 投资银行学课程思政教学目标

投资银行学课程思政的目标分为5个方面：

课程建设理念。作为专业选修课，要在培养学生专业知识和专业兴趣的基础上，完成社会主义核心价值的认同教育。让学生认同新时代中国特色社会主义的理论、制度与价值，理解社会主义核心价值观；以"润物无声"的形式将正确的价值追求和理想信念有效传达给学生。

课程设置内容。投资银行学不是政治课，要体现出专业课程与思想政治理论课的差异，但是还要显示出思政教育的内涵，突出立德树人根本任务；通过开设课程，培养学生对中国未来的投行领域发展的思考和全局意识；培养学生从复杂多变的客观实际中，提升做好投行工作的能力；培养学生在共享理念指引下，了解当下经济社会尚需努力的方向等。

课程建设标准。优化课程建设标准与教学手段,突出思政教育元素,让学生通过课程学习,建立从中国社会经济发展全局思考问题、解决问题的意识;能够从复杂多变的客观实际中,明确发展目标、贯彻发展理念、倡导共同发展,拥有运用中国理论分析中国问题的能力;理解社会保障对于底线公平实现的重要意义。

课程建设成果。提供具有一定显示度的投资银行学课程思政改革成果,比如:提供4个包含设计方案与实施成果的课程思政改革案例;或者制作不少于4段体现"课程思政"核心要义的教学微视频,每个微视频15~20分钟,视频内容体系完整。并将改革案例或教学微视频上传课程网站,能在授课过程中投入使用。同时,鼓励学生分享具有正能量的微视频。

课程建设保障体系。根据学校定位和教师队伍培养特点,提高实践教学队伍整体素质,鼓励教学队伍通过出国进修、挂职锻炼、学位攻读、专项培训等方式提高业务素质、实践能力与教学水平,形成一支理念先进、经验丰富、能力较强、勤于探索、勇于创新的"双师型"实践教学队伍。

二、《投资银行学》课程各章节课程思政教学指南

(一)"第一章 投资银行概论"的思政教学指南

1. 专业教学目标

本章是《投资银行学》的开篇,在整门课程中具有开宗名义的功能。本章首先介绍投资银行的定义和主要业务,并将投资银行与商业银行进行比较;然后介绍各国投资银行的存在形式和组织形式、投资银行对经济的促进作用,并从经济学角度对投资银行的功能进行解释;最后介绍了我国投资银行的发展状况。具体教学目标如下:

- 掌握投资银行的定义及其主要业务;
- 掌握投资银行与商业银行的异同;
- 了解投资银行在美国、欧洲、英国、日本等主要国家和地区的存在形式;
- 了解投资银行的简要发展历史;
- 掌握投资银行的主要组织形式及其优缺点;
- 掌握投资银行的功能;
- 了解我国投资银行的发展历史及特定。

2. 重要思政元素及融入点

投资银行概论的内容维度广,蕴含了丰富的思政元素。其主要的思政元素和相关

知识板块包括：

（1）制度认同。在介绍投资银行在不同国家和地区的组织形式及其优缺点时，通过国外一些投行模式的失败案例，让学生认识到，西方投行发展的一些模式也存在本质问题，并引发了危机。中国当前的投资银行发展虽然相对美国等发达国家具有一定的差距，但差距在缩小，总体而言符合中国经济建设的需求，而且从十九大以来在不断推进，与完善社会主义市场经济建设等相适应，增强学生的政治认同和制度认同。

（2）家国情怀。在讲授投资银行在中国的发展历程时，梳理国内投行的成功与失败案例，让学生认识到，相比发达国家市场，国内投行在一些方面还有一定差距。因此，在专业学习中应更加努力，为中华民族的伟大复兴而努力，激发学生的家国情怀和爱国热情。

（3）社会责任。在讲授投资银行在不同国家和地区的组织形式时，通过典型案例分析华尔街投行及投行精英的"不光彩"角色，以及造成的市场冲击及社会后果，增强学生的社会责任感和职业伦理道德观念。

（4）理性思维。在对比国内外投行发展模式和水平时，强调不同的制度和模式选择是经济发展水平和国情等因素决定的。通过这些方式，引导学生理性看待市场交易、市场机制、制度选择等。

（5）创新意识。通过投资银行的发展与创新历程，了解金融创新带来的效率提升以及风险的增加，以及创新带来的监管技术的变革，让学生辩证地理解金融创新。

（6）全球视野。通过对国内外投行组织形式及其优缺点的介绍，让学生了解投资银行相关领域的国内外情况，熟悉国际金融市场，具备全球化视野。

3. 课程思政教学策略实例

采用多种教学手段和策略，在教学内容中融入相关思政元素，例如：

（1）课程思政教学实例一：制度认同。在介绍投资银行在不同国家和地区的组织形式及其优缺点时，通过美国雷曼兄弟和贝尔斯登等投资银行深陷危机的案例，启发学生认识到成熟市场的投资银行体系也存在很大问题，中国当前的投资银行发展虽然相对美国等发达国家具有一定的差距，但差距在缩小，中国的投行总体而言符合中国经济建设的需求，为中国经济高速发展、资本市场平稳运行贡献了重要力量。通过这些方式，启发学生认识到投行存在形式和制度设计的选择是由历史发展和现实国情决定的，增强学生的制度认同、政治认同。

（2）课程思政教学实例二：社会责任。结合学生对投资银行员工薪酬的兴趣点，在讲述美国危机前的独立投资银行模式时，要求学生自行搜索当时投资银行的员工薪金和福利制度，分析危机前投行激励机制中存在的不足，尤其是导致个人利益与社会利益发生冲突的可能性，引导学生思考投资银行的社会责任，以及投行应如何通过激励机制引导员工个人利益与社会责任的统一。

（3）课程思政教学实例三：创新意识。在讲述投资银行推动产业结构升级的内容中，要求学生课后以小组为单位，完成国内投资银行为高新技术企业提供上市服务的案例分析，从中理解投资银行如何面向世界科技前沿、面向经济主战场、面向国家重大需求，服务于符合国家战略、突破关键核心技术、市场认可度高的科技创新企业。

（二）"第二章 股份有限公司与首次公开发行"的思政教学指南

1. 专业教学目标

本章首先介绍了公司的概念以及作为资本市场融资主体的股份有限公司；然后分析了上市融资的动机，比较了公开上市的好处和弊端；接着，讲述了首次公开发行与股票上市的基本制度和程序，以及投资银行的主要工作，同时还介绍了股票发行定价问题以及IPO折价问题；最后介绍了间接上市的方法，即借壳上市。具体教学目标如下：

- 掌握公司的概念及其主要类型；
- 了解公司上市融资动机；
- 了解我国的上市发行制度和流程，以及投资银行的主要工作；
- 了解股票发行定价方式；
- 掌握股票发行定价方法；
- 了解间接上市的方法。

2. 重要思政元素及融入点

"股份有限公司与首次公开发行"这一章是投资银行课程的重点内容，与行业实际操作的贴合度高，典型案例较多，蕴含了深刻的思政元素。其主要的思政元素和相关知识板块包括：

（1）制度认同。在介绍我国上市发行制度的发展时，引导学生理解我国持续推进股票发行审核制度改革，在历经审批制、核准制等实践的基础上，以科创板为突破口试点股票发行注册制，并稳步扩展至创业板，是为了更好发挥市场在资源配置中的决定性作用，同资本主义市场经济相比，社会主义市场经济制度既充分利用了市场经济的长项，又避免了"市场失灵"和市场经济存在的自发性、盲目性、滞后性问题，既充分发挥公有制经济的作用，贯彻国家意志，有效发挥政府作用，做到集中力量办大事，同时又通过资本市场充分发挥和调动民营经济富有活力和效率的优势。

（2）家国情怀。在讲授上市融资时，介绍我国资本市场累计实现股权融资超过21万亿元，上市公司已超过4100家，一批具有全球竞争力的企业进入世界500强，科创板开板后IPO融资金额已占同期A股的近一半，资本市场有效促进了我国科技、资本和产业的高水平循环，激发学生的家国情怀和爱国热情。

（3）社会责任。在讲授上市融资时，通过典型案例分析上市过程中的财务造假行为，及其带来的市场冲击及社会后果，增强学生的社会责任感和职业伦理道德观念。

（4）法治意识。在讲授上市融资时，通过典型案例分析刑法中的擅自发行股票罪，增强学生的法治意识和依法保护自身权益的能力。

（5）理性思维。在上市地的选择中，引导学生结合短期和中长期考虑，从多角度综合分析在不同市场上市的优势和劣势，培养学生综合运用多学科知识，理性看待海外上市，理解海外中概股回归国内市场的现象。

（6）创新意识。介绍科创板股票上市规则，引导学生观察科创板相较于主板的创新之处，思考科创板上市规则创新背后的缘由，理解资本市场以金融制度创新服务科学技术创新，通过改革推动要素资源加速向科技创新领域集聚，强化学生的创新意识。

（7）全球视野。通过对在境内上市和在海外上市的比较分析，让学生了解不同国家的上市制度及其优劣，熟悉国际金融市场，培养学生的全球化视野。

3. 课程思政教学策略实例

采用多种教学手段和策略，在教学内容中融入相关思政元素，例如：

（1）课程思政教学实例一：社会责任。在讲述上市融资的内容中，通过绿大地欺诈发行的案例，带领学生讨论该公司舞弊的原因，引导学生树立正确的价值观，强化法律意识，在专业的金融服务中坚守合规、诚信的原则。

（2）课程思政教学实例二：创新意识。在讲述我国上市制度的内容中，要求学生课后以小组为单位，完成科创板企业上市的案例分析，从中理解为推动要素资源加速向科技创新聚集，科创板上市制度中推出了哪些金融创新，在各小组的案例中又有怎样的体现。

（3）课程思政教学实例三：法治意识。在讲述上市融资的内容中，通过江苏奥海船舶配件有限公司擅自发行股票的案例，向学生明确擅自发行股票是纳入刑法的犯罪，需承担刑事责任，一方面强化学生作为未来金融从业者的法治意识，另一方面增强学生作为投资者依法维护自身权益的能力。

(三)"第三章 债券的承销和发行"的思政教学指南

1. 专业教学目标

本章围绕债券的承销和发行展开,根据我国债券市场现有债券的种类和特点,主要分为四个小节,分别介绍了国债、公司债、金融债和可转债的承销和发行。具体教学目标如下:

- 了解中国国债的发行、承销、价格、风险和收益;
- 熟悉可转换公司债券的发行与承销程序;
- 掌握债券的概念、特点、种类;
- 重点掌握债券的信用评级。

2. 重要思政元素及融入点

(1) 制度认同。目前我国主要的债券类型是国债、公司债、金融债和可转债,在介绍各类债券的承销和发行时,同时介绍债券市场的相关机制和债券市场的发展历程,增强学生的制度认同感。

(2) 家国情怀。通过介绍我国国债承销资格的认定和国债发行的优点,对比国内债券和国外债券,让学生认识到,我国债券市场已经发展成为全球第二大债券市场,对实体经济的支持能力明显增强,并吸引更多国际投资者踊跃配置,以此激发学生的爱国情怀,在金融工程的专业课学习中更加努力。

(3) 社会责任。通过介绍债券市场曾经出现的造成社会重大影响的反面案例,提醒学生在利用专业知识时,要分析其社会后果,要考虑社会责任,要具有法律意识,避免在金融市场中出现不合法的套利或者投机行为。

(4) 理性思维。通过学习多种的定价原理,帮助学生更好地使用国债、金融债、公司债和可转债等金融工具,同时明白金融工具的中性特点,只有在金融市场中合理正确地应用债券等金融工具,才能更好推动我国金融市场的发展,从而培养学生的理性思维。

3. 课程思政教学策略实例

(1) 课程思政教学实例一:制度认同。在讲授债券市场时,通过对中国债券市场发展的介绍、中美债券市场的对比,启发学生认识到中国在迎头赶上的势头、中国对金融市场发展的顶层设计和自上而下执行建设的效率。再结合 2008 年全球金融危机的经典案例,启发学生认识到发达国家的制度也有很多问题,只有适合自己的才是最好的。通过这些方式,启发学生认识到制度(金融制度)选择是历史发展和现实国情决定的，增强学生的制度认同、政治认同。

（2）课程思政教学实例二：社会责任。通过327国债期货事件、欧洲主权债务危机等案例，让学生思考交易者的个体行为与市场波动、市场效率以及社会影响之间的关系，分析金融交易中个体利益和社会利益之间在特殊情况下存在冲突的可能性，要求学生思考交易者特别是机构投资者在极端市场情况下的社会责任问题，让学生明白，不考虑社会责任而单纯追求个体利益，最终也会损害到个体。

（3）课程思政教学实例三：创新意识。在介绍国债承销资格的确定、国债发行方式时，通过证监会发布《关于修改〈上市公司非公开发行股票实施细则〉的决定》（以下简称《再融资新规》）这一案例相关材料的阅读，分析《再融资新规》出台的背景、意义，使得学生在了解创业板市场的同时，意识到金融创新的重要性，培养学生的创新意识。

（四）"第四章　投资银行的二级市场业务"的思政教学指南

1. 专业教学目标

本文承接第三章，着重介绍投资银行的二级市场业务，投资银行在二级市场承担的业务主要有经纪业务、做市商业务、自营业务和融资融券业务，在这一部分，以经纪业务和做市商业务为主，让学生更好了解投资银行在二级市场充当的金融中介角色。具体教学目标如下：

- 了解自营业务的无风险套利和风险套利策略及做市商业务的特征；
- 了解保证金的计算方法；
- 熟悉融资融券业务的内容；
- 掌握经纪业务的主要内容、操作与管理。

2. 重要思政元素及融入点

（1）制度认同。在介绍的投资银行的二级市场业务时，引入中国投资银行的发展现状。通过国内外投资银行的对比，引起学生思考，明白中国当前的二级交易市场与欧美国家存在一定的差距。但是随着十九大以来我国不断推进经济金融建设，完善社会主义市场经济建设，我国与发达国家的差距正在缩小，从而增强学生的制度认同。

（2）全球视野。投资银行的业务具备多元化的特征，除了本章所介绍的经纪业务、做市商业务、自营业务和融资融券业务以外，通过向学生介绍国际市场上各大投资银行的业务特征和业务内容，培养学生的全球化视野。

（3）社会责任。投资银行不同于商业银行，它主要服务于资本市场，同时它也是智力密集型行业，在现代市场经济活动中发挥着重要的作用，投资银行在承担二级市场的业务时需要具备一定的条件且遵循一定的原则，学生在学习这些原则的同时能够加深对投资银行的了解，也能增强学生的社会责任感。

（4）家国情怀。投资银行这一金融中介机构最初是在国外市场出现的，我国的投资银行业是伴随着资本市场的发展而产生的，尽管我国投行业务发展时间较短，但是目前我国投资银行的业务日趋完善，由此激发学生的爱国情怀。

3. 课程思政教学策略实例

（1）课程思政教学实例一：制度认同。1997年6月16日开始我国运行全国银行间债券市场，经过20年的发展，银行间债券市场机制不断完善，做市服务不断优化，市场发展势头良好，债券流动性明显提升，对外开放成果丰硕。通过分析我国银行间债券市场取得的重大成就，并讨论未来的发展方向，提高学生对我国二级市场交易制度的认同感。

（2）课程思政教学实例二：理性思维。通过分析美国第四大投资银行雷曼兄弟的破产倒闭案例，引起学生反思，思考我国投资银行的发展现状以及存在的问题，意识到在二级市场投资交易是具有一定风险的，在投资过程中要具备理性思维。

（五）"第五章 公司并购"的思政教学指南

1. 专业教学目标

本章首先介绍了并购的基本概念、动因以及并购的程序、支付方式，然后分析了杠杆收购这种比较特殊的收购方式，最后介绍了反收购策略和要约收购。具体教学目标如下：

- 掌握并购的概念和类型；
- 掌握并购理论及动因；
- 熟悉如何对并购公司估值；
- 熟悉并购的操作程序、结构设计、评估方法和指标；
- 熟悉公司并购的出资方式；
- 熟悉杠杆收购、反收购和反兼并策略；
- 了解典型的收购和反收购案例；
- 了解我国并购市场的发展格局。

2. 重要思政元素及融入点

并购是兼并与收购的统称，是现代企业进行资本运营的主要手段和方式，是企业发展和实现自身战略意图的重要方法、实现低成本扩张的根本途径。同时，也是实现资本市场资源优化配置和提高效率的重要手段。本章蕴含的思政元素丰富，主要的思政元素和相关知识板块包括：

（1）创新意识。通过并购的定价决策、融资方式、杠杆收购与管理层收购、反并购策略案例分析并揭示企业的创新精神。如在讲授企业并购融资方式选择时，指出企业应具有创新精神，调整传统单一的融资思维，选择多样化的融资方式，优化融资结构，降低融资风险。在讲授反收购措施时，指出企业可以发挥创新主动性，设置交叉复杂的反收购策略，通过教学增强学生创新意识。

（2）社会责任。资本重组是指企业对其所拥有的资本进行重新配置与组合。资本重组的方式主要有扩张式资本重组、收缩式资本重组以及整合式资本重组。从收购到重组后企业的重新上市，企业价值常有大幅度的提高。课程通过战略联盟、资产剥离、公司分立案例分析揭示企业的工匠精神，激励学生勇于承担社会责任。

（3）全球视野。跨国并购之前，不应盲目地进行并购，而应该制定一份明确的发展战略，从企业的多方面进行分析，不能因为眼前利益而不顾忌企业远期利益，必须适当兼顾短期利益与长期利益。结合企业跨国并购的经典案例，引导学生理解企业跨国并购的全球视野和战略思维。

（4）制度自信。跨国并购是一国企业为了获得另一国企业的资源或经营权通过一定的渠道和手段购买该企业的部分或所有资产或股份的行为。海外并购过程中可能存在很多的问题，尤其相较于发达国家而言，我们以"低技术"企业并购"高技术"企业，其中的复杂性显而易见。但是，为了发展我国工业产业，必须要有企业通过走出去，即使面临诸多困难，也迎难而上。通过成功的跨国并购案例学习，增强学生的制度自信。

（5）文化自信。并购整合包括资产、业务、人员、文化整合。整合阶段的文化冲突，不利于企业正常经营活动的开展，对财务方面造成了较大的威胁。在讲授并购的文化整合时，通过案例启发学生应该正确识别并购整合阶段中企业双方存在的文化冲突问题；并购企业需要本着一颗公正与尊重的心来面对企业间文化价值方面的差异，善意地去看待双方间具体的文化差异；并购双方企业文化具有价值间的优势与劣势，需要做到扬长避短，提高文化间的互融性、共通性，通过教学，帮助学生把握文化的本质，增强自身的文化自信。

3. 课程思政教学策略实例

（1）课程思政教学实例一：创新意识。通过双重股权的案例培养学生的创新意识。2014年在美国上市的中国公司中，京东、聚美优品、陌陌都采取双重股权的模式,以保证创始人对公司的控制权。通过案例学习和知识点解读,引导学生了解企业在反收购措施中可以创新策略,从多角度预防被收购。

(2) 课程思政教学实例二:社会责任。通过百视通并购重组案例培养学生的社会责任。解读百视通并购重组的经过和亮点,指出百事通通过此次并购重组推进移动互联网与传统媒体融合,积极探索并逐步搭建互联网媒体生态系统,致力于打造最具品牌影响力的新型媒体集团,并购重组方案的设计亮点和成功经验体现并购企业的工匠精神和勇于承担社会责任,百事通积极探索行业新生态的举措,值得传统尚未成功转型企业的学习。

(3) 课程思政教学实例三:文化自信。通过上海汽车收购韩国双龙案例培养学生的文化自信。2004年,上汽收购双龙。并购五年,投入42亿元,损失大半,低估了整合的难度。并购失败的主要原因是韩国人心理上优越感、工会的强势力量,上汽因而无法真正控制双龙。通过案例引导学生思考问题:上海汽车收购韩国双龙仅仅是"整合"的失败还是"目标公司评估"的失败?通过思考讨论引导学生正确理解和认识企业跨国的文化差异,增强学生的文化自信。

(4) 课程思政教学实例四:制度自信。通过我国汽车企业海外并购整合的案例增强学生的制度自信。作为民营企业居然收购世界豪华汽车品牌沃尔沃,"吉沃"并购不仅增强了我国汽车品牌的自主创新能力,还提供了大量的就业岗位,也有利于促进社会稳定发展。通过案例学习,引导学生增强制度自信,鼓舞学生投身发展民族品牌的家国情怀。

(六)"第六章 资产证券化"的思政教学指南

1. 专业教学目标

本章介绍资产证券化的含义、创新及相关风险和监管措施,具体教学目标如下:

- 掌握资产证券化的含义;
- 掌握融资证券化与资产证券化的区别;
- 掌握资产证券化的种类;
- 掌握资产证券化的参与主体和流程。

2. 重要思政元素及融入点

(1) 制度认同。资产证券化在我国开始较早,近年来,得益于国家的推进以及金融机构的参与,该项业务发展迅速,并逐渐成为商业银行业务发展的趋势。我国对资产证券化业务的监管也越来越完备,自我国资管新规开始施行以来,信贷资产证券化对于商业银行优化资金配置，增强银行内部风险抵御能力具有重要意义。通过梳理我国资产证券化业务的发展历程，增强学生的制度认同。

（2）创新意识。近年来商业银行传统的吸储发展模式受到了很大冲击，商业银行开始进行业务创新以增强竞争力。商业银行一方面通过信贷资产证券化将传统中长期贷款资源转向新兴行业，来促进资产业务转型。另一方面，商业银行响应中央经济工作会议要求，发行小微企业资产证券化产品来增强对小微企业贷款的支持。通过这些案例介绍，帮助学生理解创新对于金融企业存在发展的重要意义。

（3）法治意识。通过对比我国和国外成熟市场的资产证券化市场监管框架，讨论相关法律法规体系的设计与完善，在讨论中引出完善的监管体制对于市场发展的重要作用，增强学生的法律意识，培育遵纪守法的金融从业人员。

（4）社会责任。通过对我国征信体系发展历程、信用评级发展中存在的问题的梳理，讨论征信市场的发展对于资产证券化发展的意义，并探讨征信市场不完备可能导致的金融市场风险，引导学生认识到，信用对于金融业务发展的重要作用，引导学生勇于承担社会责任。

3. 课程思政教学策略实例

（1）课程思政教学实例一：制度认同。资产证券化是一种资产负债表表外的融资方式，通过对资金池的重新组合，使其能够在金融市场流通，从而实现融资目的。1992年我国开始了资产证券化的发展，2005年伴随着《信贷资产证券化试点管理办法》的颁布，信贷资产证券化业务开始逐步在商业银行发展起来。虽然我们国家发展资产证券化市场比欧美等国晚了二三十年，并且由于美国次贷危机的波及，我国于2008年至2011年暂停了资产证券化业务，2012年该项业务才得以重新发展，但是得益于国家的推进以及金融机构的参与，发展速度仍是较快的。随着我国改革开放以来经济形势的不断转变，信贷资产证券化逐渐成为商业银行的业务发展趋势，监管法规日趋完善。通过相关发展历程的梳理，增强学生的制度认同。

（2）课程思政教学实例二：创新意识。互联网金融的发展对商业银行产生一定影响，导致传统存款方式吸存存款能力越来越弱，利差收入有所下降。授课过程中将和学生讨论商业银行如何通过创新应对新型金融机构的竞争：一方面，通过信贷资产证券化将传统中长期贷款资源转向环保等新兴行业，有助于拓宽融资渠道，促进资产业务转型，增加流动性缓冲，对于快速回笼资金、调整风险资产机构规模具有积极作用；另一方面，能够响应中央经济工作会议要求，增强对小微企业贷款的支持，如浙商银行于近期发行的首单微小企业资产证券化产品，对于支持实体经济发展，推动整个中国经济供给侧结构性改革具有一定的促进作用。通过讨论，增强学生的创新意识，提升学生的创新内驱力。

(3) 课程思政教学实例三：法治意识。与成熟的国外市场相比，我国的资产证券化业务实践中基础制度设计仍有待加强，如资产质量、产品标准、交易结构等方面，缺乏相关和全面的法律体系对其加以规范，尤其在经济形势复杂多变的情况下，风险管理系统过于单一，难以应对纷繁复杂的风险因素。课程将和学生共同讨论我国资产证券化市场的法治环境，介绍我国信贷资产证券化市场管理框架对于收益来源和分配、证券化资产组合方式、市场机制构建等与资产证券化合规发展紧密联系的细节仍然缺少完备的专业法规，无法全面保障各方主体的权益，增强学生参与到法治建设中的决心。商业银行既是信贷资产证券化业务的发行机构，也是重要的投资机构。信贷资产证券化发起人必须是金融机构，国有银行和股份制商业银行在发行信贷证券化资产业务规模上占据主导地位，仍有一部分金融机构未能发展该业务，现行规则体系标准仍然具有差异，银行业金融机构和非银行金融机构开展业务适用于不同的监管规定，市场交易并没有统一的估值和定价机制，加之做市商体系不成熟，市场间尚不能构建有效联系，因此二级市场交易活跃度不高，不利于降低成本、提高效率、分散风险。通过对资产证券化法律环境的讨论，增强学生的法治意识。

(4) 课程思政教学实例四：社会责任。征信体系缺乏权威性，我国信用评级体系建立时间较短，尚未建成庞大的数据库。目前国内信用评级和增级机构大多信用低、规模小、缺乏运行经验。在评级环节中片面信息、虚假信息甚至对不利信息加以隐藏，使得风险并没有完全暴露出来。我国外部评级市场不完善，不同机构评级标准有一定的差异，投资者对其真实合理性难以加以全面的判断。投资者的理性是有限的，往往对商业银行信贷资产证券化的产品期望值过高，同时由于投资者获取信息的方式和途径有限，信息不对称导致投资者总是低估甚至忽视风险的存在。通过对信用体系重要性的梳理，帮助学生牢固树立社会主义核心价值体系，促进学生勇于担当社会责任。

三、《投资银行学》课程思政教学素材

《投资银行学》各章节可以采用的课程思政教学素材包括各种阅读材料、案例分析与讨论等，从中提炼出与专业知识紧密结合的各种思政元素，可选用的主要思政教学素材汇总如下：

序号	内容	形式
1	2008 全球金融危机中的投资银行	案例分析
2	新中国第一代投行人的回忆 郭纯．三十春秋栉风沐雨　不忘初心砥砺前行［A］．中国证券业协会．创新与发展：中国证券业 2019 年论文集［C］．：中国证券业协会，2020：5.	阅读材料
3	《中国证券业发展报告（2020）》	阅读材料
4	绿大地欺诈发行案例	案例分析
5	科创板上市案例	案例分析（小组作业）
6	2008 年全球金融危机	案例分析
7	奥海船舶擅自发行股票案例	案例分析
8	327 国债期货事件	案例分析
9	欧洲主权债务危机	案例分析
10	《再融资新规》出台，关于定向增发，你知道多少？	阅读材料
11	二级市场银广厦财务造假案 2001	案例分析
12	蓝田股份二级市场财务造假案	案例分析
13	康美财务造假案	阅读材料
14	资产证券化与美国安然公司的倒闭——贪婪的代价与诚信构筑	案例分析
15	实例 2：2008 美国次贷危机与资产证券化——金融市场的崩塌与证券化法律监管	案例分析
16	邢乃歌，王志强，资产证券化的风险分析：以安然破产为例，北方经贸，2004.8	阅读材料
17	王晓，李佳，从美国次贷危机看资产证券化的基本功能，金融论坛，2010.1	阅读材料

《中央银行学》课程思政教学指南

孙俊

(南京财经大学)

一、《中央银行学》课程的专业教学体系与课程思政教学目标

（一）课程简介

《中央银行学》是金融学专业的限定选修课。本课程以中央银行为研究对象，以中央银行在现代经济和金融体系中所处的核心地位为出发点，以中央银行履行其职责的内部运作方式和金融及经济在微观和宏观方面产生的客观影响为线索，研究的内容既包括中央银行履行职责的内容运作，又包括与承担社会职责相关的宏观调节与管理，其核心内容为中央银行货币政策的业务运行和操作问题。

《中央银行学》课程目标是使学生掌握有关中央银行的基本理论和基本知识，增强对中央银行在现代经济体系中所处重要地位和作用的认识，熟悉中央银行的各项业务运作，掌握中央银行制定实施货币政策、监督管理金融业的基本理论与方法，能够从宏观角度观察和分析总体经济运行和金融运行状况，形成一定的对经济和金融发展规律的认知能力和把握能力。

本课程采用由王广谦主编、高等教育出版社出版的《中央银行学》教材。根据课时需要，可对教材的部分章节内容做相应的调整或取舍，并在课程案例上根据人才培养目标做进一步更新优化。

（二）课程思政教学目标

1. 课程思政特征分析

《中央银行学》是从宏观视角研究现代经济和金融运行规律，探索经济与金融稳定发展机制的一门理论与实务相结合的学科。与其他金融学课程相比，《中央银行学》具有理论基础高、宏观视角看问题、涉及范围覆盖广的显著特点。本课程的授课对象主要是大学三年级学生，一方面，他们具有一定的专业知识储备，但对于不同专业课程的融会贯通还不够熟练，尤其需要尝试站在货币当局的角度上去思考国民经济持续协调稳定发展的机制。另一方面，他们具有一定的政治意识和公民意识，正处于世界观、价值观和人生观形成的关键时期，思想观念尚未成熟，具有较强的可塑性。

根据《中央银行学》课程特征、知识结构和教学需求，蕴含的思政元素主要体现在制度认同、家国情怀、法治意识、社会责任、理性思维与全球视野六个维度。

制度认同：《中央银行学》课程涉及不少金融风险和金融危机事件，尤其是发达经济体金融衍生品过度创新却监管失位，危机救助时又采取量化宽松、负利率等非常

规货币政策操作，以及我国在国际金融危机和新冠肺炎疫情冲击下仍坚持实施正常货币政策不"以邻为壑"、不搞"竞争性贬值"等案例，有助于学生针对国内外金融制度进行比较和思考，进而认识到中国共产党领导的社会主义制度的优越性，增强制度认同。

家国情怀：家国情怀的基本内涵包括家国同构、共同体意识和仁爱之情，有助于增强国家认同和民族凝聚力。本课程涉及案例包括海外投机者做空中国香港股市和汇市、美联储货币政策强烈外溢效应引发我国跨境资本剧烈波动，某些国家无理将中国贴上"汇率操纵国"标签等，有助于学生了解中国反制金融霸权和单边主义，维护金融安全的成城众志，实现文化认同，强化家国情怀。

法治意识：法治意识表现为对法律发自内心的认可、崇尚、遵守和服从。本课程在讲授中央银行制度、金融市场监管和存款保险等内容时，会涉及中国和发达经济体相关法治现状、法制化进程和金融法律法规的沿革，有助于培养学生正确的法治观念，认识到推进金融治理体系和治理能力现代化的重要意义，引导学生主动践行社会主义法治理念，与"依法治国"的国家战略同频共振。

理性思维：理性思维就是一种建立在证据和逻辑推理基础上的思维方式。本课程在讲授中央银行业务时，需要学生联系金融学课程中的商业银行业务进行对比学习，在讲授中央银行政策工具和目标时，需要学生在货币政策工具和目标之间调和冲突、权衡利弊等。通过这些知识讲解和案例分析，有助于学生培养起对事物或问题进行观察、比较、分析、综合、抽象与概括的一种思维，理性看待金融现象，辩证寻求解决方式。

全球视野：全球视野就是站在国际视角，善于吸纳国内外先进的思想理念，多角度全方位地思考和解决问题。本课程涉及中央银行的起源与发展、制度类型，资产负债业务，货币政策目标，应对国际金融危机的政策实践，金融监管体制和金融全球化等大量需要兼顾对比国内外发展历程的知识点和案例，在学习过程中要求学生不但要思考国际环境对国内经济的影响，还要考虑到国内外均衡等问题，这有助于开阔学生眼界，培养放眼国际的敏锐洞察力。

2. 中央银行学课程思政教学目标

运用课堂讲授、课堂讨论、研究性学习、情景式教学以及案例分析等行之有效的教学方法和现代教学技术手段，深入发掘课程思政元素，力求通过春风化雨、润物无声的方式，将思政元素融入专业知识，旨在实现以下目标：

接受马克思主义唯物史观、学习使用辩证法分析和解决问题；认同、拥护中国共产党领导的社会主义制度；了解中国国情和中国金融现状，了解中国有关金融制度尤其是现代中央银行制度的作用，具有家国情怀、文化自信和制度自信；形成良好的职业伦理道德，具备法制意识和高度的社会责任感。

二、《中央银行学》课程各章节课程思政教学指南

（一）"第一章　中央银行制度"的思政教学指南

1. 专业教学目标

本章是《中央银行学》的开篇，具有开宗名义的地位。本章着重介绍中央银行制度的形成与发展、中央银行的性质与职能、中央银行制度类型与组织结构，以及中央银行的相对独立性等内容，为之后各章的学习奠定基础。具体教学目标如下：

- 了解中央银行的产生与中央银行制度的形成与发展；
- 了解中央银行制度的类型和组织结构；
- 掌握中央银行的性质与职能及相对独立性原理，能运用中央银行性质与职能的理论分析其在宏观经济中的地位和作用。

2. 重要思政元素及融入点

（1）制度认同。在讲授中央银行的产生与发展时，向学生介绍中国央行——中国人民银行从革命烽火中走来、在建设和改革中成长的峥嵘岁月。引导学生认识到，中国人民银行自成立之日起就是中国共产党领导下的中央银行，党一直坚持牢牢把握我国金融事业发展和前进的方向，不断探索金融支持革命战争和创立新政权、服务社会主义现代化建设和改革开放的道路，指引我国金融事业实现了一次又一次跨越发展，增强学生的制度认同。

（2）家国情怀。在讲授中央银行制度的形成与发展时，对比介绍中国人民银行与美、日、德、英、法等发达国家老牌中央银行的历史，引导学生认识到，虽然我国央行成立时间相对较短，但作为大国央行，在服务经济发展、维护金融稳定、参与国际金融治理等方面，发挥了重大的国际影响力，体现了大国央行的责任担当，激发学生的文化认同和自信，强化家国情怀。

（3）法治意识。在讲授中央银行的制度类型和组织结构时，向同学介绍《中国人民银行法》的颁布实施，从法律上确定了人民银行的地位和基本职责，标志着我国中国银行制度进入法制化的轨道。党的十九大、十九届四中全会、第五次全国金融工作会议后，党中央和国务院对人民银行履职提出了新要求，为了健全金融法治顶层设计，

人民银行推动《中国人民银行法》的修改工作。通过对金融法制化建设历程的介绍引导学生认识到强化法治意识、完善金融立法、严格金融执法的重要意义。

（4）理性思维。在讲授中央银行作为"政府的银行"职能时，着重强调中央银行独立性本质上是"相对的独立性"，一方面，中央银行应与政府保持一定的独立性，另一方面，中央银行又不能完全脱离政府。按照《中国人民银行法》，中国人民银行隶属于国务院，独立性较弱，但相对于地方政府及各级部门而言，独立性较强。通过和学生进行理性探讨，培养学生理性看待央行独立性问题，中央银行独立性不是绝对的，亦非一成不变的，独立性提高也并不必然带来更为稳定的金融环境。

（5）全球视野。在讲授中央银行的制度类型时，通过对比介绍国内外实行单一型、复合式、准中央银行和跨国中央银行制度的典型代表，让学生了解国际上代表性中央银行的历史沿革和特点，熟悉国际金融市场和国际金融秩序，具备全球化视野。

3. 课程思政教学策略实例

（1）课程思政教学实例一：制度认同。在讲授中央银行的产生与发展时，向学生介绍中国人民银行成立于1948年12月1日，是在原解放区的华北银行、北海银行和西北农民银行的基础上建立的，补充毛泽东在1948年中国共产党的九月会议上的讲话"我们是人民民主专政，各级政府都要加上'人民'二字，各种政权机关都要加上'人民'二字……"，说明中国人民银行名称的由来。通过案例，引导学生认识到，中国人民银行诞生于革命烽火中，并在服务社会主义现代化建设和改革开放的峥嵘岁月中成长，在中国共产党的领导下实现了一次又一次跨越发展，增强学生的制度认同。

（2）课程思政教学实例二：法治意识。在讲授《中国人民银行法》修订工作时，结合党的十九大、第五次全国金融工作会议对金融领域改革作出重大部署，要求坚决打好防范化解重大金融风险攻坚战，并确定了设立国务院金融稳定发展委员会、将拟订金融业重大法律法规草案和制定审慎监管基本制度的职责划入人民银行等一系列金融改革的重大内容。党的十九届四中全会明确提出要建设现代中央银行制度。党中央、国务院对人民银行履职提出了新要求，这些内容需要在《中国人民银行法》中予以充分体现，为改革做好法律保障。通过引入案例，引导学生认识到中央银行制度是最重要的现代经济制度之一，在国家金融制度体系中居于基础地位，增强学生的法治意识。

（3）课程思政教学实例三：理性思维。根据2003年12月27日第十届全国人民代表大会常务委员会第六次会议修订通过的《中华人民共和国中国人民银行法》，第七条规定："中国人民银行在国务院领导下依法独立执行货币政策，履行职责，开展业务，不受地方政府、各级政府部门、社会团体和个人的干涉。"第五条规定："中国人民银行就年度货币供应量、利率、汇率和国务院规定的其他重要事项作出的决定，报国务院批准后执行。"说明中国人民银行隶属于国务院,独立性较弱,但相对于地方政府及各级部门而言,独立性较强,引导学生理性看待央行独立性问题。

(二)"第二章 中央银行的负债业务"的思政教学指南

1. 专业教学目标

中央银行的负债业务主要是由存款业务、货币发行业务、其他负债业务和资本业务构成。本章主要讨论中央银行负债业务的内容、特点及其与中央银行职能之间的关系,具体教学目标如下:

- 了解中央银行业务活动的法规原则、分类;
- 了解中央银行的资产负债表的一般构成;
- 掌握中央银行的存款业务和货币发行业务;
- 了解中央银行的其他负债业务。

2. 重要思政元素及融入点

(1) 制度认同。在讲授中央银行准备金存款时,向学生介绍我国采取的"三档两优"存款准备金制度基本框架,一方面对大型银行实行高一些的存款准备金率,体现防范系统性风险和维护金融稳定的要求,对中小银行实行较低的存款准备金,另一方面对于践行普惠金融和大力服务县域经济发展的银行,再进一步实行存款准备金率优惠,引导学生认识到我国维持适度较高法定存款准备金率的历史背景和客观要求,强化学生对于我国存款准备金制度维护金融稳定、支持三农领域、小微企业和县域经济发展的认识,增强学生的制度认同。

(2) 家国情怀。在讲授中央银行的其他负债业务时,介绍中国人民银行在发行央行票据回笼流动性、为市场提供短期金融工具等方面的重要作用,得到国际清算银行(BIS)的高度肯定,在应对 2008 年国际金融危机时,美联储亦曾有效仿我国央行发行"联储证券"的构想。通过我国央行创新发行央行票据的成功经验和巨大影响力,激发学生的文化认同和自信,强化家国情怀。

(3) 法治意识。在讲授中央银行货币发行业务时,向同学介绍我国央行法定数字货币 DC/EP 的实践和特点,并与比特币、莱特币、Libra 等私人数字货币进行比较,说明央行数字货币 DC/EP 作为中央银行负债,由中央银行信用担保,具有无限法偿性,而私人数字货币不具有法偿性与强制性等货币属性,并不是真正意义的货币,引导学生强化法治意识,树立正确的货币观念,传播依法合规的投资理念。

(4) 理性思维。在讲授中央银行货币发行业务时,引入互联网上指责中国货币

"超发",尤其是中美货币供应量比较的争论,引导学生从各国货币统计口径的可比性、我国银行间接融资占主导的融资结构等视角去分析研判这些论断,辩证认识我国较高的货币存量的现实背景,同时引导学生警惕较高货币供应量增速过快可能带来的潜在金融风险,货币供应量要与经济发展实际相匹配,要维持适宜的货币金融环境。

(5)全球视野。在讲授中央银行的资产负债表时,通过展示统计图表,横向比较介绍美联储、日本央行、欧洲中央银行的资产负债表规模变化和结构变迁,尤其是为了应对2008年国际金融危机和新冠肺炎疫情,发达经济体采取"量化宽松"等非常规货币政策导致资产负债表膨胀,分析比较各经济体货币政策当局的政策效果和政策空间,立足全球视角看待中央银行资产负债表的规模和结构问题。

3. 课程思政教学策略实例

(1)课程思政教学实例一:家国情怀。在讲授中央银行发行债券时,介绍我国央行票据发行的成功经验及其国际影响力。2019年10月7日,国际清算银行(BIS)发布研究报告《巨大的央行资产负债表与市场功能》,在附录《回笼流动性操作和对货币市场的支持:中国案例》中对2002~2011年中国人民银行通过发行央行票据回笼大量外汇流入带来的过剩流动性的做法给予了积极评价,认为发行央行票据还对增加短期高等级债券供给、完善短端无风险收益率曲线以及促进中国货币市场发展起到了积极作用。通过引入我国央票发行的案例,彰显我国央行创新货币政策工具的巨大国际影响力,激发学生的民族自豪感和家国情怀。

(2)课程思政教学实例二:法治意识。在讲授中央银行货币发行业务时,向同学介绍我国央行法定数字货币DC/EP的实践及特点,央行的数字货币依然是中央银行负债,由中央银行信用担保,具有无限法偿性。相比之下,比特币、莱特币、Libra等私人数字货币不是由货币当局发行,不具有法偿性与强制性等货币属性,并不是真正意义的货币。从性质上看,比特币应当是一种特定的虚拟商品,不具有与货币等同的法律地位,不能且不应作为货币在市场上流通使用。通过对比,引导学生增强法治意识和风险意识,正确认识货币,正确看待虚拟商品,树立正确的货币观念和投资理念。

(3)课程思政教学实例三:理性思维。一段时间以来,围绕中国货币"超发"的争论从未间断,亦有新闻报道称中国货币供应量超越日本、欧洲和美国,买下全世界都不成问题。通过引入这种观点展开讨论,引导学生形成客观理性的判断,从各国货币统计口径的可比性、我国间接融资结构占主导等方面去分析研判互联网上有失偏颇的报道,理解我国高货币存量存在的合理性,但同时也要引导学生警惕较高的货币存量可能带来的潜在金融风险,强化学生对于中央银行把好货币供给"总闸门"这一重要性的客观认识。

(三)"第三章　中央银行的资产业务"的思政教学指南

1. 专业教学目标

中央银行的资产业务主要包括再贴现业务、贷款业务、证券买卖业务、黄金外汇储备业务以及其他资产业务。本章主要讨论中央银行资产业务的内容、特点以及中国人民银行资产方规模及其结构变化，具体教学目标如下：

- 掌握中央银行的再贴现和贷款业务；
- 掌握中央银行的证券买卖业务；
- 掌握黄金外汇储备业务。

2. 重要思政元素及融入点

（1）制度认同。在讲授中央银行再贷款业务时，向学生介绍我国扶贫再贷款政策，扶贫再贷款实行比支农再贷款更优惠的利率，累计展期次数最多达到4次，有利于贫困地区地方法人金融机构获得长期低成本资金，重点支持贫困地区发展特色产业和贫困人口就业创业。结合我国脱贫攻坚取得的重大成就，引导学生认识到，没有哪一个国家能在这么短的时间内实现几亿人脱贫，这个成绩属于中国，也属于世界，为推动构建人类命运共同体贡献了中国力量，增强学生的制度认同，坚定道路自信。

（2）家国情怀。在讲授中央银行的再贴现业务时，介绍中国人民银行通过对贴现票据设定资格准入、差别化利率等形式，实现"价格、结构双引导"的调控目标，重点支持民营企业转型和升级改造、中小微企业和涉农产业加快发展，而对于产能过剩、房地产、行将淘汰的落后行业实行限制性再贴现政策。通过案例，引导学生认识到诸如再贴现这样的央行一项资产业务，如何传导影响国民经济中形形色色的微观主体，做到全国一盘棋，维持国民经济持续、健康、协调发展，强化学生的家国情怀。

（3）法治意识。在讲授中央银行证券买卖业务时，向同学介绍《中国人民银行法》规定，我国央行只能在二级市场买卖国债，不得直接认购、包销国债和其他政府债券，而近年来"财政赤字货币化"的支持言论时有出现，倡导允许央行在一级市场上直接认购国债。通过引入案例，引导学生认识到一旦打破法律底线和对财政行为约束的最后一道防线，可能导致货币长期超发，并不利于发挥财政政策的效率，反而蕴藏巨大的经济金融风险隐患。

（4）理性思维。在讲授我国的外汇储备管理时，向学生介绍我国外汇储备主要来源于外汇公开市场业务，由于现行的银行结售汇制度的约束，因此具有一定的被动性，我国作为一个发展中国家需要保持一个中等偏高的外汇储备规模，这是由我国国民经济发展的实际需要和对外经济发展的具体情况决定的。引导学生辩证看待我国相对较高的外汇储备规模,并从安全性、流动性和增值性的角度辩证认识外汇储备资产的规模、结构和经营模式。

(5) 全球视野。在讲授中央银行外汇储备规模时,通过制作并展示统计图表,横向比较中国、美国、日本、韩国、巴西、泰国等国家外汇储备规模变化和结构变迁,使学生对于我国外汇储备规模形成总体判断,进一步结合外汇储备水平,分析有关国家在1998年亚洲金融危机、2008年国际金融危机等极端冲击下维护汇率制度和跨境资本流动平稳的经验教训,引导学生树立全球视野,看待外汇储备对于维持各经济体内外部均衡的重要地位。

3. 课程思政教学策略实例

(1) 课程思政教学实例一:制度认同。在讲授中央银行再贷款业务时,向学生介绍中国人民银行近年来推出的扶贫再贷款工具,扶贫再贷款重点支持贫困地区发展特色产业和贫困人口就业创业,实行的利率优惠更大,允许展期次数更多,发挥了较好的扶贫效应。党的十八大以来,党中央把脱贫攻坚摆在治国理政的突出位置,把脱贫攻坚作为全面建成小康社会的底线任务。按照现行贫困标准计算,我国7.7亿农村贫困人口摆脱贫困;按照世界银行国际贫困标准,我国减贫人口占同期全球减贫人口70%以上,创造了减贫治理的中国样本,为全球减贫事业作出了重大贡献。通过案例,引导学生坚定道路自信,强化制度认同。

(2) 课程思政教学实例二:法治意识。近年来,关于财政赤字货币化的争论引发社会各界热议。财政赤字货币化的支持者认为,应当允许央行在一级市场上直接认购国债。但这与《中华人民共和国中央银行法》第三十二条"中国人民银行不得对政府财政透支,不得直接认购、包销国债和其他政府债券"的规定显然相悖,这一规定在杜绝货币滥发、提高财政政策效率、稳定经济金融局势方面起到至关重要的作用。通过引入案例,引导学生认识到一旦打破法律底线和对财政行为约束的最后一道防线,可能导致货币长期超发,进而带来长期的经济金融风险,增强学生的金融法治意识。

(3) 课程思政教学实例三:理性思维。在讲授我国的外汇储备管理时,通过统计图表向学生展示长期以来我国外汇储备的规模和结构变化,阐释我国作为一个发展中国家,之所以要保持一个中等偏高的外汇储备规模,是由我国国民经济发展的实际需要和对外经济发展的具体情况决定的。我国外汇储备主要来源于外汇公开市场业务,由于现行的银行结售汇制度的约束,因此具有一定的被动性。本章引导学生从安全性、流动性和增值性的角度,辩证认识我国外汇储备资产的规模、结构和经营模式,对于我国外汇储备管理能够形成客观理性的认识。

(四)"第四章　中央银行的其他主要业务"的思政教学指南

1. 专业教学目标

本章主要介绍中央银行负债业务和资产业务之外的其他重要业务活动,在中央银行业务活动中占有重要地位,是中央银行行使职能的具体体现,主要包括支付清算服务、经理国库业务、会计业务、调查统计业务、反洗钱业务和征信管理业务。具体教学目标如下:

- 了解中央银行支付清算业务;
- 了解中央银行经理国库业务;
- 了解反洗钱业务和征信管理业务;
- 理解调查统计工作在中央银行制定货币政策和实施金融监管中的地位和作用,了解调查统计工作的职责,熟悉调查统计工作的内容和方法,能够进行最基本的金融分析。

2. 重要思政元素及融入点

(1)制度认同。在讲授中央银行支付清算业务时,介绍全球国际支付的最主要体系 SWIFT(环球同业银行金融电讯协会)由美国主导,其他经济体在国际支付清算业务中高度依赖 SWIFT。引导学生认识到在大国博弈下,我国要加快人民币跨境支付清算系统 CIPS 建设,加强 CIPS 与 SWIFT 以及双边组织的沟通配合,共同抵制单一国家的霸权行为;同时也要积极探索运用包括区块链加密技术在内的信息科技与网络技术,加快数字货币研发及其配套运行体系建设,推动全新的国际支付清算体系的发展,增强学生的道路自信和制度认同。

(2)家国情怀。在讲授中央银行调查统计业务时,通过社会融资规模等金融统计指标,分析阐释中央银行统计并发布社会融资规模指标的重要意义,以及统计指标是如何囊括银行、证券、保险等金融机构,如何覆盖信贷市场、债券市场、股票市场、保险市场以及中间业务市场等金融市场的,引导学生认识到调查统计旨在及时准确反映国民经济发展态势,发挥国民经济"信号站"和"晴雨表"的作用,理解金融统计工作的重要意义,激发学生的家国情怀。

(3)法治意识。在讲授中央银行的征信管理业务时,向同学介绍中国人民银行建立的征信系统和数据库,并结合近年来成为社会舆论关注的焦点问题之一的"校园贷"问题,重点分析"校园贷"危害性,倡导理性消费、量入为出,坚持消费支出和客观需求相匹配,引导学生高度重视个人征信记录、个人信息保护,具备金融和风险意识，珍爱信用记录，远离"校园贷"等非法金融行为，敢于并勇于运用法律武器维护合法权益。

（4）理性思维。在讲授中央银行经理国库业务时，补充介绍2014年新预算法修订时，中国人民银行、财政部以及有关专家学者围绕人民银行对于国库管理权到底是"经理"还是"代理"，所展开的激烈争论。引导学生辩证看待中央银行经理国库体制的问题，核心在于职责分工与权力制衡，理解央行在国库部门办理预算资金收支过程中实施有效的事中监督，可以作为人大监督和审计监督的有益补充，确保国库资金安全，同时这一制度安排也有利于增强财政政策与货币政策的协调性，通过这部分学习，锻炼学生的理性思维。

（5）全球视野。在讲授中央银行反洗钱业务时，列举金融行动特别工作组（FATF）、欧亚反洗钱和反恐怖融资组织（EAG）以及亚太反洗钱组织（APG）对我国反洗钱工作的评估结果，分析中国反洗钱工作与国际标准比较，取得的积极进展和成就，以及还存在的短板和不足，引导学生具备全球化视野，多角度看待我国反洗钱工作未来的发展方向。

3. 课程思政教学策略实例

（1）课程思政教学实例一：法治意识。随着我国经济市场化程度的加深，加快企业和个人征信体系建设已成为社会共识。近年来，"校园贷"成为社会舆论关注的焦点问题之一，由于带有高利贷性质，存在恶意催收，导致受害学生被逼迫拍裸照、跳楼等恶劣后果。究其原因，还是在于一些学生对个人征信记录、个人信息保护未能给予足够关注，随意与他人分享自己的信用信息，由此引发一些受骗上当现象。通过引入相关案例，引导学生理性消费、量入为出，坚持消费支出和客观需求相匹配，同时要具备金融和风险意识，珍爱信用记录，培养诚实守信的优良品德，勇于运用法律武器维护合法权益。

（2）课程思政教学实例二：理性思维。在讲授中央银行经理国库业务时，补充介绍我国2014年修订新预算法的相关历史，向学生引出围绕人民银行国库管理权的相关辩论。通过对比不同角度的观点，帮助学生理解央行在国库部门办理预算资金收支中重要的事中监督作用，引导学生辩证看待央行国库体制之争，培养学生的理性思维和辩证思维能力。

（3）课程思政教学实例三：全球视野。在讲授中央银行反洗钱业务时，介绍中国反洗钱工作在国际社会的评价情况，2019年，《中国反洗钱和反恐怖融资互评估报告》先后通过金融行动特别工作组（FATF）、欧亚反洗钱和反恐怖融资组织（EAG）以及亚太反洗钱组织（APG）全会审议，其中FATF的互评估结果是《联合国反腐败公约》

履约审议的重要参考依据之一，也是国际货币基金组织金融部门评估规划的构成部分，是衡量一国金融稳定程度的主要指标之一。通过引入案例，说明中国在反洗钱工作方面取得了积极进展，反洗钱体系具备良好基础，但与国际标准及全球反洗钱监管趋势相比，我国特定非金融行业反洗钱工作仍较为落后，缺乏必要的制度依据和监管处罚措施，也缺少对特定非金融机构反洗钱义务的具体要求和指引，引导学生树立全球视野，正确看待我国反洗钱工作的发展方向。

（五）"第五章　货币政策目标与工具"的思政教学指南

1. 专业教学目标

货币政策作为宏观经济间接调控的重要手段，在整个国民经济宏观调控体系中居于十分重要的地位。本章主要介绍货币政策目标的正确选择，以及货币政策目标据以实现的各种货币政策工具，主要包括一般性货币政策工具、选择性货币政策工具和其他货币政策工具。具体教学目标如下：

- 理解货币政策的内涵，正确认识货币政策的影响及作用；
- 掌握货币政策目标体系（最终目标与中介目标）；
- 掌握一般性货币政策工具；
- 理解几个主要的选择性货币政策工具；
- 了解其他货币政策工具。

2. 重要思政元素及融入点

（1）制度认同。在讲授货币政策中介目标时，介绍我国货币政策调控框架正由数量型为主向价格型为主转变，利率市场化改革是个中关键，近年来党中央、国务院加快推进利率市场化进程，推动"双轨制"二元结构进一步加快向市场发挥决定性作用的制度体系"并轨"，引导学生认识到完善市场化的利率形成、调控和传导机制，也是坚持和完善社会主义基本经济制度、加快完善社会主义市场经济体制的重要内容，从而强化学生的制度认同。

（2）家国情怀。在讲授货币政策关于经济增长的最终目标时，通过结合改革开放以来我国经济增长速度的变化趋势以及经济总量的世界排名，展现我国经济持续健康发展的良好态势，彰显我国在世界历史上创造罕见的经济增长奇迹，引导学生认识到经济增长速度是否适宜要视各国的具体情况而定，要与一国国力相适宜，我国经济利用后发优势实现了世界上最快的经济赶超速度，通过对我国经济发展取得的成就的介绍，激发学生的民族自豪感和家国情怀。

（3）法治意识。在讲授法定存款准备金政策时，向同学介绍一国货币当局依靠法律赋予的权力规定商业银行和存款金融机构必须缴存法定准备金，目的在于保持银行资产的流动性，保证存款人和金融机构本身的安全，也通过影响商业银行信用创造能力，从而实现调控货币供应量。金融机构出现欠交存款准备金、迟报、错报存款准备金考核相关材料等准备金违法行为，将被依法实施处罚，引导学生认识到法定存款准备金政策的强制性，增强学生的法制意识，促使学生自觉维护法律的严肃性。

（4）理性思维。在讲授货币政策的含义和最终目标时，引导学生认识到货币政策是一项总量为主的宏观经济政策，在整个国民经济宏观调控体系中居于十分重要的地位，但是货币政策并不是万能的，其结构引导作用是辅助性的，稳定物价、充分就业、经济增长和国际收支平衡等货币政策最终目标之间存在矛盾与统一的关系，要建立理性的思维，认识到货币政策的局限性，辩证看到货币政策的作用和货币政策最终目标之间的关系。

（5）全球视野。在讲授货币政策最终目标、中介目标和工具时，通过列举美国、英国、日本、欧元区等经济体的货币政策实践进行对比分析，结合通货膨胀目标制的兴衰和量化宽松等非常规货币政策工具的兴起，引导学生基于全球视角，全面看待货币政策目标和货币政策工具的选择问题。

3. 课程思政教学策略实例

（1）课程思政教学实例一：制度认同。我国货币政策调控框架正从数量型为主向价格型为主转变，其中利率市场化改革是关键条件，而利率并轨又是利率市场化改革的关键一步。2020年4月9日，中共中央、国务院发布《关于构建更加完善的要素市场化配置体制机制的意见》，这是党中央关于要素市场化配置的第一份文件，可以视为国家层面进一步深化经济体制改革的一次整体定调。通过引入案例，引导学生认识到完善市场化的利率形成、调控和传导机制，进一步推动"双轨制"二元结构进一步加快向市场发挥决定性作用的制度体系"并轨"，有助于在复杂局面下激发中国长期经济中高速增长的活力，也是坚持和完善社会主义基本经济制度、加快完善社会主义市场经济体制的重要内容。

（2）课程思政教学实例二：家国情怀。在讲授货币政策关于经济增长的最终目标时，统计并展示改革开放以来我国经济增速变化趋势，改革开放40年间（1978～2017），我国经济年均实际增速高达9.3%，经济总量占世界经济的比重由1978年的1.8%上升到2017年的16%，仅次于美国，成为世界第二大经济体，创造了人类历史上不曾有过的增长奇迹。2020年新冠肺炎疫情国际大流行，全球经济陷入历史性衰退，中国经济逆势增长2.3%，成为唯一实现经济正增长的世界主要经济体。通过引入相关案例，激发学生的家国情怀和民族自豪感，为中国经济持续健康稳定发展坚定信心。

（3）课程思政教学实例三：理性思维。在讲授货币政策的含义时，引入《2020年第二季度中国货币政策执行报告》的专栏内容，引导学生认识到货币政策是一项总量为主的宏观经济政策，在整个国民经济宏观调控体系中居于十分重要的地位，尤其是为了应对国际金融危机和新冠肺炎疫情，世界各国都高度依赖货币政策的刺激作用，但是要辩证看待货币政策，货币政策并不是万能的，其结构引导作用是辅助性的，中长期看，经济内生动力增强、经济结构调整和转型升级、信贷资源投向优化，根本上还是要依靠体制机制改革，发挥市场在资源配置中的决定性作用。

（六）"第六章　货币政策的制定和实施"的思政教学指南

1. 专业教学目标

制定和实施货币政策，对国民经济实施宏观调控，是中央银行的基本职责之一。本章主要介绍货币政策的决策机构和程序、中央银行的宏观经济分析、货币政策目标的确定、货币政策工具的选择与配合、货币政策的实施等内容。具体教学目标如下：

- 了解货币政策的决策机构与程序；
- 掌握宏观经济和金融分析的一般框架，熟悉国民经济核算各账户间关系，理解宏观经济分析的基本内容和方法；
- 掌握货币政策目标的确定；
- 掌握货币政策工具的选择与确定。

2. 重要思政元素及融入点

（1）制度认同。在讲授货币政策决策机构和程序时，根据《中国人民银行法》向同学介绍我国货币政策重要事项的决策权在国务院，中国人民银行在国务院领导下依法独立执行货币政策，引导学生认识到无论是在革命战争年代，还是在社会主义建设时期，党一直坚持牢牢把握金融事业发展和前进的方向，坚持党对金融工作的绝对领导，是中国特色社会主义市场经济体制和中国道路优越性的关键之一，要强化政治认同和制度认同。

（2）家国情怀。在讲授货币政策工具的选择配合时，向同学介绍常规性货币政策工具、非常规货币政策工具以及货币政策工具的约束，结合新冠肺炎疫情爆发后美国、欧洲和日本等主要经济体货币政策空间严重不足，而中国离零利率等非常规货币政策有很大的距离，是少数保持常态化货币政策的国家之一，通过精准把握好货币政策工具调控的力度，有能力应对各种不利环境，激发学生的家国情怀，坚定信心。

（3）法治意识。在讲授公开市场业务操作时，通过向学生介绍公开市场操作的具体过程，如央行公开市场操作室公布回购种类数量利率、一级交易商向操作室投标、公开市场操作室按照公平公正的市场原则确定各交易商是否中标、公开市场操作室向交易商发出回购中标通知书、双方在次日进行清算和交割等流程，引导学生认识到货币政策的实施必须遵照规范的程序，并按照公平、公正、公开的原则接受市场监督。

（4）理性思维。在讲授货币政策中介目标量的设定时，要引导学生正确认识到货币政策中介目标量在设定时要坚持弹性原则，保持一定的伸缩性和灵活性，例如广义货币供应量 M2 或者社会融资规模增速，既不能设置过高，造成货币政策过于宽松、大水漫灌，导致通货膨胀和资产泡沫的风险，也不能定得太低，反而不能满足经济社会发展的客观需求，要建立理性思维，辩证看待货币政策中介目标量的设定问题。

（5）全球视野。在讲授中央银行宏观经济分析时，引导学生认识到宏观经济分析是制定和实施货币政策的基础工作，中央银行必须对国内外经济形势和面临的主要宏观经济问题有充分的认识和准确的研判，既包括主要经济体经济和金融市场概况，还包括主要经济体的货币政策取向，这些因素会通过各种渠道和机制作用于国内经济，因而需要树立全球视野，全面分析掌握国内外宏观经济和金融形势。

3. 课程思政教学策略实例

（1）课程思政教学实例一：制度认同。在讲授货币政策决策权时，向同学说明我国货币政策的决策权在国务院，2020 年 10 月，《中华人民共和国中国人民银行法（修订草案征求意见稿）》公布，其中第六条规定"中国人民银行就利率、汇率和国务院规定的其他重要事项作出的决定，报国务院批准后执行"，说明在重要事项的决策方面，中国人民银行的独立性是较弱的，但是第八条也规定"中国人民银行在国务院领导下依法独立执行货币政策，履行职责，开展业务，不受地方政府、各级政府部门、社会团体和个人的干涉"。通过引入案例，引导学生认识理解中国人民银行货币政策决策程序，坚持党对金融工作的绝对领导，是中国特色社会主义市场经济体制和中国道路优越性的关键之一，要树牢"四个意识"，坚定"四个自信"，坚决做到"两个维护"。

（2）课程思政教学实例二：家国情怀。在讲授货币政策工具的选择配合时，向同学介绍新冠肺炎疫情爆发后我国是主要经济体中少数实行正常货币政策的国家。2020年新冠肺炎疫情全球大流行后，美国、欧洲和日本等主要经济体先后采取量化宽松、零利率或负利率等非常规货币政策工具，货币政策空间消耗殆尽，而中国是少数保持常态化货币政策的国家，离零利率等非常规货币政策有很大的距离，货币政策空间较大，通过增强调控前瞻性、精准性、主动性和有效性，精准把握好调控的度，加强预期引导，有能力和底气应对当时的极端挑战。通过引入相关案例，激发学生的家国情怀，为我国在主要经济体中少数实行正常货币政策而感到鼓舞、坚定信心。

（3）课程思政教学实例三：理性思维。在讲授货币政策中介目标量的确定时，结合近年来中国人民银行《货币政策执行报告》关于"稳健的货币政策要灵活精准、合理适度""把握好政策时度效""把好货币供应总闸门，保持流动性合理充裕，保持货币供应量和社会融资规模增速同名义经济增速基本匹配"等重要表述，引导学生建立理性思维，充分理解货币政策中介目标量在设定时要坚持弹性原则，保持一定的伸缩性和灵活性，既要满足经济增长和经济发展的客观需求，避免通货不足而导致通货紧缩、经济衰退，也要严格控制货币发行数量，避免因货币供应量过多造成通货膨胀、经济过热和资产价格泡沫。

（七）"第七章 货币政策的传导机制与效果检验"的思政教学指南

1. 专业教学目标

中央银行从运用一定的货币政策工具到实现预期最终目标，要经历一个过程，这个过程就代表着货币政策的传导机制。进一步地，货币政策是否实现了预期效果，也需要通过目标变量、中介变量与工具变量之间的比较分析来验证。具体教学目标如下：

- 掌握货币政策变量之间的关系；
- 理解货币政策传导的理论和作用过程；
- 理解影响货币政策有效性的各种因素；
- 了解反金融危机的货币政策措施；
- 理解货币政策在宏观经济调控中的作用，充分认识货币政策作用过程的复杂性，客观分析和评价货币政策的有效性。

2. 重要思政元素及融入点

（1）制度认同。在讲授货币政策目标变量时，向同学介绍我国和欧美国家的就业问题。在新冠肺炎疫情突发多变、国际经贸环境趋紧、经济下行压力加大等多重因素下，我国失业率稳定，城镇新增就业总体稳定、好于预期，相比之下欧美国家失业浪潮蔓延，引导学生认识到就业目标在一国宏观调控中的重要性，以及我国对于就业问题的高度重视和有力调控。

（2）家国情怀。在讲授反危机货币政策实践时，介绍我国在亚洲金融危机、国际金融危机和新冠肺炎疫情等危机期间，并未实行货币竞争性贬值等"以邻为壑"的货币政策，而是负责任地保持了汇率稳定，并成功抵御了极端冲击，为全球经济复苏和金融稳定作出了巨大贡献，彰显了大国胸怀和担当，激发学生的民族自豪感和家国情怀。

（3）法治意识。在讲授货币政策与财政政策配合以及政策时滞时，引导学生认识到财政政策需要通过较为复杂的立法程序，其政策时滞要大于货币政策，长期以来学术界和实务界都倡导加强财政政策与货币政策的协调配合，关键是要建立系统的财政机制，这就需要必须尽快完善相应的财政立法，形成优良的财政法制环境。

（4）理性思维。在讲授货币政策中介变量与目标变量关系时，阐释货币政策中介变量的可测性、可控性和相关性会随着时间变化产生变迁，造成货币政策中介变量会出现新旧更迭，结合我国广义货币供应量和社会融资规模作为中介变量的更迭，引导学生辩证看待货币政策中介变量与目标变量的关系，要基于理性的思维，动态地、发展地认识货币政策中介变量的地位。

（5）全球视野。在讲授反金融危机货币政策实践时，通过对比新兴市场经济体和发达经济体应对几次重大金融危机的货币政策措施，总结提炼代表性国家应对金融危机的成果经验和失败教训，开阔学生眼界，丰富资料占有程度，引导学生建立全球视野，培养放眼国际的敏锐洞察力。

3. 课程思政教学策略实例

（1）课程思政教学实例一：制度认同。在新冠肺炎疫情突发多变、国际经贸环境趋紧、经济下行压力加大等多重因素下，党中央高度关注就业问题，把稳就业作为"六稳"之首，坚持把稳就业作为关键一战全力以赴，坚持把稳就业作为切实保障基本民生的首要任务常抓不懈，目前我国的就业形势依旧稳定，我国失业率多年未超5%，2020年全年城镇新增就业1186万人，超额完成目标任务，就业形势总体稳定、好于预期，相比之下，失业潮席卷欧美，在劳动力市场中处于弱势地位的低收入群体面临着更严峻的危机。在讲授货币政策目标变量时，向同学介绍我国就业问题，引导学生认识到，在极端不利环境下，我国就业形势依旧稳定，离不开党中央对就业的高度重视和英明领导。

（2）课程思政教学实例二：家国情怀。无论是1997年的亚洲金融危机，还是2008年的国际金融危机期间，抑或是2020年新冠肺炎疫情大流行下，中国都负责任地承诺人民币汇率保持稳定，为全球经济的复苏和国际金融市场的稳定作出了巨大的贡献。为了应对危机，中国作为一个负责任的大国，从来不搞货币的竞争性贬值，也从来不把汇率作为竞争性的工具。2018年以来，美国挑起贸易争端，罔顾事实地给中国乱贴"汇率操纵国"标签，已经多次引发全球金融市场的大幅度波动，同时也引发美国自身金融市场的动荡和美元指数的不稳定。通过引入案例，引导学生认识到在反危机货币政策实践中中国彰显出负责任大国的胸怀气度,以及中国践行人类命运共同体理念的全球担当。

(3) 课程思政教学实例三:理性思维。回顾我国货币政策中介目标演进历程,根据官方公布的口径推演,自1984年中国人民银行开始专门行使中央银行职能以来,可以大致划分为四个阶段:1985~1993年货币政策调控以信贷规模作为中介目标,1994~1997年实行"信贷规模+货币供应量"的二元中介目标体系,1998~2010年以货币供应量作为单一中介目标,2011年以来实行"货币供应量+社会融资规模"的新二元中介目标体系。引导学生认识到货币政策中介变量并不是一成不变,而是随着经济形势的发展而动态变化的,由于广义货币供应量M2在可测性、可控性和相关性方面都在减弱,逐渐不再适宜作为货币政策中介变量,目前我国正处于货币政策调控框架由数量型为主向价格型为主转变的过渡阶段。

(八)"第八章　中央银行与金融监管"的思政教学指南

1. 专业教学目标

大多数国家的中央银行同时承担着货币政策和金融监管的职能,中央银行制度的产生和发展在很大程度上是基于政府对金融业监管的需要。本章主要讨论中央银行金融监管体制、金融监管目标和原则、金融监管的内容和方法,具体教学目标如下:

- 了解金融监管的一般理论,理解中央银行金融监管的重要性,充分认识金融监管和货币政策的相互关系;
- 掌握金融监管体制的不同模式;
- 理解金融监管目标和原则;
- 掌握金融监管的主要内容;
- 了解我国金融监管体制现状及国际金融监管发展趋势。

2. 重要思政元素及融入点

(1) 制度认同。在讲授货币政策与金融监管的关系时,向学生介绍近年来我国央行强化宏观审慎管理、维护金融稳定职能的背景,例如第五次全国金融工作会议要求坚决打好防范化解重大金融风险攻坚战,决定设立国务院金融稳定发展委员会并将办公室设在人民银行,强化了央行的监管协调作用和地位,还将拟订金融业重大法律法规草案和制定审慎监管基本制度的职责划入人民银行,体现了党中央、国务院对人民银行履行金融监管职能的新要求,彰显了党对金融工作的集中统一领导,激发学生的制度认同。

（2）家国情怀。在讲授存款保险制度时，向同学介绍存款保险制度的运作机制和作用，存款保险能够保护普通存款人的"钱袋子"，也为商业银行规范化、制度化的退出机制提供了支撑保障，防止单一机构风险诱发银行挤兑行为，从而升级为系统性金融风险，引导学生认识到存款保险制度是保护存款人利益的重要制度安排，也是金融安全网的基本组成要素，强化学生的家国情怀，激发共同体意识。

（3）法治意识。在讲授中央银行依法监管的原则时，向同学强调依法监管的权威性、严肃性和一致性，介绍美国长期玩弄"金融监管长臂管辖"手段，用国内法代替国际法对他国企业高管、业务经营和金融机构进行无端的金融制裁，进而对他国政府施加压力，损害了依法监管的原则，这是对他国司法主权的侵犯，引导学生认识到为了有效应对蛮横无理的单边金融制裁，必须加快构建金融制裁阻断机制，建立健全我国金融法律法规，维护我国企业和个人的合法权益。

（4）理性思维。在讲授中央银行集中监管和分业监管体制时，向学生介绍分业经营与混业经营之间的更迭，例如美国《格拉斯－斯蒂格尔法案》《金融服务现代化法案》《多德－弗兰克法案》等重大法案所反映的分业经营与混业经营之间的分分合合，引导学生认识到任何一种金融体制都没有绝对的优点和缺点，分业经营与混业经营之间不存在一方能够完全替代另一方的问题，要客观理性看待金融经营体制甚至金融监管体制。

（5）全球视野。在讲授金融监管的主要内容和国际金融监管的变革与发展时，介绍代表性国家中央银行在2008年国际金融危机爆发后加强金融监管、凸显防范化解系统性金融风险作用的实践经验，如美国和英国先后出台《多德－弗兰克法案》《2012年金融服务法》，围绕中央银行金融监管范围和内部机构设置等方面进行了大力改革，引导学生树立全球视野，厘清国际社会金融监管的主流趋势，并据此对我国完善中央银行金融监管形成启发。

3. 课程思政教学策略实例

（1）课程思政教学实例一：法治意识。长期以来，美国以国家安全为借口，打着法律的旗号制裁别国企业，其中就包括对中国有关高科技公司和金融机构的金融制裁。美国是世界上使用金融制裁频率最高的国家，金融制裁是美国实施长臂管辖的重要方式。美国用国内法代替国际法对别国实施经济金融制裁，抓捕他国企业的高管对他国企业施压，再把这种压力转嫁给他国政府，美国政府收取罚款并炫耀霸权。通过引入案例，引导学生认识到美国大肆玩弄这种"金融监管长臂管辖"手段，对各国实行霸凌，本质上是对别国司法主权的侵犯，应当尽快构建我国的金融制裁阻断机制，有力应对蛮横无理的单边金融制裁，切实维护我国企业和个人的合法权益。

（2）课程思政教学实例二：理性思维。在讲授中央银行集中监管和分业监管体制时，引入分业经营与混业经营体制的历史更迭。例如为应对上世纪30年代大危机，美国于1933年通过《格拉斯－斯蒂格尔法案》（亦称《1933年银行法》），将投资银行业务和商业银行业务严格地划分开，实行分业经营；1999年通过《金融服务现代化法案》，又消除了银行、证券、保险机构在业务范围上的边界，实现了从分业经营向混业经营的转变，标志着作为全球金融业主流的分业经营模式，已被21世纪发达的混业经营模式所取代；2008年"次贷危机"爆发后，美国于2010年通过《多德－弗兰克法案》，其中"沃尔克规则"禁止了银行集团的混业经营，体现了美国对混业经营的反思和修正。通过案例，引导学生认识到分业经营与混业经营并没有绝对的优劣之分，要客观理性看待分业经营与混业经营模式，以及与之对应的分业监管与混业监管体制。

（3）课程思政教学实例三：全球视野。在讲授金融监管的主要内容和国际金融监管的变革与发展时，介绍后危机时期国际社会金融监管的主流趋势，引导学生从全球视角准确把握中央银行金融监管问题。2008年国际金融危机以来，各国开始重新审视中央银行职能定位，普遍从法律层面强化中央银行在加强宏观审慎管理、维护金融稳定中的职能，突出中央银行防范和化解系统性金融风险的作用。许多国家的央行（货币当局）在处理金融危机过程中实行了变革，增加新的职责，创新监管手段。例如，美国《多德－弗兰克法案》将美联储的监管职责范围扩展至系统重要性的银行和非银行金融机构。英国《2012年金融服务法》在英格兰银行内部建立金融政策委员会和审慎监管局，前者负责宏观审慎政策制定、识别并防范化解系统性金融风险，后者负责对金融机构进行审慎监管。

（九）"第九章　中央银行与金融机构的监管"的思政教学指南

1. 专业教学目标

中央银行加强对商业银行和其他金融机构的监管，保证其稳健运作和发展，对于实现金融监管目标和整个金融体系的稳定，保障货币政策的有效实施，都具有十分重要的意义。本章主要讨论中央银行对商业银行设立与开业、日常经营的监管，以及对非银行金融机构和外资金融机构的监管，具体教学目标如下：

- 掌握中央银行对商业银行的监管；
- 理解中央银行对其他金融机构的监管。

2. 重要思政元素及融入点

（1）制度认同。在讲授商业银行和保险机构的监管时，向学生介绍我国银行业监督管理委员（银监会）和保险业监督管理委员会（保监会）合并组建"银保监会"，是根据 2018 年 3 月 13 日十三届全国人大一次会议审议通过的国务院机构改革方案，银行和保险都管理自身的资本收益匹配、风险收益匹配和久期匹配，银保合并有相近性，能够解决监管职责不清晰、交叉监管和监管空白等问题，有利于优化监管资源配置，是深化党和国家机构改革，落实全国金融工作会议关于金融体制改革顶层设计的重大举措，强化学生制度认同。

（2）家国情怀。在讲授对商业银行资本充足率的监管要求时，结合巴塞尔协议Ⅲ的推出以及我国银行资本监管实践，向同学介绍目前巴塞尔协议Ⅲ的改革方案，是国际最低标准，并不是最优标准，中国银行业资本充足率已经达到国际最低要求，鉴于中国银行业在国际上发展非常快，资产规模增长的速度也非常快，有必要实施更为审慎的监管指标，来应对可能出现的风险，所以中国商业银行资本监管要求比巴塞尔协议Ⅲ的标准更为严格，激发学生的家国情怀，增强民族自信。

（3）法治意识。在讲授对危机银行的处理时，向学生介绍我国根据《商业银行法》《中国银行业监督管理法》《公司法》，可以对危机银行采取接管、兼并和破产的处理方式，但由于不同于一般的工商企业，包括商业银行在内的金融机构司法破产程序有着其特殊的法律构造，长期以来我国法院其实并无处理商业银行破产的经验，简单适用《企业破产法》也一定会带来相当多的现实难题，结合并比较海南发展银行和包商银行倒闭的案例，引导学生树立法治意识，充分认识到金融法治的重要意义。

（4）理性思维。在讲授其他金融机构的监管时，引导学生认识到这些非银行金融机构也存在潜在金融风险，必须施加金融监管，进一步拓展到近年来飞速发展的互联网金融或金融科技公司的监管问题，厘清其依靠信用、使用杠杆的金融本质，不管是冠以何种名称，本质上还是金融，在提升服务效率、增强金融可及性的同时，仍然会带来甚至放大潜在金融风险，必须坚持同类业务适用同等监管的一致性原则，依法对这些主体实施金融监管，增强学生的理性思维和思辨能力。

（5）全球视野。在讲授外资金融机构的监管时，介绍代表性国家围绕外资金融机构的准入设立、业务范围等方面的具体要求和限制，厘清主权国家针对外资金融机构监管的共性和特征，引导学生树立全球视野，认识到世界各国都对外资金融机构设置了不同程度的特殊规定，我国针对外资金融机构进行审慎监管，是在统筹推进金融开放与维护金融安全，并在结合国际监管实践经验基础上做出的监管安排。

3. 课程思政教学策略实例

（1）课程思政教学实例一：家国情怀。在讲授对商业银行资本充足率的监管要求时，向同学介绍巴塞尔协议Ⅲ关于资本充足率的规定以及我国银行资本监管实践。

2010年9月12日巴塞尔银行监管委员会通过巴塞尔协议Ⅲ，其实是国际最低标准，并不是最优标准，向同学说明中国银行业资本充足率已经达到国际最低要求，鉴于中国银行业在国际上发展非常快，资产规模增速较高，因而有必要执行更为审慎的监管指标，从而应对潜在的金融风险。2013年1月1日我国《商业银行资本管理办法（试行）》（亦称中国版"巴Ⅲ"）施行，其中关于资本监管的要求就比巴塞尔协议Ⅲ的标准更为严格，通过案例激发学生的家国情怀，增强民族自信和金融安全共同体意识。

（2）课程思政教学实例二：法治意识。在讲授对危机银行的处理时，向学生介绍根据《商业银行法》《中国银行业监督管理法》《公司法》，监管当局可以对危机银行采取接管、兼并和破产等处理办法。2019年5月24日，包商银行因出现严重信用风险，被人民银行、银保监会联合接管，并开启破产程序。结合包商银行破产的案例，向同学说明它是我国第一起经由司法程序完成市场退出的商业银行破产案例。1998年，海南发展银行被央行宣布关闭，是包商银行案之前我国唯一一家被监管部门宣布关闭的商业银行，但海南发展银行并未进入司法破产程序，而是走的行政清理程序，目前仍处于"关而不退"的行政清理状态。引导学生认识到金融法治的重要意义，金融机构市场退出法律机制有助于抑制道德风险——由于公共资源投入和对风险兜底所助长的金融机构本身及其债权人（包括存款人以及金融同业机构）不负责任的行为，目前我国关于商业银行破产的法律规范仍需要尽快完善。

（3）课程思政教学实例三：理性思维。近年来，金融科技与金融创新快速发展，必须处理好金融发展、金融稳定和金融安全的关系，有声音甚至鼓吹为互联网金融或"金融科技"松绑监管。通过引入案例，引导学生认识到金融科技并没有改变依靠信用、使用杠杆的金融本质，金融科技在提升服务效率、增强金融可及性的同时，也加大了对金融安全的挑战。引导同学树立理性思维，认识到所有的金融业务都该依法纳入监管，不管是"移动金融""互联网金融""金融科技"，还是"数字金融""智能金融"，本质上都还是金融，必须坚持同类业务适用同等监管的一致性原则。既要鼓励创新，也要加强监管，依法将金融活动全面纳入监管，有效防范风险，对同类业务、同类主体一视同仁，应当客观理性看待"互联网金融"或"金融科技"的监管问题。

（十）"第十章　中央银行与金融市场的监管"的思政教学指南

1. 专业教学目标

健全发达的金融市场是中央银行实施货币政策的重要组成部分，中央银行不仅承担着防范系统性金融风险的职责，而且直接监管着我国的同业拆借市场、票据市场、银行间债券市场、外汇市场和黄金市场。本章主要讨论中央银行与货币市场、资本市

场和外汇市场的监管,具体教学目标如下:
- 理解中央银行与金融市场的关系,明确中央银行在金融市场监管中的重要性;
- 掌握货币市场、资本市场的监管原则与内容;
- 理解外汇市场的监管内容与方法。

2. 重要思政元素及融入点

(1) 制度认同。在讲授中央银行与外汇市场的关系时,向同学介绍我国实行以市场供求为基础、参考一篮子货币进行调节、有管理的浮动汇率制度,汇率制度确定的是国家汇率制度的基本取向,具有长期性、稳定性,从理论上看,固定汇率制度、浮动汇率制度和有管理的浮动汇率制度都各有其优劣性,关键是要综合考虑经济规模、发展状况、内外环境和政策目标等因素,我国汇率制度选择是兼顾大国货币政策独立性和转轨经济体市场化改革尚未完善的必然结果,强化学生的制度认同。

(2) 家国情怀。在讲授外汇市场监管时,介绍我国对资本项目下的人民币与外币之间的兑换仍实行严格管制,引导学生认识到资本账户开放关系到经济金融稳定等亟待解决的现实问题,需要妥善处理好金融开放与金融安全的关系,并且2008年国际金融危机爆发后,IMF等国际金融组织也支持实行适度的资本管制以维护本国金融安全,不宜罔顾金融稳定激进武断地一放了之,激发学生的家国情怀和共同体意识。

(3) 法治意识。在讲授对同业拆借市场的监管时,向学生介绍同业拆借市场的重要地位,同业拆借利率作为货币市场的核心利率,对于各类金融产品的定价发挥参考指示意义。LIBOR(伦敦银行同业拆放款利率)是全球最重要的基准利率之一,LIBOR操纵丑闻等同业拆借市场的违法乱纪现象,严重干扰了国际金融市场的有效运行,因而必须加强对同业拆借市场的监管,引导学生增强法治意识和树立正确的职业伦理道德。

(4) 理性思维。在讲授银行间债券市场的监管时,向同学介绍人民银行发行央行票据能够实现"一石多鸟"的政策目的,引导学生培养理性思维,全方位看待货币政策工具的效能。一方面,人民银行在境内银行间市场发行央行票据,有助于回笼大量外汇流入带来的过剩流动性,增加短期高等级债券供给,完善短端无风险收益率曲线;另一方面,人民银行也可以在香港离岸金融市场发行央行票据,有助于丰富离岸金融市场人民币投资产品系列和流动性管理工具,推动人民币国际化,稳定汇率预期。

(5) 全球视野。在讲授中央银行对外债的管理时,向学生说明如果债务国对外债的依赖性越高,债务国对国际金融市场和国际经济环境变化冲击的抵抗力就越脆弱,举例阿根廷、土耳其等新兴市场国家深陷债务危机和货币危机的案例,而我国的政府性债务中外债占比低,对外债的依赖性小,不易受国际金融市场波动的影响,引导学生树立全球视野,通过国际比较,理解外债管理的重要性。

3. 课程思政教学策略实例

(1) 课程思政教学实例一:家国情怀。党的十九大以来,党中央释放出进一步扩大开放的强烈信号,我国金融业开启了对外开放的新篇章。扩大金融开放虽已成广泛共识,但需要妥善处理好金融开放与金融安全的关系。长期以来,我国实行资本项目有限开放,因为国家宏观调控能力、微观经济主体的自我约束、市场机制作用的发挥等还有待加强和完善,因此有必要对资本项目仍保留部分管制。此外,2008年国际金融危机爆发后,IMF等国际金融组织也支持适度的资本管制。在讲授外汇市场监管时,通过引入案例,引导学生认识到资本账户开放攸关经济金融稳定、内外部失衡调整、人民币汇率制度改革、外汇储备管理等亟待解决的现实问题,推进中国资本账户开放需要更大的决策勇气和全局智慧,不宜罔顾金融安全与稳定激进武断地一放了之,培育学生的家国情怀。

(2) 课程思政教学实例二:法治意识。同业拆借利率作为货币市场的核心利率,是整个金融市场上具有代表性的利率,能够及时、灵敏、准确地反映货币市场乃至整个金融市场短期资金供求关系。LIBOR(伦敦银行同业拆放款利率)是全球最重要的基准利率之一,除基本的资金交易外,包括贷款、浮息债券、证券化产品以及利率衍生品在内的多类金融产品与LIBOR挂钩,将其作为定价基准。自2008年开始,美国和英国等国家的监管部门开始调查LIBOR报价行涉嫌操纵LOBOR。2012年英国巴克莱银行深陷LIBOR操纵丑闻,向英国金融服务管理局(FSA)、美国商品期货交易委员会(CFTC)和美国司法部共计缴纳罚款4.5亿美元,其董事长、首席执行官、首席运营官三大员先后引咎辞职,瑞银、花旗、美国银行、美国摩根大通银行、德意志银行、汇丰银行和苏格兰皇家银行也涉嫌操纵LIBOR被调查。2021年3月5日,英国金融服务管理局(FSA)宣布LIBOR将在2021年12月31日正式停用。通过引入LIBOR操纵丑闻案例,引导学生坚定法治意识,增强学生的社会责任感和职业伦理道德观念。

(3) 课程思政教学实例三:全球视野。阿根廷、土耳其等新兴市场国家为了刺激经济发展,每逢全球货币宽松期间(美元融资利率走低),都会大举借入美元外债资金,导致负债率(外债余额/GDP)、偿债率(中长期外债还本付息与短期外债付息额之和/货物与服务贸易出口收入)以及短期外债占外汇储备比重等外债负担指标纷纷走高,一旦美元进入加息升值周期,这些新兴市场国家对美元债务借新还旧的成本大增,资本流出压力骤增,总会陷入货币危机和债务危机的窘境。在讲授中央银行对外债的管理时,通过案例进行国际比较,引导学生树立全球视野,理解外债管理的重要性,我国的政府性债务中外债占比低,远低于国际标准,对外债的依赖性小,不易受国际金融市场波动的影响。

(十一) "第十一章　金融稳定与中央银行对外金融关系"的思政教学指南

1. 专业教学目标

随着经济全球化的不断深入，金融业的不稳定因素也在不同国家和地区市场之间积聚、传导和扩散，各国中央银行也把防范金融风险、维护金融稳定作为一项重要的职能。本章主要讨论金融稳定的概述、中央银行维护金融稳定的政策措施、金融监管与金融稳定，以及中央银行的对外金融关系，具体教学目标如下：

- 理解金融稳定的含义、目标与基本制度框架；
- 掌握维护金融稳定的框架与工具；
- 了解金融稳定评估指标体系；
- 理解中央银行的对外金融关系。

2. 重要思政元素及融入点

（1）制度认同。在讲授金融稳定时，向同学介绍我国金融运行的总体形势，结合内外部环境因素，分析当前和今后一段时期我国金融领域风险情况，探析金融领域潜在的"灰犀牛"和"黑天鹅"，传达党中央关于防范金融风险的最新研判和要求，引导学生认识到要坚持党中央对金融工作的集中统一领导，增强共识，坚定信心，筑牢底线思维，防范化解金融风险，确保国家金融安全和经济高质量发展。

（2）家国情怀。在讲授中央银行在国家对外金融关系中的地位时，向同学说明由于中央银行作为一国金融机构体系的核心和主导，在业务技术方面具有高度专业性，在对外金融方面具有丰富经验，是各国政府对外金融方面的总顾问，象征着一国的货币主权。结合人民银行主要领导参加或出席中美经贸高级别谈判、国际货币基金组织（IMF）大会或者区域性金融组织大会的新闻事件，激发学生家国情怀。

（3）法治意识。在讲授金融监管协调和稳定机制时，向学生介绍我国"一行两会"（银保监会成立之前为"一行三会"）建立健全监管协调机制的历程，结合《中国人民银行法》修订、人民银行"三定"方案出台以及第五次全国金融工作会议等重大时点及其背后我国金融风险的总体形势，阐述我国金融监管协调和稳定机制不断法制化、权威化和高效化的演进过程，引导学生树立法治意识，充分认识金融法治的重要意义。

（4）理性思维。在讲授金融稳定时，向同学介绍金融稳定目标在中央银行目标体系中的重要地位，尤其是2008年次贷危机爆发后，全球货币当局（尤其是采取通胀目标制的经济体）和学术界进行了深入反思，引导学生建立理性思维，要能够认识到，物价稳定并不能保证金融稳定，中央银行单纯追求将通货膨胀率维持在适宜的范围内，而忽视了金融市场、房地产市场等资产价格的波动及其蕴含的潜在风险，是有失偏颇的，必须统筹物价稳定和金融稳定的政策目标。

（5）全球视野。在讲授国际货币体系和中央银行货币政策协调时，向同学介绍发达经济体货币政策具有溢出效应，国际金融危机和新冠肺炎疫情期间发达经济体中央银行采取宽松货币政策向全球溢出流动性，推升了全球资产价格，加剧了全球资本流动，但是当发达经济体货币政策转向收紧时，可能会对全球资本市场和跨境资本流动带来强烈冲击，引导学生树立全球视野，看待当前国际货币体系的缺陷和国际货币政策协调的必要性。

3. 课程思政教学策略实例

（1）课程思政教学实例一：制度认同。习近平总书记强调，"金融安全是国家安全的重要组成部分，准确判断风险隐患是保障金融安全的前提。"总体上看，我国金融形势是好的，但当前和今后一个时期我国金融领域尚处在风险易发高发期，在国内外多重因素压力下，风险点多面广，呈现隐蔽性、复杂性、突发性、传染性、危害性特点，结构失衡问题突出，违法违规乱象不绝，潜在风险和隐患正在积累，脆弱性明显上升，既要防止"黑天鹅"事件发生，也要防止"灰犀牛"风险发生。党的十九大对金融改革开放和防范系统性风险明确了顶层设计。通过引入案例，引导学生认识到在维护金融稳定方面，要筑牢底线思维，坚持党中央对金融工作的集中统一领导，增强"四个意识"，落实全面从严治党要求，确保国家金融安全。

（2）课程思政教学实例二：法治意识。我国"一行两会"（银保监会成立之前为"一行三会"）监管协调机制经历了不断建立健全的过程。2003年12月27日，第十届全国人民代表大会常务委员会第六次会议通过《中华人民共和国银行业监督管理法》，同时还修订了《中华人民共和国中国人民银行法》，当时《中国人民银行法》第九条规定，国务院建立金融监督管理协调机制，具体办法由国务院规定。2008年6月，国务院建立由"一行三会"和外管局参加的金融旬会制度，定期通报信息、沟通情况，2008年7月国务院办公厅通过人民银行"三定"方案，明确人民银行在国务院的领导下，会同"三会"建立金融监管协调机制，以部际联席会议制度的形式加强监管协调。2017年7月14日—15日，第五次全国金融工作会议决定成立国务院金融稳定发展委员会，旨在加强金融监管协调、补齐监管短板，同年11月，经党中央、国务院批准，国务院金融稳定发展委员会成立，国务院副总理担任主任，委员会办公室设在人民银行，由人民银行行长担任副主任兼办公室主任，至此，我国金融监管协调更加法治化、权威化和高效化。通过对金融监管机构改革的介绍，引导学生形成合规意识，认识到金融法治对于金融业的深远影响。

（3）课程思政教学实例三：全球视野。2020年3月份以来，为应对疫情对经济运行和金融市场的冲击，美国、欧洲、日本等主要经济体央行出台大规模货币刺激措施。2020年，美联储、欧洲中央银行、日本银行资产负债表分别扩张了77%、50%、23%，全球流动性极为宽裕。发达经济体宽松货币政策会产生显著的溢出效应，流动性会向境外漏损。新冠肺炎疫情全球大流行后，我国率先控制疫情、率先复工复产、率先实现经济正增长，2020年我国经济增长2.3%，是唯一实现经济正增长的主要经济体，全年境外资金流入我国债券市场超过1万亿元，60%以上是境外央行的长期资金，购买的主要品种是国债和政策性金融债。应当看到，随着疫情得到控制、经济复苏态势明确，主要经济体央行宽松货币政策将会退出，届时资本流动方向也可能出现变化，这将会对资本市场和跨境资本流动带来潜在风险。党的十九届五中全会提出建设现代中央银行制度，加强国际宏观经济政策协调。通过案例，引导学生培养全球视野，认识到完善国际金融协调合作治理机制既是加强国际宏观经济政策协调的体现，也是建设现代中央银行制度的重要组成部分。

三、《中央银行学》课程思政教学素材

《中央银行学》各章节可以采用的课程思政教学素材包括各种阅读材料、案例分析与讨论等，从中提炼出与专业知识紧密结合的各种思政元素，可选用的主要思政教学素材汇总如下：

序号	内容	形式
1	2008国际金融危机	案例分析
2	《中国人民银行法》	阅读材料
3	《央行票据是适合中国国情的货币政策工具》	阅读材料
4	中国央行法定数字货币DC/EP的实践	案例分析
5	比特币价格走势	案例分析、统计图表
6	中国货币"超发"和中美货币供应量比较	阅读材料
7	美联储、日本央行、欧洲中央银行的资产负债表	案例分析、统计图表
8	习近平总书记在全国脱贫攻坚总结表彰大会上的讲话（2021.2.25）	阅读材料
9	中国、美国、日本、韩国、巴西、泰国等国家外汇储备规模和结构	案例分析、统计图表
10	环球同业银行金融电讯协会支付清算体系SWIFT、人民币跨境支付清算系统CIPS	案例分析

续表

序号	内容	形式
11	我国社会融资规模指标	案例分析、统计图表
12	"校园贷"案件	案例分析
13	2014年我国新预算法修订	阅读材料
14	中国反洗钱工作通过金融行动特别工作组（FATF）评估	案例分析
15	中国人民银行成立的历史背景	阅读材料
16	改革开放以来我国经济增长速度的变化趋势以及经济总量的世界排名	案例分析、统计图表
17	美国、英国、日本、欧元区等经济体采取通胀目标制和量化宽松等货币政策实践	阅读材料
18	《中共中央、国务院关于构建更加完善的要素市场化配置体制机制的意见》（2020.3.30）	阅读材料
19	《2014年第二季度中国货币政策执行报告》	阅读材料
20	新冠肺炎疫情爆发后美国、欧洲和日本等主要经济体货币政策实践	阅读材料
21	中国人民银行公开市场操作的具体过程	阅读材料
22	《中华人民共和国中国人民银行法（修订草案征求意见稿）》（2020.10）	阅读材料
23	2008年国际金融危机和2020年新冠肺炎疫情爆发后美国、欧洲等经济体失业率情况	案例分析、统计图表
24	我国货币政策中介目标演进历程	阅读材料
25	第五次全国金融工作会议新闻稿（2017.7）	阅读材料
26	美国滥用"金融监管长臂管辖"手段	案例分析
27	美国《格拉斯－斯蒂格尔法案》《金融服务现代化法案》《多德－弗兰克法案》关于混业经营与分业经营的沿革	案例分析
28	2008年国际金融危机爆发后美国、英国等代表性国家围绕中央银行金融监管范围和内部机构设置的改革	案例分析
29	我国银行业监督管理委员（银监会）和保险业监督管理委员会（保监会）合并组建"银保监会"	案例分析
30	巴塞尔协议Ⅲ以及我国《商业银行资本管理办法（试行）》（亦称中国版"巴Ⅲ"）	阅读材料
31	海南发展银行和包商银行破产倒闭	案例分析
32	互联网金融或"金融科技"的监管问题	案例分析
33	LIBOR操纵丑闻	阅读材料
34	中国人民银行发行央行票据的实践与评价	案例分析
35	阿根廷、土耳其等新兴市场经济体高度依赖外债的困境与风险	案例分析
36	我国"一行两会"（银保监会成立之前为"一行三会"）监管协调机制建立健全的过程	阅读材料
37	美联储、欧洲中央银行、日本银行等主要货币当局应对2008年国际金融危机和新冠肺炎疫情的非常规货币政策实践	案例分析

《统计学》课程思政教学指南

龚秀芳 傅毅

(上海师范大学)

一、《统计学》课程的专业教学体系与课程思政教学目标

（一）课程简介

《统计学》课程的教学内容主要包括导论、数据的搜集、数据的可视化、数据的概括性度量、统计量及其抽样分布、参数估计、假设检验、分类数据分析、方差分析和一元线性回归，共十个部分。内容涵盖了数据收集、整理和分析的各个环节。本课程的核心内容是两个部分，即描述性统计和推断统计，其中描述性统计部分主要讲授从不同角度测度数据分布特征的方法；推断统计部分，则是讲授如何基于样本信息推断总体信息的方法。

在学习本课程之前，学生已完成了《高等数学》和《概率论》课程的学习。《统计学》课程的教学中贯穿问题导向，帮助学生在发现问题、分析问题和解决问题的过程中不断拓展知识边界，学习统计知识。

（二）课程思政教学目标

1. 课程思政特征分析

《统计学》课程是专业基础课，授课对象是大学二年级本科生，课程思政元素主要与课程中的抽样方法、数据可视化、概括性特征，以及推断统计等知识点内容相结合，从而实现课程思政元素的"盐溶于水"。根据统计学课程的教学内容特点，课程思政元素主要包括制度自信、文化自信、社会责任、家国情怀、科学精神、创新意识等方面。

制度自信：本课程在概括性度量等章节，需要学习不同的概括性度量方法，课程将指导学生将这些度量方法运用于数据描述实践，对国家统计局等相关网站的国家建设数据进行描述，并进行跨地区比较，帮助学生在理解概括性度量方法应用技巧的同时，感受祖国综合国力的提升，理解社会主义制度的优越性，更进一步坚定制度自信。

文化自信：本课程通过介绍中国传统文化中的统计思想，在丰富和拓宽学生视野的同时，帮助学生发现传统文化中丰富的统计学元素，增强学生的文化自信。

社会责任：本课程通过介绍一些典型人物案例，激发学生的社会责任感。例如，通过对南丁格尔在医疗统计方面贡献的案例介绍，让学生了解爱岗敬业、恪尽职守、无私奉献的南丁格尔精神，启发学生将来在完成本职工作的同时，主动承担社会责任，运用专业特长和专业技能回馈社会，让南丁格尔精神遍地开花，让生活更加美好。

家国情怀：本课程将在部分章节介绍中外著名的统计学家或者与课程相关的人物

事迹。通过这些先辈的事迹,激发学生的家国情怀和报国热情。例如我国著名统计学家之一——许宝騄[①]。1940年,我国的抗日战争正处于最艰难的时候,许宝騄在英国伦敦大学学院获得双博士学位后,放弃优越的学术环境和生活条件,毅然返回祖国,受聘为北京大学教授,在昆明西南联大任教,这体现了老一辈学者将个人成长融入祖国的建设中的家国情怀。

科学精神:本课程中包含大量的关于科学运用数据进行决策的内容,这其中就包括什么样的数据才能够进行统计推断——抽样方法,如何运用样本信息对总体参数的陈述进行检验——假设检验,如何判别某种方案是否有效——列联分析,等等。通过课程中对于知识点的言传身教,动手实践,帮助学生掌握发现问题、认识问题、分析问题和解决问题的能力,培养学生求真务实、追求真理的科学精神。

创新意识:祖国未来发展的希望在于创新,青年学生是最容易接受新生事物、最富创新精神的一个群体,要建设创新型国家,必须从培养青年学生的创新意识着手。本课程中部分案例就是鼓励学生运用课堂所学开展思考,并动手实践,既加强对于课内知识的理解,同时也培养学生的创新意识。

2. 统计学课程思政教学目标

《统计学》的课程思政教学目标应对照《高等学校课程思政建设指导纲要》中要求,结合理科类课程特点,将在课程教学中把马克思主义立场观点方法的教育与科学精神的培养结合起来,提高学生正确认识问题、分析问题和解决问题的能力。注重科学思维方法的训练和科学伦理的教育,培养学生探索未知、追求真理、勇攀科学高峰的责任感和使命感。

学生通过对统计学知识的研究,学生感知数学知识中"估计"与"精确"的矛盾统一,形成辩证唯物主义的世界观与价值观;学生具有全球化视野,熟悉学科发展前沿动态,具备正确运用统计学方法分析解决实际问题的科学素养;学生形成运用统计学知识进行科学决策的意识,以及实事求是,用数据说真话的科学精神。

二、《统计学》课程各章节课程思政教学指南

(一)"第一章 导论"的思政教学指南

1. 专业教学目标

通过这一章节的学习,学生将对统计学有一个基本了解,并学习我国大数据行业

[①] https://www.math.pku.edu.cn/misc/probstat/hdh.htm

发展现状以及应用案例,通过课堂讨论和思考,学生能提升自身的表达能力和分析能力。具体教学目标如下:

- 了解统计学的发展历程;理解统计学分析问题和解决问题的一般思路;知道在大数据背景下,统计学在经济管理等相关领域中的具体应用;
- 熟悉各类数据源,具备根据研究问题,查阅收集数据的能力;
- 理解统计工作中恪守原则的重要性,同时树立学以致用、服务社会、服务祖国的目标。

2. 重要思政元素及融入点

(1) 文化自信。《统计学》课程的讨论从我国古代的"结绳记事"谈起,并进一步介绍《周易·系辞上》的"方以类聚,物以群分",《尚书·夏书》中的"关石和钧"统计平均概念。介绍中国古代对于数据的重视和中国古代统计思想的萌芽[1]。该思政元素的融入点为统计学思想的前半部分,通过相关课程学习,提升学生的文化自信。

(2) 制度自信。2020 年,中国科学家成功构建 76 个光子的量子计算原型机"九章",它可以在一分钟时间里完成经典超级计算机一亿年才能完成的任务[2];2019 年,我国人工智能专利申请量超 3 万件[3];同年,中国数据中心的数量超过 7 万个,占全球数据中心规模的 23% 左右。通过相关知识的介绍,鼓舞学生的学习热情,增强学生的制度自信。在介绍完古代统计学发展之后,融入上述课程思政元素,帮助学生理解当下国内统计学相关行业的高速发展。

(3) 家国情怀。在我国历史的长河中,有很多著名的统计学家为我国的统计事业贡献了巨大的力量。通过对他们事迹的介绍,鼓励学生学习统计学家的爱国情怀和奉献精神。

3. 课程思政教学策略实例

(1) 课程思政教学实例一:文化自信。中华文化博大精深,在历史长河之中,闪烁着统计学思想的光芒。其中比较典型的例子包括"结绳记事",即古人通过打结来记录日常事务,这是一种早期的数据记录与初步统计形式。此外,还有《周易·系辞上》中的"方以类聚,物以群分",体现了统计学中的聚类思想,《尚书·夏书》中的"关石和钧",体现了统计平均的概念。通过讲述这些实例,和同学们一同在中华悠久

---

[1] http://tjj.sh.gov.cn/tjzx_tjls/20190218/0014-1003191.html
[2] http://kjt.ah.gov.cn/kjzx/mtjj/119832721.html
[3] http://www.gov.cn/xinwen/2020-10/22/content_5553491.htm

的文明中，探索统计学的思想，鼓励学生传承中华文明，激发学生对于中国传统文化的热爱，增强学生的文化自信。

（2）课程思政教学实例二：制度自信。导论部分主要是对统计学发展历史以及最新发展的介绍。在介绍行业发展时，通过制度自信部分的课程思政教学实例，介绍我国在大数据以及相关领域的最新发展，其中包括人工智能领域的发展、超级计算机的研发以及数据中心的建设，这些都是当下新型基础设施建设的重要组成部分。通过这些实例的介绍，在帮助学生理解我国在相关领域的快速进展的同时，引导学生理解我国的制度优势，增强学生的制度自信。

（3）课程思政教学实例三：家国情怀。在我国统计学的发展过程中，有很多值得尊敬的统计学家，这里介绍统计学家许宝騄，通过回顾许宝騄的生平，以及他在统计学发展中的贡献，鼓励学生向统计学先辈们学习，心怀国家，情系民族，将个人的成长与国家和民族的复兴融合在一起，勇担时代使命。

（二）"第二章　数据的搜集"的思政教学指南

1. 专业教学目标

本章学生将学习各类抽样方法，并运用统计软件进行抽样实践，学生通过对于课堂中案例的学习，认识到只有用科学的方法进行抽样，才能得到科学的结论，才能有助于科学决策。具体教学目标如下：

- 掌握概率抽样方法和非概率抽样方法的特点和适用情形，熟悉不同概率抽样方法的步骤；
- 理解不同概率抽样方法的区别和联系，优点和局限性等；
- 熟悉常用的非概率抽样方法，理解不同非概率抽样方法的适用情形；
- 知道不同的数据来源及其区别；
- 具备依据解决不同问题的需要，选择合适抽样方法的能力，形成统筹考虑问题的意识；
- 具备试验操作，形成问题分析，任务分解，以及运用软件进行抽样实践的能力。

2. 重要思政元素及融入点

（1）科学精神。在章节的开始位置介绍美国1936年的大选，帮助学生梳理《文学摘要》预测错误的原因，进一步引导学生理解不是所有的样本都能够推断总体信息，不是所有情况都是数据量越大越好。使学生认识到，不仅要让数据说话，更要让数据说真话,在这其中,科学的抽样方法就尤为关键。培养学生求真务实、严谨踏实的科学精神。

(2)家国情怀。除了随机与非随机抽样,还有一种数据收集方法是普查。在介绍普查的过程中,展示人口、经济和农业等普查数据[①],引导学生感受我国在各个领域的长足进步,收获对民族与国家的自豪感,激发学生建设国家的热情。

3. 课程思政教学策略实例

(1)课程思政教学实例一:科学精神。该实例以提出问题、分析问题、解决问题的流程展开,首先提出"数据量越大,做出的决策越准确吗?",然后开始介绍1936年的美国大选,以及《文学摘要》在其中做的民意调查,引导学生分析调查中的问题,理解为什么"大数据会跑偏",直观感受科学抽样方法的重要性,使得学生认识到,只有用科学的抽样方法才能做出科学决策,并树立追求科学、追求真理的理想。

(2)课程思政教学实例二:家国情怀。数据的收集方法中,普查是重要的组成部分之一。在介绍普查的概念和特点时,介绍我国的几次重要普查,并向学生介绍普查数据,鼓励学生下载数据,通过简单真理,了解我们生活的国家,了解国情,了解民情,引导学生心怀报国之志,热爱脚下的土地。

(三)"第三章 数据的可视化"的思政教学指南

1. 专业教学目标

通过学习课程中的内容,让学生认识到关注可视化的要点,准确有效传递数据信息的重要性,只有真实可靠的可视化图表才能科学地指导人们生产、投资或消费等。通过学习,让学生树立实事求是、遵循法律、服务社会的价值观。课程通过安排学生通过小组形式进行可视化任务的实践,提升个人的团队协作能力,以及对于任务流程的管理能力。具体教学目标如下:

- 理解并掌握数据可视化的若干要点,并能够依据可视化的要点提出可视化中存在的问题;
- 熟悉不同的数据可视化形式,掌握基本的数据可视化方法,能够根据数据可视化呈现目标,选择合适的可视化形式;
- 具备基本的数据整理能力,以及对于不同类型数据的可视化能力。

2. 重要思政元素及融入点

(1)社会责任。这里主要介绍佛罗伦萨·南丁格尔的案例。南丁格尔出生于英

---

① http://www.stats.gov.cn/tjsj/pcsj/

国，其毕生精力奉献于照顾伤患病人，一生致力于医疗改革和护士教育，专注于研究预防、卫生和培训的重要性，其著名的玫瑰花图成功引起了政府对公共卫生的重视。在1912年，红十字国际委员会创立了佛罗伦萨·南丁格尔奖章，以奖励有关国家的红十字会或红十字附属医护单位的护士、志愿助手、积极分子和定期支持者，以表彰他们在战时或平时以特别的奉献精神和勇气为伤、病、残人或为健康受到威胁的人们的忘我服务和取得的优异成绩。每年的5月12日，也是佛罗伦萨·南丁格尔的生日，被定为国际护士节①。通过对南丁格尔案例的学习，帮助学生领会良好的社会责任感对于社会发展的重要作用。

（2）制度自信。以人民日报微博（2020.5.10）的玫瑰画图作为范例②，讲解数据可视化在流行病学当中的应用，介绍我国在疫情防控中取得的巨大成就，引导学生感受我国的制度优势，增强民族自豪感。

3. 课程思政教学策略实例

（1）课程思政教学实例一：社会责任。教学过程中进行问题导入——"要进行数据的对比，我们可以有哪些可视化的形式可以选择呢"，过渡到玫瑰花图，并进一步引出佛罗伦萨·南丁格尔的生平，她对于医疗卫生领域的贡献，以及她制作的玫瑰花图发挥的作用。课堂上展示原图网页，帮助学生体验南丁格尔以病人为中心，把真诚的爱心无私奉献给了每一位患者，学习和发扬南丁格尔的"燃烧自己，照亮别人"的奉献精神。南丁格尔的奉献精神是社会责任感的集中表现，通过案例，可以使同学们了解南丁格尔精神，在未来的工作中，不仅要认真完成本职工作，而且要具有高度的社会责任感。

（2）课程思政教学实例二：制度自信。在统计学的试验环节，以人民日报微博"新冠肺炎全球疫情形势"玫瑰花图为范例，讲解玫瑰花图的制作过程、色彩配置等，同时融入我国在抗疫过程中所取得的成绩，通过与其他国家对比，引导学生感受我国的制度优势，激发学生的爱国热情，以及树立报效祖国的志向。

（四）"第四章　数据的概括性度量"的思政教学指南

1. 专业教学目标

通过这一章节的学习，学生理解不同概括性度量的作用，体会到综合考虑不同概

---

① http：//m. xinhuanet. com/sn/2020－05/11/c_ 1125970216. htm
② https：//s. weibo. com/weibo? q = %23%E5%85%A8%E7%90%83%E6%96%B0%E5%86%A0%E8%82%BA%E7%82%8 E%E8%B6%85400%E4%B8%87%E4%BE%8B%23&from = default

括性度量的重要性，领会在概括性度量中局部与整体的关系，培养追求认识的真理性，坚持认识的客观性和辩证性的科学精神。具体教学目标如下：

- 掌握概括性度量中各项指标的计算方法，理解数据的集中趋势、离中趋势和数据分布形态描述的含义；
- 能够对已有数据给出不同的概括性度量，并基于度量的数值，对数据的分布进行相应的分析；
- 理解概括性度量的意义，具备对已有数据开展概括性度量计算的能力；
- 理解不同度量方式的特点、联系和区别，具备综合运用不同概括性度量对数据进行全面分析的能力，以及根据不同问题需要，科学选择不同度量方式的能力。

2. 重要思政元素及融入点

本章在教授专业知识的同时，可以将辩证唯物主义、时代精神、家国情怀、社会主义核心价值观等思政元素融入课堂，切合学生发展需求，贯穿课程教学。

（1）科学精神。通过样本均值估计总体均值的知识点，说明从点到面、由面及点，从局部到整体、由整体到局部的辩证关系。据此，我们可以将学生的人生观、世界观、价值观与社会主义核心价值观之间的辩证关系巧妙地结合起来，强调在科学研究工作中要有求真务实的科学精神，追求真理，为建设社会主义贡献力量。

（2）家国情怀。通过对我国改革开放40年的宏观数据描述，结合图表展示经济发展态势，并与国际进行对比分析，立足国情世情，激发同学们的家国情怀，感知时代脉搏，增强道路自信。

3. 课程思政教学策略实例

（1）课程思政教学实例一：科学精神。结合时事热点例如新型冠状病毒的防控，讲解数据的搜索、整理、分析、描述的过程。在2020年2月新型冠状病毒爆发高峰期，著名呼吸病学专家钟南山呼吁各地往来人员应"自我隔离14天"，这"隔离14天"的依据来源于钟南山院士带领科研团队，收集了来自全国31个省市的1099份确诊案例（样本局部数据），通过对这些案例数据的整理，运用蒙特卡洛模拟方法分析得出新冠肺炎潜伏期的中位数为3.0天（平均数），潜伏期在7天以内的概率在90%以上，而潜伏期超过14天的概率为0.838%，也就是说自我隔离14天后，感染新型冠状病毒的概率极小，最后得出了"自我隔离14天"的结论（总体的整体结论）。通过案例，让同学们了解科学认识来源于实践，实践是检验科学认识真理性的标准。

（2）课程思政教学实例二：家国情怀。结合改革开放40年的实际数据，进行前后对比分析，展示我国改革开放40年来各方面取得的巨大成就。40年的历史和现实都告诉我们，中国人民为实现中华民族伟大复兴的中国梦，已经找到了一条正确的道路。中国特色社会主义道路是社会主义现代化的必由之路，是实现人民美好生活的康庄大道。通过案例教学，激发同学们的家国情怀，坚定道路自信，改革开放永不停步。

（五）"第五章　统计量及其抽样分布"的思政教学指南

1. 专业教学目标

本章学生将学习统计量机器抽样分布的相关概念和应用，理解抽样分布体现出的必然性与偶然性的统一、共性与个性的统一，以及局部与整体的统一，形成辩证统一的分析思维方式，培养求真务实的科学精神。具体教学目标如下：

- 理解并掌握统计量及其抽样分布的概念，熟悉并掌握 t 分布、χ^2 分布和 F 分布的概念和性质；
- 理解并掌握中心极限定理以及不同前提条件下，样本均值、样本比例和样本方差的抽样分布；
- 理解并掌握不同前提条件下，样本均值差、样本比例差和样本方差比的抽样分布；
- 具备根据不同的前提条件，确定不同统计量的抽样分布的能力；具备灵活运用抽样分布解决实际问题的能力；具备对于不同抽样分布进行总结归纳和梳理的能力；
- 理解抽样分布在统计推断中的作用。

2. 重要思政元素及融入点

（1）科学精神。在讲解样本比例分布的时候，讲解阿莫斯·特沃斯基（Amos Tversky）与丹尼尔·卡内曼（Daniel Kahneman）在1974年研究中的一个例子，即为什么小医院出生的男孩更多？[①] 该案例讲述样本量小的情形下，样本比例的方差更大，一次抽样出现比较极端的概率更大。通过这个例子，希望学生能够透过现象看本质，养成理性思考、科学判断的习惯。

（2）创新意识。在中心极限定理的讲解之后，提出"如何利用中心极限定理生成正态分布随机数"的问题，鼓励学生运用课堂所学开展思考并动手实践，既加强对于课内知识的理解，同时也培养学生的创新意识。

3. 课程思政教学策略实例

（1）课程思政教学实例一：科学精神。样本比例分布的思政教学步骤如下。第一

---

① Tversky, A., & Kahneman, D. (1974). Judgment under uncertainty: Heuristics and biases. science, 185 (4157), 1124-1131.

步：提出小医院还是大医院出生的男孩更多？鼓励学生回答。第二步：根据学生回答，展示论文中部分结果，使得学生生疑，并分析出现这一现象的原因。第三步：将课堂讲解引入样本比例的方差。通过教学，帮助学生感受收获知识的喜悦，同时认识到运用科学方法解释现实问题的重要性，培养学生的科学精神。

（2）课程思政教学实例二：创新意识。中心极限定理的思政教学步骤如下。第一步：总结中心极限定理的思想、条件和结论，并提出"如何利用中心极限定理生成正态分布随机数"的问题。第二步：学生课后查阅资料并上机实践。第三步：结合中心极限定理给出实验思路，并帮助学生动手实践，创新探索，给出更多的解决方案，激发学生的创新意识。

（六）"第六章 参数估计"的思政教学指南

1. 专业教学目标

本章教学将从实践问题出发，设置问题情境，提升学生对于《统计学》学习的兴趣，提高学生运用统计学方法，正确认识问题、分析问题和解决问题的能力。课程帮助学生理解置信区间中必然性与偶然性的辩证统一，养成用数据说话、又不迷信数据的科学思维方式；培养学生求真务实、勇于创新的科学精神。具体教学目标如下：

- 理解并掌握评价估计量的三大原则：无偏性、有效性和一致性；
- 理解并掌握置信区间的概念和意义，明确点估计与置信区间（区间估计）的联系和区别；
- 学生能够根据具体问题，建立符合前提条件的置信区间，并结合背景对置信区间进行说明；
- 明确估计误差与样本量的关系，并且能够根据具体要求确定样本量；
- 具备评价估计量的能力；具备在实际问题中根据背景信息，活学活用，建立置信区间，并进行解释和分析的能力；
- 具备一定的实践能力，能从原始数据做起，运用 Excel 进行数据处理，并计算相应的置信区间。

2. 重要思政元素及融入点

（1）科学精神。通过分析点估计与区间估计的关系，讲解点估计无法给出估计与真实总体参数偏离的程度，即无法给出估计误差。换而言之，我们需要给出估计误差。进一步来讲，我们需要一个区间，并有很大把握这个区间能够覆盖总体参数。通过对于这一层层递进的逻辑脉络的梳理，培养学生的科学思维方式，锻炼学生的理性思考能力。

（2）制度自信。在两个总体均值之差置信区间的讲解中，引入文献"互联网使用能否促进农民非农收入增加？——基于中国社会综合调查（CGSS）2015年数据的实证分析"及文献数据[①]，将其作为课堂例题。在讲解例题的同时讲解我国4G和5G等网络基础设施建设取得的成就，以及这些基础设施对于个人成长、生活和工作带来的帮助，帮助学生体会我国的制度优势。

3. 课程思政教学策略实例

（1）课程思政教学实例一：科学精神。点估计与区间估计的思政教学步骤如下。第一步：给出一个错把样本均值代替总体均值的案例，让学生辨析概念。第二步：提出是不是点估计就足够了？第三步：根据学生回答，提出估计误差，构建置信区间，并最终帮助学生理解置信区间的意义。通过层层推导，培养学生科学的思维方式。

（2）课程思政教学实例二：制度自信。两个总体均值之差置信区间的思政教学步骤如下。第一步：提出问题"互联网使用促进农民增加多少非农收入？"，然后同学们讨论。第二步：进一步提出问题，我们应该如何估计这个增加的部分呢？第三步：给出文献和数据进行讲解，并同时介绍我国互联网，特别是移动互联网的发展，各类互联网基础设施的建设。通过置信区间的估计，展示互联网给农民带来的增收。通过将课程思政元素与专业例题结合，让学生感受制度的优势，激发学生的爱国热情。

（七）"第七章　假设检验"的思政教学指南

1. 专业教学目标

课程从实际问题出发，引导学生关注抽样调查，并展开假设检验部分的教学。学生通过分析具体问题，解决具体问题，提升对《统计学》课程的兴趣，并理解运用科学方法进行科学决策的重要性。形成用数据说话、不轻下结论的科学思维方式，树立坚持真理、实事求是、一丝不苟、敢说真话的科学态度和价值观。具体教学目标如下：

- 理解假设检验中的小概率原理和反证法思想；
- 熟悉并掌握假设检验的基本流程；
- 能在不同前提条件下熟练运用对应的检验统计量；
- 掌握运用检验统计量和P值进行统计决策的方法，并理解两种方法的联系，能够对于假设检验结果进行准确的理解和表述；
- 具备运用样本数据推断总体参数的能力，能够结合实际问题背景，活学活用，

---

① 杨柠泽，周静. 互联网使用能否促进农民非农收入增加？——基于中国社会综合调查（CGSS）2015年数据的实证分析 [J]. 经济经纬，2019，36（05）：41-48.

运用假设检验解决实际问题；

● 具备根据学习需要，搜集资料、阅读文献和利用数据的能力，具备基本的文献总结与归纳能力。

2. 重要思政元素及融入点

（1）科学精神。在章节的开始部分，介绍统计学家罗纳德·费雪尔（Ronald Fisher）为了验证布里斯托尔（Bristol）[①] 的品茶能力，设计了一整套统计实验。通过这个部分的讲解，让学生认识到，在面对海量信息的今天，我们不能偏听偏信，要用科学的方法对信息进行判别，培养学生去伪求真的科学精神。

（2）创新意识。在章节假设检验的教学之后，会要求学生自己创新性设计一个统计实验，用统计学方法发现问题、分析问题和解决问题。如提出"视觉还是听觉更有助于学习"这一问题，启发学生进行创新实验验证，培养学生的创新意识，加强学以致用。

3. 课程思政教学策略实例

（1）课程思政教学实例一：科学精神。假设检验思政教学的步骤如下。第一步：提出问题"你喜欢什么样的奶茶"，然后简单讨论。第二步：提出问题"你喜欢先放奶还是先放茶"，并进而把问题引入布里斯托尔的"女士品茶"问题。第三步：启发学生给出决策依据，并进一步给出费雪尔的方案，讲解假设检验的原理。整个过程用问题衔接，通过提出问题和解决问题，培养学生用数据说话的科学意识，一丝不苟、实事求是的科学精神。

（2）课程思政教学实例二：创新意识。假设检验教学实践的步骤如下。第一步：展示往届实验设计实例。实验报告包括标题、引言、提出假设、实验设计、数据描述、假设检验、结论。第二步：学生提交选题并讨论可行性。第三步：学生完成实验、讨论并点评。通过整个教学实施，鼓励学生提出问题，并创新地提出实验方案进行分析问题，培养学生的创新意识。

（八）"第八章 分类数据分析"的思政教学指南

1. 专业教学目标

本章将学习分类数据分析，课堂教学从实际问题的具体研究出发，引出分类数据分析中的相关概念及其应用，在教学的同时，帮助学生了解列联分析的具体应用场景，

[①] 戴维·萨尔斯伯格（刘清山，译），女士品茶，江西人民出版社，2016.

培养学生探索未知、追求真理的责任感和使命感。此外，在课堂教学具体案例的分析中，学生体会到科学决策的重要性，培养学生严谨务实的科学态度和科学精神。具体教学目标如下：

- 理解列联表等基本概念，能够熟练掌握列联分析的基本原理和一般流程，并对结果进行分析和说明；
- 熟悉列联表中的相关性度量方法（φ、C、V），理解不同相关系数的区别和联系，以及各自的适用情形；
- 具备在实际问题中，结合具体背景，灵活运用列联分析的能力；通过对于三种分类变量相关性度量方法的课堂讨论，学生具备对于知识点的总结和归纳能力。

2. 重要思政元素及融入点

科学精神。该课程思政元素为介绍如何判别一种药物或者治疗方案是否有效的方法——随机双盲对照试验，以及如何依据试验结果进行决策。通过该元素的教学，帮助学生理解，只有用科学分类的方法才能得到科学的结论，培养学生严谨务实的科学态度和科学精神。

3. 课程思政教学策略实例

采用多种教学手段和策略，在教学内容中融入相关思政元素，例如：课程思政教学实例之科学精神。

分类数据分析思政教学的步骤如下。第一步：提出问题"如何才能判别一种药物或者治疗方案是有效的呢？"，并鼓励学生讨论。第二步：归纳讨论意见，介绍随机双盲对照试验，并展示文献"热毒宁联合奥司他韦治疗病毒性肺炎疗效及对血清炎症因子、病毒抗原转阴率的影响分析"[①]中研究的问题和数据，提出问题"结果显示有效还是无效呢？"。第三步：讲解列联分析原理，并以实际数据进行计算并给出结论。通过带领学生在问题引领下，对真实数据进行实践，一方面能提高学生对于知识的理解水平，另一方面也培养学生脚踏实地、追求真理的科学精神。

（九）"第九章 方差分析"的思政教学指南

1. 专业教学目标

本章将在"问题导向"的学习过程中，培养学生实事求是、严谨务实的科学态度和科学精神。同时也通过案例，课程培养学生运用统计学工具挖掘数据背后价值，形

---

① 刘佰万，万国峰. 热毒宁联合奥司他韦治疗病毒性肺炎疗效及对血清炎症因子、病毒抗原转阴率的影响分析[J]. 中国实用医药，2019，14（14）：128–130.

成用数据说话的科学思维方式。具体教学目标如下：
- 理解方差分析的基本原理，熟悉方差分析与 t 检验的区别，掌握单因素和双因素方差分析的具体步骤、结果分析；
- 理解并能熟练运用 R^2 来度量分类变量与数值型变量的关联强度；
- 具备在实际问题中，结合具体背景，灵活运用方差分析方法解决问题的能力。

2. 重要思政元素及融入点

科学精神。在方差分析教学内容之前，回顾 t 检验的概念，并进一步提出是否可以运用 t 检验完成三个及三个以上总体均值是否全等的检验。通过讨论和实验，帮助学生理解运用新方法的重要性，以及针对不同问题特征运用不同统计方法的能力。在引入方差分析概念之后，结合文献[①]讲解方差分析方法提出的历史[②]，帮助学生拓展知识面，探索与了解不同年代统计学家在推动统计学向前发展中的作用，以及方差分析方法在教育与心理学发展中扮演的角色。使学生了解科学知识；了解科学的研究过程和方法；了解科学技术对社会和个人所产生的影响，培养学生的科学精神，提升学生的科学素养。

3. 课程思政教学策略实例

（1）课程思政教学实例一：科学精神。方差分析思政教学的步骤如下。第一步：举例提出如何检验三个总体的均值是否相等，鼓励学生提出方案。第二步：用 t 检验开展检验，讨论存在的风险。第三步：提出方差分析的概念。通过层层递进的推演，分析 t 检验的局限性，培养学生的科学思维方式。

（2）课程思政教学实例二：科学精神。方差分析拓展知识教学的步骤如下。第一步：介绍方差分析的提出者费雪尔，同时帮助学生回忆之前还有哪些知识点与他有关。第二步：结合文献资料，讲解方差分析的发展过程及其与相关学科的关联。帮助学生较为完整的了解相关知识领域，培养学生勇于探索的科学精神，提升科学素养。

（十）"第十章　一元线性回归"的思政教学指南

1. 专业教学目标

通过这一章节的学习，培养学生的沟通表达能力，以及对于解决方案的统筹安排能力，同时通过案例，学生将理解任何对于数据的度量，都只能刻画数据分布的一个

[①] Tweney, Ryan D. "History of analysis of variance." Wiley StatsRef: Statistics Reference Online（2014）.

[②] https://higherlogicdownload.s3.amazonaws.com/AMSTAT/1484431b-3202-461e-b7e6-ebce10ca8bcd/UploadedImages/Classroom_Activities/HS_8_ _FISHER_and_Design_of_experiments.pdf

部分，体会《统计学》中局部和整体的关系，理解到用数据说话又不迷信数据的重要性，培养实事求是，严谨务实的科学精神。具体教学目标如下：

- 理解线性相关的概念和意义，熟悉并掌握线性相关性度量和检验的方法；
- 理解并掌握一元线性回归模型的原理及其参数估计方法；
- 理解并能熟练运用判定系数进行拟合优度度量，掌握一元线性回归中的显著性检验原理和方法；
- 运用一元线性回归进行预测，掌握残差分析的一般方法；
- 具备运用一元线性回归方法分析问题和解决问题的能力。

2. 重要思政元素及融入点

科学精神。在相关性的教学内容中，安排"相关非因果"的案例，例如冰淇淋销量与鲨鱼攻击的频数之间的关系等，帮助学生正确理解线性相关系数的作用，培养学生严谨务实的科学精神。在一元线性回归讲解中，分解"一元""线性"和"回归"，介绍"回归"这个词的起源①，介绍高尔顿的生平和贡献，帮助学生拓展线性回归的发展过程，及其对相关学科的贡献。

3. 课程思政教学策略实例

（1）课程思政教学实例一：科学精神。相关分析思政教学实例的教学策略步骤如下。第一步：提出"相关非因果"的案例问题，鼓励学生讨论思考。第二步：对问题进行理性归因，帮助学生理解"相关非因果"的知识点。培养学生积极思考、严谨务实的科学精神。

（2）课程思政教学实例二：科学精神。回归分析思政教学实例的教学策略步骤如下。第一步：解释"一元""线性"，提出问题，为什么是"回归"呢？第二步：结合文献，讲解高尔顿的生平、贡献，以及"回归"的出处。帮助学生拓展相关领域的知识面，深入了解统计学家的科学精神，加深对于知识点的理解，掌握其对于相关学科的贡献。

三、《统计学》课程思政教学素材

序号	内容	形式
1	https://www.math.pku.edu.cn/misc/probstat/hdh.htm	阅读素材

---

① https://galton.org/bib/JournalItem.aspx_action=view_id=157

续表

序号	内容	形式
2	http：//tjj. sh. gov. cn/tjzx_ tjls/20190218/0014－1003191. html	阅读素材
3	http：//kjt. ah. gov. cn/kjzx/mtjj/119832721. html	阅读素材
4	http：//www. gov. cn/xinwen/2020－10/22/content_ 5553491. htm	阅读素材
5	http：//www. stats. gov. cn/tjsj/pcsj/	相关数据
6	http：//m. xinhuanet. com/sn/2020－05/11/c_ 1125970216. htm	视频资料
7	https：//s. weibo. com/weibo? q＝%23%E5%85%A8%E7%90%83%E6%96%B0%E5%86%A0%E8%82%BA%E7%82%8E%E8%B6%85400%E4%B8%87%E4%BE%8B%23&from＝default	图片资料
8	Tversky, A. , & Kahneman, D. (1974). Judgment under uncertainty：Heuristics and biases. science, 185 (4157), 1124－1131	文献资料
9	杨柠泽, 周静. 互联网使用能否促进农民非农收入增加？——基于中国社会综合调查 (CGSS) 2015 年数据的实证分析 [J]. 经济经纬, 2019, 36 (05)：41－48	文献资料
10	戴维·萨尔斯伯格 (刘清山, 译), 女士品茶, 江西人民出版社, 2016	文献资料
11	刘佰万, 万国峰. 热毒宁联合奥司他韦治疗病毒性肺炎疗效及对血清炎症因子、病毒抗原转阴率的影响分析 [J]. 中国实用医药, 2019, 14 (14)：128－130	文献资料
12	Tweney, Ryan D. " History of analysis of variance. " Wiley StatsRef：Statistics Reference Online (2014)	文献资料
13	https：//higherlogicdownload. s3. amazonaws. com/AMSTAT/1484431b－3202－461e－b7e6－ebce10ca8bcd/UploadedImages/Classroom_ Activities/HS_ 8_ _ FISHER_ and_ Design_ of_ experiments. pdf	阅读素材
14	https：//galton. org/bib/JournalItem. aspx_ action＝view_ id＝157	阅读素材

《项目评估与管理》课程思政教学指南

周汉[1]　魏玮[2]

([1]南京财经大学　[2]上海立信会计金融学院)

一、《项目评估与管理》课程的专业教学体系与课程思政教学目标

（一）课程简介

项目评估与管理是一门具有完整理论体系和方法论的技术经济学科，主要以国家发展和改革委员会及投资金融机构为主体，以拟建项目为对象，以社会效益、国民经济效益和项目单位的商业效益为基准，采用综合的经济分析方法和指标，在项目可行性研究的基础上研究项目建设投资决策、项目系统运行、资源配置、方案选优、投资规模、价值估算等问题。本课程将系统地阐述投资项目评估与管理的理论和方法，主要内容包括：项目评估与管理导论；市场分析及生产规模的确定；项目建设必要性评估与建设条件评估；项目财务基础数据的测算与评估；项目财务效益评估；项目的国民经济效益评估；项目的社会评估；项目管理相关知识；项目的风险管理；项目的不确定性分析；项目的方案比选与总评估；项目后评估等。

本课程的内容均采用多媒体授课，为使学生更好地理解项目评估与管理的基本理论和方法，在课程讲授过程中将结合具体案例进行分析。同时，为培养学生实际解决问题的专业能力，本课程还将安排一定的课堂讨论或小组作业。

（二）课程思政教学目标

1. 课程思政特征分析

通过本课程的学习，学生应掌握项目评估与管理的基本知识和基本理论，能够运用所学理论和方法对项目建设的必要性进行分析；能够运用相关指标对项目的财务效益、国民经济效益和社会效益进行测算并评估；掌握项目管理的相关知识和管理方法，从而达到投资学专业培养目标的要求。本课程的授课对象为本科三年级的学生，处于世界观、价值观和人生观形成的关键时期，他们拥有一定的专业知识，具有一定的政治意识和公民意识，但对如何进行投资项目的决策、评估的认识还很少。本课程有助于学生专业知识的学习，并将充分发挥其德育功能，运用德育的学科思维，在"润物细无声"的知识学习中融入思政资源，对学生大局意识、公民意识和政治意识的塑造具有积极意义，同时也自觉将专业能力培养与社会主义建设、中华民族伟大复兴相结合，从而实现立德树人。

根据项目评估与管理的学科特征、知识结构和教学要求，其蕴含的思政元素主要包含制度认同、家国情怀、社会责任与创新意识四个方面的维度。

制度认同：项目评估与管理的课程涉及我国最新财税、金融、外汇、投资管理法规和政策要求，特别涉及相关经济政策和投资管理法规和制度，都有助于学生认识到中国共产党领导的社会主义制度的优越性，从而增强制度认同。

家国情怀：家国情怀的基本内涵包括家国同构、共同体意识和仁爱之情，有助于增强国家认同和民族凝聚力。本课程的相关案例是彰显家国情怀的重要手段，包括解读国家十四五规划中重点投资项目、某长江大桥项目的节能评估、某高速公路工程环境影响评估等，这些案例的分析，是学生了解中国在发展过程中以人民利益为先的重要来源，也是帮助学生实现文化认同、强化家国情怀的重要来源。

社会责任：本课程涉及大量通过对拟建项目质量与数量、静态与动态、微观与宏观方面的分析和比较以确定项目的可行性、投资规模等，大的项目甚至关乎国家整体经济利益及全社会的经济福利，通过这些案例的分析，一方面让学生加深专业知识的理解，另一方面提醒学生在利用专业知识时，分析相关事件经济效益的同时也要有社会责任意识。

创新意识：本课程涉及影响效益的经济政策和经济管理体制进行评估，这是完善项目、争取更好的效益和提高决策水平的重要环节，有助于学生从产品层面、组织层面和制度层面加强创新意识，专注创新能力培养。

2. 项目评估与管理课程思政教学目标

采用多样的教学方式，体现和强化课程思政元素，融入专业知识，实现以下目标：

增强政治认同感；接受马克思主义唯物史观、学习使用辩证法分析和解决问题；认同、拥护中国共产党领导的社会主义制度；树立正确的社会主义价值观；培养家国情怀、创新意识；形成良好的职业伦理道德，具备高度的法律意识和社会责任感。

二、《项目评估与管理》课程各章节课程思政教学指南

（一）"第一章　导论"的思政教学指南

1. 专业教学目标

通过本章教学，要求初步了解和掌握投资项目评估和管理的研究内容和基本理论，掌握投资项目和投资决策的基本概念和特点；掌握对投资项目的背景分析和经济环境分析方法；掌握项目评估的概念、内容及原则；掌握项目管理的概念、发展阶段及内容构成；掌握项目生命周期在项目评估中的重要作用。

2. 重要思政元素及融入点

投资项目评估与管理是一门具有完整理论体系和方法论的技术经济学科，主要以国家发展和改革委员会及投资金融机构为主体，蕴含丰富的思政元素，主要思政元素和相关知识板块包括：

（1）制度认同。通过学习我国现行的投资政策，学生对我国的国民经济、社会总体发展战略、长期规划的重点项目投资决策有深入的了解，更加认同我国的投资决策宗旨和方法，增强学生的政治认同和制度认同。

（2）家国情怀。在讲授项目评估的国际发展历程和在我国的发展历史时，让学生认识到随着我国经济体制改革的深入，我国项目评估方法在日趋成熟，但仍存在着一些理论与实践的问题。因此，在专业学习中应更加努力，为中华民族的伟大复兴而努力，激发学生的家国情怀和爱国热情。

（3）社会责任。在讲授项目评估与管理的内容和程序时，强调项目评估的基本原则和其对项目本身生命力和经济效益的重要影响，强化学生的职业道德与社会责任感。

（4）创新意识。通过讲解具体实例，让学生了解项目背景分析中的项目定位，在实际环境中运用分析手法进行透彻分析，再结合专业知识训练，培养创新能力。

3. 课程思政教学策略实例

采用多种教学手段和策略，在教学内容中融入相关思政元素，例如：

（1）课程思政教学实例一：制度认同。在讲授投资决策方面的知识时，向学生介绍我国目前的三个投资决策层次，包括宏观投资决策、大中型项目投资决策、微观投资决策。让学生认识到我国投资决策层次设置的科学性，三层决策互相影响的紧密关系。宏观投资决策是另外两个层次决策的前提，让学生了解其他两种决策都是在国民经济和社会发展总体规划的指导下施行，启发学生对我国以国家的规划方针为指导的投资决策制度产生认同。

（2）课程思政教学实例二：家国情怀。在讲授项目评估的国际发展历程和在我国的发展历史时，让学生了解到我国的项目评估理论和方法，我国政府对投资决策中项目评估的重视。从我国项目评估的发展现状入手来介绍我国项目评估工作和实践中仍然存在的问题，培养学生对我国项目评估发展的自豪与为项目评估工作的完善而努力的家国情怀。

（3）课程思政教学实例三：创新意识。在讲解项目背景分析时，让学生掌握背景分析中的产业背景、区域背景、项目定位的分析方法，通过研究产业政策、区域指向类型、项目的行业定位，让学生自主来进行项目的背景分析，培养学生的创新意识和结合具体实际运用知识的能力。

（二）"第二章 市场分析及生产规模的确定"的思政教学指南

1. 专业教学目标

通过本章教学，要求掌握市场分析的基本方法，包括市场调查的概念、程序、内容及方法；市场预测的概念、程序、内容及方法；掌握项目生产规模分析的基本方法。

2. 重要思政元素及融入点

（1）制度认同。在讲授市场调查的作用与功能时，联系十四五规划中提出的"在当前时代背景下确保如期完成全面建设小康社会的目标"，让学生认识到社会主义市场经济体制的市场特点，认识到市场调查对政策制定的重大影响，加深学生对国家政策、战略目标等的进一步理解，增强学生的理论自信、制度自信和认同感。

（2）家国情怀。我国目前仍处于社会主义初级阶段，市场经济体制是社会主义初级阶段的重要组成部分，通过讲授市场预测的程序、方法，如定性预测、定量预测，让学生认识到市场预测是利用市场调查而来的数据对产品未来的供应量、需求量等进行预测，从而调整相关产业。市场预测关乎全社会的经济利益，以此激发学生的家国情怀，为"经济效益"和"经济福利"最大化而奋斗。

（3）社会责任。在介绍运用经验法、规模效果曲线法、净现值最大法、分步法确定项目的生产规模时，着重强调确定项目生产规模对企业经济效益的影响，培养学生的职业道德观念，增强学生的责任意识。

（4）创新意识。通过讲解具体实例，让学生掌握市场调查的基本方法，在实际环境中运用分析手法进行透彻分析预测，但要带领学生认识不同的市场调查方法的优缺点，结合专业知识训练和实际情况，培养学生的创新能力。

（三）"第三章 项目建设必要性评估与建设条件评估"的思政教学指南

1. 专业教学目标

通过本章教学，要求掌握市场分析的基本方法，包括市场调查的概念、程序、内容及方法；市场预测的概念、程序、内容及方法；掌握项目生产规模分析的基本方法。

2. 重要思政元素及融入点

（1）制度认同。在介绍项目建设必要性评估的内容时，融入京沪高铁工程建设必要性评估的案例，讲述我国自主建设起来的这一里程碑工程，以及其对中国未来高铁建设的重要意义，培养学生对我国工程建设的自信与制度认同。

（2）家国情怀。在教授项目评估的内容与程序时，讲述我国目前成功的项目评估案例与先进的项目评估方法，培养学生家国情怀，引导学生为我国的工程建设行业的美好明天而努力。

（3）社会责任。通过教授学生项目资源条件评估的原则和内容，帮助学生了解到项目评估的重要性，强化责任意识。让学生掌握必要的项目评估分析方法，增强学生的专业技能，培养其对项目评估的责任意识。

（4）创新思维。在课程中融入国家十四五规划明确提出的 5G 网络建设项目，并且让学生结合已学知识尝试分析 5G 网络项目建设的必要性以及对我国国民经济发展起到的作用。培养学生独立思考的能力与联系现实的创新思维。

3. 课程思政教学策略实例

采用多种教学手段和策略，在教学内容中融入相关思政元素，例如：

（1）课程思政教学实例一：制度认同。通过讲述京沪高铁工程建设必要性评估的案例，讲述京沪高铁这一工程的显著特点和社会经济意义，表现出这一工程对我国项目建设必要性评估的示范作用，培养学生的自豪感，激发学生的政治认同感。

（2）课程思政教学实例二：创新思维。通过国家十四五规划明确提出要加快 5G 网络项目建设的例子，让学生尝试分析 5G 网络项目建设的必要性以及对我国国民经济发展起到的作用，运用已学习的项目评估的知识，来对 5G 网络这一案例进行分析，培养学生的创新意识。

（3）课程思政教学实例三：家国情怀。结合具体案例，讲述我国风电、光伏发电项目建设的案例，了解我国最新的产业政策，培养学生的家国情怀。

（四）"第四章　项目财务基础数据的测算与评估"的思政教学指南

1. 专业教学目标

财务基础数据的测算与评估是项目评估中重要的一部分，是进行进一步估算的基础。通过本章的教学，要求掌握财务基础数据估算的概念、原则以及程序内容和方法；掌握项目投资估算与资金筹措的内容；掌握投资成本的测算；掌握各时期成本与费用测算以及投产后的收益与利润测算。

2. 重要思政元素及融入点

（1）制度认同。在讲授项目资金筹措时，结合国务院发布的《国务院关于固定资产投资项目试行资本金制度的通知》，带领学生学习领悟国家在项目资本金筹资方面的相关政策，从而增强学生的政治认同感和制度认同感。

（2）家国情怀。项目财务基础数据估算是一项非常烦琐的工作，既要保证工作的效率也要保证测算数据的可靠性，带领学生思考体会国家投资一个项目所需要做出的努力，激发学生的爱国情怀，增强国家认同感。

（3）社会责任。建设项目投资包含了固定资产投资、无形资产投资、其他资产投资等诸多内容，且每一类有其对应的计算方式。在向学生讲授项目总投资时，结合不同的案例，具体情况具体分析，尝试让学生自己制作建设投资估算表与流动资金估算表等，增强学生的社会责任。

（4）创新思维。在测算出财务数据的基础上进行项目投资的估算、成本费用的测算，资金筹措有很多来源，在教学过程中，应当使学生们认识到要采取合适的资金来源使项目投资成本最小化，激发学生的创新思维，提高创新能力。

（五）"第五章　项目财务效益评估"的思政教学指南

1. 专业教学目标

通过本章的教学，要求掌握项目财务效益评估的内容和程序，掌握基本财务报表的运用方法以及对财务评价指标体系的划分；掌握资金的时间价值及其等值计算；能够运用各项评价指标分别进行项目的盈利能力、清偿能力和外汇平衡能力的分析。

2. 重要思政元素及融入点

（1）制度认同。本章课程中将向学生介绍我国目前财务评价指标体系与计算方法。我国已初步形成的科学合理的财务评价指标体系可以激发学生的政治认同感和制度认同感。

（2）家国情怀。对我国投资项目财务评价指标以及决策方法的现状进行分析，帮助学生了解我国财务评价指标仍然不能完全适应经济形势的需要。培养学生的家国情怀，为我国财务评价指标的不断完善做贡献。

（3）社会责任。通过本章的学习，让学生掌握项目财务效益评估的内容和程序、财务评价指标体系与计算方法，了解财务效益评估时投资决策和审批决策的重要意义，激发学生对项目评估工作的责任意识与敬畏心。

（4）创新思维。在讲授项目财务效益评估的内容和程序时，让学生根据背景材料中提供的基础数据编制全部现金流量表，并计算年有效折现率、折现系数、折现净现金流量值和累计折现现金流量值，培养学生自主分析问题的能力和创新思维。

3. 课程思政教学策略实例

采用多种教学手段和策略，在教学内容中融入相关思政元素，例如：

（1）课程思政教学实例一：创新思维。在讲授项目财务效益评估的基本财务报表编制时，让学生通过所学知识，结合书后数据自主编制现金流量表、利润表，了解编制方法，熟悉编制程序，培养学生的创新思维。

（2）课程思政教学实例二：社会责任。通过教授项目财务效益评估的内容和程序，让学生掌握盈利能力评估、清偿能力评估、外汇能力评估等内容，熟悉评估程序，利用有关报表对财务比例进行分析，得出自己的评价结论，激发学生对项目评估工作的责任意识。

（六）"第六章　项目的国民经济效益评估"的思政教学指南

1. 专业教学目标

通过本章的教学，要求掌握国民经济效益评估的概念和作用；引入影子价格的概念来具体说明国民经济效益评估的实际应用。

2. 重要思政元素及融入点

（1）制度认同。对于一个对我国整体社会经济都有重大影响的项目来说，仅从财务角度分析其可行性是不够的，通过长江三峡工程案例引入国民经济效益评估的概念。我国现行的市场机制并不完善，不能完全做到社会资源的优化配置，因此政府的宏观调控起到了十分重要的作用，而国民经济效益评估是政府宏观调控的有力手段，由此激发学生的理论自信与制度认同感。

（2）家国情怀。在讲授国民经济的效益时，联系习近平总书记在同吉林省企业职工座谈时指出的：国有企业是国民经济发展的中坚力量，带领学生主动思考如何理解国有企业投资项目在国民经济效益方面起到的特殊作用，激发学生的爱国情怀，为中华民族的伟大复兴奋斗。

（3）社会责任。在重点讲授外贸货物、非外贸货物、特殊投入物等的影子价格时，要提醒学生注意外贸货物和非外贸货物的区分，强调影子价格在项目评估中起到的优化资源配置作用，注重培养学生的社会责任感。

（4）创新思维。费用与效益分析是国民经济效益评估的基础，基本要求是以最小的费用取得最大的收益，在讲授项目的间接费用与间接效益时，要提醒学生们要培养开放思维、创新意识，多方面考虑，例如：项目为社会创造的就业机会、高速公路的修建为沿路地区带来更多的投资机遇等。

(七)"第七章 项目社会评估"的思政教学指南

1. 专业教学目标

通过本章的教学,要求学生掌握项目社会评估的方法,包括基准线调查法、"有无项目"对比法、逻辑框架分析法和综合分析评估法等。

2. 重要思政元素及融入点

(1)制度认同。在讲授项目社会评估的概念与内容时,结合我国的《投资项目可行性研究指南》,向学生介绍项目评估在我国的发展现状,讲述其发展完善的过程以及国内外制度体系的异同,激发学生对我国项目评估体系的制度认同感。

(2)家国情怀。尽管我国项目经济评估体系日臻成熟,我国的项目社会评估体系仍然处于起步阶段,面临着许多的问题。通过讲述我国项目社会评估体系的主要问题,培养学生的家国情怀,为完善我国项目社会评估体系努力。

(3)社会责任。在讲解项目社会评估的概念特点和开展项目社会评估的作用意义时,结合习近平总书记于2015年8月在浙江湖州安吉考察时提出的"绿水青山就是金山银山"的科学论断,让学生理解这一论断对项目社会评估工作的指导意义,培养学生保护国家环境的社会责任与自觉意识。

(4)创新思维。在讲授项目社会评估的程序和基本方法时,让学生根据已给数据计算国内分配指数和国外分配指数,培养学生的创新思维。

3. 课程思政教学策略实例

采用多种教学手段和策略,在教学内容中融入相关思政元素,例如:

(1)课程思政教学实例一:制度认同。向学生介绍我国的《投资项目可行性研究指南》,让学生了解中国开展项目社会评估的内容和方法,认识到我国政府对项目社会评估的逐渐重视,激发学生们的制度认同感。

(2)课程思政教学实例二:家国情怀。向学生介绍我国项目社会评估存在的问题,如专业人才紧缺、体制不完善、操作不规范、重视程度不够等问题,激发学生对项目社会评估理论研究的学习热情和家国情怀。

(3)课程思政教学实例三:社会责任。在讲授开展社会评估的作用意义时,让学生学习习近平主席"绿水青山就是金山银山"的科学论断,了解环保工作项目的社会意义,增强爱护环境的责任意识。

(八)"第八章 项目管理相关知识"的思政教学指南

1. 专业教学目标

通过本章的教学,要求掌握项目质量的定义、项目质量管理的概念与内容、项目质量规划的编制等;掌握有关项目时间管理的内容和方法;掌握有关项目人力资源管理的内容。

2. 重要思政元素及融入点

(1) 制度认同。在讲授项目质量管理的概念时,要注意项目质量的概念与项目管理的概念的区分,带领学生学习 ISO 9000:2000 标准提出的质量管理八项原则,从而增强学生对我国的一系列标准、政策的制度认同感。

(2) 家国情怀。利用徐工集团全球人力资源信息化平台项目引入项目人力资源管理讲解,使学生了解我国当前处于信息高速发展的时代,但人力资源信息化管理平台还没有完全普及,以此激发学生的家国情怀,坚定地站在国家政府一方。

(3) 社会责任。在学习项目时间管理的概念以及项目时间管理时,强调项目活动时间估算的重要性。项目活动时间估算是项目经理编制项目计划和进行项目计划控制的重要依据,以此培养学生的职业责任感,对每一个项目要有适当的时间规划。

(4) 创新思维。在项目工作分解结构的基础上对项目活动进行排序有利于项目时间的管理,排序时既要考虑到内在逻辑关系也要考虑到各种外部关系,制定准确的逻辑关系网。但排序工作可能会使原有的项目结构出现问题,因此要培养同学们的创新思维,积极寻求方法解决过程中出现的问题。

(九)"第九章 项目风险管理"的思政教学指南

1. 专业教学目标

通过本章的教学,要求学生掌握项目风险和项目风险管理的一般概念;掌握项目风险管理的主要工作和内容,掌握项目风险管理规划的概念、方法和成果;掌握项目风险识别的概念和项目风险识别的工具、技术和成果;掌握项目风险定性分析和项目风险定量分析;掌握风险应对规划的概念和项目风险应对规划的工具与技术;掌握项目风险监测控制的概念和项目风险监测控制的工具与技术。

2. 重要思政元素及融入点

(1) 制度认同。向学生介绍我国的项目风险管理的发展过程时,引用《中央企业全面风险管理》这一标志性文件,阐明项目风险管理研究在我国不断深入的趋势,培养学生的制度认同感。

（2）家国情怀。在教授项目风险管理概述时，引用四川雅安地震抗震救灾工作的案例，说明随着科学进步和管理水平的不断提高，国家管理和控制风险的能力也在不断增强，激发学生为提高我国项目管理水平做贡献的家国情怀。

（3）社会责任。通过让学生了解项目风险管理的主要工作内容，强调项目风险管理的目的与意义，增强学生的专业知识和社会责任感。

（4）创新思维。让学生掌握项目风险识别的依据、方法，掌握书中的多种数学模型与分析方法，自主辨别出风险定性分析和风险定量分析的区别与两者的分析工具、技术，培养学生的创新意识。

（十）"第十章 项目的不确定性分析"的思政教学指南

1. 专业教学目标

通过本章的教学，要求掌握项目不确定性分析的基本方法，包括盈亏平衡分析法、敏感性分析法和概率分析法。

2. 重要思政元素及融入点

（1）制度认同。在讲授项目敏感性分析时，通过讲解项目敏感性分析的具体步骤，让学生体悟国家政府在投资一项项目时需要考虑的诸多因素，增强学生的制度认同感。

（2）家国情怀。在教授项目概率分析时，结合铜精矿的案例具体讲解概率分析的步骤及其重要性，同时要强调工作人员的经验和能力是分析过程的重要因素，激发学生的家国情怀，提高自己的能力为提高项目质量做贡献。

（3）社会责任。在重点讲授互斥方案盈亏平衡分析的基本方法时，要向学生介绍简单明了的项目盈亏平衡分析，帮助其尽快把握决策目的，但也要讲述上述方法存在的不可避免的局限性，由此激发学生的责任意识。

（4）创新思维。由于客观条件等因素的变动和主观预测能力的限制，预测结果和实际情况有时是不一致的，在教学过程中，结合具体案例，引导学生发挥主观能动性，进一步完善项目评估的假设和预测条件，增加分析的确定性，培养学生的创新思维能力。

（十一）"第十一章 项目方案比选与总评估"的思政教学指南

1. 专业教学目标

通过本章的教学，要求学生掌握在项目各局部评估论证的基础上，对拟建项目进行综合分析，并作出总体评估决策，形成项目评估论证报告，提出结论性意见和建设性建议。

2. 重要思政元素及融入点

（1）制度认同。在讲解项目评估的概述时，明确项目总评估以国家政策方针、经济参数为主要依据，培养学生对国家时事的专注和制度认同。

（2）家国情怀。在讲述项目总评估内容时，对学生阐明项目需符合国家目前的经济、产业的发展情况，培养学生的家国情怀。

（3）社会责任。指导学生利用已有知识阐述项目总评估的必要性和任务，明确项目评估对国家、社会、企业发展的必要性，提高学生对评估后得出准确可靠意见的要求，增强对项目评估工作的责任意识。

（4）创新思维。在讲授项目评估报告的编写要求和内容后，让学生自主编写一个规范的项目评估报告，培养学生的实践能力和创新思维。

3. 课程思政教学策略实例

采用多种教学手段和策略，在教学内容中融入相关思政元素，例如：

（1）课程思政教学实例一：制度认同。项目总评估应根据国家宏观管理的要求和项目的具体特点，在财务评估和国民经济评估的基础上，进行综合的计算、分析和论证。通过讲解"一带一路"沿线投资项目的现状，以项目总评估为研究对象，培养学生对国家时事的专注度和政治认同。

（2）课程思政教学实例二：社会责任。以国家扶贫项目为案例，向学生明确项目评估对国家、社会、企业发展的必要性，它不仅综合反映了前期各分项评估工作的成果和质量，而且还能直接为项目投资决策提供科学依据。通过对实例的讲解培养学生的责任意识。

（十二）"第十二章　项目后评估"的思政教学指南

1. 专业教学目标

通过本章的教学，要求掌握项目后评估的概念、内容，能准确区分项目后评估与前评估，熟练掌握项目后评估的程序，了解项目后评估报告的内容及其格式。

2. 重要思政元素及融入点

（1）制度认同。在教授项目后评估的机构设置、项目后评估的程序时，向学生讲解我国的评估机构的变化发展，让学生对我国的评估制度产生认同感。

（2）家国情怀。通过将我国评估机构和规章制度与世界各国和其他机构做比较，让学生意识到我国评估机构的设立和功能上存在的不足，培养其为我国未来评估机构的完善而做贡献的家国情怀。

（3）社会责任。在讲授项目后评估的内容、方法、评估指标后，让学生对项目后评估的主要评估指标进行总结，培养其对项目评估的责任意识。

（4）创新思维。在讲述完本章知识后，让学生自主辨别项目后评估与项目前评估的区别，培养学生的创新思维能力。

三、《项目评估与管理》课程思政教学素材

序号	内容	形式
1	项目评估发展历史	阅读材料
2	项目建设规模计算	案例分析
3	京沪高铁工程建设	阅读材料
4	超级工程："天路"——青藏铁路工程	案例分析
5	港珠澳大桥项目建设	阅读材料、视频
6	甘肃省陇东煤化基地建设	案例分析
7	《国务院关于固定资产投资项目试行资本金制度的通知》（国发［1996］35号）	阅读材料
8	"一带一路"沿线投资项目现状	案例分析、视频
9	习近平在世界经济论坛2017年会开幕式上的主题演讲	阅读材料、视频
10	习近平总书记点赞陕西柞水央企扶贫项目：小木耳，大产业！	阅读材料
11	十四五规划100个重大工程	阅读材料
12	十八大以来，习近平心系重大工程	阅读材料
13	习近平考察香港重要基础设施建设项目	阅读材料、视频
14	遂广高速公路工程环境影响评估	案例分析
15	某长江大桥项目的节能评估	案例分析
16	民生银行优化中小企业业务管理模式	案例分析
17	江苏省以"区域能评、环评＋区块能耗、环境标准"取代项目能评、环评试点工作方案（试行）	阅读材料
18	脱贫后，扶贫项目资金该咋管？四川各地探索新模式	阅读材料
19	国务院扶贫办关于做好2019年度中央财政专项扶贫资金和项目安排的通知	阅读材料
20	习近平擘画"绿水青山就是金山银山"：划定生态红线　推动绿色发展	阅读材料
21	习近平"绿色治理"观：世界认同体现中国担当——国际社会高度评价"绿水青山就是金山银山"论	阅读材料
22	看习总书记怎样保护绿水青山	图片、视频

《信用管理学》课程思政教学指南

高晓娟[1]　　刘松[1]　　陈洪海[2]

([1]上海立信会计金融学院　[2]南京财经大学)

一、《信用管理学》课程的专业教学体系与课程思政教学目标

(一) 课程简介

《信用管理学》是信用管理专业的必修课,以信用管理技术与服务为载体,讲授信用管理运行机制。通过课程学习,要求学生掌握基本的宏、微观信用管理方法,熟悉征信技术、商账追收、保理、信用保险、信用担保及信用管理咨询等服务的应用。本课程是后续课程《征信理论与实务》《企业信用管理》《信用风险管理》的基础,有助于提升学生的综合应用能力。

本课程的教学在方法上注重理论与实践相结合、成熟市场与新兴转轨市场相结合,突出实务性与可操作性,由浅入深,抓住理论和实践发展中的难点和热点问题,同时密切跟踪国内外前沿领域的理论和实践创新的最新趋势,特别是近年来中国信用发展实践,结合相关经典案例,充实教学内容、丰富教学方式,激发和调动学生学习的兴趣,以达到教学目的与要求,顺利完成教学任务。

(二) 课程思政教学目标

1. 课程思政特征分析

《信用管理学》是信用管理专业的核心课程,课程具有"难""新""热"的特点。"难"体现在信用管理等业务在我国发展时间不长,关系到经济的进步和社会的稳定,信用管理行业在不断试错中进步。"新"体现在信用管理的内容涉及社会的方方面面,除了研究信用之外,还需要研究体系中的各类主体行为,都在不断的探索之中。"热"表现在党中央和政府的大力支持和建设下,社会信用体系建设成为当今社会的热点,其衍生出来的问题不仅需要靠专业技术来解决,更依赖于公民品德素质的提高。

信用管理学是培养学生认识信用资源配置功能的重要课程。本课程的授课对象为本科二年级的学生,他们正处于世界观、价值观和人生观形成的关键时期,就其专业背景知识而言,学生对当今社会信用体系及具体业务的认识仍缺乏深度。二年级的学生具有一定的政治意识和公民意识,本课程通过润物无声的方式,将思政理念融入专业课程学习之中,将专业能力培养与社会主义建设、中华民族伟大复兴相结合,形成协同效应,贯彻"立德树人"的综合教育理念。

根据信用管理学课程的专业特征、知识结构和教学需求,其蕴含的思政元素主要

包含在诚信品质、制度认同、家国情怀、社会责任、理性思维、创新意识与全球视野七个方面的维度。

诚信品质：以"从实践中来，到实践中去"的知行合一的思想出发，引导学生理解信用是市场经济发展的基石，分析并理解案例。诚信是社会主义核心价值观、文化自信的重要组成部分，从而"珍视信用"。用信用指导生活实践，信用让生活更美好。市场经济即信用经济，信用经济的要旨便是经济主体诚实守信、信守契约，《信用管理学》课程以信用经济为基础，使学生懂得"信以立身，信以前行"。

制度认同：信用管理学课程涉及大量的国内外风险事件，特别涉及具体的相关经济政策和金融制度，有助于学生对国内外制度进行比较和思考，帮助学生认识到中国共产党领导的社会主义制度的优越性，从而增强政治认同。

理性思维：本课程的学习有一部分内容是涉及分析方法的，这需要进行一定的思维训练，这些训练有助于学生加强"普遍联系""部分与整体"等概念的认识，有助于培养学生理性分析问题的能力。

家国情怀：家国情怀的基本内涵包括家国同构、共同体意识和仁爱之情，有助于增强国家认同和民族凝聚力。本课程通过美国三大评级机构长期压低我国主权信用评级、大量控股、参股我国本土评级机构等大量案例事实，激发学生们的家国情怀，增强其为中华民族伟大复兴而学习的动力。

社会责任：本课程涉及大量关于失信造成巨大社会危害的现实案例，通过这些案例的分析，一方面让学生加深专业知识的理解，另一方面提醒学生在利用专业知识时，也要分析其社会后果，要考虑社会责任。

创新意识：本课程的学习有助于学生从产品层面、组织层面和制度层面加强创新意识，专注创新能力培养。

全球视野：通过大量数据列举国内外信用管理行业发展历程、现状等，开阔学生眼界，拓展其全球视野。

2. 信用管理学课程思政教学目标

课程思政的要旨是培养中国特色社会主义事业合格建设者和可靠接班人，落实立德树人根本任务的主干渠道，是进行社会主义核心价值观教育，帮助大学生树立正确世界观、人生观、价值观的重要支撑。本课程通过失信惩戒机制和诚信教育机制的理论体系以及真实案例，让学生懂得诚实守信是中华优秀传统美德，帮助学生"诚以待人，信赢天下"。同时在经济生活中，通过信用信息的共享机制，守信者奖，失信者惩。当今的互联网经济，信息采集、传播和共享的便利性，使信用成为经济个体生存、发展的基础——信以立身、信以前行。

在《信用管理学》课程思政教学实践中，充分考虑学生的知识结构、理论水平和应用能力要求，按照教育部颁布的《高等学校思想政治理论课建设标准》，从诚信品质、职业道德、责任意识、敬业精神、社会责任等方面，将《信用管理学》理论知识与思想政治教育相结合。在授课方式上，充分利用学校地处长三角的特殊优势，将校内多媒体教学资源与校外众多的金融机构、产学研基地资源相结合，与时俱进，开拓视野，激发学生的学习兴趣；培养家国情怀、文化自信和制度自信；形成良好的职业伦理道德，具备规则意识、创新精神和高度的社会责任感；提升综合能力，能够正确处理利益诱惑与职业道德之间的冲突，守住道德底线，做德才兼备的优秀人才。

二、《信用管理学》课程各章节课程思政教学指南

（一）"第一章 信用、信用风险与信用管理"的思政教学指南

1. 专业教学目标

本章是《信用管理学》的导入章节，主要讲述信用、信用风险和信用管理的基本概念和特点，对本章的教学目标进行考察，可以更有效地融入思想政治元素。通过本章的教学，使学生：

- 掌握信用的起源、概念、本质特征与发展状况；
- 了解信用的主体及其主要的信用活动内容；
- 掌握信用风险的内涵以及产生的主要原因；
- 了解信用管理的内容、方法和作用。

2. 重要思政元素及融入点

（1）诚信品质。信用是一个既古老又现代的概念，国内外学者对信用的解释体现了文化背景的差异。西方的信用概念是从借贷等经济活动出发的契约思想，给信用披上了功利、强制和规范性的外衣。而在我国文化中，信用概念可以追溯到几千年前的词源，我们可以在窥探信用的本质并培育学生诚信价值观的同时，弘扬博大精深的中华传统文化。

（2）理性思维。虽然消费主义是根植于西方资本主义社会的超越人的生存实际需要、崇尚物欲的一种社会意识形态，但在我国却也是有迹可循的。教师可结合我国的案例让学生产生共鸣，反思自己的消费观。如暴发户在千辛万苦成功致富之后，却因为不懂得正确用钱的方法，成为金钱的奴隶，如攀比、求新、求好这些心理是怎样影

响我们的消费观念的。因此，促进消费者身心和谐是社会主义消费观教育的目标，教师可以通过个人信用风险管理引导学生认清自己的消费水平，做到量力而行、先积累后消费，养成良好的消费习惯。

（3）社会责任。政府信用是指政府作为授信方或受信方而产生的信用关系，也被称为公信用或国家信用。中国政府近年来加强对政府信用的法制监督，对官员的失信行为、严重失信于民的政府和部门惩罚和改组，要求公务员财产公开、电子化办公等政务公开、阳光执政措施，在提升政府信用方面成效显著。相比之下，美国政府背信弃义不遵守国际合约、总统煽动支持者冲击国会等等都让美国形象蒙羞，国际的公信力不断下降。以此为契机，培养大学生爱国爱家、家国命运一体、家国同构、个人利益与国家利益合二为一的家国情怀，引导大学生勇担社会责任，自觉听从党的召唤，理性看待改革发展中的问题。

（4）创新思想。随着现代科学技术发展，现代信用风险的管理水平也得到了提升，一些新的模型、技术如信用风险动态管理模型、信用风险对冲手段、风险定量和定性分析使信用风险管理更加精确、更加科学。新技术、新方法可以鼓励学生科技创新思想，在专业学习中把创新、求新作为一种行为方式来打造。

3. 课程思政教学策略实例

采用多种教学手段和策略，在教学内容中融入相关思政元素，例如：

（1）课程思政教学实例一：诚信品质。在教学中从词源分析入手引入中国传统，我们中文信用一词源于信，指的是诚信，要解释什么是信，看这个字的构成就可以，信是人+言，就是人说的话，远古时候没有纸，经验、技能和交换均靠言传身教和口头契约。古时人相对纯真朴素，故而真实可靠。孔子曾说过"自古皆有死，民无信不立。"意指国家如果不能得到老百姓的信任就要垮掉，后人由此引申出"人无信不立"，这些都十分深刻地说明了诚信的重要性，引导学生出言必信的思想意识。以此为切入点，引导学生认识到，任何一种社会的意识形态都不是空穴来风的，都是在特定的历史文化环境中发展并成长起来的，而诚信价值观有着深厚的渊源，这个渊源就是中华传统文化。中华民族有着悠久的历史，有着灿烂而丰富多彩的传统文化，为后人提供了取之不尽、用之不竭的精神财富，也是社会主义核心价值观的渊源，以此培养学生的文化自信。

（2）课程思政教学实例二：理性思维。对消费者个人来说，信用是一把双刃剑，不良的借贷文化会导致债务累积、扩散蔓延，严重的个人经济危机甚至会给社会带来巨大灾害。教师可以从1997年韩国信用卡事件、2006年台湾卡债卡奴危机、2008年美国次贷危机等由于个人信用误用、滥用案例出发，分析这些危机产生的思想意识背景。如 20 世纪 90 年代的美国，技术的发展促进了物质生产，为使累积的物质财富迅速消耗，消费主义的物质至上观开始大行其道。享乐主义消费观是美国现代文化的三大核心价值观之一[①]，当现代社会人的物质欲望得到了前所未有的满足时，及时享乐的拜物教替代了精神信仰和远大理想。心理学者认为，具有自我意识和个性的人长期生活在压抑的、功利的、物欲的社会环境之中，会与社会产生一种紧张的关系。为了转嫁精神空虚带来的痛苦，人们会下意识地采取各种手段定义自己，寻找自己在社会中的位置，最为常见的就是看电视和购物，哪怕是需要透支信用。

面对社会上不良的消费风气，应理性判断，不盲目跟风。利用专业优势传授理财知识，提升学生信用管理能力。如教给学生怎样强迫自己储蓄、将来怎样使用信用卡和消费信用，鼓励学生帮助家庭制定理财计划和优化负债组合，不要成为赚来的钱只能追着利息跑的月光族和卡奴。

（3）课程思政教学实例三：社会责任。通过比较分析美国、日本、欧洲和我国的信用立法模式、历史背景和不同之处，如美国 1970 年开始的专门信用立法旨在保护商业秘密和个人隐私保护、西欧的分散信用立法模式涉及民法中的信用权和个人信用数据保护法。对比之下，我国信用法律法规起步晚、数量多，这是因为作为思想意识的自律的形成是非常缓慢的，一般都是在强立法的他律之下慢慢形成自我约束。就像当到处都有摄像监控，再不守信、不守规则那就成了自欺欺人了，于是慢慢地，守规则成为习惯。所以建立社会信用管理体系必须先要有法规，在法律、规章制度的强制规范下，诚实守信的道德自律约束力会越来越强，社会的外在他律会逐渐变成内在的道德自律，从而使诚信原则根植于人们心中。

（4）课程思政教学实例四：创新思想。2016 年，共青团中央、国家发展改革委、中国人民银行印发《青年信用体系建设规划（2016～2020 年）》，全面推进青年信用体系建设，在学习教育、志愿公益、就业创业、婚恋交友、信贷租赁、抚养赡养、医疗健康和出行旅游等重点领域加强诚信建设，推广信用应用，服务青年全面发展。《青年信用体系建设规划（2016～2020 年）》目前在推动青年融资消费、创业贷款、诚信就业等方面有了有益的经验积累，这些信用奖励有利于激励青年积极践行社会主义核心价值观，团结青年在实现"两个一百年"奋斗目标、实现中华民族伟大复兴"中国梦"的历史征程中汇聚青春力量、谱写青春篇章。

---

① Schifman Leon G. & Leslie Lazar Kanuk. Consumer Behavior. Upper Saddle River: Prentice Hall, 2000, P. 335

(二)"第二章 社会信用体系"的思政教学指南

1. 专业教学目标

本章从社会信用体系的基本内涵、框架、功能，征信国家社会信用体系的主要模式，我国社会信用体系建设和发展等几个方面对社会信用体系进行系统阐述。通过本章的教学，使学生：

- 掌握我国社会信用体系的框架；
- 掌握美国、欧洲和日本等国的社会信用体系特点和启示；
- 了解我国社会信用体系建设的历程和目前状况。

2. 重要思政元素及融入点

（1）制度认同。虽然我国社会信用体系建设起步较晚，但在党的十八大以来，党中央、国务院高度重视社会信用体系建设，并且取得重要进展，这是社会主义道路自信教育的一个很好的素材。当看到我国取得的成就时，很多学生都会觉得自豪，这种自豪感正是来源于爱国，但有很多学生在确立自己的理想信念过程中忽略了与"社会主义道路"的联系。因此引入社会主义制度道路的观点，非常有必要催化学生对社会主义制度的理性认识和认同。

（2）创新思想。社会信用体系的功能之一是促进构建和谐社会，社会和谐的基础在于全社会拥有一种普遍的认同，人与人之间有一种相互信任的纽带，建立社会信用体系，形成严格的征信系统和完整的信用记录，就会对不讲信用的企业和个人形成强大的压力和威慑力，使守信者得到奖励，失信者付出代价，形成"一处失信，处处制约；事事守信，路路畅通"的社会氛围。

（3）诚信品质。信用数据管理从整合行政资源入手，从工商、税务、海关、贸易、交通、质监、环保、劳动人事等方面收集、整理以及公开有关企业和个人信用的数据资料。合格的信用数据管理人员要以国家、人民为中心，坚守职业道德和匠心精神，应遵循独立、客观、公平、公正、审慎的原则，保证信用信息真实完整，尊重个人隐私，保守商业秘密，保护国家安全和企业、个人的合法权益。2009年12月希腊国家信用危机的直接原因是政府的财政赤字，但其真正病根是其庞大低效的公共部门、极高的福利和四处泛滥的腐败。政府腐败素材也向学生们展示了廉洁自律的重要性，对于大学生的廉洁教育可以落实在与生活息息相关的环节，如学费、班费、考试等。

（4）理性思维。社会信用体系是由信用立法与执法、信用管理行业运行惯例与约定、社会信用行为与道德规范、不良信用惩罚机制、诚信教育与科研等多个子系统共同作用、交织形成的社会机制。由此引入从要素到整体的系统思想，引导教育学生不能孤立地看待单一事件，要整体系统地分析。在解决问题时，首先应详尽地搜集大量的事实和材料，运用系统性智慧的杂交优势，深入分析、把握特点、找出规律，制定出相应的对策。

3. 课程思政教学策略实例

采用多种教学手段和策略，在教学内容中融入相关思政元素，例如：

（1）课程思政教学实例一：制度认同。快速有效的社会信用体系建设体现了社会主义制度道路的特点。我国社会信用体系建设起步较晚，但在党的正确领导和全党、全国人民的努力下，社会信用体系建设取得了巨大进展。"中国社会主义道路"内涵拥有强大的历史底蕴、权威体系、国家主义、教育优先等特点，在世界范围内不可复制、移植。教师可以举出很多有中国特色的信用体系建设的例子：比如联合惩戒文件是 44 个部委联合发布的[①]，对失信行为的惩戒效果是立体式全方位的。如各级地方政府有专门部门负责管理建立健全地方信用体系建设。对比之下，西方国家联邦政府和地方政府的冲突比比皆是，信用立法和法规往往各自为政，无法形成全社会的综合治理。再如除了经济失信行为之外，我国的信用体系还记录大量社会失信行为，是真正的、全社会的信用管理。此外，连硅谷都开始建设像我国一样的社会信用体系。这些都是对中国特色社会主义制度道路的实践支持，是我们党不断提高科学执政、民主执政、依法执政水平，充分发挥总揽全局、协调各方的领导核心作用的表现，是中国特色社会主义道路在实践中显示出的巨大优势和威力。教学中，应该再三为学生讲解中国特色社会主义道路的内容，强调中国特色道路最本质特征是党的领导。

（2）课程思政教学实例二：创新思想。教师可利用案例引入创新思想元素。A 公司是我国电商行业的龙头企业，美国某公司和日本某公司作为初始投资人占有约 70% 的股权。2010 年 9 月，中国人民银行要求从事支付业务的非金融机构需在一年内办理许可证，并对申请人的外资控股比例有一定的限制，显然 A 公司无法获得许可。虽然 A 公司的网上支付平台（Z 平台）业务量很大，但是并不盈利，董事会成员在数次讨论中都表态支持将支付平台（Z 平台）剥离转让出去。Z 平台的所有权终于赶在限期前转让给一家内资公司，并随即递交金融许可证报告。但随之而来的是争议，美国股东认为转让过程并没有获得董事会书面协议许可。管理层对此的解释是以前公司所有

---

① 2016 年 1 月由国家发展改革委和最高人民法院牵头，人民银行、中央组织部、中央宣传部、中央编办、中央文明办、最高人民检察院等 44 家单位于 1 月 20 日联合签署了《关于对失信被执行人实施联合惩戒的合作备忘录》。

的决策都只有董事会纪要，并没有正式的董事会协议。A 公司 CEO 在董事会、大股东、公司利益和国家利益出现对立的时候，首先考虑到国家法律、用户和公司的几万名员工的利益。尽管转让的过程有悖契约精神，甚至被指不诚信，可以说是一个艰难的决定，但它是正确的。这个融情于景的案例可以教育学生：自身利益最大化与社会责任相关体之间利益的对立与统一。对企业和个体而言，把这些对立的东西统一起来就是创新。对立统一的智慧要求我们善于在看似不可调和的矛盾中异中求同，寻找最大的共约数，调动一切相关资源，在合作博弈中寻找双赢和多赢。

（3）课程思政教学实例三：诚信品质。教师通过案例分析社会信用体系的构建有赖于诚信机制的建立。2009 年 12 月希腊国家信用危机的直接原因是政府的财政赤字，但其真正病根是其庞大低效的公共部门、极高的福利和四处泛滥的腐败。政府腐败素材也向学生们展示了廉洁自律的重要性，对于大学生的廉洁教育可以落实在与生活息息相关的环节，如学费、班费、考试等。

（4）课程思政教学实例四：理性思维。我国社会信用体系的框架包括"五个系统"和"一个主体"，目前社会信用体系建设进展顺利，体现了"整体大于部分之和"的系统基本原理，也为学生学习和运用系统思维提供了引领和示范。人类的思维可以基本分为两类：分析思维与系统思维。分析思维是去粗取精，去伪存真，由整体到要素；系统思维是由此及彼，由表及里，由要素到整体，具备创新思维的人应该二者兼备。教师给学生提供多个理性思维的案例，如希尔顿盖酒店遇到资金困难，竟然说服开发商垫资，原因在于他知道开发商和他处于一损俱损的利益共同系统。如钱学森妙用系统思维获得巨大科学成就等。系统的理性思维能转变我们的单向思维模式，要求从不同角度、多方面看待问题。

（三）"第三章　征信技术与服务"的思政教学指南

1. 专业教学目标

征信技术与服务是降低信用交易中信息不对称程度的重要手段，在整个信用管理活动中具有基础性意义。本章着重介绍征信相关基本概念、信用管理信息系统、征信标准化及信用评级等内容，为之后各章的学习奠定理论基础。具体教学目标如下：

- 掌握征信等基本概念，了解其产生的背景和最新发展；
- 了解国内外征信行业和征信市场概况；
- 掌握信用信息管理系统的框架、目标、功能与作用；
- 了解征信标准体系内容及我国的征信标准化建设；

- 掌握信用评级的含义、分类，了解国内外主要评级机构及主要评级业务。

2. 重要思政元素及融入点

征信技术与服务领域素材多、维度广，蕴含较为丰富的思政元素。其主要的思政元素和相关知识板块包括：

（1）家国情怀。在介绍国外征信行业发展概况时，简要介绍我国征信业发展情况，让学生认识到，中国当前的征信市场建设发展虽然相对美国等发达国家具有较大差距，但差距在不断缩小。特别是中华人民共和国国务院于2014年6月14日印发了部署加快建设社会信用体系、构筑诚实守信的经济社会环境的指导性文件《社会信用体系建设规划纲要（2014～2020年）》之后，我国充分发挥了中国共产党领导下的民主集中制，已于2019年建成全球规模最大的征信系统，从而增强学生的政治认同和制度认同。

（2）全球视野。在介绍国内知名评级机构发展情况时，通过介绍目前我国中诚信国际信用评级有限责任公司股权在惠誉、穆迪等美国各大评级机构间的流转情况，说明我国评级机构尚缺乏独立发展能力及艰难曲折的发展历程，从而激发学生努力学习信用管理专业知识的热情，为中华民族的伟大复兴而努力，激发学生的家国情怀和爱国热情。

（3）社会责任。在讲解国内评级机构发展情况时，通过介绍东方金诚国际信用评估有限公司原总经理金永授利用评级大肆捞钱的严重腐败事件，以及该事件给国内信用评级行业所造成的巨大市场冲击及社会后果，增强学生的社会责任感和职业伦理道德观念。

（4）创新意识。通过简要介绍国际最知名征信机构邓白氏的发展历程，让学生了解征信领域创新概念和创新来源，增强创新意识，再结合专业知识训练，培养创新能力。

3. 课程思政教学策略实例

采用多种教学手段和策略，在教学内容中融入相关思政元素，例如：

（1）课程思政教学实例一：全球视野。在介绍国外征信行业发展概况时，简要介绍我国征信业发展情况。2019年6月，中国人民银行副行长朱鹤新介绍，我国目前征信系统累计收录9.9亿自然人、2591万户企业和其他组织的有关信息，个人和企业信用报告日均查询量分别达550万次和30万次。中国已建立全球规模最大的征信系统，在防范金融风险、维护金融稳定、促进金融业发展等方面发挥了不可替代的重要作用，在改善营商环境方面赢得了国内外的广泛认可。让学生认识到，中国当前的征信市场建设发展虽然相对美国等发达国家虽具有较大差距，但差距也在不断缩小，启发学生认识到我国征信业的发展是由我国具体历史发展和现实国情决定的，向国际先进技术学习，不断完善自我。

（2）课程思政教学实例二：家国情怀。在介绍国内知名评级机构发展情况时，介绍目前我国中诚信国际信用评级有限责任公司股权在惠誉、穆迪等美国各大评级机构间的流转情况。中诚信投资管理股份有限公司（简称"中诚信"）成立于1993年1月，是中国人民银行批准成立的首家全国性国内信用评级机构，中诚信国际是其于1999年将评级业务分拆出来成立的公司。当时公司股份结构为惠誉30%、国际金融公司（IFC）15%、中诚信45%、中华工商时报10%。后来，中诚信回购了惠誉和国际金融公司持有的股份。直到2006年，穆迪从中诚信手中收购了中诚信国际49%股权。收购完成后，中诚信董事长毛振华接受采访时称，"我们其实是同床异梦。他们要独资，我希望做中国的民族品牌。"2017年，中诚信国际进行了增资，中诚信所占股份增加至70%。通过此案例说明我国评级机构独立发展之艰难，从而激发学生努力学习信用管理专业知识的热情，为中华民族的伟大复兴而努力，激发学生的家国情怀和爱国热情。

（3）课程思政教学实例三：社会责任。在讲解国内评级机构发展情况时，通过介绍东方金诚国际信用评估有限公司原总经理金永授利用评级大肆捞钱的严重腐败，以及给国内信用评级行业所造成的巨大市场冲击及社会后果，增强学生的社会责任感和职业伦理道德观念。2020年12月14日，中央纪委国家监委网站披露，知名评级机构东方金诚国际信用评估有限公司原总经理金永授、东方金诚江苏分公司原总经理崔润海已被"双开"，且因涉嫌犯罪问题被移送检察机关依法审查起诉，所涉财物随案移送。据查，作为国有信用评级机构高管，金永授和崔润海凭借手握的金融资源和评级职务便利，论单收费、量钱评级、利益勾结、"熟客"作案，大搞损公肥私与利益输送，肆意妄为收受财物，涉案金额巨大，影响恶劣。通过此案例，增强学生的社会责任感和职业伦理道德观念。

（4）课程思政教学实例四：创新意识。在简要介绍国外征信业发展情况时，重点介绍国际最知名征信机构邓白氏创新性的发展历程。邓白氏集团是国际上最著名、历史最悠久的企业资信调查类的信用管理公司。就其规模而言，堪称国际企业征信和信用管理行业的巨人。林肯、格兰特、克里夫兰和麦金莱4位美国总统曾先后在邓白氏公司就职。1841年，邓白氏公司创始人刘易斯·大班（Lewis Tappan）在纽约成立了第一家征信事务所；1849年，邓白氏公司出版了全球第一本商业资信评级参考书；1900年，出版了全球第一本证券手册；1963年发明了具有开创性的邓白氏编码；1975

年，建立了美国商业信息中心；1990 年起，提供完整的商业信息服务；2000 年起，致力于电子商务的发展；2011 年，推出 Paydex 付款指数；2014 年，收购 Fliptop 公司的社交数据匹配业务，收购云分析与智能商业领域的创新公司 Indicee；2015 年，收购 NetProspex。通过此案例学习，让学生了解征信领域创新概念和创新来源，增强创新意识，再结合专业知识训练，培养创新能力。

（四）"第四章　信用管理服务"的思政教学指南

1. 专业教学目标

本章主要介绍专业信用管理机构所提供的主要信用管理服务。本章除简要介绍信用管理服务的范围、作用与发展外，将着重介绍商账追收、保理、信用保险、信用担保及信用管理咨询业务等内容，加深学生对信用管理应用场景及发展前景的认知，为后续章节的学习奠定相关理论基础。具体教学目标如下：

- 了解信用管理服务的范围、作用及发展；
- 掌握商账追收的含义，基本运作流程，了解国内外商账追收服务机构的发展情况；
- 掌握保理服务的含义、内容及种类，了解国内外保理服务机构的发展情况；
- 掌握信用保险的含义、种类，了解国内外信用保险机构的发展情况；
- 掌握信用管理咨询的含义、内容，了解信用管理咨询服务机构的发展情况。

2. 重要思政元素及融入点

（1）家国情怀。在讲授我国保理业务发展情况时，介绍我国保理业务与西方发达国家间存在的差距，引导学生努力学习专业知识和专业技能，为我国金融市场发展完善，为中华民族全面崛起而努力，激发学生的爱国热情。

（2）理性思维。在讲授信用担保业务时，通过介绍公司违规为股东担保的一个案例，增强学生将来从事市场经济活动时的规则意识和理性思维，提高学生综合素养。

（3）创新意识。通过对京东金融保理资产受到市场追捧案例的介绍，让学生了解金融创新的必要性，增强创新意识，培养学生创新能力。

3. 课程思政教学策略实例

采用多种教学手段和策略，在教学内容中融入相关思政元素，例如：

（1）课程思政教学实例一：家国情怀。在介绍我国保理业务发展情况时，说明我国保理行业与西方发达国家间存在的差距。据国际保理商联合会（FCI）官方数据统计，2017年我国保理业务发生额已超过3万亿元人民币，相较于1995年不足3亿元人民币，增长超过了1万倍，已占全球保理业务量的15.6%。中国保理业务用不到三十年的时间，从零基础做到世界第一，发展成为一个欣欣向荣的新型产业。但我国保理业务占国民生产总值（GDP）的比例较低，2017年中国保理业务量占GDP的比重仅为3.8%，保理业务渗透率低于世界范围内5%的平均水平，与西方发达市场差距更大，这反映出中国保理业务还有较大的发展潜力，更说明我国保理行业的发展任重道远。通过介绍我国保理行业所取得的巨大发展成就及与西方发达国家间存在的客观差距，引导学生努力学习专业知识和专业技能，为我国金融市场发展完善，为中华民族全面崛起而努力，激发学生的爱国热情。

（2）课程思政教学实例二：理性思维。在讲授信用担保业务时，介绍一个公司违规为股东担保的案例。2012年，汪某向许某借款395万元，并以其担任股东和法定代表人的开发公司名义提供担保。2013年，因汪某逾期未偿致诉。开发公司以公司为股东担保未经股东会决议便加盖公章违反内部用章管理规定为由抗辩。汪某既系债务人，同时亦系开发公司法定代表人，其对案涉债权债务关系形成及开发公司担保事实均知悉，其作为开发公司法定代表人在担保意思表示明确的借款合同和借条上加盖公司印章，应认定为开发公司行为。公章由谁保管、如何使用系公司内部管理规定，不影响公司对外意思表示真实性判断，不能仅凭公司内部用章规定而认定第三人知道或应当知道公司法定代表人超越权限，进而断定第三人恶意，故即使如开发公司所称公司法定代表人违反公司内部规定对外提供担保，亦应认定该担保行为有效，其担保责任不能免除。最终，法院判决汪某偿还许某借款本息，开发公司承担连带清偿责任。综上所述，公司法定代表人违反《公司法》规定，未经股东会决议以公司名义为其股东提供担保的，该担保行为不应一律认定无效。通过引入本案例，提升学生的职业伦理道德水平，增强学生未来从事市场经济活动的规则意识和理性思维。

（3）课程思政教学实例三：创新意识。2016年8月，"京东金融—华泰资管2016年1期保理合同债权资产支持证券"（下称"京东金融保理ABS"）在上交所挂牌转让，这是国内资本市场首单互联网保理业务资产证券化（ABS）。从发行规模来看，京东金融保理ABS发行规模达20亿元，从融资利率来看，发行的亮点是优先级利率为年化利率4.1%，且次级资产占比仅为0.05%，让不少业内同行分外"眼红"。同样是保理资产，为何京东金融能获得市场追捧？核心要点有三：一是基于互联网模式下的供应链保理融资业务，统一了商流、物流、信息流、资金流，使得供应链金融的保理业务形成闭环，具备传统保理业务无法企及的优势；二是得益于互联网大数据技术的深度应用,以数据驱动型的风控手段代替了人工审核,大大降低了风控成本、提升了风控能力;三是通过金融科技的溢出效应,使得业务规模在保证风险可控的前提下得以快速扩张。显然,商业保理公司若想不被弯道超车,亟待拥抱并运用大数据手段来打造新产品、新风控、新体验,并向垂直细分化、平台化、智能化的方向发展。通过京东金融保理资产受到市场追捧案例的介绍,让学生了解金融创新的重要性,增强其创新意识,培养其创新能力。

(五)"第五章 信用管理环境建设"的思政教学指南

1. 专业教学目标

信用管理是一个系统工程,需要法律环境、经济环境和社会环境共同构筑。其中法律的制定和执行是重中之重,信用管理的市场规则和信用制度需要法律予以保障。发达国家的信用管理法规经过近半个世纪的探索,已经形成了较为完善和完备的体系,我国的信用管理立法尚在建设之中。信用管理建设还依托诚实守信的市场经济条件、信用文化的道德伦理基础和人文精神。

本章属于重点章节,本章从信用管理法律的立法原则、国外信用管理法律体系、我国信用立法现状、失信惩戒机制的运行和管理、信用管理的经济环境和文化环境等方面对信用管理的环境建设展开系统阐述,帮助学生了解信用管理环境建设的基础工程。具体教学目标如下:

- 掌握信用立法意义和立法原则,了解信用立法的总体进程;
- 掌握美国信用管理法规的主要内容;
- 了解我国信用管理立法的总体进程;
- 了解社会信用与市场经济的关系,掌握社会信用的经济环境建设;
- 了解社会诚信与文化环境的关系。

2. 重要思政元素及融入点

本章内容着眼于信用管理的制度建设,有浓厚的国别制度特性,蕴含着很多课程思政元素,其中,各国立法原则的差异,值得进一步深挖。我国信用管理的立法进程正在快步推进,在立法探索中,不断提出具有中国特色的信用法律体系,可以激发同学们的民族自豪感,树立正确的人生观和世界观。具体如下:

(1)全球视野。通过对西方信用法规的介绍,特别是美国信用立法原则,信用法规体系的讲解介绍,让学生了解西方成熟国家信用管理建设的成就、进程,让学生了解信用法规的构建过程,了解经济发展与信用管理建设发展要求,具备全球化视野。

（2）制度认同。在介绍失信惩戒机制时，联系 2014 年国务院印发的《社会信用体系建设规划纲要（2014～2020 年）》，我国在近十年来，信用体系建设的发展成就，特别是我国"守信者奖——守信让生活更加美好"的提出，各个城市都在不断探索信用体系奖惩机制的应用场景，具有中国特色的信用奖惩机制与美国信用体系有更大的区别，守信让人民生活更幸福、更便利，增强学生的制度认同。

（3）社会责任。对比各国信用法规建设，西方国家特别是美国，信用法规健全、完备。我国在信用法规建设、信用经济秩序规范等方面，尚需完善和促进，因此，在专业学习中应更加努力，为中华民族的伟大复兴而努力，激发学生的家国情怀和爱国热情。

（4）创新意识。我国信用管理法规在积极的创建发展之中，洋为中用，在学习西方国家信用法规的基础上，结合我国实际，形成我国有特色的信用管理法规，创新中国信用奖惩机制的应用场景，结合专业知识训练，培养创新能力。

（5）诚信品质。通过失信惩戒机制以及真实案例，让学生懂得诚实守信是中华优秀传统美德，帮助学生"诚以待人，信赢天下"。同时在经济生活中，通过信用信息的共享机制，守信者奖，失信者惩。

3. 课程思政教学策略实例

采用多种教学手段和策略，在教学内容中融入相关思政元素，例如：

（1）课程思政教学实例一：全球视野。在教授西方信用管理法规时，通过对美国信用管理法规的立法原则，法律法规的介绍，了解西方国家制定信用管理法规的主导思想，启发学生在信用法规的建设中，要把握的基本原则、法规主旨。在介绍诚信的文化环境时，讲解西方契约文化对信用环境建设的积极作用，因此在我国信用文化的构建中，要学习契约精神，同时拥有全球化视野，实现全球一体化。

（2）课程思政教学实例二：制度认同。在介绍失信惩戒机制的知识点时，主要是联系《社会信用体系建设规划纲要（2014～2020 年）》，结合案例以及近年来我国信用体系建设的成就，向同学说明"信用让生活更美好"。结合表 1 所示的"个人信用分"应用场景，介绍我国信用城市的建设，进而介绍我国失信惩戒机制建设中的中国特色，让学生了解，在我国守信能够让生活更加便利，让学生了解我国信用体系有着鲜明的中国特色和人文关怀，从而产生制度认同。

表1　　　　　　　　　　　　　　个人信用分应用场景

信用分类型	推出城市/机构	信用分名称	指标构成	信用等级划分依据
政府类信用分	苏州	桂花分	从基础信息、稳定信息、品德信息、资产信息、其他信息形成个人评分体系五大维度，根据22大类243个评分指标项进行大数据分析。	满分200分，其中基础分100分，附加分100分。
	杭州	钱江分	由基本信息（身份特质）、遵纪守法、社会用信、商业用信、亲社会行为五大维度组成。	低于550分，信用待提高；550~600分信用一般；600~700分信用良好；700~750分信用优秀；750分以上用户信用极好。
	福州	茉莉分	以个人基本信息、社会信用、职业信用、经济信用、行政信用、司法信用等在内的个人公共信用信息为基础，采取"基础信用+附加信用+年度信用"的评分模式。	850~1000分为极好，750~849分为优秀，650~749分为良好，550~649分为一般，350~549分为较差，0~349分为极差。
市场类信用分	芝麻信用	芝麻分	用户信用历史、行为偏好、履约能力、身份特质、人脉关系等五个维度。	700~950分信用极好、650~700分信用优秀、600~650分信用良好、550~600分信用中等、350~550分信用较差。

（3）课程思政教学实例三：社会责任。介绍在信用法规、信用经济环境、信用文化建设方面，我国与西方国家还存在一些距离，在授课中结合一些案例，假冒伪劣、腐败渎职等失信行为，让学生懂得，应更加努力学习，吸收西方国家信用体系建设的经验，更好为祖国服务。

（4）课程思政教学实例四：创新意识。在介绍失信惩戒机制时，重点阐述中国特色的失信惩戒机制，我国近年来推进信用体系建设，各大城市都在积极探索守信激励的应用场景，通过应用场景的创新，让守信人体验更多的守信收益，促进守信环境的构建。通过守信应用场景的创建与创新，增强学生对失信惩戒机制的理解，培养学生的创新意识。

（5）课程思政教学实例五：诚信品质。在介绍信用制度建设、文化建设等方面时，人无信不立，业无信不兴。信守承诺，知行合一，说到做到。"信者，行之基；行者，人之本；非行，无以成；非信，无以立。"通过介绍和讲解现实生活中的案例，守信者奖、失信者惩，让学生通过身边的案例懂得，信用是无形资产，珍惜信用，养成诚实守信的品德和价值观。

（六）"第六章　信用监管"的思政教学指南

1. 专业教学目标

信用监管是我国社会信用管理体系的重要组成部分。健全有效的信用监管，可以促进一个国家和地区的市场经济交易手段从原始支付方式向信用方式转变；创造和规范发展市场经济的良好信用环境；规范经济主体的信用行为；防范信用风险；创造并扩大市场需求，保持市场繁荣，促进经济持续增长；促进该国或地区的市场经济走向成熟，为市场经济健康、有序发展提供制度保障与社会基础。

本章从信用监管的基本知识，政府信用监管的内容和重点，银保监会、证监会、财政部等专业信用监管部门对行业的监管，以及消费者信用监管等方面展开系统阐述。本章具体的教学目标如下：

- 了解信用监管的内容与原则；
- 掌握政府信用监管的内容和重点；
- 了解央行、证监会、银保监会和财政部等部委的信用监管；
- 了解对消费者的信用监管。

2. 重要思政元素及融入点

本章信用监管是基于我国信用体系发展现状，结合我国政府职能转变，特别是互联网环境下，政府提高监管执法规范性和透明性、跨部门协同监管等有效做法，减少人为干预，压缩自由裁量空间，使监管既"无事不扰"又"无处不在"。在授课中，结合我国政府信用监管的案例，可以激发学生的爱国热情，树立科学正确的人生观和世界观。具体如下：

（1）制度认同。信用监管主要是结合政府以及央行各部委的信用监管措施，主要是结合近几年来，我国信用监管的新举措，政府监管职能转变，管出公平、管出质量。将监管与风险分类管理等结合起来，激励守信，惩罚失信。截至 2020 年 12 月底，市场监管总局共推送企业基础信息 7209 万条、经营异常名录信息 2230 万条、严重违法失信企业名单信息 166 万条，推动形成部门协同监管、社会共治的格局。通过对这些措施的讲解，增强学生的政治认同和制度认同。

（2）诚信品质。我国政府信用监管中，分级分类监管是信用监管最突出的特点。信用监管将根据不同企业的不同信用状况实行差别化监管措施。央行、银保监会、证监会以及各部委监管的基础都是信用等级，而信用等级来源于日常信用记录的评估。信用记录越好，信用等级越高，政府对其监管自由度越大，政府采购和倾斜就越多。

因此通过课程的讲述，案例的导入，让学生养成诚实守信的价值观和行为准则。

（3）创新精神。以信用为基础的新型监管机制的重点内容，主要体现在全生命周期、分级分类监管、大幅提升失信成本、信息充分共享和依法依规充分公开、大数据监管、更注重市场主体权益保护以及法治化、标准化、规范化等多个方面的不断创新。通过对新型信用监管的介绍，让学生不断创新信用监管的应用场景。

3. 课程思政教学策略实例

采用多种教学手段和策略，在教学内容中融入相关思政元素，例如：

（1）课程思政教学实例一：制度认同。信用监管，政府职能转换，结合案例分析进行授课。近年来，政府不断完善政府职能，建立健全常态化政企沟通机制，充分听取各方面意见，对企业诉求"接诉即办"，以企业和群众的获得感和满意度作为评判标准，引入第三方评价机制，政府监管职能转变，管出公平、管出质量。将"双随机、一公开"监管与企业信用风险分类管理等结合起来，激励守信，惩罚失信。2019年2月15日，推动国务院印发《关于在市场监管领域全面推行部门联合"双随机、一公开"监管的意见》，明确在市场监管领域全面推行部门联合"双随机、一公开"监管。会同国家发展改革委等市场监管领域15个部门制定《市场监管领域部门联合抽查清单（第一版）》，包含35个领域共74个联合抽查事项。会同市场监管领域相关部门，开展市场监管领域部门联合"双随机、一公开"监管推进情况督查，对12个省区市开展实地核查工作。通过信息公示制度，政府根据信用等级分类监管，守信更幸福、更便利，失信寸步难行，增强学生的政治认同和制度认同。

（2）课程思政教学实例二：诚信品质。信用监管是分类监管，对于信用状况好、风险小的市场主体，合理降低抽查比例和频次，尽可能减少对市场主体正常经营活动的影响；对于信用状况一般的市场主体，则执行常规的抽查比例和频次；对于存在失信行为、风险高的市场主体，则增加抽查比例和监管频次。"信用监管要让守信者无事不扰，让失信者时时不安。"截至2020年12月底，公示系统共归集公示1.4亿户市场主体信用信息共13.6亿条，系统网站页面累计访问量达1557.9亿次、日均访问量1.06亿次，累计查询量达145.93亿次、日均查询量992.07万次。这些信息的公示，有效反映了企业信用状况，满足了社会公众对企业信息的需求，促进企业诚信自律，推进社会诚信体系建设。通过案例导入，让学生养成诚实守信的道德规范。

（3）课程思政教学实例三：创新精神。我国信用监管的改革，政府积极探索信用监管的应用场景，通过应用场景的创新，让守信人体验更多的守信收益，促进守信环境的构建。同时在信用修复、信用破产等新型信用监管体系的创新，增强学生对信用监管的理解，培养学生的创新意识。

三、《信用管理学》课程思政教学素材

序号	内容	形式
1	中外信用概念的对比	阅读材料
2	1997年韩国信用卡事件、2006年台湾卡债卡奴危机、2008年美国次贷危机	案例分析
3	我国的信用管理法律制度建设、我国地方政府的信用管理条例	阅读材料
4	讲述近年来中国政府加强对政府信用的监督惩罚、政务公开的措施,与美国政府失信于国际社会和人民事例对比	阅读材料、视频、图片
5	信用风险对冲工具的创新过程	阅读材料
6	青年信用体系在推动青年融资消费、创业贷款、诚信就业方面的作用	案例分析
7	分析十八大以来,我国社会信用体系建设加速发展的动力来源	阅读材料、图片
8	什么是系统思维,钱学森和希尔顿饭店是如何依靠系统思维解决问题的	案例分析
9	某电商龙头企业在商务诚信和国家法律、社会利益出现矛盾冲突时的选择	案例分析
10	希腊主权信用危机背后的政府腐败	案例分析
11	社会信用体系的功能	阅读材料
12	信用数据管理应注意的事项	阅读材料
13	2008全球金融危机	案例分析
14	《中共中央、国务院关于构建更加完善的要素市场化配置体制机制的意见》(2020.03.30)	阅读材料
15	《科技与金融有效融合 实现全面创新驱动》(人民网,2017.07.10)	阅读材料
16	《中国期货业发展规划纲要(2014~2020年)》	阅读材料
17	"国储铜"事件	案例分析
18	2015年A股大跌中的股指期货交易	案例分析
19	2017年05月11日证券时报:中国与21个"一带一路"沿线国家签署本币互换协议	阅读材料
20	发达国家通过货币互换向新兴市场注入流动性	案例分析
21	2020未来科学大奖获得者彭实戈院士关于倒向随机微分方程等金融数学领域的贡献	阅读材料、视频、图片等
22	索罗斯攻击港币失败	案例分析
23	粮食部门与农民的粮食收购协议	阅读材料
24	327国债期货事件	案例分析
25	国务院关于印发社会信用体系建设规划纲要(2014~2020年)的通知国发〔2014〕21号	阅读材料
26	解读《上海市社会信用条例》(2017年10月1日正式实施)	阅读材料
27	失信惩戒机制案例	案例分析

续表

序号	内容	形式
28	美国信用管理法规及对我国的启示	阅读材料
29	信用修复制度的国际比较研究	阅读材料
30	国务院办公厅印发《关于进一步完善失信约束制度构建诚信建设长效机制的指导意见》	阅读材料
31	讲诚信者信必实——儒家与契约：东西方信用文化的比较	阅读材料、案例分析
32	2016年5月《国务院关于建立完善守信联合激励和失信联合惩戒制度加快推进社会诚信建设的指导意见》	阅读材料
33	个人信用分（苏州桂花分，芝麻信用分，杭州钱江分等）应用场景设计	案例分析、视频、图片等
34	信用惩戒泛化	案例分析
35	国务院印发《关于在市场监管领域全面推行部门联合"双随机、一公开"监管的意见》（2019）	阅读材料，视频
36	用信用赋能市场监管	阅读材料
37	信息归集共享为基础、以信息公示为手段、以信用监管为核心的新型监管机制	阅读材料
38	政府信用分类监管案例	案例分析
39	信用承诺制度与案例	阅读材料、案例分析
40	税务信用承诺制度的设计与应用	案例分析

《信用评级》课程思政教学指南

黄燕 周珊珊

(上海立信会计金融学院)

一、《信用评级》课程的专业教学体系与课程思政教学目标

(一) 课程简介

信用评级是信用管理专业的专业必修课和金融学、金融工程和投资学等专业的选修课。本课程要求学生在熟悉理解信用评级基本原理和基本流程的基础上,进一步增强数据处理与财务分析以及行业、企业管理与运营等非财务分析的综合分析评估能力和撰写评级报告的专业技能,以保证学生牢固掌握信用评级的相关专业技能并尽可能地与今后可能从事的专业工作有效对接。

本课程主要研究信用评级理论及其应用:在信用评级理论部分,应熟悉掌握信用评级的基本概念、意义及分类,信用评级基本方法和以非财务分析、财务分析为基础的信用评级指标体系的基本构成,理解主要信用评级模型的基本原理及应用。在信用评级实务部分,需重点理解掌握主权信用评级、地方政府信用评级、工商企业信用评级、金融机构信用评级等主体评级和普通企业债券评级、短期融资券评级和资产证券化评级等债项评级的业务流程和评级方法,并通过评级报告样本案例的学习,熟悉信用评级实务操作技能并完成相关信用评级报告的撰写。同时,还注重跟进信用评级行业的发展变化和最新理论研究成果,结合信用评级的业务实践和我国经济运行实际,把握信用评级行业及监管的最新发展动态和变化趋势。

本课程主要采用中国银行间市场交易商协会教材编写组编写的教材,参考叶伟春、刘定平和朱荣恩等编写的教材。同时,根据课时需要,对教材的部分章节内容做相应的调整或取舍,并在课程案例、课程实验等内容上根据人才培养目标不断更新、优化。

(二) 课程思政教学目标

1. 课程思政特征分析

信用评级是信用管理学和相关专业的核心课程,更是培养学生认识评估信用主体及债务融资工具信用风险的重要课程。本课程的授课对象为大学二、三年级的大学生,处于世界观、价值观和人生观形成的关键时期,他们了解一定的专业背景知识,对国内债券市场及各种债项融资工具及其可能存在信用风险的认识还不够深入,具有一定的政治意识和公民意识。通过润物无声的方式,将课程思政融入专业知识中,对学生三观、公民意识和政治意识的塑造具有积极意义,反过来也有助于学生专业知识的学

习，自觉将专业能力培养与社会主义建设、中华民族伟大复兴相结合，从而实现立德树人。

根据信用评级涉及的专业特征、知识结构和教学需求，其蕴含的思政元素主要包含在制度认同、家国情怀、社会责任、理性思维、创新意识与全球视野六个方面的维度。

制度认同：信用评级中涉及大量国内外信用评级行业的经典案例及相关金融市场的建设与发展，特别涉及相关经济政策和金融制度，都有助于学生对国内外制度进行比较和思考，帮助学生认识到中国共产党领导的社会主义制度的优越性，从而增强政治认同。

家国情怀：家国情怀的基本内涵包括家国同构、共同体意识和仁爱之情，有助于增强国家认同和民族凝聚力。本课程的相关案例学习是彰显家国情怀的重要手段，包括改革开放过程中信用评级行业经历的调整，主权信用评级下调引发金融市场及经济环境动荡，金融开放背景下信用评级行业发展面临的问题等。这些案例的分析，是学生了解中国在发展过程中专业人才的缺口状况、实现文化认同、强化家国情怀的重要来源。

社会责任：本课程涉及关于信用评级机构在面对利益冲突因追逐个体私利而引起市场剧烈波动造成重大社会影响的案例，通过这些案例的分析，一方面让学生加深专业知识的理解，另一方面，帮助学生了解信用评级行业相关的法律法规和相关政策，引导学生深入社会实践、关注现实问题，培育学生经世济民、诚信服务、德法兼修的职业素养。

理性思维：本课程的学习需要学生借助抽象思维，在概括整理大量材料的基础上，达到关于信用评级本质、内在联系及规律性的理解和认识，需要学生能够归纳总结并正确理解信用评级中的基本概念，对各研究学习对象的内部联系做出判断，并具备从已知判断再推出新的判断的逻辑推理的思维能力，以此掌握信用评级业务实践和行业发展的基本原理和一般规律，理性看待市场制度、监管规则的制定和选择。

创新意识：本课程的学习有助于学生从信用评级方法、信用评级制度及信用评级监管等方面加强创新意识，专注创新能力培养。

全球视野：本课程涉及大量的国内外信用评级行业的发展历程、现状、评级业务结果及评级报告的案例教学，开阔学生眼界，拓展全球视野。

2. 信用评级课程思政教学目标

采用合适的教学方式，体现和强化课程思政元素，融入专业知识，实现以下目标：接受马克思主义唯物史观、学习使用辩证法分析和解决问题；认同、拥护中国共产党领导的社会主义制度；了解中国国情和中国金融现状，了解中国有关金融制度的作用，具有家国情怀，文化自信和制度自信；将道德精神层面的信用与社会活动、经济活动紧密结合，对信用评级业务实践从理论层面进行分析和阐释，要求学生能够培养信用评级从业人员应具备的职业道德素质并增强对我国信用评级行业改革发展的认同感与使命感。

二、《信用评级》课程各主要章节课程思政教学指南

（一）"第一章　信用评级概述"的思政教学指南

1. 专业教学目标

本章着重阐释信用评级的基本概念，包括信用与信用风险，信用评级内涵的理解要点，违约、违约率与违约概率，风险敞口与违约损失率等，分析介绍了信用评级对投资者、筹资者及监管者的作用与意义，信用评级的分类标准及常见的业务种类。具体教学目标如下：

- 掌握信用评级的概念、内涵及特点；
- 理解信用评级的功能与意义；
- 理解掌握信用评级的分类。

2. 重要思政元素及融入点

介绍信用评级的基本概念与业务种类，分析其对投资者、筹资者及监管者的作用与意义，素材多、维度广，蕴含了丰富的思政元素。其主要的思政元素和相关知识板块包括：

（1）制度认同。在介绍监管机构对信用评级结果的运用时，介绍国内商业银行资本监管中对外部评级结果的基本要求，让学生认识到，我国监管机构在监管理念与制度设计上能紧跟国际金融监管的发展动态，不断缩小差距，总体而言符合中国经济金融建设的需求，而且从十九大以来的不断推进，与完善社会主义信用体系建设等相适应，增强学生的政治认同和制度认同。

（2）家国情怀。在讲授信用评级结果可以代表被评对象的形象时，通过经典案例分析，让学生认识到信用评级机构发布的信用评级结果可能对一国的国际地位、金融市场稳定等造成的影响，对比国内外信用评级机构在市场上实力与话语权的差距，激发学生的家国情怀和爱国热情，引导学生在专业学习中应更加努力，为中华民族的

伟大复兴而努力。

（3）社会责任。在讲授信用评级对经济发展的作用与意义时，通过典型案例分析国内债券市场出现的债券违约问题，以及造成的市场冲击及社会后果，增强学生的社会责任感和职业伦理道德观念。

（4）理性思维。在分析信用评级对投资者的意义时，通过相关案例介绍分析信用评级如何降低信息不对称缓释信用风险，信用级别与累计违约率之间存在的基本客观规律，强调信用评级所具备的风险揭示与缓解信息不对称的基本功能，培养学生理性看待信用交易、市场机制、制度选择等内容。

（5）创新意识。通过相关信用风险案例，让学生了解信用风险的发展变化要求相应的风险管理理念及具体对策应具备创新意识，同时根据投资者金融服务需求的发展变化，信用评级的业务发展也应不断创新与拓展，增强创新意识。

（6）全球视野。通过国内企业海外债权融资升温的相关案例分析信用评级对筹资者的作用，让学生了解企业发展的基本融资渠道，熟悉国际金融市场，具备全球化视野。

3. 课程思政教学策略实例

采用多种教学手段和策略，在教学内容中融入相关思政元素，例如：

（1）课程思政教学实例一：制度认同。在分析信用评级对监管者的意义时，结合《商业银行资本管理办法（试行）》的具体内容，引导学生理解在商业银行资本监管中用权重法计算表内资产风险时，是如何根据不同的外部评级结果设定不同的风险权重，其与《巴塞尔协议Ⅲ》的相关规定如何衔接，我国银行业监管机构对商业银行使用外部评级结果的要求更为慎重。通过上述内容的学习，让学生认识到，我国监管机构在监管理念与制度设计上能紧跟国际金融监管的发展动态，同时又充分考虑到中国经济金融建设的实际情况与需求，而且从十九大以来不断推进完善社会主义信用体系建设，不断完善信用评级行业能够顺利快速发展的基础设施与制度环境建设，增强学生的政治认同和制度认同。

（2）课程思政教学实例二：家国情怀。在讲授信用评级结果可以代表被评对象的形象时，通过分析欧债危机、穆迪下调中国主权信用评级与中国式底线思维、大公国际下调美国主权评级等案例，让学生认识到信用评级机构对一国的信用评级调整可能对一国的国际地位、经济与金融稳定等造成的影响，对比国内外信用评级机构在市场上实力与话语权的差距，激发学生的家国情怀和爱国热情，引导学生在专业学习中应更加努力，为中华民族的伟大复兴而努力。

（3）课程思政教学实例三：社会责任。在讲授信用评级对经济发展的作用与意义时，通过"超日债违约"等典型案例分析国内债券市场发展历程中出现的债券违约现象，以及造成的市场影响及社会后果，分析债券市场信用体系建设中仍存在的问题，应进一步完善违约处置机制、投资者纠纷解决机制和债券投资者保护机制，信用评级行业也应不断总结经验教训，完善业务制度和信息披露机制，以此引导学生从信用评级从业人员的视角进一步反思其应肩负的社会责任感和职业伦理道德观念。

（二）"第二章　信用评级行业的产生与发展"的思政教学指南

1. 专业教学目标

本章着重介绍信用评级行业的发展概况，首先介绍了美国、欧洲及亚洲地区信用评级行业的产生与发展历程，并分析了其发展现状及启示；其次重点回顾了我国信用评级行业发展的五个主要阶段及特点，并分析了发展现状及面临的机遇与挑战；在此基础上，重点介绍了主要的信用评级机构发展概况，并以"信用评级公信力"进行专题学习。具体教学目标如下：

- 了解国际信用评级行业的发展历程与发展现状；
- 了解我国信用评级行业的发展历程；
- 熟悉我国信用评级行业的发展现状；
- 熟悉主要信用评级机构发展概况；
- 理解信用评级公信力的形成与巩固。

2. 重要思政元素及融入点

信用评级行业发展概况的教学中可用素材多、维度广，蕴含了丰富的思政元素。其主要的思政元素和相关知识板块包括：

（1）制度认同。在介绍国际信用评级行业的发展概况时，对比我国信用评级行业的发展概况，让学生认识到，我国信用评级行业的发展虽然相对美国等发达国家仍然具有一定的差距，但差距在缩小，同时我国信贷市场信用评级业务的发展也体现了中国特色，总体而言适应了我国债券市场和金融经济的发展需求，与完善社会信用体系建设等相适应，从而增强学生的政治认同和制度认同。

（2）家国情怀。在介绍国内信用评级行业的发展概况时，可在加快构建以国内大循环为主体、国内国际双循环相互促进的新发展格局背景下，重点介绍国内信用评级市场对外开放的具体进程及对国内信用评级行业带来的机遇与挑战，激发学生的家国情怀和爱国热情，让学生认识到在专业学习中应更加努力，为中华民族的伟大复兴而努力。

（3）社会责任。在信用评级公信力专题学习中，通过典型案例分析国内外信用评级行业发展中的成功经验与失败教训，特别是针对信用评级行业中存在的利益冲突问题，以及由此造成的市场冲击及社会后果，以此引导学生从信用评级从业人员的视角出发，反思其应承担的社会责任感和应具备的职业伦理道德观念。

（4）理性思维。在分析美国、欧盟及亚洲地区信用评级行业发展概况对我国的启示时，着重梳理信用市场发展的一般规律，客观看待信用评级行业发展与以债券市场为主的资本市场的发展之间存在的密切关系，债券市场的进一步统一协调发展才能促进相应评级业务的有序有量增长。在对比国内外市场发展概况时，强调不同的市场制度选择是经济发展水平和国情等因素决定的。通过这些方式，培养学生理性看待信用交易、市场机制、制度选择等内容。

（5）创新意识。介绍我国信用评级行业发展现状时，通过分析我国债券市场交易品种不断丰富创新带来了信用评级业务种类的丰富创新，让学生了解金融创新在债券市场的具体表现，以此增强学生从事信用评级业务所应具备的专业敏感度和创新意识，努力培养创新能力。

（6）全球视野。通过介绍国内外信用评级行业信息披露的官方渠道，让学生了解国内外信用评级行业发展的实时行业信息、数据及统计情况，熟悉国际信用评级行业的发展动态，具备全球化视野。

3. 课程思政教学策略实例

采用多种教学手段和策略，在教学内容中融入相关思政元素，例如：

（1）课程思政教学实例一：制度认同。在讲授信用评级行业的发展概况时，可通过拓展阅读和课堂教学讨论的方式，对比国内外信用评级行业的发展历程，让学生认识到，我国信用评级行业的发展是在短短不到四十年的时间内走过了像美国这样的发达国家一百多年的发展之路，虽然仍存在一定的差距，但总体而言适应了我国债券市场和金融经济的发展需求，而且从十九大以来在不断推进，与完善社会信用体系建设等相适应，增强学生的政治认同和制度认同。

（2）课程思政教学实例二：社会责任。在信用评级公信力专题学习中，通过对信用评级机构在次贷危机中的角色与启示、大公国际开展主权信用评级业务、大公国际被罚的信用解读、利益冲突与付费模式关系等典型案例及阅读材料的学习，分析国内外信用评级行业发展中的成功经验与失败教训，特别是针对信用评级行业中存在的利益冲突问题，以及由此造成的市场冲击及社会后果，以此引导学生从信用评级从业人员的视角出发，反思其应承担的社会责任感和应具备的职业道德。

（3）课程思政教学实例三：全球视野。通过介绍美国证券交易委员会（SEC）信用评级署（OCR）和欧盟的欧洲证券及市场管理局（ESMA）官方发布的年报和数据信息，让学生了解美国国家注册统计评级机构制度（NRSROs）的发展动态和欧盟地区通过认证或注册的信用评级机构信息，并搜集整理实时的信用评级行业的信息与数据统计，熟悉国际信用评级行业的发展动态，具备全球化视野。

（三）"第三章　信用评级监管"的思政教学指南

1. 专业教学目标

本章着重从信用的监管法律法规体系的不断完善与建设，介绍了次贷危机后信用评级行业的监管改革历程与现行的信用评级监管框架，并重点介绍了信息披露制度和利益冲突监管。具体教学目标如下：

- 了解国外的信用评级监管法律法规；
- 熟悉我国的信用评级监管法律法规；
- 掌握信用评级监管框架；
- 理解信息披露监管；
- 理解利益冲突监管。

2. 重要思政元素及融入点

信用评级监管中可用素材多、维度广，蕴含了丰富的思政元素。其主要的思政元素和相关知识板块包括：

（1）制度认同。在介绍信用评级监管的发展概况时，着重分析次贷危机后国际信用评级行业监管发生的重大转变，通过介绍我国新近发布的信用评级行业监管规章，让学生认识到，我国信用评级行业监管发展的中国特色，总体而言适应了我国债券市场和金融经济的发展需求，而且从十九大以来在不断推进，与完善社会信用体系建设等相适应，增强学生的制度认同。

（2）家国情怀。在介绍国内信用评级行业监管发展概况时，重点介绍主要监管机构在信用评级市场不断扩大对外开放背景下的监管理念和相应的具体监管措施，激发学生的家国情怀和爱国热情，让学生认识到在专业学习中应更加努力，为中华民族的伟大复兴而努力。

（3）社会责任。在分析次贷危机后信用评级行业的监管思路变化时，通过典型案例分析信用评级行业仍存在的问题，引导学生认识到，信用评级机构还承担着防范债券市场系统性金融风险、促进金融市场健康运行的职责，以此引导学生从信用评级从业人员的视角出发，反思其应承担的社会责任感和应具备的职业伦理道德观念。

（4）理性思维。在分析信用评级行业监管发展概况时，着重梳理信用评级行业发展的一般规律，引导学生熟悉理解国际信用评级行业自律标准的修改与完善，并以此为基础理性看待各国监管标准的逐步统一，熟悉掌握信用评级监管法律法规的主要内容和信用评级的基本监管框架。

（5）创新意识。在分析介绍我国信用评级行业监管发展趋势与方向时，结合金融科技的发展引入监管科技的概念（RegTech）并不断强化信息披露制度的完善与发展，让学生了解监管科技在信用评级行业监管中的应用前景，以此增强从事信用评级业务所应具备的专业敏感度和创新意识，努力培养创新能力。

（6）全球视野。通过分析介绍主要国际机构的信用评级监管动态，让学生了解次贷危机后信用评级行业监管的改革与变化，并能紧跟国际信用评级行业的发展动态理解可能的变化趋势，具备全球化视野。

3. 课程思政教学策略实例

采用多种教学手段和策略，在教学内容中融入相关思政元素，例如：

（1）课程思政教学实例一：制度认同。在介绍信用评级监管的发展概况时，着重分析次贷危机后国际信用评级行业监管发生的重大转变，并结合国内的监管实践，分别从监管机构引用评级结果的主要规章和主要信用评级监管主体及监管规章两个层面，信用评级市场准入、市场化评价和退出、利益冲突监管、信息披露监管，公司治理和内控制度及法律责任几方面梳理与我国信用评级行业相关的监管法律法规体系和基本监管框架。让学生认识到，我国信用评级行业监管发展的中国特色，总体而言适应了我国债券市场和金融经济的发展需求，包括十九大以来在不断推进，与完善社会信用体系建设等相适应，增强学生的政治认同和制度认同。

（2）课程思政教学实例二：理性思维。在分析信用评级行业监管发展概况时，着重梳理信用评级行业发展的一般规律，比较分析以声誉资本为基础的自律监管和以行政干预为基础的公共监管，引导学生熟悉理解国际信用评级行业自律标准的修改与完善，并以此为基础理性看待各国监管标准的逐步统一，熟悉掌握用于调整信用评级机构、被评级主体、评级使用主体和评级监管主体在信用评级业务、信用评级结果的使用以及信用评级监管过程中发生的法律关系的法律规章体系，和以监管主体的设置、市场准入监管、信息披露监管、利益冲突监管以及内部控制监管为主的信用评级基本监管框架。

（3）课程思政教学实例三：全球视野。通过分析介绍国际证监会组织（IOSCO）发布的《信用评级机构的基本准则》、巴塞尔银行监管委员会公布《巴塞尔协议Ⅱ》和《巴塞尔协议Ⅲ》以及金融稳定理事会（FSB）发布的减少对信用评级依赖的路径图等主要国际机构的信用评级监管动态，让学生了解次贷危机后信用评级行业监管的改革与变化,并能紧跟国际信用评级行业的发展动态理解可能的变化趋势,具备全球化视野。

(四)"第四章 信用评级的程序与结果"的思政教学指南

1. 专业教学目标

本章主要介绍信用评级的基本程序及相应的业务制度,主要评级机构的中长期信用等级设置、短期信用等级设置及其相互映射关系和主要主体评级的信用等级设置,以及信用评级报告的基本格式和撰写原则。具体教学目标如下:

- 掌握信用评级的一般程序;
- 熟悉信用评级的业务制度;
- 熟悉信用等级的设置;
- 理解信用评级报告的主要内容;
- 熟悉信用评级报告的基本格式和撰写原则。

2. 重要思政元素及融入点

信用评级的程序及结果涉及信用评级的实务操作,可用素材多、维度广,蕴含了丰富的思政元素。其主要的思政元素和相关知识板块包括:

(1)制度认同。在介绍信用评级业务程序时,结合监管机构发布的有关信用评级业务程序的行业监管规章和行业组织自律监管规则的具体内容,让学生认识到,我国信用评级行业的发展虽然相对美国等发达国家具有一定的差距,但差距在缩小,总体而言适应了我国债券市场和金融经济的发展需求,并与完善社会信用体系建设等相适应,增强学生的制度认同。

(2)家国情怀。在介绍信用评级结果的内容时,可以通过对比国内外信用评级机构在信用等级设置和信用评级报告内容上的异同点,并通过对同一评级主体不同的评级结果对比,分析其评级依据及可能的原因,让学生了解加快构建中国特色的信用评级体系及话语体系的迫切性,激发学生的家国情怀和爱国热情,让学生认识到在专业学习中应更加努力,为中华民族的伟大复兴而努力。

(3)社会责任。在介绍信用评级报告的主要内容时,通过样本报告的分析解读,引导学生从信用评级从业人员的视角出发,结合行业实际与现实问题,反思应如何坚持基本的业务原则,确保如实、全面、客观地充分分析披露受评企业的信用状况,发挥信用评级机构应尽的监管中介职责,培养从业者所应承担的社会责任感和应具备的职业伦理道德观念。

(4) 理性思维。在介绍信用评级程序及其业务制度时,通过典型案例分析,引导学生充分认识到信用评级如果没有严格、合理的程序,就不可能形成科学、有效、客观、公正的评级结果。为了保证信用评级结果的质量和有效性,针对在信用评级业务操作过程中可能出现的问题,制定并完善相应的信用评级业务制度是十分必要的。

(5) 创新意识。为帮助学生更直观地了解信用等级的设置,在介绍一般长短期信用等级符号标识系统及其释义的基础上,进一步引入业内机构的其他信用评级业务的信用等级设置案例,让学生了解到,我国债券市场交易品种的不断丰富创新带来了信用评级业务种类的丰富创新,由此也体现在评级业务结果即信用等级设置的创新上。因此,在教学过程中应增强学生从事信用评级业务所应具备的专业敏感度和创新意识,努力培养创新能力。

(6) 全球视野。通过对比介绍三大国际评级机构的评级程序,总结分析信用评级业务的基本程序,让学生熟悉、理解信用评级实务操作的基本规程,熟悉国际信用评级行业的发展动态,具备全球视野。

3. 课程思政教学策略实例

采用多种教学手段和策略,在教学内容中融入相关思政元素,例如:

(1) 课程思政教学实例一:社会责任。在介绍信用评级报告的主要内容时,通过对联合资信、新世纪评级发布的样本报告的分析解读,引导学生从信用评级从业人员的视角出发,结合行业实际与现实问题,反思应如何遵守信用评级报告撰写的客观性原则、明晰性原则、充分性原则、审慎性原则和逻辑性原则,确保如实、全面、客观地充分分析披露受评企业的信用状况,发挥信用评级机构应尽的监管中介义务,培养从业者所应承担的社会责任感和应具备的职业伦理道德观念。

(2) 课程思政教学实例二:理性思维。在介绍信用评级程序及其业务制度时,结合《银行间债券市场非金融企业债务融资工具信用评级业务信息披露规则》和国内主要评级机构按前述规则的监管要求制定的开展评级项目的业务制度和程序文件,通过分析大公国际被罚后的业务整改等案例,引导学生充分认识到信用评级如果没有严格、合理的程序,就不可能形成科学、有效、客观、公正的评级结果。为了保证信用评级结果的质量和有效性,针对在信用评级业务操作过程中可能出现的问题,制定并完善相应的信用评级业务制度是十分必要的。

(3) 课程思政教学实例三:全球视野。通过浏览访问官网信息并组织课堂讨论的方式,对比介绍穆迪、惠誉国际和标准普尔三大国际评级机构的评级程序,总结分析信用评级业务的基本程序,让学生熟悉理解信用评级实务操作的基本规程,熟悉国际信用评级行业的发展动态,具备全球化视野。

(五)"第五章 信用评级方法及应用"的思政教学指南

1. 专业教学目标

本章介绍了信用评级方法从主观判断分析法和传统的财务比率综合分析法转向以多变量、依赖于资本市场理论和计算机信息科学的动态计量分析方法为主的发展趋势,着重介绍了几类常见的信用风险计量模型的基本原理。在此基础上结合评级实务重点介绍了开展信用评级应遵循的基本原则和业务操作原则,并重点介绍了信用评级指标体系、主体评级及债项评级的信用评级基本框架。具体教学目标如下:

- 熟悉信用评级基本方法的演化发展;
- 理解信用风险计量模型的基本原理;
- 理解信用评级原则;
- 熟悉信用评级指标体系;
- 理解信用评级基本框架。

2. 重要思政元素及融入点

信用评级方法及应用中可用素材多、维度广,蕴含了丰富的思政元素。其主要的思政元素和相关知识板块包括:

(1) 制度认同。在介绍信用评级方法的应用时,对比分析国内外信用评级机构发布的评级方法与模型,让学生认识到,我国信用评级行业的发展虽然相对美国等发达国家具有一定的差距,但差距在缩小,总体而言适应了我国债券市场和金融经济的发展需求,而且十九大以来一直在不断推进,与完善社会信用体系建设等相适应,增强学生的政治认同和制度认同。

(2) 家国情怀。在介绍信用评级指标体系的基本要素时,可以通过对比国内外信用评级机构在信用评级指标体系上的异同点,并结合标普中国等已在国内债券市场开展信用评级业务的具体案例进行对比分析,让学生了解加快构建中国特色的信用评级体系及话语体系的迫切性,激发学生的家国情怀和爱国热情,让学生认识到在专业学习中应更加努力,为中华民族的伟大复兴而努力。

(3) 社会责任。在信用评级公信力专题学习中,通过典型案例分析国内外信用评级行业发展中的成功经验与失败教训,特别是针对信用评级行业中存在的利益冲突问题,以及由此造成的市场冲击及社会后果。以此引导学生从信用评级从业人员的视角出发,反思其应承担的社会责任感和应具备的职业伦理道德观念。

(4) 理性思维。在分析主要信用风险计量模型时,在介绍基本原理思想的基础上，进一步分析其各自的优缺点，引导学生理性认识模型设计的前提理论假设与现实情况的差异，也为后续模型的设计改进提供了思路和突破点，培养学生理性思维的研究精神。

（5）创新意识。介绍现代信用评级方法与模型时，通过讲解几类典型的信用风险计量模型原理，引导学生理解信用风险度量的基本思想和原理，并结合金融创新理论将期权定价思想、在险价值（VAR）框架等基础理论运用到信用风险计量与测度中，让学生了解金融创新在信用评级方法与模型设计中的具体表现，以此增强从事信用评级业务所应具备的专业敏感度和创新意识，努力培养创新能力。

（6）全球视野。在介绍信用评级基本方法的发展变化时，纵观国际上该领域的研究和实际应用，引导学生认识到，随着信用风险的多样化、复杂化以及金融市场的变化，信用评级方法从最初的定性分析不断地发展与完善，演进到依托于现代经济理论、财务理论、金融理论和统计知识的计量模型法，深入理解信用评级行业业务操作的基本原理并关注其发展动态，具备全球化视野。

3. 课程思政教学策略实例

采用多种教学手段和策略，在教学内容中融入相关思政元素，例如：

（1）课程思政教学实例一：理性思维。在分析多变量信用风险判别模型、KMV模型、Credit Metrics模型等主要信用风险计量模型时，在介绍基本原理思想的基础上，通过举例分析和课堂讨论发言的方式，进一步分析具体模型的优缺点，引导学生理性认识各模型设计的前提理论假设与现实情况的差异，也为后续模型的设计改进提供了思路和突破点，培养学生理性思维的研究精神。

（2）课程思政教学实例二：创新意识。介绍现代信用评级方法与模型时，通过讲解KMV模型、Credit Metrics模型等典型的信用风险计量模型原理，引导学生理解信用风险度量的基本思想和原理，并结合金融创新理论将期权定价思想、在险价值（VAR）框架等基础理论运用到信用风险计量与测度中。结合具体案例，让学生更为充分地理解金融创新在信用评级方法与模型设计中的具体表现，以此增强从事信用评级业务所应具备的专业敏感度和创新意识，努力培养创新能力。

（3）课程思政教学实例三：全球视野。在介绍信用评级基本方法的发展变化时，通过拓展阅读和课堂讨论发言的形式，引导学生了解国际上该领域的研究和实际应用的基本概况，并能认识到随着信用风险的多样化、复杂化以及金融市场的变化，信用评级方法从最初的定性分析（如要素分析法、综合分析法等）不断地发展与完善，演进到依托于现代经济理论、财务理论、金融理论和统计知识的计量模型法（如以资本市场理论和信息科学为支撑的新方法、衍生工具信用风险衡量方法和信用集中风险的评估系统分析法等),深入理解信用评级行业业务操作的基本原理并关注其发展动态,具备全球化视野。

三、《信用评级》课程思政教学素材

《金融工程学》各章节可以采用的课程思政教学素材包括各种阅读材料、案例分析与讨论等,从中提炼出与专业知识紧密结合的各种思政元素,可选用的主要思政教学素材汇总如下:

序号	内容	形式
1	《信用评级业管理暂行办法》(2019.11.26)	阅读材料
2	《社会信用体系建设规划纲要(2014年~2020年)》	阅读材料
3	《非金融企业债务融资工具信用评级业务自律指引》	阅读材料
4	《企业债券中介机构信用评价办法》	阅读材料
5	《证券市场资信评级业务管理暂行办法》	阅读材料
6	《证券市场资信评级机构评级业务实施细则(试行)》	阅读材料
7	《银行间债券市场非金融企业债务融资工具信用评级业务信息披露规则》	阅读材料
8	《银行间债券市场非金融企业债务融资工具信用评级业务利益冲突管理规则》	阅读材料
9	《商业银行资本管理办法(试行)》(2012)	阅读材料
10	某信用评级机构的评级业务制度和程序文件	阅读材料
11	我国信用评级行业的发展历程	阅读材料
12	我国信用评级行业面临的机遇与挑战	阅读材料
13	历年中国债券市场信用评级年度报告	阅读材料
14	历年SEC发布的有关NRSROs年报	阅读材料
15	信用评级与一国的国际地位	阅读材料
16	信用评级的公信力	阅读材料
17	信用评级机构在次贷危机中的角色与启示	阅读材料
18	从评级下调到中国式底线思维	阅读材料
19	大公国际下调美国主权评级	阅读材料
20	国际信用评级	视频等
21	次贷危机后信用评级机构利益冲突管理暴露出的问题分析	阅读材料
22	超日债违约案例分析	案例分析
23	大公国际被罚的信用解读	案例分析
24	现场调研方法	阅读材料
25	评级行业投资人付费模式的"前世今生"	阅读材料
26	利益冲突与评级行业付费模式之争	案例分析

《征信理论与实务》课程思政教学指南

刘晓明　李杰群

（上海立信会计金融学院）

一、《征信理论与实务》课程的专业教学体系与课程思政教学目标

(一) 课程简介

本课程为信用管理专业的专业必修课,具有较强的基础性、技术性和前沿性。其先修课程有经济学原理、金融学、商业银行学、信用管理学、会计学、公司金融学等。

征信是企业开展信用管理必不可少的重要方面,对于银行或企业加强信用管理,防范信用风险,营造良好的借贷和商业氛围,建立健康有序的市场经济基础,具有重要的意义。征信分为企业征信和个人征信。其中企业征信所面对的对象是可能成为受信方的企业组织。因此,应该引导学生从企业的基本情况入手,在微观、中观和宏观层面对企业运行过程中涉及的各方面进行分析,掌握利用数学模型,特别是信用分析模型进行企业风险评级的方法。引导学生掌握财务分析方法,熟练掌握财务报表分析方法和财务指标计算、分析方法。引导学生掌握企业内部运作,对企业内部组织结构、公司治理、投资运作、日常经营等各方面都有一定的理解和掌握。引导学生学会采集信用信息,通过信用信息形成征信数据,并利用征信数据制作企业征信报告。

对于个人征信,主要是了解个人征信的信息来源和征信内容,对个人征信和企业征信进行对比,发现二者之间的差异。同时能够利用数学模型和评级方法对个人信用进行评级和对信用风险进行预测,并最终能形成较为完整的个人征信报告。

在这一课程中,我们主要通过学生的学习,让他们掌握基本的信用管理和征信知识,掌握利用信用分析模型和指标体系评价企业信用的方法。引导学生掌握社会调查方法,数据分析与甄别方法,财务分析方法,征信报告撰写方法。并通过大量财务指标的计算和模型的构建,让学生熟练掌握财务指标计算方法和财务报表分析方法。引导学生掌握企业内部运作,对企业内部组织结构、公司治理、投资运作、日常经营等各方面都有一定的理解和掌握。引导学生学会采集信用信息,通过信用信息形成征信数据,并利用征信数据制作企业征信报告。

(二) 课程思政教学目标

本课程旨在培养学生对信用、诚信与征信、企业和消费者征信、信用数据采集、分析与处理、财务分析与指标计算、信用报告制作与解读、企业信用风险建模、个人信用评分等方面的理解和运用能力,并以课堂专业知识教学为抓手,在教学过程中,春风化雨、润物无声,通过理论教学、课内实验、案例分析等,将思政元素逐步融入

课堂、融入学生心里,在不知不觉中逐渐引导学生健康成长。为突出课程思政对学生的培育,在考察过程中,会将诚信理念、信用价值、风险意识、公正态度、科学精神、服务意识、系统思维等思政元素融入考核过程中,检验学生对这些问题的认知,从而引导其思想,端正其态度,培养其"公心",帮助塑造其"三观"。

综合而言,主要的课程思政建设内容,包括未来能够延伸的内容如下:

①通过向学生传导信用、征信、诚信等理念,让学生树立重视个人信用、严守"诚信"的社会主义核心价值观,继承中国传统文化中的"仁义礼智信"的光荣传统,诚信为本,老实做人,踏实做事。

②通过对个人征信知识的讲解,以及在房价上升阶段某购房者在上海购买个人住房时申请银行贷款失败等案例的讲授,让学生充分了解征信和信用的重要性,树立正确的消费观和信用观,充分重视个人信用,珍惜信用价值,量力消费,久久为功,保持良好的信用记录,防止失信事件的发生。通过将企业的信用行为人格化,使学生作为未来的从业者,更加重视企业信用行为,珍惜信用价值,形成良好的信用习惯。

③通过对蓝田股份、康美药业、獐子岛财务数据造假案例、E租宝和中晋系非法集资、互联网金融骗贷和众多P2P平台跑路等信用违约的分析,让学生明白如何正本清源、实事求是,如何保证数据质量、还原事实真相,以体现对客观经济世界和经济秩序的维护与尊重。

④征信是一种客观反映被征信对象信用水平的信用管理咨询服务,因此要建立良好的服务意识,抱着对客户负责、对被调查对象负责的态度,确保公平公正,严格落实"现地现认"的工作要求,减少外界对征信工作的干扰。

1. 课程思政特征分析

本课程严格落实"三全育人"的理念和立德树人根本任务,服务于上海国际金融中心建设,坚决落实学校对应用型高水平财经人才培养的要求,充分发挥金融学科的传统优势,春风化雨,润物无声,将诚信理念、信用价值、风险意识、公正态度、科学精神等课程思政元素融入课程教学与人才培养的各个方面。因此具有时代性、科学系统性、价值引导性等特征。

2. 征信理论与实务课程思政教学目标

本课程通过征信理论知识传授与能力培养,使学生了解我国的传统信用文化,熟悉国内外信用和征信立法,树立正确的诚信价值观和信用意识,珍惜个人信用,形成良好的信用习惯。通过对征信活动的深入讲解,使学生用事实说话、用数据说话、用信用记录说话的观念深入骨髓，培养和弘扬大学生的诚信理念、信用价值、风险意识、公正态度、科学精神、服务意识和系统思维，摆正学生的信用观和消费观，塑造以事实为依据、注重实事求是、公正无私的精神品格。引导学生树立正确的世界观、人生观和价值观。从而培养思想先进、视野开阔、基础扎实、学验并重的应用型高水平信用管理人才。

二、《征信理论与实务》课程各章节课程思政教学指南

（一）"第一章 绪论"的思政教学指南

1. 专业教学目标

通过本章学习，让学生系统掌握信用、诚信、征信、授信、受信等基本概念。了解征信产品和服务，包括企业征信产品和消费者征信产品。掌握征信信息、征信数据及征信报告之间的联系和区别。并对国内外征信业的发展与知名征信机构有一定的了解。

2. 重要思政元素及融入点

（1）诚信品质。让学生系统了解信用、诚信、征信、授信、受信等基本概念，以及基本的征信产品和服务，学习中华优秀传统文化中"以信为本"的理念和价值观，树立自身的信用观念，培养征信意识，维护信用秩序，珍惜自己良好的信用记录，用好信用这一"经济身份证"。

（2）制度认同。增强学生的诚信意识和信用理念，增强对社会主义核心价值观的认知，在工作和生活中自觉践行社会主义核心价值观。

3. 课程思政教学策略实例

实例1：在课程的开篇，通过讲授中国传统诚信故事，如立木为信、曾子杀彘、一诺千金、季札挂剑、破镜重圆、孟信不卖病牛等，让学生树立"诚信为本、信用为要"的理念，在征信活动中严格遵守实事求是、科学精准、公平公正、不偏不倚的原则，用数据和事实说话，客观、如实的反映企业和消费者的信用状况；

实例2：所谓"征信"，来自于《左传》中的"君子之言、信而有征、故怨远及其身"。英语翻译为 credit investigation，credit checking 或 credit reporting，而中文则用简单的"征信"二字就充分概括了整个过程，充分体现了中华语言文化的精简干练和博大精深，使学生从一开始就树立了文化自信，并进一步增强大家对中华传统文化的

热爱和诚信品德的坚持。

实例3：通过对比目前中国和美国在信用管理领域立法的差异，正视我国在信用管理领域的征信评级话语权、市场影响力和公信力、信用管理立法进程上与发达国家的差距，增强使命感与责任感，培养爱国敬业情怀，使学生下定决心追赶先进，加快发展信用服务业，提高信用话语权，建立起与中国综合实力相称的全球征信业主体地位。

（二）"第二章　企业征信业务"的思政教学指南

1. 专业教学目标

通过对企业征信业务的介绍，使大家对企业征信、企业征信的特点、模式、时机、业务范围、现场调查的方法和技巧等都有一定的了解和掌握。

2. 重要思政元素及融入点

（1）诚信品质。将企业的信用行为人格化，使企业管理者和从业人员更加重视企业信用行为，珍惜信用价值，形成良好的信用习惯。

（2）社会责任。通过对企业征信业务的介绍，让学生深入了解企业信用的本质是企业主和管理者的信用，认同"增强企业信用就是提升企业价值，就是提高个人价值"的理念。将企业的信用行为人格化，使学生作为未来的从业者，更加重视企业信用行为，珍惜信用价值，形成良好的信用习惯。

3. 课程思政教学策略实例

实例1：走访被征信对象，面访时应注意替客户保密，不能泄露客户的相关信息。而且要提前做好功课，充分了解被调查对象，严格遵守约见时间，尊重被调查企业的作息习惯和工作作风。使学生在待人接物方面能树立起正确的世界观、人生观和价值观，培养积极向上的职业精神和道德品质。同时，严格依据事实进行数据采集和调查，不编造，不偏颇，不遗漏，形成尊重事实、客观反映被调查对象的工作作风和公正无私的优秀品格。

实例2：当无法获得客户财务资料时，可以通过旁敲侧击的方式获取被调查企业的相关信用信息。通过这一知识点，可以使学生学会灵活变通和注重方法艺术，注重工作创新，不能默守陈规、思想僵化。考虑到客观事物常存在多个方面，且调查者往往可通过多种方法反映客观事物，因此，调查者可以通过创新思路与方法来达到认识事物的目的。

（三）"第三章　企业征信数据"的思政教学指南

1. 专业教学目标

企业征信所涉及的数据（信息）较为广泛，涉及企业生产运营的各个方面，因此要求学生要对企业内部结构及运营方式较为熟悉。学生通过本章的学习，可以了解与企业相关的征信信息，特别是各种信息来源和渠道。引导学生系统掌握征信数据来源和采集方法，重视数据的准确性、真实性，进而帮助学生形成科学、严谨、求实的工作作风。

2. 重要思政元素及融入点

（1）诚信品质。企业征信数据来源于多个层面，受到来自多方的监督，以此告诉学生，要重视自己的信用行为和可能带来的后果。学生作为未来可能从事征信、信用评级、信用咨询等行业的信用服务从业人员，要秉持公正、无私的立场，客观报告企业的信用记录和行为，用数据说话，用事实说话。

（2）理性思维。数据是定量研究的基础，也是系统评价企业信用的重要依据。征信机构的数据来源包括官方数据和非官方数据，官方数据包括工商局、海关、人民银行、公安局、国有资产管理局、房屋管理局等多个政府部门，非官方渠道包括数据供应商、商业银行、公用事业单位、行业协会、企业供应商等各个机构，数据来源多样而繁杂，因此，必须坚持理性和系统思维，将不同来源的数据有效结合起来，形成对企业信用评价的合力。

3. 课程思政教学策略实例

实例1：企业征信数据的来源非常广泛，不同的来源对于形成征信结果的影响非常重要，通过对企业信用信息主要来源与内容的介绍，让学生了解到信息互联互通的重要性，认识到要发展征信业，解决信息孤岛问题、促进信息交融与共享是关键。进一步引申下去，国家要取得不断的发展，不能闭关锁国，必须加强国与国之间的交往，促进对外开放与机会分享，构建人类命运共同体。

实例2：数据质量是数据的生命。从征信数据质量的教学内容中，可以使学生高度重视数据质量，培养其实事求是的精神和客观公正的态度，培养以数据为根本、以事实说话、客观反映被调查者信用状况的工作态度和职业素养。同时，结合当前大数据征信等新技术，让学生认识到建立开放式思维、充分运用各种大数据提高征信效果的重要性。

实例3：数据安全是国家安全的重要保障。在对数据的采集和传播内容的讲述中，着重强调对于涉及国家机密和国家安全的数据，一定要严格保密，防止对外传播，使学生牢固树立良好的数据安全观和国家安全观。特别对于不可采集和随意传播的数据，一定严守规矩，不能逾越红线，形成遵守法律法规的自觉行动和习惯。

（四）"第四章　企业征信数据的处理与维护"的思政教学指南

1. 专业教学目标

通过本章的学习，使大家了解和掌握有关企业征信数据检验的方法，掌握财务数据处理和识别虚假财务数据的方法，并相应了解企业征信数据的存储和维护方法。通过介绍征信数据处理和财务指标的计算，以及财务分析方法与技巧，让学生进一步认识到数据的客观性和严谨性，并通过财务分析来揭示企业的信用价值和经济属性。

2. 重要思政元素及融入点

（1）理性思维。征信数据的检查、财务数据的处理、财务指标的计算是本章的重点，通过课程的教学，让学生明白如何正本清源，保证数据质量，还原事实真相，透过现象看本质，如何通过财务分析来揭示信用价值和经济属性，以体现对客观经济世界和经济秩序的维护与尊重。

（2）责任意识。企业征信数据系统反映了一个国家或地区企业的基本面貌和财务、信用、运营等系列信息。对征信机构而言，要树立数据安全观，就是要高度重视数据库的安全管理，防止数据丢失、被攻击、被篡改、被恶意复制等意外情况。从国家而言，要培养学生的国家安全观，特别是数据安全观，增强责任意识，防止国家重要数据外泄或被窃密。

（3）诚信品质。财务报告分析是征信工作人员的重要基本功，本章通过引导学生坚持实事求是的原则，认真阅读财务报告、分析财务指标，培养其发现企业错账假账、还原事实真相的敏锐眼光。

3. 课程思政教学策略实例

实例1：在信息数据录入与人工核查部分，通过让学生学习如何一步步核实数据，保证数据录入的完整、准确，并通过人工核查确保其真实无误，培养学生细心、耐心的品格和实事求是的精神，培养学生爱岗敬业、客观公正的良好品质。

实例2：《中华人民共和国数据安全法》于2021年6月10日颁布，在这一背景下，结合本章有关征信数据采集、处理与存储的相关知识，教育引导学生树立国家数据安全观，规范数据处理活动，保障国家数据安全，促进数据开发利用，保护被征信对象的合法权益，维护国家主权、安全和发展利益。

实例3：在财务报告分析部分，通过蓝田股份、獐子岛等案例分析，让学生学会如何进行财务分析，如何发现假账，让学生树立实事求是、求真务实的品格和坚持原则、不做假账的道德底线。从征信的角度看，让学生培养敏锐的专业眼光，发现被调查企业财务报表中可能存在的问题，抽丝剥茧、发现企业的真相，对企业财务和信用状况做出客观的评价。

（五）"第五章　企业信用风险预测"的思政教学指南

1. 专业教学目标

通过本章的学习，使大家掌握各种衡量信用风险的信用评分技术和数学模型建模方法，并掌握和识别信用风险量化指标，学会通过一定的手段对企业诚信进行评价。

2. 重要思政元素及融入点

（1）理性思维。模型是理性认识世界的捷径。通过对本章的信用风险模型的学习，告诉学生如何正确的理解什么是信用，如何定量、客观地描述信用，如何通过模型预测企业的违约率，对于学生正确掌握信用风险模型的本质规律，认识客观世界，树立正确的世界观、价值观具有重要意义。

（2）家国情怀。同时，将世界主流的信用评级方法介绍给学生，让学生认识到中国与美国在信用评级话语权上的差距，争取通过自身努力，建立自己的信用评级话语权体系，不断缩小差距，并努力实现超越。

（3）诚信品质。另外，企业是经济的基本细胞，通过学习企业诚信评价，了解到诚实守信在企业经营中的重要性，以便于在以后的工作中充分重视企业诚信，并将其作为评价企业社会价值和信用价值的重要标准，对于构建科学合理的社会信用体系，形成良好的经济秩序都具有重要意义。

3. 课程思政教学策略实例

实例1：在讲解信用评分技术时，对4变量、5变量的Z评分模型和7变量的Zeta评分模型都进行详细讲解，使学生通过Altman教授对Z评分模型的不断改进认识到，研究要永无止境，不断试错和改进，才能不断接近科学的真相。并以宝钢股份有限公司为例，利用Z评分模型对其违约可能性进行评估，评估结果表明其已被划入"违约组"，即意味着宝钢已经"破产"，而事实是宝钢却能持续经营。通过这一事例说明基于美国大量样本数据生成的Z评分模型（特别是相关权重）在中国具有一定的局限性，并不能简单地依据企业落入"违约组"就判定其会破产。不能在不考虑实际条件的情况下，机械地将模型套用到中国企业，形成适合中国企业的信用评分模型还得依靠我们自己的力量。

实例2：信用评级是征信的重要组成部分，其原理与狭义的征信基本相同。在讲到企业信用评级时，课程介绍了美国三大信用评级机构标普、穆迪和惠誉的信用评级标准和符号，并对三大信用评级机构垄断国际市场和信用话语权进行了分析。举例说明在2008年美国次贷危机之前，很多西方中小国家的信用评级与中国类似，然而危机发生后，这些国家纷纷陷入危机之中，而中国国内生产总值却在2010年顺利超过日本，位居世界第二，从此再未被日本超越，并预计于2028年超过美国位居世界第一。由于中国在世界上缺乏自己的信用评级话语权，因此，信用评级偏低，导致融资成本偏高，在很多方面都会受到影响。通过这一实例告诉大家建立本国信用评级话语权的重要性和必要性，增强学生为国家、民族命运而奋斗的进取心和责任感。

实例3：诚信是社会发展的基石。在企业诚信评价部分，引入企业诚信概念，通过e租宝、中晋系集资诈骗等案例分析，使学生对"诚信"这一社会主义核心价值观有更深刻的认识。引导学生认识到：做企业也是做人，做企业也要讲诚信，不但要承担社会责任，还要使产品和服务质量可靠，进而得到客户、供应商、银行、政府、同行、社区的广泛认可，真正使诚实守信企业畅通无阻，让失信失德企业寸步难行。

（六）"第六章 企业征信报告的制作及解读"的思政教学指南

1. 专业教学目标

通过本章的学习，使大家掌握征信报告的类型、格式和内容，利用已有的企业信用信息能够制作简单的企业征信报告，并了解企业征信报告的检索系统。

2. 重要思政元素及融入点

（1）家国情怀。企业征信报告是系统、客观地反映企业信用状况的主要征信产品。目前主要有美国模式、欧洲模式和亚洲模式。中国在征信报告标准等方面比较混乱，各自为战，没有形成与中国地位相称的征信产品及产业，也难以在世界上发出中国的声音。而美国的征信服务及征信报告标准成为引领全球的主要标准。通过课程的学习要让学生知道中国在这一领域的落后，明白自己未来的使命，及时奋起直追，补齐短板，发展信用服务业、提高征信话语权，在征信和信用服务领域建立起与中国综合实力相称的全球地位。

（2）责任意识。满足客户多样化的需求是征信机构和征信从业人员的根本任务和责任。本章介绍了普通版征信报告、深度调查报告、专项调查报告、风险指数报告、企业家族调查报告、国际供应商评价报告、付款分析报告、行业状况调查报告、国家风险调查报告等多种报告类型,体现了征信服务行业以客户需求为中心的基本要求。通过讲解各类报告的异同,启发学生树立为客户服务、爱岗敬业的基本理念。

3. 课程思政教学策略实例

实例1:通过对全球最大的企业征信机构美国邓白氏公司的商业报告样本的分析,以及将邓白氏的报告与国内较为流行的征信报告进行对比,正视国内征信机构与邓白氏公司的差距,为迎头赶上国际征信业巨头做好心理准备。同时,也让学生充分重视中国在全球的征信话语权,通过建立中国征信标准,实现中国在经济基础设施领域的突破。

实例2:通过对苏州某陶瓷材料厂的普通版调查报告和深度调查报告的分析,以及央行版企业信用调查报告等多个报告样本的分析,使学生了解到客户在征信报告需求上的差异性,形成以客户为中心、及时根据市场需求进行灵活变动、充分满足市场需求的服务态度。

实例3:以2012年前后上海"钢贸事件"导致上海各大银行发生600多亿坏账的案例,说明征信工作的必要性和复杂性,并进一步说明坚持财经工作原则,坚持对钢贸企业所涉及的相关行业链进行征信的必要性,坚持运用系统思维,堵住征信漏洞,防止信息孤岛被利用,带来银行业的巨大损失。

(七)"第七章 个人征信业务"的思政教学指南

1. 专业教学目标

个人征信指对个人的学贷、车贷、房贷、消费贷、信用卡、公共记录、水电煤气费等信用信息进行采集、分析和报告,涉及个人生活的方方面面,事关个人的信用水平,直接影响到个人未来的生活。它是征信业务的重要方面,具有不同于企业征信的一些特点,本章使学生通过学习,了解和掌握个人征信的概念、个人征信数据的类别、来源和处理方法,并将个人征信与企业征信业务进行对比。

2. 重要思政元素及融入点

(1)诚信品质。通过本课程让学生认识到消费者信用与每个人息息相关,保持自己信用记录良好、防止出现各种信用违约记录尤为重要。本课程通过对个人征信、信用理念、信用消费等信用知识的讲解,让学生深植"民无信不立"的理念,树立正确的消费观和信用观,量力消费,珍惜信用价值,保持良好的信用记录。

(2)责任意识。作为未来潜在的征信工作者,形成保护消费者个人隐私的良好职业道德是从业者的必备素养。消费者征信与企业征信最根本的区别就在于对消费者隐私的保护，因此，在讲授相关法律、职业操守和从业准则时，要有意识地提醒学生形成保护消费者隐私的工作习惯，具备良好的职业素养和法律意识。

（3）理性思维。构建消费者信用评分模型、信用特征模型和信用违约模型等都需要从科学的角度提炼特征变量，计算权重，这些都需要培养学生的科学素养，形成科学思考和科学决策的好习惯。特别是在大数据征信等技术的带动下，更要充分利用线上和线下的征信数据，将传统征信模式和大数据征信模式相结合，构建线上线下相结合的消费者信用分析模型。这对于引导学生与时俱进、不断提高信用分析能力具有非常重要的作用。

3. 课程思政教学策略实例

实例1：以2016年上海市住房价格快速上涨时，某购房者因信用不良记录申请房贷被拒、眼睁睁看着房价上涨却错过购房时机的案例，说明个人信用在实际生活中的重要性。告诫学生们要高度重视自己的信用，在信用卡、消费贷、抵押贷款、生活出行、遵纪守法等各方面都要保持良好的信用，防止在关键时刻因信用污点发生重大损失。

实例2：以某外籍夫妇在上海从事非法调查企业和个人背景、搜集企业和个人信息牟利并将其传送至海外，后被给予刑事处罚的案例，说明合法采集和使用消费者个人信息、保护个人隐私的重要性。该案例在国内引起广泛关注的同时，也告诫我们重视保护本国公民信息，防止信息外泄、被境外组织利用。

（八）"第八章 个人征信报告产品"的思政教学指南

1. 专业教学目标

与企业征信报告相对应，个人征信业务产生个人征信报告产品。通过本章的学习，使大家理解个人征信报告产品的格式和内容，掌握个人信用评分技术，尤其是FICO评分技术原理，并与企业信用评级和企业资信报告产品相对比。通过课程的学习，让学生掌握反映个人信用信息的征信报告细节，以及个人信用评分模型。

2. 重要思政元素及融入点

（1）社会责任。个人征信报告是个人信用水平的集中体现，同时也反映了个人诸多的隐私信息。通过本章的学习让学生在征信过程中重视消费者个人隐私，重视职业道德的培养，同时严格遵纪守法，不做违反法律、侵害个人正当权益的事情。

（2）理性思维。让学生重视在征信过程中建立科学思维，用数据和模型说话。不因主观印象而影响对消费者的客观判断。在消费者信用报告中体现出的是专业和客观,是通过科学评价而得到的客观评分值。

3. 课程思政教学策略实例

实例1:对人民银行×××个人标准信用报告进行解析,让学生了解影响个人信用的各个方面,既让学生掌握个人征信数据的类型与来源,熟悉报告的制作,又能充分了解消费者信用在个人经济生活中的重要性。使学生进一步深刻认识消费者信用在社会信用体系建设、社会主义市场经济和国民经济发展中的重要性,进一步认识"诚信"这一社会主义核心价值观在社会经济生活中的重要性。

实例2:在介绍FICO评分的基本原理和方法时,通过让学生了解FICO评分的具体指标、指标权重、各指标的分值,既使学生提高信用评分能力,又使学生注意到FICO评分技术在中国面临的问题,防止机械套用。因此,对于发达国家的成功经验,我们既要充分借鉴,又要防止"不分青红皂白,全盘接受",出现不符合中国基本国情的情况。因此,也引导学生多考虑国家需要,思考如何建立符合中国国情的消费者信用评分体系,为中国的社会信用体系的建设出谋划策。

三、《征信理论与实务》课程思政教学素材

序号	内容	形式
1	赛立信信用管理服务苏州××高新陶瓷材料有限公司基本资料报告、深度信用报告、注册资料报告	征信报告样本
2	中国××银行个人信用报告(个人查询版样本)、中国人民银行征信中心个人征信报告(个人明细版)—童××\中国人民银行企业信用中心企业征信报告(银行版):索普公司征信报告	征信报告样本
3	邓白氏商业资信报告样本——中文版、邓白氏中国综合报告样本——中文版	征信报告样本
4	陈建.信用评分模型技术与应用.中国财政经济出版社,2005	阅读材料
5	刘新海.征信与大数据 移动互联时代如何重塑"信用体系".中信出版社,2016	阅读材料
6	姚前,谢华美,刘松灵,刘新海.征信大数据理论与实践.中国金融出版社,2018	阅读材料
7	美国FICO评分系统简介	阅读材料
8	美国征信法律体系详解:这17部法律都讲了什么?零壹财经,2016-07-25	阅读材料
9	2015年中国征信行业研究报告.艾瑞咨询,2016-03-04	阅读材料
10	周宗放等.个人信用风险评估理论和方法:拓展性研究.中国金融出版社,2015	阅读材料
11	中华人民共和国数据安全法(2021)	法律法规
12	征信业管理条例(2013)	法律法规
13	刘姝威揭穿"蓝田神话".北京日报,2003年10月06日	案例分析
14	中央电视台.首起在华外国人非法获取个人信息案宣判外籍夫妇获刑.2014年8月9日	案例分析

续表

序号	内容	形式
15	陈佩珊、厦法宣. 背负149个案件拖欠1.3亿元厦门一"老赖"面临15天拘留. 海西晨报, 2017-05-18	案例分析
16	银行行长泄露密码257万条银行个人信息被盗取. 澎湃, 2016.11.5	案例分析
17	何欣荣. "钢贸大王"资产遭查封"福建帮"曾掌控半壁江山. 新华网福建频道, 2014年02月08日	案例分析
18	e租宝被公安机关认定涉嫌非法集资. 北京商报, 2016年01月12日	案例分析
19	"中晋系"20余名核心成员落网 公司涉集资诈骗. 中国新闻网, 2016-04-06	案例分析
20	獐子岛现黑天鹅: 巨亏8亿 百万亩海域绝收. 上海证券报, 2014-10-31	案例分析

《财产保险》课程思政教学指南

陈玲[1]　李鹏[1]　刘兵[2]

([1]上海立信会计金融学院　[2]南京财经大学)

一、《财产保险》课程的专业教学体系与课程思政教学目标

（一）课程简介

财产保险是保险专业的专业基础课，也是精算专业的必修课。本课程在全面介绍财产保险基本理论的基础上，讲授财产保险实务中的火灾保险、机动车辆保险，工程保险等主要险种。要求学生掌握各险种的承保、理赔和风险分析等技能，熟悉基本理论知识在实务中的运用。本课程在一般在大学二年级开设，是后续的海上保险、再保险、风险管理等课程的基础，也有助于与人身保险、精算学、责任与信用保险等课程结合提升学生的综合应用能力。

财产保险课程目标包了解财产保险市场、掌握基础理论、熟悉险种实务等内容，由理论和课程内实验两部分构成。

本课程采用的是陈玲副教授编写的教材，并参考了郑功成、许飞琼编写的《财产保险》，杨波编写的《财产保险理论与实务》等。同时，根据课时需要，可对教材的部分章节内容做相应的调整或取舍，并在课程案例、课程实验等内容上根据人才培养目标不断更新、优化。

（二）课程思政教学目标

1. 课程思政特征分析

财产保险是保险学及其相关专业的核心课程，更是培养学生熟悉财产保险市场，将保险理论与财产保险实务技能有效结合的重要课程。本课程的授课对象为大学二、三年级的学生，处于是世界观、价值观和人生观形成的关键时期，他们对专业领域具有初步的了解，但对不同保险产品，尤其是保险市场运作和发展的认识不够深入，本课程通过潜移默化的方式，将课程思政融入专业知识中，对学生三观、公民意识和政治意识的塑造具有积极意义，反过来也有助于学生专业知识的学习，自觉将专业能力培养与诚信问题、公民责任等相结合，从而实现立德树人。

根据财产保险的专业特征、知识结构和教学需求，其蕴含的思政元素主要包含在制度认同、家国情怀、社会责任、理性思维、创新意识与全球视野六个方面的维度。

制度认同：财产保险中涉及大量的发达市场中的风险事件、中国保险市场的建设与发展，特别涉及相关经济政策和金融制度，都有助于学生对国内外制度进行比较和思考，帮助学生认识到中国共产党领导的社会主义制度的优越性，从而增强制度认同。

家国情怀：家国情怀的基本内涵包括家国同构、共同体意识和仁爱之情，有助于增强国家认同和民族凝聚力。本课程的相关案例是彰显家国情怀的重要手段，包括西方保险市场对发展中国家保险市场的控制和掠夺，改革开放后保险市场的迅速崛起，以及在保险领域做出重要贡献的中国企业家等。这些案例的分析，是学生了解中国保险在发展过程中专业人才的缺口状况、实现文化认同、强化家国情怀的重要来源。

社会责任：诚信是保险经营的根本，本课程涉及大量由于投保人追逐个人私利而骗保或骗赔的案例。通过这些案例的分析，一方面让学生加深对专业知识的理解，另一方面提醒学生无论是作为保险的从业者，还是普通的保险消费者，都要考虑社会责任，要具有法律意识。

理性思维：本课程的学习有很大部分内容是掌握实务经营的方法，这需要大量的训练，特别是案例分析，这些训练有助于学生将理论与实务有效结合，也有助于理性看待市场制度、监管规则的制定和选择。

创新意识：本课程的学习有助于学生从产品层面、组织层面和制度层面加强创新意识，专注创新能力培养。

全球视野：本课程涉及大量的世界财产保险市场的发展历程、现状、产品设计、代表性案例等，开阔学生眼界，拓展全球视野。

2. 财产保险课程思政教学目标

采用讲授与案例分析相结合的教学方式，体现和强化课程思政元素，融入专业知识，实现以下目标：

接受马克思主义唯物史观、学习使用辩证法分析和解决问题；认同、拥护中国共产党领导的社会主义制度；了解中国国情和中国保险现状，了解中国有关保险制度的作用，具有家国情怀、文化自信和制度自信；形成良好的职业伦理道德，具备法制意识和高度的社会责任感。

二、《财产保险》课程各章节课程思政教学指南

（一）"第一章 财产保险概述"的思政教学指南

1. 专业教学目标

本章是《财产保险》的开篇，着重介绍财产保险的基本概念，包括财产保险的概念与特征、种类和作用、财产保险合同、财产保险原则等内容，为之后各章的学习奠

定理论基础和宏观视野。具体教学目标如下：

- 掌握财产保险的概念和特征；
- 熟悉财产保险的种类与作用；
- 熟悉财产保险合同各知识点，并结合案例加以运用；
- 熟悉财产保险原则同各知识点，并结合案例加以运用；
- 了解财产保险的产生与发展。

2. 重要思政元素及融入点

（1）制度认同。在介绍国内外财产保险市场的发展概况时，对比中国保险市场的发展状况，让学生认识到，中国当前的保险市场建设发展虽然相对欧美等发达国家具有一定的差距，但差距在缩小，而且新兴市场具有更大的发展潜力，也是目前世界上发展速度最快，最具有吸引力的保险市场，增强学生的制度认同。

（2）家国情怀。在讲授财产保险市场发展历史时，分析我国财险市场的发展所遭遇的几次挫折，让学生深刻体会到我国保险市场在解放前受制于帝国主义和买办阶层的压制，先天不足，因此，在专业学习中应更加努力，为中华民族的伟大复兴而努力，激发学生的家国情怀和爱国热情。

（3）社会责任。在讲授保险的基本原则部分，指出最大诚信原则是保险经营中最关键的问题，保险的发展始终伴随着道德风险，这就需要学生们树立较强的社会责任感和职业伦理道德观念。

（4）理性思维。在分析保险合同的各要素时，着重通过相关的典型案例，说明对保险合同正确理解的重要性，对于一些尚存争议的问题，应本着合同解释有利于起草人的出发点，尽可能维护消费者利益，建立保险行业的正面形象。

（5）创新意识。通过对财产保险的分类介绍，让学生了解产品创新是市场具有活力的源泉，清楚认识到我国财产保险产品创新的不足，再结合专业知识训练，培养创新能力。

（6）全球视野。通过介绍欧美及其他地区财产保险市场的发展情况，让学生了解我国保险业要取得较快的发展，必须坚持改革开放的道路，要熟悉国际保险市场，具备全球化视野。

3. 课程思政教学策略实例

采用多种教学手段和策略，在教学内容中融入相关思政元素，例如：

（1）课程思政教学实例一：制度认同。在讲授财产保险对解决巨灾风险的巨大作用时，通过介绍中国财产保险对近年发生地震、洪水灾害的理赔而使经济迅速恢复的实例，启发学生认识到中国对财产保险市场，特别是涉及国计民生的险种的顶层设计和自上而下执行建设的效率，启发学生认识到制度选择是历史发展和现实国情决定的，增强学生的制度认同。

（2）课程思政教学实例二：全球视野。保险市场通常是国际化的市场。高风险标的的承保，通常需要世界各国的保险公司倾力协作，通过再保险和巨灾风险证券化等方式，有效地分散风险。因此，作为未来的保险从业者，需要具有全球化视野，以及与其他国家保险机构进行交流和沟通的能力，激发学生对保险专业知识、外语、贸易、国际法等知识进行系统的学习。

（二）"第二章 火灾保险"的思政教学指南

1. 专业教学目标

本章着重介绍火灾保险的基本理论，包括火灾保险的概念与特征，火灾保险的发展历程，火灾保险的特征，英美国家的火灾保险，企业财产保险，家庭财产保险等。具体教学目标如下：

- 掌握火灾保险基本情况；
- 熟悉企业财产保险和家庭财产保险；
- 了解英国和美国的火灾保险。

2. 重要思政元素及融入点

（1）制度认同。通过讲解海力士火灾和天津港爆炸案发生后，保险公司迅速介入，并支付了巨额赔付，企业在较短时间内恢复了正常生产的案例，让学生认识到，通过改革开放后20多年的发展，我国保险业的发展已经卓有成效，成为社会经济发展的强大后盾，增强学生的政治认同和制度认同。

（2）家国情怀。在讲授企业财产保险这个险种时，分析我国企业财产保险在承保责任方面的不足，以及近些年一直在努力探索的改革路径，例如地震保险制度的建立等，让学生认识到我国虽然在保险理论和实践方面与发达国家具有较大差距，但我们一直在努力探索走一条适合我国国情的保险经营之路，并已取得了不俗的成绩。因此，在专业学习中应勤于思考和努力奋进，为保险行业的快速发展尽一份力。

（3）社会责任。在讲授最大诚信原则在火灾保险中的运用部分时，要让学生们意识到在保险经营中与各种骗保和骗赔做斗争是长期的艰巨任务，因此，既需要认真学习专业知识，也要培养较强的职业伦理道德观念。

（4）理性思维。在介绍英美火灾保险市场的经验时，要让学生认识到，对于国外的先进保险经营技术，我们必须保持理性，不能照搬照套用，一定要结合我国的实际情况，探索适合我国国情的做法。

（5）创新意识。通过对火灾保险的承保方式不足的分析，让学生了解应以消费者的需求为导向，不断对传统产品进行创新和优化，更好地服务于保险消费者。

（6）全球视野。通过介绍欧美及其他地区火灾保险市场的发展情况，让学生了解我国火灾保险无论在产品创新，还是承保理赔技术上，都处于起步阶段，应多借鉴发达国家的成功经验，迎头赶上。

3. 课程思政教学策略实例

采用多种教学手段和策略，在教学内容中融入相关思政元素，例如：

（1）**课程思政教学实例一：社会责任**。在讲授家庭财产保险这部分时，详尽分析影响我国家财险投保率的各个因素，以使学生可以明确今后的产品改进方向，对于家财险这种关系国计民生的险种，提高投保率，为千千万万的家庭提供经济支持和风险保障，是未来保险从业者的社会责任。

（2）**课程思政教学实例二：创新意识**。传统的火灾保险，无论是承保责任，还是赔偿方式，以及风险管理等，都已不适应现代社会的发展了，亟待创新。因此，这部分的教学环节中，可以安排学生结合所在地区的情况，对传统企业和家庭的财产保险设计创新产品，加强学生的创新实践，提升学生的创新意识。

（三）"第三章 货物运输保险"的思政教学指南

1. 专业教学目标

本章着重介绍货物运输保险的理论与实务，包括货物运输保险概述，海上货物运输保险，国内货物运输保险等。具体教学目标如下：

- 掌握货物运输保险的特征；
- 熟悉国内货物运输保险；
- 了解海上货物运输保险。

2. 重要思政元素及融入点

（1）制度认同。通过对货物运输保险发展历程的分析，使学生认识到，改革开放三十年，我国货物运输保险已经成为经济发展的强有力后盾，这是国家对货运险的重视和扶持的结果，有利于增强学生的政治认同和制度认同。

（2）家国情怀。在讲授海上货物运输保险时，分析我国相关的配套法律制度在处理海事纠纷和海上保险理赔中发挥的重要作用，同时也要认识到海商法等相关的法律制度还有改进和完善的空间，需要学生们认真研究发达国家的法律条文，不断完善有关的法律制度和体系，以更好地促进我国海上保险的发展。

（3）理性思维。海上保险起源于欧洲，英法等国无论在理论方面还是在实践方面都具有丰厚的积累，值得我们学习，我们既要借鉴他们的成功经验，也要结合我国实际，循序渐进建立起适合当前形势的我国海上保险制度。

（4）创新意识。国内货物运输保险是本章的重点内容，但是我国的货物运输保险业务近二三十年发展缓慢，基本模式没有根本突破，已经不能适应快速发展的经济需求，亟待创新。教学中应努力引导学生开阔视野，寻求创新的途径和方法。

（5）全球视野。货物运输保险，尤其是海上货物运输保险，立足于国际保险市场，因此作为未来的保险从业者，需要具有全球视野，并熟练掌握海上保险、国际贸易、海商法等相关的知识，以及娴熟的外语表达能力。

3. 课程思政教学策略实例

采用多种教学手段和策略，在教学内容中融入相关思政元素，例如：

（1）课程思政教学实例一：理性思维。货物运输保险的保险期限的确立方式较为特殊，实行"仓至仓"责任，因此责任起讫的明确非常关键，需要认真细致以及高度的责任心，在教学中需要加强相关的实训。

（2）课程思政教学实例二：全球视野。基于货物运输保险的国际化特征，教学中特别注意选取一些涉及国际贸易和国际海商法方面的案例，在学习货运险知识的同时，引导学生对国际贸易、国际海事法律方面的了解和学习，开拓视野，融会贯通。

（四）"第四章　机动车辆保险"的思政教学指南

1. 专业教学目标

本章着重讲解机动车辆保险的基本理论，包括机动车辆保险概述，机动车辆第三者责任强制保险，机动车辆商业保险等。具体教学目标如下：

- 掌握机动车辆保险的基本理论；
- 了解机动车辆第三者责任强制保险的产生背景；
- 熟悉机动车辆第三者责任强制保险的特征；
- 熟练掌握机动车辆商业保险实务。

2. 重要思政元素及融入点

（1）制度认同。建立机动车辆第三者责任强制保险（交强险）制度有利于道路交通事故受害人获得及时有效的经济保障和医疗救治，有利于减轻交通事故肇事方的经济负担，有利于促进道路交通安全，通过"奖优罚劣"的费率经济杠杆手段，促进驾驶人增强安全意识。让学生在学习这一险种的过程中，深深体会到这一制度的推行有利于充分发挥保险的社会保障功能，维护社会稳定。

（2）家国情怀。机动车辆保险是我国财产保险第一大业务，怎样建立一套高效和健全的机动车辆保险制度，将会对我国社会主义经济和文化建设产生深远的影响。保险专业的学生，不仅要学好现存的车险理论与实务，而且应不断就车险的发展与社会进步关系进行深入思考，为我国成为世界上车险最发达国家而努力。

（3）社会责任。每年因机动车辆事故而致残或致死的数据在不断攀升，车祸已成为社会生活中第一大杀手。因此，怎样不断改进优化车险产品，让其成为社会生产和人们幸福生活的助推器，是摆在每一个未来保险从业者面前的课题，为此而进行的努力将有利于增强学生的社会责任感。

（4）理性思维。虽然车险的业务占比很高，但盈利水平却处于较低水平，这是人才缺乏和技术落后的结果，对此学生们应该清醒认识到车险的改革是一项必须不断推进、不断总结经验教训再加以优化的长期任务，任重而道远。

（5）创新意识。互联网的高速发展为车险的发展带来了颠覆性的改变，大数据、车载技术和区块链的介入，将迫使保险公司改变观念，摒弃传统做法的低效和恶性竞争等问题，大胆创新，勇于将更多的科技元素引入车险经营中，不断提升车险的定价水平和经营效率，教学要紧密结合市场发展。

（6）全球视野。通过介绍欧美及其他地区机动车辆保险市场的发展情况，让学生了解我国车险经营在许多方面需要学习别国的先进经验，也可以将我们在理赔等方面比较具有优势的做法推广到国际上，取长补短，短期内争取较大的提升，以适应我国汽车保有量快速增长的情况。

3. 课程思政教学策略实例

采用多种教学手段和策略，在教学内容中融入相关思政元素，例如：

（1）课程思政教学实例一：社会责任。交强险主要担负着两方面的社会功能，一是分解机动车交通事故责任风险，二是保障受害人及时获得相应的救济。人们在享受机动车带来便利的同时又不得不承受其所带来的伤害。为消化这种社会性的伤害，保险机制应运而生。在机动车商业险任意性不足以保障机动车社会风险分化的情况下，国家以强制的方式全面实施交强险。要让学生深刻理解为什么要强制实施交强险，主要是从受害人能获得相应保障性的救济角度考虑，由此增强学生的社会责任感。

（2）课程思政教学实例二：创新意识。车险费率的厘定需要考虑从车因素和从人因素，我国车险过去的定价体系，考虑从车因素较多，而从人因素严重不足，这就导致了定价的准确性和公平性受到质疑。目前,网络技术的高速发展正好能解决精准定价问题,在教学中可以在理论和实践环节多介绍国内外这方面的研究,让学生保持持续的创新意识和创新的紧迫感。

(五)"第五章 船舶保险"的思政教学指南

1. 专业教学目标

本章着重介绍船舶保险的基本理论及其运用实务,包括船舶保险概述,远洋船舶保险,沿海内河船舶保险,船舶战争、罢工保险等。具体教学目标如下:

- 掌握船舶保险的的概念、分类和特征;
- 了解远洋船舶保险的相关内容;
- 熟悉沿海内河船舶保险的理论和实务;
- 了解船舶战争、罢工保险。

2. 重要思政元素及融入点

(1)制度认同。近些年来,中国的航运业发展迅速,继 2012 年成为世界第一造船大国后,2013 年中国又成为世界第一货物贸易大国。强大起来的航运经济很大程度上带动了航运保险的发展。"一带一路"建设为航运保险加速发展带来了前所未有的机遇,学习这一章的内容,要让学生充分领会国家对这一领域的顶层设计思路。

(2)家国情怀。我国正进入经济社会发展转型的关键时期,航运保险业要直面国内外经济形势的严峻挑战,牢牢抓住"十四五"建设的战略机遇期,打造具有全球资源整合能力的现代航运保险市场,实现我国航运业和保险业的发展共赢。

(3)社会责任。航运保险是金融业和航运业的连接点,在国际航运业和国际金融业建设中发挥着不可替代的作用,在上海确立航运中心的战略发展方向后,尤其需要相应的航运保险体系支持。作为上海的高校保险专业的学生,熟练掌握航运保险理论及其实务运用,是未来在保险职场发挥自身作用和贡献的社会责任的体现。

(4)理性思维。我国的航运保险与伦敦、新加坡等国际公认的国际航运中心城市相比,仍有较大的差距。中国被公认为航运大国,却仍未成为航运强国。我们在教学中要让学生清晰地认识到,保险理念、体制建设、人才培养、法律服务等软环境的建设,都是加快发展国内航运保险的重要突破口,并应朝着这个方向努力。

(5)创新意识。与欧美等国际先进的航运中心相比,国内的航运中心仍存在不小的差距。核心差异体现在,全世界 13 个船东保赔协会集团组织均在发达国家,其强大的风险分担能力,国内无一能与其抗衡。所以,我们要把产品创新和体制创新作为教学的重点，让学生建立一定的创新意识。

（6）全球视野。进出中国的大部分船舶和货物，其保险并非在中国投保，其根本原因是中国船东和货主在国际航运贸易市场中没有充分的话语权，这也就直接影响到中国保险企业在国际航运保险领域中的竞争力和定价能力。如何防止船舶保险业务外流是中国保险业改革发展大课题的有机组成部分，需要从基础环境和市场环境着手全面提升。除了提升航运实力和完善法律环境外，还应该在国际品牌认可度、人才培养和引进、保险产品与条款完善等内因方面进行思考。本章教学中应体现这一思路，让学生将视野着眼于全球，建立航运保险国际化的思维模式。

3. 课程思政教学策略实例

采用多种教学手段和策略，在教学内容中融入相关思政元素，例如：

（1）课程思政教学实例一：制度认同。根据国际海上保险联盟（IUMI）数据统计，目前中国已是全球第一大船舶险市场以及全球第二大货运险市场。上海高度重视航运保险市场的培育与发展，采取了一系列政策措施提升航运保险行业的竞争力，不断优化航运保险业的营商环境、提高航运保险的发展定位、支持航运保险业的制度创新。教学中应补充相关的介绍，以增强学生的制度认同感。

（2）课程思政教学实例二：创新意识。互联网技术已成为航运保险寻求突破创新的法宝，而区块链技术无疑是其中最受行业关注和期待的技术之一。教学中，我们通过介绍2017年创建的全球首个航运保险区块链平台，让学生体会到，以互联网技术主导的创新，将改变航运保险市场格局。

（六）"第六章　工程保险"的思政教学指南

1. 专业教学目标

本章着重介绍工程保险的基本理论及其运用实务，包括工程保险概述，建筑工程保险，安装工程保险等。具体教学目标如下：

- 掌握工程保险的的概念、分类和特征；
- 熟悉建筑工程保险的基本理论和操作实务；
- 熟悉安装工程保险的基本理论和操作实务；
- 了解工程保险的风险管理。

2. 重要思政元素及融入点

（1）制度认同。2015年国家发展改革委、保监会联合印发了《关于保险业支持重大工程建设有关事项的指导意见》，明确要充分发挥保险资金长期投资和保险业风险保障的独特优势,支持重点工程建设。因此,工程保险是一个关系国计民生的重要险种,国家在政策方面给予了倾斜和扶持。

(2) 家国情怀。我国建筑工程保险总体发展水平较低。虽然工程保险的保险费收入占整个财产保险保费收入的比例从12‰增长到了16‰,但占财产保险保费收入比例仍然很低,远低于发达国家5%的水平,无论在技术上,还是人才培养等方面,我们都需要学习发达国家经验,尽快提升工程保险的投保率和承保质量,为我国社会主义经济发展提供强有力的支持。

(3) 社会责任。进入20世纪90年代,由于国家加大了对于基础建设投资的力度,同时,放宽了外资和民营资本进入基础项目领域的条件,引发了高速公路、桥梁、隧道、电站、机场、地铁等项目的建设热潮,客观上形成了对工程保险旺盛的市场需求,使国内建筑工程保险得到了较大的发展。特别是近10年来,工程保险发展迅速,成为保障工程建设转移风险和顺利进行的重要机制。

(4) 理性思维。目前国内工程项目的投保率不足30%,而在欧美国家,该险种的投保率超过了98%。更为严重的是,由于恶性竞争,我国工程保险的费率已低于国际市场,导致了在安排国际再保险时出现了贴费现象。同时,由于缺乏必要的技术手段控制承保风险,工程保险的赔付率呈上升趋势,工程保险经营效益问题令人担忧。在对该险种的讲授中,我们应本着客观的态度,理性看待这一市场的现状,并思考改进的策略。

(5) 创新意识。目前制约我国工程保险发展的关键问题是配套法律法规不完善,在基本建设工程投保方面缺乏应有的强制措施,只在《建筑法》中有"建筑施工企业必须为从事危险工作的职工办理意外伤害保险"的强制规定,而对其他方面无强制保险规定。而在欧美国家,其工程保险多数都实行强制保险。因此,尽快推行工程保险部分或全部的强制化,是亟待创新的一项重任。

(6) 全球视野。随着工程项目承包的国际化,项目的成功越来越受到国内外政治、经济、进出口贸易以及国际关系等因素的影响,对工程项目进行风险管理就显得尤为重要。因此,学习工程保险,不仅要具有全球思维,更需要认真分析各国的政治、经济、文化等因素,提升风险管理水平。

3. 课程思政教学策略实例

采用多种教学手段和策略,在教学内容中融入相关思政元素,例如:

(1) 课程思政教学实例一:制度认同。随着"一带一路"快速推进,一个新的保险蓝海正在产生。海外工程险、企业财产险等以往不太热门的险种正在成为保险公司的布局重点。因此,我们在教学中要让学生认识到,"一带一路"政策的引导下,我国工程保险迎来了最好的发展时机。

（2）课程思政教学实例二：创新意识。各家保险公司都在政策扶持之下，积极创新。比如很多传统工程险是根据时间节点分别安排保单，一个项目可能有多张保单，现公司推出了一站式方案。又如，中国人保承保的巴基斯坦燃煤电站，项目设计的保障要求包括安工保险、延迟完工保险、货物运输保险、第三者责任险、营运期财产保险及营业中断保险等多个险种，承保方不但参与承保方案设计，承保后每月都会进行工程进度监测，这也是有别于传统工程保险的做法的。创新，已成为工程保险市场竞争的有力武器。

（七）"第七章　责任保险"的思政教学指南

1. 专业教学目标

本章着重介绍责任保险的基本理论及其运用实务，包括民事责任与责任保险，责任保险概述，公众责任保险，产品责任保险，职业责任保险，雇主责任保险等。具体教学目标如下：

- 了解民事责任与责任保险的关系；
- 熟悉责任保险的分类、特征和市场情况；
- 熟悉公众责任保险的基本理论和操作实务；
- 熟悉产品责任保险的基本理论和操作实务；
- 熟悉职业责任保险的基本理论和操作实务；
- 熟悉雇主责任保险的基本理论和操作实务。

2. 重要思政元素及融入点

（1）制度认同。按照"政策引导、市场运作"的思路，2020年，银保监会颁布了《责任保险业务监管办法》，持续优化责任保险发展环境，切实服务经济社会发展。随着发展环境的不断优化、功能作用的有效发挥，责任保险市场规模不断扩大，经营能力不断提高，服务经济社会和辅助社会治理作用逐步显现，受到各方肯定。教学中，要求对这一监管办法要弄懂吃透，充分理解监管机构对责任保险的大力扶持。

（2）家国情怀。责任保险在我国开办的历史虽然不长，但已有了很大的发展。从责任保险的险种来看，目前各保险公司开办了公众责任保险、雇主责任保险、产品责任保险、职业责任保险等责任保险险种，并且在每个大的险种之下，推出了一些适应当前人们生产和生活需要的一些新的险别或附加险。可以看出，责任保险已经逐步渗透到经济生活的各个领域，成为人们从事经营活动以及个人行为十分必要的补充条件，是保险业中的"朝阳产业"。

（3）社会责任。责任保险的主要作用体现在能够分散被保险人的责任风险，有助于维护受害人的合法权益，利于社会稳定。同时责任保险能够减轻政府负担，可以说，在某种程度上，责任保险起到了社会稳定器的作用。

（4）理性思维。虽然国际上责任保险发展迅速并建立了完善的责任保险品种体系，但是反观我国责任保险的发展，却远远落后于国际上责任保险业的发展。在20世纪80年代时，我国恢复了国内保险，出于各种原因，我国责任保险的发展特别缓慢，虽然在近几年我国责任保险有了些许发展，但是责任保险在整个财产保险业务当中所占的比例仍然是非常少的，一直处在4%上下。如何促进我国责任保险业的迅速发展，这是我国责任保险业面临的非常重要的问题。

（5）创新意识。我国责任保险仍处于起步阶段，无论是经营模式，还是产品和配套的法律制度方面，都亟需进行大力的创新。日常教学中，可以配合一些实际案例，并结合市场发展的最新需求，启发学生的创新思维。

（6）全球视野。无论是欧洲还是北美责任保险的发展，在技术、分散风险能力、产品种类等方面都远远领先我国。特别是与责任产品相配套的法律制度方面，我们一定要走出去，虚心学习和借鉴别国的先进经验，建立具有我国特色的责任保险道路。

3. 课程思政教学策略实例

采用多种教学手段和策略，在教学内容中融入相关思政元素，例如：

（1）课程思政教学实例一：社会责任。电梯责任是受到社会广泛关注的问题，出现率高，社会危害大。教学中通过分析一些地区的电梯责任保险实践案例，特别是实行强制保险的地区案例，让学生深刻体会到责任保险在维护社会公众利益、保障公众人身安全方面所起到了巨大作用。

（2）课程思政教学实例二：创新意识。个人责任保险是近年来受到较多关注的公众责任保险产品，过去该险种承保责任狭窄、产品单一。随着经济的发展，以及公众法律意识的增强，该险种亟需研发出更多的种类，以满足投保人的需求。目前，各家公司不仅研发了种类繁多的个人责任保险产品，在承保方式上也进行了创新，如与传统产品相捆绑，使投保率大大提升。

（八）"第八章　信用保险与保证保险"的思政教学指南

1. 专业教学目标

本章着重介绍责任保险的基本理论及其运用实务，包括信用保险概述，信用保险，保证保险等。具体教学目标如下：
- 了解信用保险的发展沿革；
- 掌握信用保险的特征和分类；
- 了解信用保险体制；
- 熟悉信用保险的基本理论和操作实务；
- 熟悉保证保险的基本理论和操作实务。

2. 重要思政元素及融入点

（1）制度认同。为深入贯彻落实党中央、国务院决策部署，充分发挥出口信用保险作用，推动高水平对外开放、国内外市场联通互促，更好服务构建新发展格局，3月12日商务部与中国出口信用保险公司联合印发《关于进一步发挥出口信用保险作用 加快商务高质量发展的通知》。通知要求，各地商务主管部门、中信保公司各营业机构要以习近平新时代中国特色社会主义思想为指导，立足新发展阶段，贯彻新发展理念，构建新发展格局，紧紧围绕新发展格局谋划开展工作。要坚持系统观念，加强"总对总、分对分、数对数"合作，在促进外贸外资稳中提质，提升产业链、供应链现代化水平，推进内外贸一体化发展，创新推动服务贸易发展，着力扩大保单融资，提升中小微企业服务质效等方面，结合形势和地方实际出台针对性措施，加大出口信用保险精准有效支持。

（2）家国情怀。我国外贸出口市场多元化战略近年来能够有实质性进展，应该说出口信用保险发挥了重要作用。保险机构能够根据各国的政治经济状况，对其信用风险程度进行专业化的评估，同时，通过与伯尔尼协会和其他国家出口信用保险机构进行信息交流，对世界各国市场的风险和信用状况有较全面的了解，从而通过咨询等方式，帮助企业有针对性地开拓新市场、开发新产品，推动了外贸出口市场多元化战略的发展。

（3）社会责任。国务院发展研究中心宏观经济研究部在京发布的《2016中国出口信用保险公司政策性职能履行评估报告》通过对出口拉动比例、投资拉动比例、"一带一路"渗透率等近30个指标的量化评估，全面客观地评估了政策性信用保险支持我国外经贸发展的情况。评估结果显示，我国惟一的政策性出口信用保险公司——中国出口信用保险公司在促进外贸出口和海外投资、支持实体经济发展、拉动经济增长等方面都发挥了重要作用。

（4）理性思维。改革开放四十多年以来，虽然我国信用和保证保险取得了长足的进步，但仍然存在信息不对称、体制不健全、风险评估技术落后等问题。在这部分的讲授中，培养学生理性看待我们已取得的成绩，正确认识信用与保证保险还存在的不足。

（5）创新意识。近十年来，出口信用保险在外贸发展中的作用愈发凸显。面对近年来海外市场形势复杂多变、外贸交易方式更迭升级的局面，监管部门需要扩大视野，跟上当下市场变化的节奏，大力提倡创新，包括体制创新、业务创新、产品创新等。

（6）全球视野。在这部分的讲授中，会重点给学生介绍"一带一路"背景下，中信保等公司如何借助出口信用保险加强国际合作，促进本国经济和贸易的发展。

3. 课程思政教学策略实例

采用多种教学手段和策略，在教学内容中融入相关思政元素，例如：

（1）**课程思政教学实例一：社会责任**。2013年至2020年，中国信保承保我国企业向"一带一路"沿线国家出口贸易3285.1亿美元。其中海外工程承包、成套设备出口和高新技术是中国信保的重点支持领域。针对海外工程承包和大型成套设备出口项目，中国信保进一步简化审批流程、适当放宽承保条件、降低保险费率，更好地满足企业的风险控制及融资需求。

为了保障"一带一路"贸易畅通，中国信保也勇于承担保险责任。中国信保通过覆盖全球的专业追偿网络，为向"一带一路"国家出口的企业提供损因调查、欠款追讨、物流追偿、法律咨询等全方位的理赔追偿服务，极大地满足了企业"防风险、减损失"的需求。

利用中国信保开辟的"安全通道"，中国石油、中国电建、中国能建、华为、中兴等一大批中国企业与"一带一路"国家的贸易不断扩大和提速，我国与沿线国家的贸易水平显著提升。

（2）**课程思政教学实例二：创新意识**。以中信保这家公司的创新为例，作为政策性保险制度，出口信用保险的保障作用更多体现在大型外贸项目上，比如大型成套设备出口，"一带一路"相关国家的大型海外投资项目等。这些项目通常合同条款复杂、融资金额巨大、执行期长，信用风险很高。如何提高保障效率，需要多个部门通力合作支持。这当中的创新空间值得探索，包括合理缩短项目审批时间，选择更科学的监管指标以放大中国信保在保障额度上的自主权等。尤其是面对近年来海外市场形势复杂多变、外贸交易方式更迭升级的局面，监管部门需要扩大视野，跟上当下市场变化的节奏。

三、《财产保险》课程思政教学素材

《财产保险》各章节可以采用的课程思政教学素材包括各种阅读材料、案例分析

与讨论等,从中提炼出与专业知识紧密结合的各种思政元素,可选用的主要思政教学素材汇总如下:

序号	内容	形式
1	浅析美国保险法中定值保险合同	阅读材料
2	火灾事故中施救工作的重要性	案例分析
3	天津爆炸案引发史上最大赔偿案,苏黎世保险 CEO 自杀	阅读材料
4	防灾转移保险财产费用谁承担	案例分析
5	保险人的承诺是合同的生效条件	案例分析
6	到期承租房屋的保险利益界定	案例分析
7	新车险条款 12 大变动及解读	阅读材料
8	伪造交警责任认定书、调解书保险诈骗未遂	案例分析
9	货物不当积载事故责任由谁承担	案例分析
10	互联网车险结束负增长,科技创新有望推动行业增长	阅读材料
11	包装不善引发的船载货物保险纠纷	案例分析
12	从中间商看合同风险	案例分析
13	一起巴西追偿案的启示	案例分析
14	电梯责任险 为何叫好难叫座	阅读材料
15	雇主责任保险与工伤保险竞合	阅读材料

《人身保险》课程思政教学指南

杜鹃[1]　万晴瑶[1]　胡鹏[1]　王宏扬[2]

([1]上海立信会计金融学院　[2]南京财经大学)

一、《人身保险》课程的专业教学体系与课程思政教学目标

（一）课程简介

人身保险是保险学专业的专业基础课，也是精算学专业的选修课。本课程以人身风险管理、人身保险产品体系和人身保险公司经营管理三方面内容为框架，也包含相应的实验实训内容。本课程系统讲授寿险市场运行机制和各要素，要求学生掌握以人寿保险、养老保险、人身意外伤害保险和健康保险为中心的人身保险业务基础知识，产品设计与条款，承保和理赔实务，并对于人身保险业务相关的民商法律、理财实务有一定的了解。本课程是后续的寿险公司运作、寿险精算、寿险实务等模拟实验课程的基础。本课程以培养有能力从事人身保险业务的保险公司应用型人才为目标，也有助于提升金融学、投资学等专业学生的综合应用能力。

本课程可采用中国人民大学张洪涛、上海立信会计金融学院杜鹃、上海财经大学魏巧琴等编写的教材。同时，根据课时需要，可对教材的部分章节内容做相应的调整或取舍，并在课程案例、课程实验等内容上根据人才培养目标不断更新、优化。

（二）课程思政教学目标

1. 课程思政特征分析

人身保险是保险学和相关专业的核心课程，是培养学生认识社会保障制度中人身风险管理体系的重要一环，要求学生熟悉商业保险制度中的养老保险、医疗保险等人身风险管理体系和工具的重要课程。本课程的授课对象为大学二、三年级的学生，正是处于世界观、价值观和人生观形成的关键时期，他们了解一定的专业背景知识，具有一定的政治意识和公民意识，但对不同国家国情、社会保险体系、不同金融市场之间关系、不同寿险市场模式和产品的认识不够深入。人身保险课程通过讲述商业人身保险市场知识为核心，将课程思政融入专业知识中，促进学生理解不同国家的人口和经济发展状况、不同的国民人身风险保障制度和社会保险体系，了解我国社会保险现状，理解中国特色的社会保障体系发展渊源和商业人身保险发展定位。最终对培养学生树立正确三观、公民意识和政治意识具有积极意义，促进学生自觉将专业能力培养与社会主义建设、和谐社会建成和中华民族伟大复兴相结合，从而最终实现立德树人的目的。

根据人身保险的专业特征、知识结构和教学需求，其蕴含的思政元素主要包含在

制度认同、家国情怀、社会责任、理性思维、创新意识与全球视野六个方面的维度。

制度认同：人身保险课程涉及大量的社会保险制度和体系知识、中国社会保障制度的演变、建设与发展，这些有助于学生对国内外制度进行比较和思考，帮助学生认识到中国共产党领导的社会主义制度的优越性，从而增强制度认同。

家国情怀：家国情怀的基本内涵包括家国同构、共同体意识和仁爱之情，有助于增强国家认同和民族凝聚力。本课程的相关案例是彰显家国情怀的重要手段，包括传统中国家族互助互济文化、现代中国全覆盖社会保障体系建构和商业人身保险补充机制的发展等。这些案例的分析，是学生了解中国寿险在发展过程中与社会经济、文化发展紧密结合，与本国传统文化特色相协调，实现文化认同、强化家国情怀的重要来源。

社会责任：本课程涉及大量关于寿险经营者、销售人员追逐公司及个人私利而严重损害消费者利益、甚至形成寿险市场乃至证券市场剧烈波动、企业经营面临重大风险、乃至造成重大社会影响的案例。通过分析这些案例，一方面让学生加深专业知识的理解，另一方面提醒学生在利用专业知识时，也要分析其社会后果，要考虑社会责任，要具有合法合规经营的基础法律意识。

法治意识：法治意识是人们对法律发自内心的认可、崇尚、遵守和服从。中国共产党十八大明确提出法治是中国共产党治国理政的基本方式。法律要发生作用，首先全社会要信仰法律，因此一定要引导全社会树立法治意识，使人们发自内心地对宪法和法律信仰与崇敬，把法律规定内化为行为准则，积极主动地遵守宪法和法律。只有这样，才能为全面推进依法治国，实现科学立法、严格执法、公正司法、全民守法奠定坚实的思想基础。寿险业的发展依托人身保险合同的订立，法治意识是维持行业健康发展的基础。

理性思维：本课程的学习有很大部分内容是掌握分析方法，这需要大量的练习，特别是思维训练，这些训练有助于学生加强"普遍联系""部分与整体"等概念的认识，有助于理性看待个体最优选择与群体行为的宏观后果，有助于理性看待市场制度、监管规则的制定和选择。

职业道德：职业道德是从业人员在职业活动中应该遵循的行为准则，涵盖了从业人员与服务对象、职业与职工、职业与职业之间的关系。社会主义制度下，不同职业的人们可以形成共同的要求和道德理想，树立热爱本职工作的责任感和荣誉感。良好的职业修养是每一个优秀员工必备的素质，良好的职业道德则是每一个员工都必须具备的基本品质。寿险行业的发展以寿险从业人员具备良好的职业道德为前提条件，在人身保险课程中我们也应坚持强调职业道德规范的培养。

创新意识：本课程的学习有助于学生从产品层面、组织层面和制度层面加强创新意识，专注创新能力培养。

全球视野：本课程涉及大量的国内外衍生品市场的发展历程、现状、产品设计、代表性交易策略设计案例等，开阔学生眼界，拓展全球视野。

2. 人身保险课程思政教学目标

采用合适的教学方式，体现和强化课程思政元素，融入专业知识，实现以下目标：

接受马克思主义唯物史观、学习使用辩证法分析和解决问题；认同、拥护中国共产党领导的社会主义制度；了解中国国情和中国寿险现状，了解中国有关寿险市场制度的作用，具有家国情怀、文化自信和制度自信；形成良好的职业伦理道德，具备法制意识和高度的社会责任感。

二、《人身保险》课程各章节课程思政教学指南

（一）"第一章 人身风险与风险管理"的思政教学指南

1. 专业教学目标

人身风险主要包括死亡风险、健康风险、退休养老风险和生育风险等，为保障个人及家庭生活的安定，我们需要利用风险管理手段来处理人身风险。本章内容以介绍人身风险主要种类、人身风险管理制度构成和人身风险管理基本流程和核心工具为中心，强调个人及家庭人身风险管理的可运用具体手段和方法。并要求学生掌握生命价值理论，能运用收入置换法和家庭需求法来分析个人家庭所需人身风险保险金额。具体的教学目标如下：

- 掌握人身风险的主要种类；
- 掌握人身风险的管理步骤；
- 熟悉确定寿险保额的方法；
- 了解个人/家庭生命周期理论下的寿险需求规律。

2. 重要思政元素及融入点

人身风险与人身风险管理蕴含了丰富的思政元素，主要的思政元素包括：

（1）制度认同。在人身风险管理的保险体系中，一般包括社会保险计划、团体福利计划和个人保险计划三个层面。在进行"三支柱"的社会保障体系介绍时，可以要求学生学习我国社会保障制度发展的沿革和现状，在了解我国社会保险全覆盖的发展

现状基础上,向学生强调社保、雇主补充保险和个人商保相结合的多层次社会保险制度是发展社会主义核心价值观、实现民族复兴和国家发展、建立和谐社会的重要组成部分。

(2) 家国情怀。在介绍我国"三支柱"社会保障体系时,强调我国社会保障制度发挥的重要功能和取得的巨大进步,同时也强调我国传统家族保障机制功能缩减的现状,以及目前存在的城乡保障水平不统一、保障基金不足、保障水平低等一系列现实问题,讲述我国大病保障体系的完善和人口生育率下降、未富先老的养老压力等现实民生问题,激发学生的强烈爱国热情和家国情怀,激励学生在专业学习中更加努力,为中华民族的伟大复兴而学习。

(3) 社会责任。在讲授生命价值理论和寿险保额的科学合理确定时,通过典型的巨额人身险保单诈骗案例分析人身保险市场中的道德风险管理问题,以及危害被保险人生命安全和严重的社会负面影响,引入建立完善的核保制度和反欺诈的业务管理流程的必要性和重要性,强调人身保险行业发展所必须肩负的社会责任感,培养学生在寿险行业发展中坚持职业伦理道德观念。

(4) 理性思维。在分析人身风险和风险管理流程时,强调人身风险的科学识别、评估衡量、管理技术的科学选择和管理计划的实施、监控和修订等科学方法和手段。通过识别方法的介绍、风险衡量技术的学习等教学内容,培养学生理性看待人身风险、科学认知商业人身保险制度的优势和局限性,客观选择最优风险管理技术,建立和实施风险管理计划,树立理性思维的习惯和方法。

3. 课程思政教学策略实例

采用多种教学手段和策略,在教学内容中融入相关思政元素,例如:

(1) 课程思政教学实例一:制度认同。通过介绍我国社会保障三支柱概念,介绍中国基本养老和医疗保险市场发展历史沿革,启发学生认识到目前中国社会保障体系日益完善,国民基本保障覆盖面不断提升,保障内容和水平稳定提高,同时补充养老和医疗保险制度建成,雇员福利水平提升,个人税优养老和医疗保险制度推出试点,使国民人身风险保障体系日益完善,从而培养学生对我国国民保障体系发展的顶层设计和建设效率的制度认同。同时,讲述我国特殊国情和现阶段的特殊发展背景,比较了解美日等发达国家的养老医疗制度存在的问题,启发学生认识到制度(保险制度)选择是历史发展和现实国情决定的,增强学生的制度认同。

(2) 课程思政教学实例二:社会责任。通过介绍我国 2018 年普吉岛杀妻骗保案例,引入介绍科学确定寿险保额的必要性,学习寿险保额确定的各种技术手段,了解业务核保流程,并警示互联网保险必须关注的高额投保的风险管控手段。对学生强调寿险行业在肩负提供人身保障的同时，也应严格科学核保，保障被保险人生命安全，承担维护社会公序良俗的社会责任。通过教学使学生明白，不考虑社会责任而单纯追求公司利益，最终损害的是行业形象和行业声誉，会引发市场失败。

（3）课程思政教学实例三：理性思维。通过介绍生命价值理论和遗属需求法等计算寿险保额的方法，引入未来收入和家庭支出需求测算等需要的年金计算工具，强调在确定保障需求时，须从个体和家庭的真实资产负债状况出发，不同个体家庭的需求需要量身定做，强调寿险保额计算的严谨性和科学性，培养学生理性思维方式，正确科学理解保险保障作用和保障需求量化方法。

（二）"第二章　人身保险概述"的思政教学指南

1. 专业教学目标

人身保险业务与财产保险业务相比，存在着经营管理和合同特征的诸多不同，本章教学培养学生在比较产寿险业务不同性质的基础上，了解人身保险的概念、种类和特征。同时了解国际和我国人身保险业发展历程的不同，理解人身保险业务发展对家庭、企业和社会发展的重要意义。具体的教学目标如下：

- 掌握人身保险的内涵；
- 掌握人身保险的特征；
- 掌握人身保险的种类；
- 熟悉人身保险的职能和作用。

2. 重要思政元素及融入点

人身保险概述蕴含了丰富的思政元素，主要的思政元素包括：

（1）家国情怀。在介绍国际和我国人寿保险业的发展历史时，可以联系 20 世纪我国民族保险业筚路蓝缕的发展初期，介绍我国保险行业先驱们建立民族保险公司，发展民族保险业务的历程，并介绍改革开放以来我国保险行业取得的快速进步，通过数据对比说明我国保险行业成为世界第二大规模保险市场的自豪进展，激发学生的强烈爱国热情和家国情怀，激励学生在专业学习中更加努力，为中华民族的伟大复兴和中国保险业的强大而学习。

（2）社会责任。在讲授人寿保险业的发展可以大力支持我国社会保险制度改革时，可以利用大量实例，如保险行业积极开展企业年金等业务、积极参与城镇补充医疗保险、大病保险和新农合实践运作的事例，说明商业保险在市场经济下取得快速发展的同时，服务社会发展，为国家兴盛、人民富强发挥的巨大作用，理解保险行业肩负的社会责任，体会到职业意义。

3. **课程思政教学策略实例**

采用多种教学手段和策略，在教学内容中融入相关思政元素，例如：

（1）课程思政教学实例一：家国情怀。联系保险业发展纪录片《中国保险发展史话》，向学生介绍解放前后我国民族保险业发展的历史，对比新中国成立前民族保险业内外交困的发展状况，介绍我国现阶段保险行业市场规模壮大、健康有序发展和对外开放竞争的良好势头，培养学生的爱国热情和家国情怀，树立对发展我国寿险行业的信心和奋斗精神。

（2）课程思政教学实例二：社会责任。联系中国人寿保险公司、中国太平洋保险公司以及平安保险等重要寿险公司在我国多个省市自治区开展的农村合作医疗经办服务工作，介绍我国人寿保险业积极稳妥参与我国新型农村合作医疗保险试点工作，为广大农民提供医疗保障管理、服务广大民生、承担社会责任的事例，培养学生树立发展保险行业，承担社会责任的使命感和行业自豪感。

（三）"第三章 人身保险合同"的思政教学指南

1. **专业教学目标**

人身保险合同是确立人身保险主体之间权利义务关系的纽带，是实现人民群众人身风险保障功能的重要载体，引导学生了解和掌握人身保险合同基础知识具有重要意义。本章着重介绍三部分内容：其一，人身保险合同的概念和特征；其二，人身保险合同的构成要素，包括主体、客体以及合同成立生效要件等；其三，人身保险合同履行、变更、失效、解除、纠纷处理等。通过本章的学习，为之后各章的学习奠定理论基础。本章具体教学目标如下：

- 掌握人身保险合同的概念、特征；
- 掌握人身保险合同的构成要素，包括主体、客体以及成立生效要件等；
- 掌握人身保险合同的履行、变更、失效、解除的含义、条件以及法律规定；
- 熟悉与人身保险合同相关的《民法典》条文，例如，婚姻和继承的条文；
- 了解人身保险合同纠纷处理的途径，例如，调解、仲裁、诉讼的机制和流程。

2. **重要思政元素及融入点**

人身保险合同一章涉及众多保险法律知识、消费者权益保护、保险职业道德等内容，其中课程思政的素材鲜活生动、覆盖面广、融合度高，具有显著的示范意义。相关知识板块的思政元素如下：

（1）法治意识。根据《保险法》第十条规定，人身保险合同是投保人与保险人约定保险权利义务关系的协议。人身保险合同条款的拟定、合同权利的行使、合同义务的履行、合同纠纷的解决不能随意而为，而必须遵守《保险法》《民法典》等相关法律的规定。例如，保险人所拟就的格式合同必须遵循《保险法》第十七条和第十九条的相关规定；人身保险合同当事人和关系人的权利和义务在《保险法》第三十一条至第四十七条均有明文规定；人身保险合同在订立、履行、纠纷解决的各个环节均贯穿法治意识和法律思维。

（2）理性思维。人身保险合同一章是保险学和法律学的融合交叉领域，人身保险合同的许多具体问题都融合了保险学和法律学的交叉思维方式。例如，人身保险的保险利益、当事人以及关系人的权利义务、如何解释争议条款是否有效、保险金请求权的归属等。讲授以上问题不仅要介绍保险理论知识，更要剖析司法案例，达到培养学生理性思维和交叉思维的目的。

（3）职业道德。保险行业的发展，不仅在于提升保费规模、扩大保险市场，更要维护保险消费者正当权益，实现公平正义的价值观念。目前，我国每年人身保险合同纠纷案件层出不穷、侵害保险消费者权益的现象屡有发生，严重损害了保险业的良好形象。通过讲授人身保险合同的基本规范，引导学生树立遵守保险职业道德、维护保险消费者权益的价值理念。

（4）社会责任。人身保险是以人的身体和寿命为保险标的的保险，旨在保障被保险人死亡、伤残、疾病、年老等风险。人身保险合同是实现人民群众人身保险风险保障功能的载体和纽带。通过讲授人身保险合同的基础知识、介绍人身保险合同的争议案例，突出人民群众对保险风险保障功能的美好期待，以及人身保险服务国家治理现代化的功能，使学生更加深刻认识到作为保险人的社会责任。

3. 课程思政教学策略实例

本章采用多种教学手段和策略，在教学内容中融入相关思政元素，例如：

（1）课程思政教学实例一：法治意识。在讲授人身保险保险利益时，着重培养学生的法治意识。首先，结合《保险法》第三十一条关于人身保险保险利益的规定，解析投保人须具备保险利益的主体范围，强调保险利益作为法律的强制性规定，其法理基础在于防范道德风险。其次，介绍有关保险利益纠纷的司法案例，引导同学们灵活地掌握保险利益的法律规则，例如，保险利益存在的时点、保险利益相关主体的界定（继父母、继子女、劳动者）。最后，对保险利益法律规则进行总结和提炼，使同学们树立保险从业的法治意识，根植公平、正义的法治理念。

（2）课程思政教学实例二：理性思维。保险理论知识可能会与实践运作严重偏离，甚至悖反。如何良好地协调和化解课堂知识与实践运作的冲突，需要培养学生的理性思维。例如，在讲解投保人或被保险人变更受益人而未履行通知义务导致的受益权纠纷时，使学生们理解投保人或被保险人的受益人变更权，属于他们可以自由处分的权利，并不以变更受益人通知到达保险人为生效要件。再者，引导学生运用市场交易的思维，理解投保人或被保险人未及时通知保险人，不能对抗善意的保险人。通过理论解析和司法案例，使同学们认识到仅凭"良善"之心远远不够，更要运用理性思维处理专业问题。

（3）课程思政教学实例三：职业道德。在讲解人身保险合同是格式合同的特征时，要着重培养学生的保险职业道德。首先，虽然人身保险采用格式合同有助于提升交易效率、降低交易成本，但处于优势一方的保险机构经常利用其优越地位侵害保险消费者权益。这时要让学生深刻认识到保险消费者在保险行业中的核心和主体地位，树立保护保险消费者的理念。其次，人身保险格式合同囊括了众多免责条款，此关系到保险消费者能否获得保险保障，此时让学生深刻认识到在保险从业中，要对保险消费者进行明确说明和解释保险条款，使人民群众"明明白白买保险"。

（4）课程思政教学实例四：社会责任。在讲解人身保险合同相关纠纷时，重点引导学生们树立保险社会责任的理念。首先，人身保险是以人的身体和寿命为保险标的的保险，旨在保障被保险人死亡、伤残、疾病、年老等风险。人身保险合同是实现人民群众人身保险风险保障功能的载体和纽带。人身保险承载着人民群众对保险风险保障功能的美好期待。其次，在人口老龄化的趋势下，大力发展人身保险市场，有助于缓解家庭及政府的养老和疾病负担，这体现了人身保险服务国家治理现代化的积极功能，使学生更加深刻地认识到作为保险人的社会责任。

（四）"第四章　人身保险合同基本原则和常用条款"的思政教学指南

1. 专业教学目标

人身保险在其发展的历史过程中，逐渐形成了一系列为人们所公认的基本原则和常用条款，这些原则和条款是保险经营活动的基础，贯穿于整个保险业务之中，是保险双方都必须严格遵守的基本规范。本章着重介绍两部分内容：其一，人身保险合同的基本原则，包括最大诚信原则、保险利益原则、损失补偿原则和近因原则。其二，人身保险合同的常用条款，包括犹豫期条款、不可争条款、年龄误告条款、宽限期条款、中止复效条款、自杀条款等。通过本章的学习，引导学生们熟悉和掌握人身保险的基本原则和常用条款，帮助其深刻理解人身保险的经营规律、有助于学生在今后更好地开展保险从业活动，更有助于培养未来保险生力军，为中国保险业的规范和健康发展打下基础。本章具体教学目标如下：

- 掌握人身保险合同的基本原则的具体含义、适用情形、与财产保险合同的区别；
- 掌握人身保险合同的常用条款，以及与相关法律的适用；
- 熟悉人身保险合同争议条款的解决思路、《保险法》和《民法典》相关规定。

2. 重要思政元素及融入点

人身保险合同基本原则和常用条款一章涉及众多的保险法律知识、保险职业道德、保险服务国家治理现代化等内容，课程思政的素材多、维度广、深度足，具有生动鲜活的教育意义。相关知识板块的课程思政元素及融入点如下：

（1）法治理念。人身保险合同的基本原则和常用条款在《保险法》中有明文规定。例如，《保险法》第十六条规定了投保人的如实告知义务、第十七条规定了保险人的明确说明义务、第三十二条规定了年龄误告条款、第四十四条规定了被保险人自杀条款等。《保险法》对基本原则和常用条款的规定都有特定的适用情形、明确的权利义务规范、严格的法律责任后果。通过解释相关法律规定，并结合司法纠纷案例，塑造学生的规则意识和法治观念，引导学生依法从业、法治生活。

（2）社会责任。人身保险是以人的身体和寿命为保险标的的保险，旨在保障被保险人死亡、伤残、疾病、年老等风险。人身保险合同的最大诚信原则、损失补偿原则、保险利益原则都旨在实现保险风险保障的根本目的，在讲解基本原则及其制度规定时，要对保险风险保障的本质进行提炼和升华，突出保险服务国家治理体系和治理能力现代化的重要作用，强调保险行业的社会责任。再者，人身保险合同的常用条款在实践中最容易引发保险纠纷，要引导学生正确理解和适用具体条款，维护人民群众对保险的美好期待，塑造保险业的良好形象。

3. 课程思政教学策略实例

本章采用多种教学手段和策略，在教学内容中融入相关思政元素，例如：

（1）课程思政教学实例一：诚实信用。在讲解人身保险合同的最大诚信原则时，把诚实信用的道德观念融入课堂教学当中。首先，最大诚信原则是保险活动当事人行使权利、履行义务必须要遵守的基本原则。在此引导学生树立保险诚实信用的基本理念，同时诚实守信也是中华民族的传统美德，一定要把恪守信用、诚以待人作为立身之本。再者，结合《保险法》第十六条和第十七条，讲解最大诚信原则在具体制度中的运用，引导学生灵活运用如实告知义务和明确说明义务的制度规则，把诚实信用同保险职业道德和保险社会责任联系起来。

（2）课程思政教学实例二：法治理念。人身保险合同的常用条款是保险经营与保险法治的融合。以不可争条款为例，根据最大诚信原则，投保人应履行如实告知义务，不得有任何隐瞒或欺骗，否则保险人有权解除合同，这是保险经营科学性和准确性的必然要求。但由于人身保险合同期限非常之长，不能不对保险人的解除权加以时间限制，否则可能造成保险人滥用该权利，侵害保险消费者利益。基于此，我国《保险法》规定了保险人的两年可抗辩期，这体现了公平、正义的法治理念。在讲授人身保险常用条款时，要引导学生领悟保险经营要依法而行，最终实现公平、正义的价值目标。

（3）课程思政教学实例三：社会责任。以损失补偿原则为例，人身保险是以人的身体和寿命为保险标的的保险，旨在保障被保险人死亡、伤残、疾病、年老等风险，并在保险事故发生时或保险合同期限届满时，给予个人或家庭一定经济补偿的工具。因此，人身保险的损失补偿功能减轻了人民群众年老、疾病时的经济负担、分担了政府部门的部分公共服务职能。基于此，引导学生深刻理解马克思所说的"保险是精巧的社会稳定器"的真正含义。

（五）"第五章 人寿保险"的思政教学指南

1. 专业教学目标

本章着重介绍不同类型人寿保险的概念、特征、责任范围、承保条件及主要条款等内容。具体教学目标是帮助学生掌握以下内容：

- 普通型人寿保险的概念、分类、特征及主要条款；
- 年金保险的概念、分类、特征及主要条款；
- 分红保险产生和发展的背景、概念、特征、红利来源、红利分配原则；
- 投资型寿险产生和发展的背景、概念、特征、分类。

2. 重要思政元素及融入点

人寿保险是人身保险市场中份额占比最高的一种保险，蕴含了丰富的思政元素。我们从制度认同、社会责任、理性思维、创新思维、职业素养等角度，寻找和挖掘《人身保险》课程与思政元素的融合点。

（1）制度认同。通过展示改革开发以来中国寿险业发展取得的卓越成就，帮助学生认识到中国共产党领导的社会主义制度的优越性，从而增强制度认同。人寿保险是保险市场中份额占比最高的一种保险，是国民经济的重要组成部分，也是中国特色社会主义市场经济的重要组成部分。寿险市场的发展水平可以反映一个国家经济发展和社会发展的状况。中国寿险市场虽然发展起步较晚，但发展势头迅猛强劲。自改革开放以来，中国寿险市场已经取得了卓越成就，与发达国家的差距正在快速缩小甚至实现赶超，2017年中国已经成为世界第二大寿险市场。这离不开中国共产党的正确领导，离不开中国特色社会主义制度的优越性，离不开保险行业相关发展政策的有效性。

（2）社会责任。保险是社会的"稳定器"和经济的"助推器"，在服务国民经济转型、完善社会保障体系、完善防灾减灾体系等方面发挥着重要作用。2014年国务院发布的《关于加快发展现代保险服务业的若干意见》提到，加快发展现代保险服务业，对完善现代金融体系、带动扩大社会就业、促进经济提质增效升级、创新社会治理方式、保障社会稳定运行、提升社会安全感、提高人民群众生活质量具有重要意义。具体到人寿保险产品的社会责任，主要体现在：死亡保险为失去亲人的家庭提供死亡赔偿金、商业养老保险和年金保险作为基本养老保险的重要补充在老龄化背景下缓解社会养老负担、寿险资金为资本市场提供稳定的长期资金。

（3）理性思维。寿险对于个人、家庭和企业风险管理的重要性毋庸置疑，但寿险的种类纷繁复杂，如何在不同类型的寿险中选择合适的险种进行配置，需要运用理性思维。此外，寿险市场目前存在很多问题，既有产品乱象，又有销售乱象；既有违规套费乱象，又有理赔乱象；既有资金运用乱象，又有数据造假乱象；既有股权投资乱象，又有公司治理乱象。要引导学生通过理性思维看待当前寿险市场的乱象。

（4）创新意识。保险行业的持续发展离不开业务领域的创新、操作技术的创新、以及服务技能的创新。随着时代、客户群变迁以及科技发展，寿险行业需要"出圈破圈"，深度拥抱互联网、大数据等新科技，推出模式创新。唯有如此，才可能获得新的发展空间。要引导保险学专业本科生了解保险科技发展动向，把握保险创新前沿。

（5）职业道德。很多保险学专业本科生今后可能从事寿险相关工作。因此寿险从业人员职业道德的培养需要贯穿课程教学中，实现思政与专业知识同频共振。必须在教学中灌输《保险法》对于人寿保险从业人员行为准则的要求，不得触碰法律法规的红线，让学生理解职业操守的深刻含义。

3. 课程思政教学策略实例

（1）课程思政教学实例一：制度认同。改革开放40年以来寿险行业能够得到突飞猛进的发展，得益于党中央作出恢复国内保险业的正确决策，得益于党中央国务院在2006年和2014年分别出台的《保险业改革发展的若干意见》《关于加快发展现代保险服务业的若干意见》等大政方针政策的正确指引。在中国经济从高速发展阶段转入高质量发展阶段的新时代，2017年召开的全国金融工作会议为行业发展和监管指明了"回归本源、优化结构、强化监管、市场导向"的四大原则，并明确了服务实体经济、防控金融风险、深化金融改革的三大任务。坚持党的领导、坚持中国特色社会主义方向是行业持续健康发展的根本保证。

在讲授寿险市场和寿险产品时，通过对中国保险市场发展历程的介绍，以及中外保险市场发展势头的对比，启发学生认识到中国共产党领导的社会主义制度的优越性。此外，结合世界最大保险公司美国国际集团和大众再保险公司高管财务造假和商业欺诈等事件、日本邮政旗下顶级保险公司迫于销售业绩压力欺骗保单持有人等事件，启发学生认识到发达国家的保险市场也存在很多问题。通过介绍以上政策文件和改革历程以及国外保险行业的丑闻事件，增强学生的制度认同。

（2）课程思政教学实例二：社会责任。人寿保险在减轻人口老龄化造成的养老负担方面体现了社会责任担当。中国当前面临严峻的老龄化问题，尤其是对养老保障和服务体系提出了重大挑战。教师可以引导学生在统计局网站或者利用统计年鉴寻找中国历年的人口结构相关数据，分析我国人口老龄化的现状和发展趋势；分析导致人口老龄化的原因及其对中国社会经济可能的影响；了解中国当前的养老保险体系的现状并分析目前存在的主要问题；了解人口老龄化给保险公司带来的挑战和机遇，认识到寿险公司在中国老龄化进程中承担的社会责任，领悟到商业养老保险在多层次养老保险体系中发挥的重要作用。

（3）课程思政教学实例三：理性思维。对寿险保险产品的合理配置需要依靠理性思维。例如，按照保障期限长短，寿险可以分为定期寿险和终身寿险，消费者应如何在定期寿险和终身寿险之间做出选择？再比如，寿险由于长期性的特点具备一定的储蓄性，但寿险的储蓄性与银行存款的储蓄性有本质的区别，这种区别体现在哪里？只有具备了理性思维，才能在个人保险配置过程中做出正确决策，才能在作为保险从业人员的角色时为客户推荐合适的保险产品。另外，从寿险的属性来看寿险既具有保障属性又具有金融属性，但保险从业人员要时刻清醒理性地认识到，保险首先"姓保"，风险保障功能是保险业独有的"立业之本"，是其他行业不可代替的重要功能，保险金融属性的发挥必须以保障属性的实现为前提。

（4）课程思政教学实例四：创新意识。保险科技促进了保险行业的全面创新，大数据、云计算、区块链、人工智能、生物科技、物联网等技术正在渗透到寿险业务的各个环节。自互联网保险快速发展以来，寿险行业在保险普惠、效率提升、体验优化、产品创新等方面取得了长足进步，保险科技正成为驱动行业创新的主要动能。以众安保险等互联网保险公司的发展历程为例，引导学生了解保险科技在人寿保险产品设计、定价承保、分销渠道、理赔服务等各个环节的应用。通过保险科技等教学内容的启发，增强学生对保险创新的认识，培养学生的创新意识。

（5）课程思政教学实例五：职业道德。在教学设计中选取寿险公司、寿险从业人员中负责任、有担当、积极进取的正面形象的案例，呈现保险行业的职业精神，鼓励学生积极投身寿险行业，锻造工匠精神，凝聚保险文化自信。此外通过一些案例来明确保险公司及代理人的职责范围、道德规范，例如：投保人在未获取被保险人书面同意的情况下，代替其签署保险合同的行为应被视为无效。同时，可以在课程教学设计与教学实施过程中，采用角色模拟，以仿真职场岗位环境，组织学生分别承担不同的岗位职责，以便学生理解职业操守的深刻涵义，努力做到内化于心、外化于行。

（六）"第六章　人身意外伤害保险"的思政教学指南

1. 专业教学目标

本章着重介绍人身意外伤害保险的含义、分类和条款等内容。具体教学目标是帮助学生掌握以下内容：

- 人身意外伤害保险的概念、特征、分类；
- 人身意外伤害保险的保障项目；
- 人身意外伤害保险的保险责任和除外责任；
- 人身意外伤害保险的给付方式；
- 人身意外伤害保险的条款内容。

2. 重要思政元素及融入点

（1）法治意识。意外伤害的构成条件是外来的、非故意的、剧烈的。其中故意是指行为人明知自己的行为会造成危害社会的结果，仍然希望或者放任这种结果发生的心理状态。在意外伤害保险实务中有很多道德风险事件，例如被保险人自残或者受益人故意伤害被保险人等。在意外险教学中要着力引导学生的法制意识，例如在课堂中讨论故意伤害事情的反面案例，加深同学对社会主义法治的理解。

（2）社会责任。意外伤害风险无处不在。而人身意外保险可以保障人们在日常工作、生活以及学习等过程中遇到的意外风险，在一定程度上能减轻因为意外伤害导致的经济损失，安定人民生活，稳定社会秩序。国家主席习近平强调，要坚持总体国家安全观，走出一条中国特色国家安全道路。国家安全是国家生存发展的前提、人民幸福安康的基础、中国特色社会主义事业的保障。而意外险是构筑国家安全网的重要一环，是社会工伤保障体系的重要组成部分，在保障经济社会稳定发展中承担着重要的社会责任。

（3）理性思维。意外险种类繁多，因此购买意外险需要根据客户自身需求进行理性选择。例如，按照承保风险性质可以分为普通意外伤害保险和特种意外伤害保险；按照保险责任可以分为意外伤害死亡残疾保险、意外伤害医疗保险和意外伤害收入损失保险；按照保险期限分类，可以分为极短期、一年期和多年期的意外伤害保险；按照投保方式又可以分为个人和团体的意外伤害保险。不仅如此，人身意外伤害保险与人寿保险、财产保险之间也都具有一定的区别和联系。只有具备理性思维，把握意外险的性质和特征，才能利用好意外险进行风险规避，同时又能尽量避免重复投保浪费资金。

（4）创新意识。由于意外伤害保险保费较低、购买灵活等特点，保险市场上出现了很多创新型的意外伤害保险。有一些意外险是业务内容的创新，例如"中秋赏月险""人在囧途险""吃货险"等。有一些意外险是技术手段的创新，保险公司利用大数据、云计算、物联网、人工智能、生物技术等高科技手段，使很多原来不可保的风险变得可保，例如众安保险推出的利用基金检测技术的"儿童走失险"。通过介绍创新型意外险培养学生的创新意识。

3. 课程思政教学策略实例

（1）课程思政教学实例一：法治意识。意外伤害保险诈骗案件是指保险诈骗者利用血缘、姻缘关系为家庭成员投保意外伤害保险，蓄意制造被保险人死亡事故来骗取保险金案件。此类诈骗案件性质恶劣，给诈骗者本人、家庭、亲朋好友和社会治理造成了沉重打击。给学生列举以下案例提高学生的保险法制意识：2012年3月25日发生在甘肃张掖的沈某杀害双亲骗保案件；2013年5月发生在江苏常州的李某杀妻骗保案件；2016年7月18日发生在安徽宣城的张某同时杀害妻儿案件；2017年5月21日发生在陕西渭南的杨某杀害双亲骗保案件。

（2）课程思政教学实例二：社会责任。意外险在精准扶贫事业中体现了社会责任的担当。精准扶贫意外险是保险公司积极响应党中央国务院提出的"乡村振兴"战略，精准对接保险扶贫服务的惠民第一险，具有缴费低、意外伤害保障高等特点，每人每年仅需缴费30元，主要承担人身意外身故或残疾2万元、意外住院补贴5400元、疾病身故500元等风险责任。该险种提高了扶贫的精准度和有效性，弥补了新农合人身意外险除外责任的不足，特别适合农村居民群体，是城镇居民医保的有力补充。

（3）课程思政教学实例三：理性思维。很多消费者由于没有理性分析保险条款而误买了自己不需要的保险类型。以最近几年涌现的附加交通意外险的两全保险为例，虽然对于交通事故意外风险的保障力度较大，但不足之处在于：对于交通事故之外的普通意外伤害保险保障力度比较弱，而且由于具备储蓄性，其保费水平也要高于普通的意外险。所以这种附加交通意外险的两全保险就不适用于想要性价比高且能覆盖各种不同类型意外伤害的保险消费者。

（4）课程思政教学实例四：创新意识。在教学中引入创新型意外伤害保险，培养学生的创新意识。例如，由安联财险与阿里小微金融服务集团（筹）旗下淘宝保险共同合作推出的"中秋赏月险"，主险责任为在每年的中秋节当日被保险人因遭受意外伤害事故导致身故、残疾或烧烫伤，保额最高为10万元；附加保险责任为中秋节当日20时至24时，被保险人指定的赏月城市天气情况是阴或雨导致被保险人不便赏月，则保险人向被保险人支付赏月不便津贴。"吃货险"是专门为吃货设计的食物中毒意外保障，专保因食物中毒住院而产生的住院津贴、住院医疗费用、意外身故等。华泰保险推出的"人在囧途险"不仅提供飞机、火车、汽车等交通工具重大意外事故、意外医疗等人身伤害保障，还专门为因上述原因造成延误的旅客提供年夜饭补偿。众安保险推出的利用基金检测技术的"儿童走失险"，既包含儿童走失意外伤害保障，又提供利用基因手段的走失协寻保障，为孩子健康成长保驾护航。

（七）"第七章　健康保险"的思政教学指南

1. 专业教学目标

现代社会，人们的健康受到自然的、社会的和人体自身等诸多因素的影响，致使人们面临着各种各样的健康风险，并因此承受医疗费用或收入损失压力，这使得健康管理（尤其是健康风险管理）成为必要。本章从健康风险与健康管理入手，重点介绍健康风险、健康管理的概念，健康保险的概念和特征、基本分类，主要介绍健康保险产品体系及医疗保险、疾病保险、失能收入损失保险和长期护理保险四大类商业健康保险具体产品，对各自的定义、特点、主要内容和进一步的分类进行较为详细的说明，以期让学习者对健康保险有更为深入的认知。具体的教学目标如下：

- 掌握健康、健康风险相关概念；
- 掌握健康保险的概念与特征、种类；
- 了解医疗保险与疾病保险、失能收入损失保险的定义和主要内容；
- 了解长期护理保险的定义和主要内容。

2. 重要思政元素及融入点

健康风险与健康保险素材多、维度广，蕴含了丰富的思政元素。其主要的思政元素和相关知识板块包括：

（1）制度认同。社保、商保相结合的多层次医疗保险制度是建立和谐社会的重要组成部分。不同的健康保险产品可以满足不同类别和特征的人群的健康风险保障需求,在保障社会稳定、促进国家发展、实现民族复兴中发挥重要功能。

在介绍国内外健康保险市场的发展概况时,对比中国健康保险市场的建设情况、市场和产品发展状况,让学生认识到,中国当前的健康保险市场建设发展虽然相对美国等发达国家具有一定的差距,但差距在缩小,而且从社保医疗制度来看,中国实现了全球最大规模的社保医疗保障规模,总体而言符合中国经济建设的需求,而且从十八大以来在不断推进,与上海国际金融中心建设、完善社会主义市场经济建设等相适应,增强学生的政治认同和制度认同。

(2)家国情怀。在讲授健康保险几种主要产品类型时,梳理国内健康保险发展历程,总结各类健康保险产品的成功与失败案例,让学生认识到,相比发达国家健康保险市场中的成熟经验和模式,我国健康保险主管部门、保险机构在各方面进行了探索,但因为整体上健康保险发展时间有限,相关经验积累还有待实践进一步检验,因此,在专业学习中应更加努力,为中华民族的伟大复兴而努力,激发学生的家国情怀和爱国热情。

(3)社会责任。在讲授健康风险和健康保险产品时,通过典型案例分析国内保险市场中"逆选择"和"道德风险",以及造成的市场冲击及社会后果,增强学生的社会责任感和职业伦理道德观念。

(4)理性思维。在分析商业健康保险产品在"健康中国"建设中的作用发挥时,着重强调"保险经营需要遵循最大诚信原则、保险利益原则、损失补偿原则、近因原则",以及科学的管理方式的观点,保险工具需要正确应用,造成各种问题是人(交易者、机构等)对其滥用或错用的结果;在对比国内外健康保险发展概况时,强调不同的市场制度选择是经济发展水平和国情等因素决定的。通过这些方式,培养学生理性看待市场风险、市场机制和制度选择等。

(5)创新意识。通过对健康保险产品与服务创新、科技在健康保险中运用的介绍,让学生了解健康保险领域中不同层面的创新概念和创新来源,增强创新意识,再结合专业知识训练,培养创新能力。

(6)全球视野。通过讲解国内外健康保险市场发展、特别是国内外长期护理保险种类、发展历程和覆盖面等,以及对近年来全球健康保险发展与创新等的介绍,让学生了解健康保险相关领域的国内外情况,熟悉国际保险市场,具备全球化视野。

3. 课程思政教学策略实例

采用多种教学手段和策略,在教学内容中融入相关思政元素,例如:

(1)课程思政教学实例一:制度认同。在讲授健康保险市场时,通过对中国健康保险市场发展的介绍、美国健康保险市场的介绍和对比,启发学生认识到中国健康保险市场发展势头良好、中国对保险市场特别是健康保险市场发展的顶层设计和自上而下执行建设的效率极高，再结合《健康保险管理办法》，中国政府在新冠疫情中发挥的关键作用，启发学生认识到发达国家的制度也有很多问题，只有适合自己的才是最好的。通过这些方式，启发学生认识到制度（保险制度）选择是历史发展和现实国情决定的，增强学生的制度认同。

（2）课程思政教学实例二：社会责任。在讲授健康风险时，通过介绍健康的定义，人类身体状态的三种表现形态（健康、疾病和亚健康），以及影响人类健康状况的多种因素，分析健康风险的特征、种类，说明健康不仅仅是个体的责任，也受到环境的影响，尤其传染性疾病使健康风险具有社会性特征。结合新冠疫情大流行的影响，要求学生思考政府和相关市场主体特别是保险机构在极端市场情况下的社会责任问题，让学生明白，不考虑社会责任而单纯追求个体利益，最终也会损害到个体。

（3）课程思政教学实例三：理性思维。在介绍商业健康保险产品时，以各种产品案例分析主要内容和保障作用发挥，着重强调"保险经营需要遵循最大诚信原则、保险利益原则、损失补偿原则、近因原则"，以及科学的管理方式的观点，保险工具需要正确应用，逆选择和道德风险会造成健康保险机制失灵，最终损害现有的健康保险消费者和潜在消费者。通过这些方式，培养学生理性看待市场风险、市场机制等。

（4）课程思政教学实例四：创新意识。在讲授健康保险产品与服务创新、科技在健康保险中的运用时，通过介绍健康保险产品类型和主要内容、科技与健康保险的结合、健康保险定价中的风险因素评估等，让学生认识到，产品层面、组织层面和制度层面的创新，都来自某些新需求的拉动或新技术的推动。要让学生认识到：创新的本质是在既有的知识基础上推进知识边界；创新方法则主要是找到知识和技术等的新组合、新应用。通过"健康保险与运用科技手段开展健康风险管理结合"等内容的启发，增强学生对创新的认识，培养学生的创新意识。

（八）"第八章　团体人身保险"的思政教学指南

1. 专业教学目标

本章着重介绍团体人身保险和企业年金的含义、特征、主要条款等内容。具体教学目标是帮助学生掌握以下内容：

- 团体人身保险的含义和快速发展的原因；
- 团体人身保险的特征和限制性规定；
- 团体人身保险的分类；
- 团体人身保险的标准条款和特殊条款。

2. 重要思政元素及融入点

（1）法治意识。在实际生活中，由于很多企业给雇员购买团体保险的时候并没有向员工明确宣示，在出现索赔的时候往往会出现很多纠纷，包括投保团体与被保险人之间的纠纷，投保团体与保险公司之间的纠纷，以及被保险人与保险公司之间的纠纷。可以通过向学生展示团体人身保险理赔纠纷案例，培养学生团体险相关的法治意识。

（2）社会责任。各类团体组织持续稳定的生产经营活动是国家和社会发展的基础。而团体人身保险则是稳定生产经营、改善雇主和雇员关系的重要抓手。企业投保的团体人身保险可以为该团体符合资格的所有员工提供有关意外伤亡、疾病、医疗、养老的保障。这不仅可以在发生意外伤害事故时减轻雇主在法律上的责任和经济上的负担、减轻企业经营的风险，而且还可以提高员工的保障水平和福利状况，从而帮助企业吸引优秀员工、激励员工进行创造性生产劳动。尤其值得注意的是，团体人身保险中的企业年金是多层次、多支柱养老保障体系中的第二支柱，是对第一支柱基本养老保险的重要补充，该制度对保障社会和谐稳定发展、促进国家经济增长、铸就民族复兴发挥着重要作用。

（3）理性思维。针对雇员的意外风险，企业可以购买不同类型的保险，除了团体意外伤害保险之外，还有工伤保险、雇主责任保险。这三种保险虽然都是应对生产生活中雇员可能遭遇的意外，但三者之间存在着很大的区别。对于这三种不同类型的保险，需要运用理性思维来理解它们之间的异同，由此才能尽量避免在理赔过程中产生纠纷。

3. 课程思政教学策略实例

（1）课程思政教学实例一：法治意识。团体保险实务中存在很多法律纠纷问题。在团体人身保险教学过程中引入相关纠纷案例，培养学生的团体险法治意识。例如：团体投保后，被保险员工人数或工种发生变化而没有通知保险公司引起的纠纷；团体人身保险投保人是否有代位求偿权及保险金请求权的纠纷；在没有指定受益人的情况下，死亡保险金给付对象和给付方式不明的纠纷；被保险人保额需求、职业或费用预算等信息提供不明确导致的纠纷等。通过以上案例着力培养学生的法治意识。

（2）课程思政教学实例二：社会责任。可以在教学过程中引导学生了解企业年金在我国多层次养老保险体系中的重要作用及其发展现状。企业年金是我国养老保障体系第二支柱的重要组成部分，在我国老龄化背景下大力发展企业年金是构建多层次、多支柱养老保障体系的重中之重。可以引导学生查阅资料，了解我国企业年金制度的覆盖范围、结构分布、基金规模、投资收益以及其在发展过程中的瓶颈，体会企业年金等团体人身保险承担的社会责任。

（3）课程思政教学实例三：理性思维。可以针对团体意外险、工伤保险、雇主责任保险的异同展开讨论。很多企业以为给员工购买了工伤保险，就完全能够避免承担相关员工的赔偿责任。实际上工伤保险严格按照《工伤保险条例》进行赔偿，且仅有受雇工作期间受到意外伤害才予以赔付，保障范围较窄，有很多项目还需要企业自己来承担。因此很多企业选择用团意险和雇主责任保险进行补充。后两者的区别在于，团体意外险的被保险人是雇员，属于员工福利范畴；而雇主责任保险的被保险人是雇主，其保险标的是雇主对雇员应尽的经济赔偿责任。因此可以看出，团体意外险、工伤保险和雇主责任险虽然投保人都是企业团体，也同样都是针对雇员风险所购买，但差异性非常明显。因此，企业应该根据自身情况理性选择和配置适合的保险。

（九）"第九章　人身保险市场营销"的思政教学指南

1. 专业教学目标

市场营销从诞生以来就不断发展，与经济学、社会学、心理学和管理学等结合在一起，形成一个新的科学。人身保险市场营销也随着科学和技术发展、市场需求变化而不断发展变革，进入现代营销阶段。本章从市场营销定义入手，重点介绍人身保险市场营销的概念、营销环境、寿险营销渠道及其发展与创新、我国寿险营销管理体制，以期让学习者对人身保险市场营销有更为深入的认知。具体的教学目标如下：

- 掌握人身保险市场营销的概念；
- 掌握寿险营销渠道及其发展与创新；
- 了解寿险营销管理体制。

2. 重要思政元素及融入点

人身保险市场营销素材多、维度广，蕴含了丰富的思政元素。其主要的思政元素和相关知识板块包括：

（1）制度认同。我国商业人身保险是社保、商保相结合的多层次养老和医疗保险体系的成分，是建立和谐社会的重要组成部分。不同的人身保险产品可以满足不同类别和特征的人群的人身风险保障需求，在管理风险、保障社会稳定、促进国家发展中发挥重要功能。

在介绍国内外人身保险市场营销的发展概况时，对比中国人身保险市场的发展情况、市场营销和产品发展状况，让学生认识到，中国当前的人身保险市场建设发展虽然相对美国等发达国家具有一定的差距，但差距在缩小，传统营销渠道和新型营销渠道均有所发展，总体而言符合中国经济建设的需求，而且从十八大以来不断推进营销渠道的规范和创新，中国人身保险发展一直以较快速度增长，与完善社会主义市场经济建设、区域经济发展等相适应，增强学生的政治认同和制度认同。

（2）家国情怀。在讲授人身保险市场营销的环境分析时，梳理国内人身保险经营的外部环境，尤其结合中国改革开放40年来，社会和经济发展的成就，总结分析政治、法律环境、经济环境、社会文化环境、人口环境等，通过数据和信息展示，让学生认识到，相比发达国家人身保险市场营销中的成熟经验和模式，我国人身保险主管部门、保险机构在各方面进行了探索，但因为整体上人身保险发展时间有限，相关经验积累还有待实践进一步检验，因此，在专业学习中应更加努力，为中华民族的伟大复兴而努力，激发学生的家国情怀和爱国热情。

（3）社会责任。在讲授人身保险市场营销渠道时，通过典型案例分析国内人身保险市场中常见的销售误导、"道德风险"，以及造成的市场冲击及社会后果，增强学生的诚信意识、社会责任感和职业伦理道德观念。

（4）理性思维。在分析人身保险市场营销的合理运用在"平安中国"建设中的作用发挥时，着重强调"保险经营需要遵循最大诚信原则、保险利益原则、损失补偿原则、近因原则"，以及科学的管理方式的观点，保险工具需要正确应用，造成各种问题是人（交易者、机构等）对其滥用或错用的结果；在人身保险产品销售中必须树立诚信理念，倡导工匠精神、敬业精神以及全心全意为客户服务的态度。在对比国内外人身保险市场营销渠道和营销体制时，强调不同的市场制度选择是经济发展水平和国情等因素决定的。通过这些方式，引导学生理性看待市场特点、诚信机制和制度选择等。

（5）创新意识。通过对人身保险市场营销渠道创新、科技运用促进营销创新的介绍，让学生了解人身保险营销渠道中不同类型的创新概念和创新来源，增强创新意识，再结合专业知识训练，培养创新能力。

（6）全球视野。通过介绍国内外人身保险市场营销发展、特别是国内外人身保险营销渠道从传统渠道发展到新型渠道、多种渠道并存的局面等，以及对近年来全球人身保险营销渠道发展与创新等的介绍，让学生了解人身保险市场营销相关领域的国内外情况，熟悉国际保险市场，具备全球化视野。

3. 课程思政教学策略实例

采用多种教学手段和策略，在教学内容中融入相关思政元素，例如：

（1）课程思政教学实例一：制度认同。在讲授人身保险市场营销时，通过对中国人身保险市场及其营销渠道发展的介绍、美国人身保险市场营销的介绍和对比，启发学生认识到中国正迎头赶上的良好发展势头、中国对保险市场特别是人身保险市场发展的顶层设计和自上而下执行建设的效率极高,再结合银保监会《加强保险销售人员管理的通知》,中国政府在新冠疫情中发挥的关键作用,中国寿险营销体制改革的进展,启发学生认识到发达国家的制度也有很多问题,只有适合自己的才是最好的。通过这些方式,启发学生认识到保险制度选择尤其是微观层面的营销体制是历史发展和现实国情决定的,增强学生的制度认同。

(2)课程思政教学实例二:社会责任。在讲授人身保险营销环境时,通过介绍影响人身保险营销的两大类环境:宏观环境和微观环境,分析两大类环境的各组成要素,说明我国人身保险市场营销发展既得益于有利的外部环境,同时在自身发展及探索过程中,也有一些因素导致了销售误导等问题,影响了保险行业的形象和消费者信心,最终使保险风险治理和保障功能的发挥受到影响。通过相关政策文件解读和销售误导案例分析,要求学生思考政府和相关市场主体特别是保险机构在市场发展和公司不同发展阶段的社会责任问题,让学生明白,不考虑社会责任而单纯追求个体利益,最终也会损害到个体。

(3)课程思政教学实例三:理性思维。在介绍人身保险营销渠道时,主要分析新型营销渠道——互联网渠道对整个市场和营销模式的影响及重塑,着重强调"保险经营需要遵循最大诚信原则、保险利益原则、损失补偿原则、近因原则",以及科学的管理方式的观点,保险工具需要正确应用,逆向选择和道德风险会造成人身保险机制失灵,最终损害现有的人身保险消费者和潜在消费者。通过对中国银保监会《2019年保险中介市场乱象整治工作方案》等相关政策出台背景的介绍,培养学生理性看待市场风险、市场机制等。

(4)课程思政教学实例四:创新意识。在讲授营销渠道创新以及科技在人身保险营销中的应用时,通过对近几年人身保险主要产品类型和营销渠道变化的介绍,科技与人身保险的结合、科技在获客层面的影响等,让学生认识到,渠道层面、产品层面和制度层面的创新,都来自某些新需求的拉动或新技术的推动。要让学生认识到:创新的本质是在既有的知识基础上推进知识边界;创新方法则主要是找到知识和技术等的新组合、新应用。通过分析近几年"互联网人身保险市场运行情况"等内容带来的启发,增强学生对创新的认识,培养学生的创新意识。

(十)"第十章　人身保险业务管理"的思政教学指南

1. 专业教学目标

人身保险的业务管理,是指保险公司在人身保险经营过程中,对人身保险业务风险进行评估、控制和防范的一系列环节的总称，其中核保、理赔和保全是人身保险业务管理的核心环节。通过学习本章的知识，使学生熟悉和掌握人身保险业务管理的基本流程、注意事项以及风险控制的手段，以便学生深刻领悟保险经营的科学性和规律性。同时，结合具体知识点的讲授，引导学生在今后的保险从业中，更加注重保险业务管理中的风险，贯彻保险消费者保护理念，促进保险业的健康规范发展。本章具体教学目标如下：

- 掌握人身保险业务管理的基本概念和主要意义；
- 掌握人身保险核保、承保、理赔、保全的概念、程序与内容；
- 掌握人身保险欺诈的主要表现形式及其防范措施。

2. 重要思政元素及融入点

人身保险业务管理一章与保险业务管理与经营直接相关，要着重培养学生的创新意识、职业道德和法治观念，其中课程思政的素材十分丰富，覆盖面较为广泛。相关知识板块的思政元素如下：

（1）创新意识。在保险公司的人身保险业务管理过程中，核保、理赔和保全是核心环节，通过这些手段实现风险筛选、评估、控制和防范，最终达成保持保险经营稳健的目的。在保险科技的时代趋势下，大数据、人工智能、区块链技术广泛运用到人身保险业务管理的各个环节。在讲解核保、理赔和保全的具体知识点时，可以介绍当前保险科技的最新发展趋势、剖析保险科技的典型案例，以开阔学生的视野，培养学生的创新思维。

（2）职业道德。人身保险业务管理是保险公司控制业务风险的核心环节，对保险从业人员的职业素养要求非常高。例如，核保工作涉及标的的选择以及承保条件的制定，这直接影响到保险企业业务质量和盈利，是保险企业防范风险的第一关。这要求核保人员具备认真负责的工作态度和科学严谨的工作素养。再如，保险理赔是保险公司诚信服务的关键，这直接影响到保险企业的形象。这要求核赔人员具备诚实守信的品格、扎实的业务能力和严谨认真的工作态度。在讲解具体知识点时，要引导保险专业学生重视自身保险职业素养，养成保险职业道德。

（3）社会责任。保险业是典型的社会公共事业，人身保险制度不仅关系到单个保险消费者的切身利益，更关乎人民群众的养老、疾病、伤残等风险的化解和补偿。因此，在解析人身保险业务管理的各个环节时，不仅要使学生了解人身保险业务管理是控制保险企业经营风险、促进保险企业稳健经营的重要一环，更要引导学生认识到保险从业人员的品格操守和职业素养对行业发展的重要意义，由此激发学生在今后职业活动中的使命和担当。

3. 课程思政教学策略实例

本章采用多种教学手段和策略，在教学内容中融入相关思政元素，例如：

（1）课程思政教学实例一：创新意识。在解析人身保险业务管理中的核保、理赔以及客户管理等环节时，首先，结合目前保险科技发展的新趋势，使学生认识到科技创新正不断改造传统保险生态圈；其次，剖析保险科技在行业应用的成熟案例，引导学生充分了解大数据、人工智能和区块链技术如何延伸到保险价值链的各个环节；最后，围绕风险管理的中心点，引导学生积极思考科技创新如何融入保险业务管理各个环节，培养其创新思维。

（2）课程思政教学实例二：职业道德。在解释人身保险核保的知识点时，着重强调核保是保险控制经营风险的重要环节，对保险专业学生而言，要努力锤炼职业素养，养成良好的职业品德。比如，保险业务员与客户接触是风险选择的初始环节，此时业务员要尽职尽责，客观地判断客户的风险状况，不能为赚取佣金而不加选择地展业获客。再者，在解析核保程序时，着重加强学生的法治观念和职业道德教育，使其树立正确的人生观和价值观，同时总结道德风险防范的正反两方面经验，提高他们明辨是非的能力。

（3）课程思政教学实例三：社会责任。保险理赔是人民群众所关心的保险公司诚信服务的关键，保险业务人员在理赔环节做到尽职、友好、快速，对提升人民群众的保险体验，展现保险企业的社会责任具有重要意义。在解析人身保险理赔的原则时，结合具体事例分析"投保容易、理赔难"现象产生的原因，引导学生树立维护保险消费者利益的职业观念。同时，着重强调在保险理赔过程中，要重合同、守信用，努力提高社会对保险企业的信赖度和长远声誉，激发保险专业学生的道德观念和使命担当。

（十一）"第十一章　寿险公司资金运用"的思政教学指南

1. 专业教学目标

寿险公司资金运用是指寿险公司把暂时收取的保险资金在市场上进行投资，使保险资金保值增值，以确保未来保险偿付的活动，寿险公司资金运用是保险风险保障功能的延伸，已成为保险行业的核心业务。本章主要阐述寿险公司资金的来源与运用原则，并介绍寿险资金的运用渠道及风险，指出寿险资金运用对保险业发展、支持资本市场发展的重要作用。通过本章的学习使学生掌握寿险资金运用对实现保险风险保障功能的重要意义，并了解我国寿险资金运用的现状及风险，深化其对保险业的风险认知。本章具体教学目标如下：

- 掌握寿险公司资金的确切含义、资金来源、基本特征；
- 掌握寿险公司资金运用的管理模式、资金运用渠道、主要监管规定；
- 熟悉低利率环境下寿险公司资金运用的风险点与解决路径；
- 了解寿险机构投资者对保险业发展和资本市场的促进作用。

2. 重要思政元素及融入点

寿险公司资金运用是保险行业的核心业务，具有体量大、期限长、稳定性高等基本属性。本章着重培养保险专业学生对寿险资金运用的宏观认知，帮助其透过寿险业的发展了解社会主义经济建设的成就，树立其作为保险人的责任感和使命感。本章的主要思政元素如下：

（1）制度认同。目前我国寿险资金运用业务呈现蓬勃发展之势，寿险业管理的资金体量大，可投资的范围广、渠道多，对国民经济发展起到重要的支撑作用。在介绍我国寿险资金运用的发展历程时，要着重把改革开放之初的保险业与当前新时代下的保险业进行对比，通过寿险业可运用资金的规模、投资收益、投资品种等具体数据，使学生认识到中国保险业三十多年来筚路蓝缕、艰苦卓绝的奋斗历程，使学生树立对中国特色社会主义的制度认同和制度自信。

（2）社会责任。寿险公司资金运用是保险风险保障功能的自然延伸，已成为保险业的核心业务，对国民经济发展起到重要作用。寿险资金运用一章能够挖掘许多社会责任的思政元素。例如，寿险资金运用之所以要以安全性为首要原则，在于寿险资金根本上来源于广大投保人的保费，寿险资金以确保未来偿付为首要目的，绝不能短期炒作，把寿险资金置于高风险投资之中。在此要引导学生正确认识寿险资金所担负的社会责任。寿险资金运用不仅关系到寿险公司是否盈利，更关系到广大人民群众的人身风险能否得到保障以及未来生活是否稳定。

（3）全球视野。随着我国寿险资金规模不断扩大，引导寿险资金在全球投资已成大势所趋。目前我国寿险资金运用管理体系仍不成熟，在寿险产品开发、资产负债管理、具体投资策略等方面都亟待创新发展。在介绍我国寿险资金运用渠道时，对学生强调世界主要发达国家正进入"低利率"的经济环境，这对我国寿险资金全球投资带来诸多挑战。在此背景下，我国寿险公司要学习域外先进经验，逐步形成成熟的资金运用管理体系，扩大学生的全球视野、培养学生的全球化思维。

3. 课程思政教学策略实例

本章采用多种教学手段和策略，在教学内容中融入相关思政元素，例如：

（1）课程思政教学实例一：制度认同。在讲解中国寿险资金运用的发展阶段时，突出中国保险业 1979 年复业至今，在短短的三十多年里取得了巨大的成就，中国的寿险资金运用也从无到有，经历了跨越式发展。截至 2020 年末，我国保险业资金运用余额接近 22 万亿元。结合保险业发展的具体事例，融入改革开放三十年筚路蓝缕、艰苦奋斗的思政元素。通过介绍中国保险业发展的辉煌成就，使学生树立对中国特色社会主义的制度认同，坚持对社会主义的制度自信。

（2）课程思政教学实例二：社会责任。在讲解寿险资金运用的社会性原则时，强调寿险公司在运用寿险资金追求效益的同时，也要考虑到社会性影响。例如，寿险资金的长期性特征决定了其可投资于公共交通、全民卫生保健等公共事业。寿险资金运用贯彻社会性原则，能够增进人民群众的整体福利，扩大保险的社会影响，提高保险行业的声誉，激发学生对保险行业的认同和热爱。

（3）课程思政教学实例三：全球视野。目前我国保险业资金运用余额已突破二十万亿元人民币大关，并呈快速增长态势。但全球正加速进入"低利率"时代，资产荒叠加保费收入快速增长，将会对寿险资金的运用带来严峻挑战。基于此，引导学生认识到保险资金投资不能局限在国内市场，而要具有国际思维、大局意识和全球视野。同时，保险资金运用要主动对接国家"一带一路"战略，提高海外投资的比例，在国家战略中发现商机、获得收益、构筑优势，使学生充分领悟国家战略的重要意义。

三、《人身保险》课程思政教学素材

《人身保险》各章节可以采用的课程思政教学素材包括各种阅读材料、案例分析与讨论等，从中提炼出与专业知识紧密结合的各种思政元素，可选用的主要思政教学素材汇总如下：

序号	内容	形式
1	杨艳萍，《中国养老金的"三支柱"体系与结构性失衡》精算视觉	阅读材料
2	普吉岛杀妻骗保案	案例分析
3	寿险保额确定之生命价值法与遗属需求法	案例分析
4	纪录片《中国保险发展史话》	视频资料
5	《关于商业保险机构参与新型农村合作医疗经办服务的指导意见》（卫农卫发〔2012〕27号）	阅读材料
6	投保人或被保险人变更受益人而未履行通知义务导致的受益权纠纷	案例分析
7	《保险法》《民法典》	阅读材料
8	沙银华：信诚人寿"不诚信"典型案件	案例分析
9	《保险法》《民法典》、各保险机构的保险条款	阅读材料

续表

序号	内容	形式
10	中国银保监会人身保险监管部：以改革增动力以开放促活力——改革开放对我国人身保险业科学发展的启示与展望	阅读材料
11	保险业改革发展的若干意见	政策文件
12	关于加快发展现代保险服务业的若干意见	政策文件
13	日本邮政旗下公司不当销售保险商品超9万件，成民营化后最大丑闻	案例分析
14	美国保险业曝造假丑闻，五名前高管面临重刑	案例分析
15	发掘银发市场的金色机遇——保险公司如何从中国人口老龄化趋势中获利	研究报告
16	张冲，中国人口结构对人身保险市场发展的影响研究，保险研究，2013年4月	学术论文
17	保险科技，构筑"新保险"的基础设施	研究报告
18	大数据、人工智能、区块链的行业落地：中国保险科技报告	研究报告
19	关于保险机构科技应用与监管的思考	阅读材料
20	魏华林，保险的本质、发展与监管，金融监管研究，2018年8月	学术论文
21	互联网保险的发展现状及分析——以众安保险为例	案例分析
22	中国银保监会：保险代理人监管规定	政策法规
23	2012年3月25日发生在甘肃张掖的沈某弑杀双亲骗保案件	案例分析
24	2013年5月发生在江苏常州的李某杀妻骗保案件	案例分析
25	2016年7月18日发生在安徽宣城的张某同时杀害妻儿案件	案例分析
26	2017年5月21日发生在陕西渭南的杨某杀害双亲骗保案件	案例分析
27	中国太平洋保险"安行宝"	保险产品
28	创新型意外险：中秋赏月险、人在囧途险、吃货险、儿童走失险	保险产品
29	小额意外险扶贫大作为	阅读材料
30	中央办公厅国务院《"健康中国2030"规划纲要》《健康保险管理办法》	阅读材料
31	在抗击新冠疫情中，中国保险业在健康保险方面的拓展和创新	阅读材料
32	企业年金在多层次养老保险中的作用	阅读材料
33	团体意外险、工伤保险、雇主责任保险的异同	阅读材料
34	中国银保监会办公厅关于印发2019年保险中介市场乱象整治工作方案的通知（银保监办发〔2019〕90号）	阅读材料
35	中国银保监会办公厅关于落实保险公司主体责任加强保险销售人员管理的通知（银保监办发〔2020〕41号）	阅读材料
36	《互联网保险业务监管暂行办法》（银保监会令〔2020〕13号）	阅读材料
37	中国保险行业协会《互联网人身保险市场运行情况报告》	阅读材料
38	许闲：《保险科技创新运用与商业模式》	阅读材料
39	邢运凯主编：《保险职业道德修养》	阅读材料
40	"宝万之争"及险资举牌上市公司事件	案例分析
41	陈恳：《迷失的盛宴》一书中"利差损"章节	阅读材料